Christina von Braun

GESCHLECHT

CHRISTINA VON BRAUN

GESCHLECHT

Eine persönliche und
eine politische Geschichte

Propyläen

Propyläen ist ein Verlag der Ullstein Buchverlage GmbH
www.propylaeen-verlag.de

MIX
Papier aus verantwortungsvollen Quellen
FSC® C014496

ISBN 978-3-549-10025-7

Gesetzt aus Albertina MT Pro
Satz und Repro: LVD GmbH, Berlin
Druck und Bindearbeiten: GGP Media GmbH, Pößneck
Printed in Germany

Für meine Enkelkinder
David (4), Alma (2), Nora (2), Feline (3 Monate).
Falls sie später mal Näheres wissen möchten.

INHALT

Vorwort 11
Das mit dem Patriarchat war nur mal so 'ne Idee

Mein Italien, mein Paradies 21
Frühe Kindheit im Vatikan

Paradise Lost 27
Der Umzug nach Deutschland

Die Fremde bin ich 39
Schuljahre in London

Immer Gegenwind 49
Internat in Sankt Peter-Ording

Learning to fly 61
New York

Go between 77
Studium in Deutschland, Jobben in New York

Neue Horizonte 91
Rückkehr nach Rom, Audienz beim Papst, Abschluss des Studiums

Achtung, Sie verlassen den Komfort-Sektor 99
Beginn der Berufstätigkeit

In einem Land der Angst 109
Rumänisches Tagebuch

Neu in einer alten Stadt 127
Paris

Eine Frau ist eine Frau ist eine Frau 139
Das Geschlecht der Kunst

»Kein dümmeres Tier als der Mann« 149
Das Geschlecht der Geschichte

Nahkampf lernen 157
Die Ehe

Die Frau lebt nicht vom Kind allein 167
Mutter werden

Das Gespenst des Kalten Kriegs 175
Frankreich, Deutschland und die RAF

»Assez d'actes. Des mots!« 183
Die Hinterlassenschaften des Mai 1968

Die Psychoanalyse auf der Couch 193
Zwischen Gesellschaftskritik und Therapie

Begegnungen der ersten Art 201
Das Geschlecht der Sprache

Ein kleines Dorf in Frankreich 213
St. Roman de Codières

Mehr als ein Szenenwechsel 235
Von Paris nach Bonn

»Was ist denn ein Jude?« 243
Antisemitismus und Frauenfeindlichkeit

Filmen oder Schreiben? 253
Ein anderes Medium der Erkenntnis

Vom Sinn des Sehens 273
Wenn Filme geschrieben werden

Das »schwarze Loch« der Wissenschaft 285
Universität und Gender Studies

Das Geschlecht des Geldes 303
Gender Studies und andere Wissensgebiete

»Der Preußische Staat und die Juden« 313
Jüdische Studien an der Universität

Postnationale kulturelle Verflechtungen 319
Unterwegs im globalen Netzwerk des Goethe-Instituts

»Verlasst euch nicht auf einen Ernährer« 325
Schwestern

Weibliche Genealogien 333
Fazit und Ausblick

Danksagung 345

Anhang

Anmerkungen 347
Werkverzeichnis der Autorin 351
Personenregister 355

VORWORT

Das mit dem Patriarchat war nur mal so ’ne Idee

Wir leben im ersten Zeitalter, das zugibt, nicht genau zu wissen, was das ist: »der Mann«, »die Frau«. Vorangegangene Epochen hatten präzise Vorstellungen von der »Natur der Geschlechter«, auch wenn jedes neue Zeitalter die früheren Definitionen Lügen strafte. Bis etwa 1800 vollzog sich der Wandel der Geschlechterrollen allmählich. Das Bestehen eines Regelwerks konnte sich über Jahrhunderte hinziehen – Jahrhunderte, in denen sich die Geschlechterbilder nur minimal verschoben. Bei uns hingegen, die wir im 20. Jahrhundert geboren wurden, veränderten sich die Dinge schnell und immer schneller. Noch um 1900 waren angesehene Wissenschaftler der festen Überzeugung, dass Frauen *aus anatomischen Gründen* nicht zu akademischer Ausbildung befähigt seien und man ihnen auch kein politisches Stimmrecht anvertrauen könne. Die Frauen seien »nicht reif für die Demokratie«, hieß es, die ökonomische Unabhängigkeit der Frau sei mit den »Naturgesetzen« nicht vereinbar und so weiter.

Wenige Jahrzehnte später sitzen Frauen in den Aufsichtsräten großer Unternehmen, sie üben politische Macht aus und machen mehr als die Hälfte aller Studierenden aus. Amerikanische Eliteuniversitäten haben in manchen Fächern klammheimlich Männerquoten eingeführt, um die »Feminisierung« von Disziplinen zu verhindern. In immer mehr juristischen Auseinandersetzungen entscheiden Richterinnen über die Auslegung von Gesetzen, die

Politikerinnen durch die Parlamente gebracht haben. Feministische Kämpferinnen – und vereinzelt auch Kämpfer – haben zu diesen Veränderungen beigetragen. Und sie tun es (zum Glück) auch weiterhin. Aber ihr Beitrag erklärt nicht alles. Es gab immer schon Frauen, die Bildung einforderten und gern ökonomische Unabhängigkeit besessen, politischen Einfluss ausgeübt hätten. Das wurde ihnen beharrlich verweigert. Das Erstaunliche an diesem Zeitalter ist nicht, dass Frauen die Gleichberechtigung einfordern, sondern dass sie ihnen gewährt wurde. Zum ersten Mal in Tausenden von Jahren. Was war der Anlass für dieses Umdenken? Und warum geschah die Umwälzung in so kurzer Zeit, gerade mal hundert Jahren? Zwei denkbare Erklärungen: Entweder vollzog sich innerhalb von wenigen Jahrzehnten eine radikale Mutation des geschlechtlichen Körpers (eher unwahrscheinlich) – oder aber es dämmerte allen, dass die Geschlechterrollen nie von der »Natur«, sondern immer schon kulturell bestimmt waren. Dann stellt sich allerdings die Frage, auf welcher Evidenz die Vorstellungen früherer Zeitalter über die natürliche Berufung des Mannes zu akademischer Ausbildung, künstlerischer Tätigkeit, politischer Reife beruhten. Und wie es zu diesem plötzlichen Sinneswandel kam. Ich wusste es nicht, aber rückblickend kann ich erkennen, dass mich diese Fragen begleiteten, seitdem ich zu denken begann. Alle meine Filme und Bücher kreisen letztlich um dieses eine Thema, sie erscheinen heute wie unterschiedliche Herangehensweisen und Methoden, plausible Antworten zu finden.

Ich stand mit diesen Fragen nicht allein. In derselben Zeit machten sich Hunderte anderer Frauen auf die Suche nach Antworten: feministische Wissenschaftlerinnen, Filmemacherinnen, Autorinnen, Künstlerinnen. Jede von ihnen trug neue Teile zum Puzzle bei, wir lernten voneinander. Wir suchten in den Texten und schrieben Bücher, wir durchforsteten die Kunstgeschichte und schufen neue Werke, wir hörten die Musik vergangener Zeiten und komponierten zeitgemäße. Jede von uns erfand neue Begriffe oder verlieh alten

Wörtern einen veränderten Sinn. Da sich der Wandel kultureller Ordnungen oft unterschwellig vollzieht, mussten wir lernen, die in den Archiven lagernden Akten und Dokumente auf ihr »verborgenes« Wissen zu befragen, die Aufmerksamkeit auf die Auslassungen hinter den Einlassungen zu richten. Der Historiker David Sabean gibt ein beredtes Beispiel für eine solche Leerstelle: Er beschreibt, wie ihm in der Klosterbibliothek von Weingarten eine Urkunde vorgelegt wurde, die mit mehr Siegeln und Stempeln versehen war als irgendein anderes Dokument, das er je gesehen hatte. Die Urkunde hielt fest, »dass Frauen noch nie das Erbrecht auf Höfe oder Teile von Höfen besessen hatten, wobei allein der Umfang der Urkunde diese Aussage Lügen strafte«.[1] In Wahrheit waren Töchter bis ins Mittelalter genauso erbberechtigt wie Söhne, doch in den späteren Jahrhunderten verdrängte man sie konsequent aus den Erblinien. Von nun an »bezeugten« Urkunden wie diese, dass es immer so gewesen sei.

Die französische Autorin Annie Ernaux nennt sich eine »Ethnologin ihrer selbst«: Sie forscht in ihren persönlichen Erinnerungen, um rückblickend die Prozesse ihrer Zeit zu erkennen.[2] Bei anderen Autorinnen ist es umgekehrt: Sie berichten von historischen Begebenheiten, von ethnologischen Forschungen, von sozialen Entwicklungen – von Prozessen also, die weit über die Existenz einzelner Frauen hinausgehen. Das tun sie jedoch im Bewusstsein, dass ihr Blick von den Erfahrungen ihres persönlichen Lebens, von den kulturellen Bedingungen ihrer Existenz geprägt ist. Ich lernte von ihnen, in die Skepsis gegenüber den Erzählungen der anderen auch die eigene Voreingenommenheit einzubeziehen.

Ob es sich um die Betrachtung der Geschichte durch die Augen des Selbst oder die Betrachtung des Selbst durch die Augen eines Zeitalters handelt: In beiden Fällen kann das Ich nie mehr als Symptom allgemeiner Entwicklungen sein. Weder das handelnde noch das betrachtende Ego kann sich herauslösen aus den historischen Prozessen, in die es hineingeboren oder verpflanzt wurde. Gewiss, wir sind alle Akteure unserer Lebensgeschichten; zugleich sind wir aber auch die blinden Passagiere eines Projekts der Geschichte: ihrem Kurs ausgeliefert. Und für unser Zeitalter hält dieser Prozess eine besondere Story bereit. Man könnte sie als die Erkenntnis beschreiben: »Das mit dem Patriarchat war nur mal so 'ne Idee.«

Wir haben gelernt, zwischen biologischem Geschlecht (*sex*) und sozialem, kulturellem Geschlecht (*gender*) zu differenzieren. Das hatte seinen Sinn: Es galt darauf hinzuweisen, dass die sozialen Geschlechterverhältnisse nicht durch die Biologie bestimmt werden und durch diese auch nicht zu erklären sind. Inzwischen fragt es sich aber, ob nicht die deutsche Sprache – gerade weil sie keine Unterscheidung vornimmt – das Sensorium für den umgekehrten Prozess schärft: dass nämlich die sozialen Rollen und die kulturellen Imaginationen von Männlichkeit und Weiblichkeit einen entscheidenden *Einfluss* auf die Biologie der Geschlechter auszuüben vermögen. Die Wissenschaftsgeschichte und -theorie hat schon vor einiger Zeit die Unterscheidung zwischen Natur und Kultur für obsolet erklärt: Ein Gutteil der Natur sei heute ein Artefakt der Kultur.[3] Diese Einsicht gilt in erhöhtem Maße für Geschlecht, wo Individuelles und Soziales, Persönliches und Politisches immer eng miteinander verwoben waren. Das machte Geschlecht zum idealen Experimentierfeld, auf dem die Kultur ihre Macht über Natur und Gesellschaft erproben und zugleich darstellen konnte. Auch davon erzählt dieses Buch.

Auf welche Weise die Frauen meiner Generation zu Feministinnen wurden und ihren Feminismus gelebt haben, hing mit ihren individuellen Biografien zusammen. Aber dass wir so viele sind, hat etwas mit diesem Prozess der Geschichte zu tun: Die neuen Geschlechterrollen hängen mit ökonomischen Verhältnissen, den neuen Reproduktionstechniken, veränderten Imaginationen über Männlichkeit und Weiblichkeit wie auch der grundsätzlichen Anzweiflung einer Geschlechterpolarität zusammen. Diesen Neuerungen ist es zu verdanken, dass der Begriff Feminismus mittlerweile für viele überholt erscheint. Für meine Generation war er wichtig. Er definierte die Anerkennung weiblicher Selbstbestimmung. Andere Begrifflichkeiten traten seither an seine Stelle. Neben den »feministischen« Blick traten die lesbischen, schwulen, queeren, diversen Perspektiven. Aber auch sie haben ihren historischen Kontext. Das Gendersternchen tauchte erst auf, nachdem Homosexualität zunächst legalisiert, dann gesellschaftlich akzeptiert war* und die Reproduktionsmedizin den Begriffen »Vater« und »Mutter« multiple Bedeutungen zugewiesen, der geschlechtlichen Zugehörigkeit ihre Eindeutigkeit genommen hatte.

Der Wandel der Geschlechterrollen begann mit der Frauenemanzipation. Deshalb hat der Begriff »Feminismus« noch immer hohes Erregungspotenzial. Den Konservativen treibt er die Zornesröte ins Gesicht, während emanzipierte Frauen wie Marine Le Pen oder Alice Weidel der Rechten ein feministisches Image verleihen sollen. Im linken und liberalen Spektrum kritisieren einige, dass der Begriff Feminismus zu sehr am traditionellen Muster der Geschlechterpolarität festhält, während andere finden, dass die Gleichberechtigung schon längst erreicht und der Feminismus überflüssig sei.

Es genügte eine einzige Krise, um die Fragilität dieser Positionen

* Der Wissenschaftliche Dienst des Bundestags veröffentlichte 2016 eine repräsentative Studie, laut der 83 Prozent der Deutschen die juristische Gleichstellung von homosexuellen Paaren mit dem Ehegesetz befürworten. Im Fazit des Berichts steht: »Insgesamt hat die Akzeptanz der Homosexualität in der deutschen Gesellschaft sehr zugenommen. Während bis in die 1970er-Jahre hinein homosexuelle Lebensweisen mehrheitlich als moralisch verwerflich oder krank beurteilt wurden, äußert sich heute eine Mehrheit positiv über Homosexualität. Im internationalen Vergleich steht Deutschland damit laut einer Studie von 2013 an erster Stelle: Auf die Frage: ›Sollte die Gesellschaft Homosexualität akzeptieren?‹ antworten 87 Prozent der Deutschen mit Ja, in Frankreich sind es 77 Prozent, während lediglich 16 Prozent der Russen und neun Prozent der Türken die Aussage befürworten.« (Wissenschaftlicher Dienst 2016)

offenzulegen. Im März 2020 wurde Deutschland von der großen Pandemie heimgesucht, das Land ging in den Lockdown. Kaum waren die Schulen und Kitas geschlossen und die Eltern zum Homeoffice übergegangen, kam in den Familien das alte Rollenschema wieder zum Vorschein: Die Mütter bespielten die Kleinkinder und übernahmen das *home schooling* der Älteren. Siebenhunderttausend alleinerziehende Mütter blieben sich völlig selbst überlassen. »Kinder Küche Corona« titelte eine Zeitung: »Die Krise offenbart, dass patriarchale Alltagsmuster nach wie vor das Denken und Handeln der Menschen prägen.«[4] In der Wochenzeitung *Die Zeit* konstatierte Julia Jäkel, Geschäftsführerin von Gruner + Jahr, dass bei Telefonkonferenzen »ausschließlich tiefe Männerstimmen in der Leitung« seien.[5] (Die schöne Doppelbedeutung von »Leitung«.) Die Rückkehr alter Rollenmuster in Krisenzeiten scheint von der Beharrlichkeit dieser Muster zu erzählen. Aber ich bin nicht sicher, dass diese Betrachtung schon das Ende der Story ist. Es kam zu Gegenentwicklungen. Im Juli berichteten Anwaltspraxen und Paartherapeutinnen von wachsenden Konflikten und steigenden Trennungswünschen. Die Rückkehr zu den alten Verhältnissen verlief offenbar nicht ganz so glatt. Allein im März 2020 verfünffachte sich die Anzahl der Scheidungsanträge in Berlin. Meist junge Paare mit Kindern.[6] Einige Monate später zeigte eine wissenschaftliche Studie des Bundesinstituts für Bevölkerungsforschung, dass die Paare die Familienarbeit, anders als zunächst gedacht, im Laufe der Corona-Monate gerechter zu verteilen begannen.[7] Corona brachte also beides: sowohl die Retraditionalisierung der Geschlechterrollen als auch eine Neuverteilung der *Care*-Arbeit.[8] Hinzu kommt, dass da, wo es zum Rückfall in traditionelle Muster kam, dies ausschließlich dem *gender pay gap* zu verdanken war. Da die Männer im Allgemeinen das höhere Einkommen haben, steckten die Frauen beruflich zurück. Die Einkommensdifferenz ist in der Tat die wichtigste noch bestehende Bastion gegen die Gleichberechtigung. Aber ich bin zuversichtlich, dass auch sie fallen wird.

Man sollte die Veränderungen der Geschlechterrollen immer unter langfristiger Perspektive betrachten; der Wandel von Mentalitäten zeigt sich am ehesten aus der Distanz. Unter diesem Blickwinkel tritt plötzlich zutage, dass am Ende der großen Katastrophen des 20. Jahrhunderts (überwiegend bewirkt von Leitbildern der Männlichkeit) immer wieder die Verbesserung der Frauenrechte stand. Das galt für beide Weltkriege wie für den Nationalsozialismus. Nach 1918 erhielten Frauen das Wahlrecht, nach 1945 wurde die Gleichberechtigung im Grundgesetz verankert. Vielleicht ist jetzt der *gender pay gap* dran. Ja, die Corona-Krise hat die Beharrlichkeit alter Rollenschemata hervorgekehrt, aber sie hat die Veränderungen auf dem Gebiet der Geschlechterverhältnisse nicht grundsätzlich infrage gestellt. Hinzu kommt, dass gerade Machos wie Donald Trump oder Jair Bolsonaro im Umgang mit der Pandemie kläglich versagt haben.

Der Anthropologe Karl Polanyi hat ein äußerst erhellendes Buch über den Industrialisierungsprozess geschrieben. In *The Great Transformation* stellt er nicht nur die sozialen Folgen der Industrialisierung – Verarmung, Verstädterung, Abstieg des Werts von Grund und Boden, Aufstieg des Kapitals –, sondern auch die strukturellen Veränderungen des Zusammenlebens dar. Aus einer Gemeinschaft, in der alle aufeinander angewiesen waren, wurde eine individualistische Gesellschaft, die sich als Anhängsel des Marktes verstand. »Die Wirtschaft ist nicht mehr in die sozialen Beziehungen eingebettet, sondern die sozialen Beziehungen sind in das Wirtschaftssystem eingebettet.«[9] Beim Wandel der Geschlechterrollen geht es um eine viel langfristigere Perspektive als bei der Industrialisierung. In unserer Epoche findet eine Zeitenwende statt, bei der Jahrtausende in den Blick genommen und neu gedacht, alte Traditionen hinterfragt werden (ohne dass dabei die Errungenschaften anderer Zeitalter verworfen würden). Der Zufall hat die Frauen meiner Generation in diesen historischen Moment hineingestellt – und das mag erklären, dass gerade wir dann auch das Bedürfnis empfanden, die Zeichen der Zeit zu entziffern. Geschichte ist ein Fortsetzungsroman, und zum ersten Mal beteiligen sich auch die Frauen an der Erzählung.

Diesem Buch ging ein anderes voraus: Die *Stille Post* erschien vor fast 15 Jahren.[10] Darin erzähle ich von den Frauen meiner Familie, meiner Mutter, meinen Großmüttern. Den berühmten Männern meiner Familie wurden schon einige Bücher gewidmet. Oder sie haben sie selbst verfasst. Als ich diese »andere Familiengeschichte« schrieb, wollte ich herausfinden, welche Erbschaften die Frauen dieser zwei Generationen hinterlassen haben. Welche Botschaften bei meinen Schwestern und mir ankamen. Meine mütterliche Großmutter Hildegard Margis habe ich persönlich nie kennengelernt, sie starb drei Monate nach meiner Geburt. Gerade mit ihr verband mich aber einiges, wie ich im Laufe der Recherchen für die *Stille Post* feststellte. Viele Themen, die mich beschäftigen, standen auch schon auf ihrer Agenda: die Frauenrechte, die deutsch-jüdische Geschichte. Auch die unterschiedliche Wirkmacht von Medien: »Ihr solltet Hitler nicht zuhören, ihr solltet ihn lesen«, hatte sie lange vor 1933 ihren Kindern gesagt, als sie sie vor den Nazis warnte. Offenbar durchschaute sie früh das, was Medientheoretiker heute »sekundäre Oralität« nennen: eine von medialen Techniken bewirkte Form von Unmittelbarkeit

Die Biografie von Hildegard Margis steht nicht für ein historisches Einzelschicksal. Sie gehörte der ersten Generation von Frauen an, die das Wahlrecht hatten. Wie viele andere Frauen der 1920er-Jahre ließ sich meine Großmutter diese Chance nicht entgehen. Im Ersten Weltkrieg jung verwitwet, brachte sie sich und ihre beiden kleinen Kinder allein durch. Sie gründete eine erfolgreiche Hausfrauenorganisation und gab Wochenblätter zur Verbraucherberatung heraus, bevor irgendjemand die Worte Konsument und Verbraucherschutz kannte. Sie gründete einen Verlag für Ratgeber und Kochbücher. Die Publikationen verkauften sich hervorragend: an die vielen Witwen, die lernen mussten, Broterwerb und Kindererziehung unter einen Hut zu bekommen. Hildegard Margis verdiente gut, trat im Radio auf, knüpfte Kontakte zu Frauenverbänden in den USA, engagierte sich in der Politik, wurde Bezirksverordnete von Charlottenburg. Ihre Karriere wäre weiter aufwärts gegangen, hätten ihr die Nazis nicht ein Ende gesetzt.

Nach 1933 wurde Hildegard Margis aus ihren öffentlichen Ämtern verdrängt, und so wie die Nazis den Ullstein Verlag, mit dem sie eng zusammenarbeitete, »arisierten«, übernahmen sie auch ihre Hausfrauenverbände und Verlagsgeschäfte. 1943 schloss sich meine Großmutter der Widerstandsgruppe »Freies Deutschland« an: Diese war von Kommunisten ins Leben gerufen worden, aber es gehörten ihr auch Sozialdemokraten und Bürgerliche wie sie an. Als der Anführer Franz Jacob im Juli 1944 verhaftet und kurz danach hingerichtet wurde, kam es zu einer Verhaftungswelle, die auch meine Großmutter erfasste. Sie wurde von der Gestapo festgenommen und starb im September 1944 im Berliner Frauengefängnis Barnimstraße.

Erst im Alter von vierzig Jahren erfuhr ich von einem Onkel – dem Bruder meiner Mutter, er war 1934 über England nach Australien emigriert –, dass die Mutter von Hildegard Margis konvertierte Jüdin gewesen war. Meine Großmutter konnte also niemals einen »Ariernachweis« vorlegen, zu ihrem Glück lag ihre Geburtsurkunde im polnischen Posen (heute Poznań), sonst wäre sie als alleinstehende »Halbjüdin« schon früh deportiert worden. Jahre bevor ich das erfuhr, waren merkwürdigerweise sowohl die Geschlechterfrage als auch die deutsch-jüdische Geschichte zu den Hauptthemen meiner Arbeiten geworden. Ich ahnte nichts von den Dingen, die über das Leben meiner Großmutter bestimmt hatten – und dennoch wurden sie auch für mein Leben bestimmend. Meine Mutter, die zu Beginn der NS-Zeit gerade 18 Jahre alt war, hat sich mit diesen Fragen nicht beschäftigen wollen. Aber sie muss, so begreife ich heute, Mittlerin gewesen sein zwischen Großmutter und Enkelin. Allein ihr Schweigen war beredt. Vielleicht vermittelten die Depressionen, an denen sie litt, eine Ahnung von dem, was sie verschwieg.

Männer haben explizite Stammbäume. Die Genealogien der Frauen sind eher implizierter, psychischer Art. Man muss sie lesen lernen. Auch von diesem Alphabetisierungsprozess möchte ich erzählen. Dieses Buch ist kein wissenschaftliches Werk, sondern eine persönliche Biografie, in der eine (holprige) Entdeckungsreise beschrieben wird. Meine Entdeckungsreise. An deren Anfang standen Fragen, die ich noch gar nicht richtig formulieren konnte; an deren Ende unter anderem die Einsicht, dass sich im 20. Jahrhundert eine geistige Genealogie der Frauen herausgebildet hat. Mag sein, dass es diese schon immer gab; wenn ja, so blieb sie im Verborgenen. Nun jedoch verlässt sie den Untergrund. Die einzelnen Feministinnen meiner Generation mögen sehr unterschiedliche Wege zurückgelegt haben – aber ich vermute, dass im Kopf einer jeden von ihnen eine solche Großmutter herumspukt. Das geistige Vermächtnis dieser vorangegangenen Generation an uns Nachgeborene ist ein großer Reichtum. Aber es verpflichtet uns auch zur Weitergabe.

In einem der frühen Romane von Vladimir Nabokov ist von einem Diktator die Rede, der seine Untertanen eines Buchstabens – des ›I‹ – beraubt: So kann niemand mehr »Ich« sagen.[11] Ein Geniestreich! Sowohl des Tyrannen, der begreift, wie man der modernen Gesellschaft beikommt. Als auch des Autors, der das bestgehütete Geheimnis aus der Trickkiste der Diktatoren verrät. Jetzt, wo ich vorhabe, über das eigene Leben zu erzählen, käme mir ein solcher Diktator ganz gelegen. Wie schön wäre es, wenn man über die eigene Lebensgeschichte so berichten könnte, als gäbe es kein Ich! Bei der Arbeit an meinen Filmen und Büchern habe ich oft die beglückende Erfahrung gemacht, das Selbst vergessen zu können. Eintauchen zu können in fremde Personen, ferne Ereignisse, abstrakte Zusammenhänge – das war Urlaub vom Ich! Was mir die Beschäftigung mit der eigenen Geschichte schließlich erleichtert hat, ist das Wissen darum, dass viele Frauen in derselben Zeit diese oder ähnliche Erfahrungen gemacht haben. Wenn ich meine Geschichte erzähle, berichte ich zugleich von anderen dieser Generation.

MEIN ITALIEN, MEIN PARADIES

Frühe Kindheit im Vatikan

Fünf Kinder, fünf Leitz-Ordner. Die Spuren unmündiger Lebensjahre. Sie enthalten Briefe nach Hause. Dass es sie noch gibt, ist der Sorgfalt meines Vaters zu verdanken, der diese Korrespondenzen trotz zahlreicher Umzüge über die Jahre aufbewahrte. Von den fünf Kindern wurde jedes in einem anderen Staat geboren, dem Alter folgend Carola in Kenia, ich in Italien, Christoph im Vatikan, Cornelia in Westdeutschland und Claudia in England. So unterschiedlich unsere Geburtsorte, so einheitlich verfuhren unsere Eltern bei der Namensgebung: Alle Vornamen beginnen mit C. Bei Carola, Christoph und mir war das noch eher Zufall. Beim vierten und fünften Kind wurde die Reihe einfach fortgesetzt. Vor der Geburt der beiden jüngsten Schwestern lagen bei uns Listen aus, auf denen die Besucher potenzielle C-Namen (geschlechtergetrennt!) eintragen konnten. Diese Liste fand ich noch in den Unterlagen meines Vaters. Heute, mit dem Internet ist eine solche C-Suche einfach. Damals war man auf allgemeine Zuarbeit angewiesen.

Mein Ordner: Natürlich existieren nur Briefe aus den Zeiten, in denen ich nicht zu Hause war – also im Internat lebte oder studierte. Mit den Jahren wird die Korrespondenz immer spärlicher: Einerseits entfernte sich mein Leben von dem der Eltern, andererseits wurden Telefonate erschwinglicher. Man griff schnell mal zum Hörer. Wie alle mündlichen Nachrichten hatten auch diese ihre Verfallszeit. Meine Eltern erlebten zwar noch das Internet, fanden aber keinen

Zugang mehr zur digitalen Kommunikation. Geradezu historisch mutet ein Dokument aus dem Jahr 1995 an, in dem unsere Tochter Anna ihrem Großvater in einem Brief aus den USA (auch er befand sich in meinem Leitz-Ordner) das Internet erklärt. »Man muß sich das wie einen riesigen Markt vorstellen. Du kannst nach etwas sehr Speziellem suchen. Du kannst Dich aber auch von der überwältigenden Fülle des Angebots berauschen lassen. Ist man erstmal im Internet, kann man sich stundenlang damit beschäftigen, überflüssigen Kram durchzublättern (man benutzt hier die Metapher des Buches, weil man am Computer immer eine Seite vor sich hat). Auf diese Weise kann ich auch wöchentlich ausgewählte *Spiegel*-Artikel lesen. Sehr praktisch. Außerdem erlaubt mir dieses Surfen, mich mit meinem heißgeliebten Bruderherz über zwei Stunden lang zu unterhalten (zum Bonner Ortstarif für Telefon!).« Mein Vater verstarb 1997, meine Mutter 2001; beide erreichten ein hohes Alter. Schon ab den späten 1970er-Jahren wurden Briefe rarer. Ich finde zwar noch kleine Spuren des Briefverkehrs – hier eine Widmung, dort ein Begleitschreiben zu einem mir zugeschickten Buch oder Foto, gelegentlich auch eine ausgedruckte Mail. Aber richtige Briefe gibt es nur noch selten. Für die Zeit nach dem Brief basiert der größte Teil meines Gedächtnismaterials auf den Texten und Filmen, an denen ich gearbeitet habe. An ihnen kann ich in Umrissen erkennen, wann und wie sich welche Interessen herausbildeten. Diese Arbeiten stellen eine Art von Tagebuch dar, aber anders als im Brief taucht das Wort »ich« darin nie auf.

In meinem Archiv liegen außerdem die Tagebücher meiner Mutter und ihr Briefwechsel mit meinem Vater. Sie umfassen die Jahre im Vatikan, meine ersten fünf Lebensjahre. Von dieser Zeit bleiben ansonsten nur einige sinnliche Eindrücke: Beim besonderen Hall von Kirchen, beim Geruch von Mimosen oder von Eukalyptus steigen unwillkürlich Gefühle in mir auf, für die ich keine Worte habe. Sie müssen aus dieser Zeit stammen. Laut den Erzählungen bin ich oft in die vatikanischen Brunnen gefallen. Die Hitze lud dazu ein. Es bleiben auch verschwommene Erinnerungen an Männer in langen schwarzen Röcken. Mit diesen inneren Bildern Priester zu verbinden geht vermutlich auf Fotos zurück, die ich später in elterlichen Sammlungen sah. Noch etwas erinnere ich: Als kleines Kind wusste ich, dass es einen Unterschied zwischen Katholiken und Protestanten gab. Er muss im Elternhaus oft Thema gewesen sein. Das Kind verlieh den Begriffen einen eigenen Sinn. Für mich bestand der Unterschied in der Augenfarbe: Braun war katholisch, blau evangelisch. Das entsprach wohl einer empirischen Evidenz: Die Deutschsprachigen waren wahrscheinlich blauäugig, was mit »evangelisch« gleichgesetzt wurde, und wer Italienisch sprach, musste »katholisch« sein.

Wir lebten damals im Vatikan, mein Vater war 1943 als Diplomat dorthin versetzt worden.* 1935 ins Auswärtige Amt eingetreten, hatte man ihn zunächst nach Paris geschickt und 1937 nach Äthiopien strafversetzt. (Bei einem Besuch des Reichsjugendführers der NSDAP Baldur von Schirach in Paris hatte es Krach gegeben.) Auf dem Weg nach Äthiopien rief mein Vater aus einer Telefonzelle in Neapel meine Mutter in Berlin an und bat sie, ihn zu heiraten. Im Frühjahr 1940 – inzwischen hatten die Deutschen Polen besetzt, es war Krieg – reiste meine Mutter ihrem zukünftigen Mann auf einem italienischen Frachter nach; sie heirateten in Addis Abeba. Wenige Monate später marschierten die Briten in das von Mussolini besetzte Äthiopien ein und befreiten das Land. Meine Eltern kamen in englische Gefangenschaft und landeten in einem Lager in Kenia auf 1800 Meter Höhe, wo 1942 meine Schwester Carola zur Welt kam. 1943 tauschte man meine Eltern gegen britische Gefangene aus. Die Familie kam nach mehrmonatiger Schiffsreise schließlich in Berlin an, und mein Vater, der gut Italienisch sprach, wurde gebeten, für

* Über die Jahre zwischen 1918 und 1948 und das Leben meiner Eltern und Großeltern in dieser Zeit habe ich in der *Stillen Post* ausführlich berichtet. Ich füge hier die Fakten nur skizzenartig ein, damit man versteht, wie es zu dieser frühen Kindheit im Vatikan kam.

eine kurze Zeit eine Vakanz bei der Botschaft am Heiligen Stuhl zu übernehmen. Der Vatikan war einer der wenigen Staaten, die überhaupt noch diplomatische Beziehungen zu Deutschland unterhielten. Seine Familie durfte er mitnehmen.

Wenige Monate, nachdem meine Eltern im Sommer 1943 in Rom angekommen waren, ergaben sich die italienischen Truppen unter dem Marschall Badoglio den Alliierten. Daraufhin besetzten die deutschen Truppen die Ewige Stadt. Die Familie aus Deutschland war nun Teil der Besatzungsmacht. Meinem Vater wurde die Aufgabe übertragen, die vatikanischen Gebäude in Rom – vor allem Klöster – vor Übergriffen von Wehrmacht und SS zu schützen. Er wusste, dass in diesen Gebäuden auch Juden versteckt wurden. Während dieser Monate lebten die Diplomaten der Alliierten als Gäste des Papstes im Vatikan. Nachdem die Alliierten im Sommer 1944 Rom befreit hatten, war es umgekehrt: Die Diplomaten der »Achsenmächte« Deutschland, Japan und Finnland zogen in den Vatikan, die der Alliierten quartierten sich um nach Rom. Im Juni 1944 wurde ich geboren, genau eine Woche, nachdem meine Eltern in den Vatikan eingezogen waren. Für meine Geburt erhielten mein Vater und meine Mutter Passierscheine und freies Geleit durch einen Konvoi der Alliierten – auf dem Passierschein stand, dass meine Mutter sich bei der Geburt beeilen möge. Eineinhalb Jahre später kam mein Bruder *im* Vatikan zur Welt. Er dürfte der einzige Protestant sein, der den Vatikan als Geburtsort angeben kann.

Nach dem Ende des Kriegs kehrte mein Vater nach Deutschland zurück, um dort eine Arbeit und Unterkunft zu suchen. Er arbeitete zunächst bei den Nürnberger Prozessen. Seine Aufgabe bestand darin, die Übereinstimmung der Protokolle zu prüfen; er sprach Englisch, Französisch, Russisch, die drei Sprachen des Prozesses. Wie alle Angehörigen des Auswärtigen Amtes wurde er zuvor von den Alliierten auf Mittäterschaft bei den NS-Verbrechen überprüft. Da mein Vater seit 1934 fast durchgehend im Ausland gewesen war (bevor er ins Auswärtige Amt eintrat, hatte er in den USA studiert), erschien seine NS-Karriere eher marginal, zudem war sein Parteieintritt 1941, während der Zeit im Gefangenenlager, erfolgt, er war also *in absentia* zum Mitglied gemacht worden.

Etwas später hatten die Amerikaner aber doch Gründe, meinem Vater genauer auf die Finger zu schauen. Er wurde von der CIA verhaftet. Wie sich herausstellte, hing dies mit seinem Bruder Wernher zusammen, der in Peenemünde an der Entwicklung der V1 und V2 beteiligt gewesen war. Wernher war im Mai 1945, zwei Tage nach der Kapitulation, von der US-Armee in Gewahrsam genommen worden. Man hatte aber einen Brief meines Vaters an General Dornberger, Wernhers Chef im Reichswehrministerium, abgefangen: Dieser Brief enthielt die Ortsbeschreibung eines Baumes im Allgäu und die Mitteilung, dass Wernher diese Information meinem Vater zugesteckt habe, bevor er seine Reise in die USA antrat. Die Amerikaner vermuteten, dass es sich um Akten aus dem Bestand von Peenemünde handelte. Tatsächlich lagen im Versteck ganz andere Dinge: ein aus dem abgeriegelten Schlesien herausgeschmuggeltes Manuskript der Memoiren meines Großvaters und Silberwaren von General Dornberger. Mein Vater wurde aus der Haft entlassen.

Während dieser Zeit blieb meine Mutter mit uns Kindern in Rom. Erst im Sommer 1949 verließen wir die Stadt. So kam es, dass ich die ersten fünf Jahre meines Lebens in den paradiesischen Gärten des Vatikans verbrachte. Die Gärten mussten wir nur verlassen, wenn sich der Heilige Vater dort aufhielt. Dieser Mann, von dem wir natürlich nicht wussten, dass er den Namen Pius XII. trug und schon bald eine historische Figur sein würde, war für uns eine abstrakte Respektsperson, fast wie eine der Statuen, die im Vatikan herumstanden. Wenn sein großes Auto vorbeifuhr, warfen wir uns bäuchlings auf den Boden – so wie wir es bei Erwachsenen beobachtet hatten. Prozession zu spielen war eine unserer Lieblingsbeschäftigungen: Wir gingen im Gänsemarsch hintereinander her und ahmten den Gesang der Liturgie nach. Diese ersten Kindheitsjahre, in denen meine Geschwister und ich nur Italienisch miteinander sprachen, hinterließen in mir eine unstillbare Sehnsucht nach Sonne (gepaart mit der Überzeugung, dass der Winter eine überflüssige deutsche Erfindung ist) und das stetige Verlangen, das verlorene Paradies wiederzufinden. Das Begehren wurde zur Triebfeder einiger späterer Italienreisen, die allerdings nie ganz befriedigend ausfielen. Denn in Italien angekommen, musste ich das Land mit anderen teilen. Anderen Deutschen. Der Verlust der Kindheit ist für mich bis heute nicht zu unterscheiden vom Verlust Italiens – *meines* Italiens.

PARADISE LOST

Der Umzug nach Deutschland

Der Bruch mit dem Kindheitsidyll im sonnigen Italien hätte nicht radikaler sein können: Wir siedelten in das zerbombte und unbeheizte Nachkriegsdeutschland um. Zuerst wurden wir Kinder bei Tante Ebe abgegeben, die aus Ostpreußen geflohen und als Flüchtling in einem bayerischen Dorf untergekommen war. Aus einigen Briefen meiner Eltern kann ich ersehen, welche Generalstabsplanung es erfordert haben muss, uns auch nur provisorisch irgendwo unterzubringen. Überall herrschte Not, keiner riss sich darum, zusätzliche Mäuler zu stopfen. Und wir waren zu viert: drei Kinder und Anna, die Haushälterin und Kinderfrau aus Tirol. Sie war schon zur Zeit meiner Geburt im Haus meiner Eltern gewesen und nun mit uns Kindern nach Bayern gereist. Mein Vater schickte Tante Ebe Geld. Er verdiente wenig. Aber noch weniger Geld hatte die Tante. Als Carola, damals sechs Jahre alt, einmal bei Regen ein Pfund Zucker im Dorf holen sollte, trug sie zwar ein Cape, vergaß aber, auch die Tüte mit dem Zucker ins Trockene zu bringen. Zu Hause angekommen, war vom Zucker nicht viel übrig. Ein Drama.

Einige Monate später wurden wir erneut umgesiedelt, dieses Mal ging es nach Varnhalt bei Baden-Baden. Mein Vater hatte eine Stelle im Außenhandel der drei Länder der französischen Zone gefunden, und sein Arbeitsplatz befand sich in Baden-Baden, später in Koblenz. Aus den Tagebüchern meiner Großmutter Emmy von Braun weiß ich, dass in diesen frühen Nachkriegsjahren viele Menschen kreuz und quer durch Deutschland zogen. Es müssen wahre Völkerwanderungen gewesen sein. Diese Migration veränderte das Leben nicht nur der Flüchtlinge und Umsiedler, sondern auch der Gemeinden, die die neuen Bewohner aufnahmen. »Aufnehmen« ist nicht ganz das richtige Wort: Vielmehr wiesen die Behörden die »Vertriebenen« aus Ostpreußen und Schlesien verschiedenen Regionen zu. Schon bald danach kamen die Aussiedler aus der Sowjetischen Besatzungszone.

Die Zuwanderer wurden selten mit offenen Armen empfangen. Die Einheimischen grenzten sich ab und behaupteten, die Flüchtlinge würden klauen, sich nicht waschen, schlecht riechen und anderes mehr. Die hastig errichteten Barackensiedlungen, in denen die Aussiedler untergebracht wurden, verstärkten das Stigma. Als wir später in Bad Godesberg wohnten, freundete ich mich mit einem Klassenkameraden an, der in einer solchen Barackensiedlung in Bahnhofsnähe lebte. Ihn dort zu besuchen hatte etwas vom Betreten einer verbotenen Welt. Die Vorurteile über die Vertriebenen hielten sich hartnäckig. Bei älteren Menschen habe ich sie noch bis vor wenigen Jahren gehört. Es sind die gängigen Stereotype über Fremde, die auch in der Corona-Pandemie wieder hohen Kurs erlangten.

Vor Kurzem entdeckte ich im bayerischen Tutzing, durch das ich vom Bahnhof zur Evangelischen Akademie lief, ein Denkmal, das im Jahr 1964 errichtet wurde: Es ist der »Alten und der Neuen Heimat« gewidmet. Der Spruch auf dem Denkmal lautet: »Niederebersdorf ewige Heimat, nie entschwunden. Tutzing, unsere Zuflucht, treu verbunden.« Hier hatte sich die einheimische Bevölkerung offenbar bereit erklärt, *ihre* Heimat mit den Zugezogenen zu teilen. Denn eine Inschrift auf der Rückseite berichtet, dass der Gemeinderat von Tutzing »in voller Einmütigkeit« beschlossen habe, eine Patenschaft für Niederebersdorf zu übernehmen, und dass die Gemeinde damit ihre »besondere Verbundenheit mit der sudetendeutschen Volksgruppe und darüber hinaus mit allen Heimatvertriebenen zum Ausdruck« bringen wolle. Es hatte fast zwei Jahrzehnte gedauert, bevor die Fremden als Teil der Gemeinschaft anerkannt wurden.

Ich muss allerdings zugeben, dass ich noch viel länger brauchte, um mich mit den Anliegen der deutschen Vertriebenen zu beschäftigen. Erst als ich vor rund zwanzig Jahren Näheres über die Herkunft und das Schicksal meiner väterlichen Großeltern wissen wollte – sie mussten 1947 Schlesien verlassen und verloren ihr geliebtes Gut –, beschäftigte ich mich mit der Vertreibung der Deutschen nach dem Ende des Zweiten Weltkriegs. Ich las zum ersten Mal das Tagebuch, das meine Großmutter Emmy von Braun über die zwei Jahre zwischen Kriegsende und Aussiedlung geführt hat. Bis dahin hatten mich die politisch-revanchistischen Auftritte der Vertriebenenverbände davon abgehalten, mich dieser Frage zuzuwenden.

Ich war schon oft an diesem Tutzinger Denkmal vorbeigekommen, hatte es aber nie wahrgenommen. 2015 fiel es mir zum ersten Mal auf. Der freundliche Empfang, den eine große Mehrheit der Deutschen den Geflüchteten in diesem Jahr bereitete, muss die Aufmerksamkeit geschärft haben. Kurz danach kam freilich die sogenannte Flüchtlingskrise mit ihren fremdenfeindlichen Ausschreitungen – und nun folgt der Corona-Nationalismus mit seinen Verschwörungstheorien und »Hygiene-Demos«.

Wir wohnten ab Juli 1949 in Varnhalt, in einem Gasthaus, das zu einem Bauernhof gehörte. Anna, die auf dem Land aufgewachsen war, kannte die Regeln des Dorflebens. Ich vermute, das half, wenn sie den Bauern Obst, Eier oder Speck für die Familie zu entlocken versuchte. Auf dem Hof gab es Kinder, die sich mit der größten Selbstverständlichkeit unter Tieren bewegten (im Vatikan waren wir außer Katzen und Tauben keinen Tieren begegnet). Die Kinder ritten auf dem Rücken von Schweinen und veranstalteten Wettrennen durch die Dorfstraße. An den Bäumen hingen Zwetschgen, begierig sammelten wir auf, was herunterfiel. Süßigkeiten, Schokolade hatten wir seit Rom nicht mehr gesehen. Der Zucker dieser überreifen

Pflaumen erinnerte uns an das verlorene Paradies. Ein wenig später zogen wir nach Frankfurt. Damals muss das Foto entstanden sein, das mein Vater von meiner Mutter und uns Kindern auf der Straße gemacht hat: Alle vier lutschen – konzentriert – an einem, *ihrem* Eis.

In Frankfurt wohnten wir in einer gerade fertiggestellten Wohnung. Sie war feucht, wir waren unentwegt krank. Zum Glück war Anna da, kochte und umsorgte uns. In einem Leben, das von wechselnden Wohnorten geprägt war, sollte sich Anna für uns Kinder als der sichere Hafen erweisen. Das Geld war knapp, wie bei allen Familien in dieser Zeit. Der Verlust eines Füllfederhalters konnte zur Tragödie ausarten. Ich erinnere mich auch an Besuche bei Tante Grete in Dortmund; sie war die Schwester meiner Großmutter Hildegard Margis. Dortmund war zwar ebenso zerbombt wie Frankfurt, aber in Tante Gretes Garten spürten wir das nicht. Von diesem Garten erinnere ich nur eine Szene: Ich neidete einem anderen Mädchen, das in demselben Haus wohnte, ihren Puppenwagen und versuchte, mich seiner zu bemächtigen. Ihn anzuschieben, als gehörte er mir. Das führte zu großem Geschrei. Mir wurde verboten, das begehrte Stück anzurühren. Da ich es aber nicht lassen konnte, gab es von meiner Mutter eine Tracht Prügel. Die einzige, die ich je erhalten habe. Bei meiner älteren Schwester war das anders, ihr wurde einiges an »guter Erziehung« zuteil. Bis sie meiner Mutter eines Tages sagte, nun sei aber Schluss mit der Prügelstrafe. Die Antwort meiner Mutter erinnert sie bis heute: »Gut, dann bist du aber selbst schuld, wenn nichts aus dir wird!«

In Erich Kästners *Pünktchen und Anton* weiß Pünktchen nicht, ob ihre Familie arm oder reich ist. »Redet ihr zu Hause über Geld?«, fragt Anton seine Freundin. Pünktchen verneint. »Dann seid ihr reich«, konstatiert er. Bei uns zu Hause wurde ziemlich oft über Geld gesprochen; daraus schloss ich, wir seien arm. Aber wenn ich heute die Fotos aus den frühen 1950er-Jahren betrachte, so ist gut zu erkennen, dass meine Familie zu den Privilegierten gehörte. Wenn ich dennoch zögern würde, von einer »glücklichen Kindheit« zu sprechen, so hing dies weder mit meiner Familie noch den Lebensumständen zusammen, sondern mit mir selbst: Ich hatte mit Problemen zu kämpfen, für die mir keine Formulierungen zur Verfügung standen. Das machte den Umgang mit mir nicht leichter. »Du warst immer die Schwierige«, sagte mir später einmal meine ältere Schwester. Das änderte sich erst, als ich auf eigenen Beinen stand und die Worte für mein Unbehagen fand. Rückblickend wird mir klar, dass in diesen frühen Selbstzweifeln auch die Motivation für viele spätere Fragestellungen angelegt war.

Das Wirtschaftswunder erreichte uns ab 1951, nachdem mein Vater eine Anstellung in der Privatwirtschaft angenommen hatte. Wir zogen von Frankfurt, wo ich eingeschult worden war, nach Bad Godesberg. Die Wohnung lag direkt am Rhein, im Parterre einer herrschaftlichen alten Villa am Ende einer kleinen Straße, der Camphausenallee, die zum Fluss führte. Aus dem Garten schaute man aufs Siebengebirge, wir zählten die vorübertuckernden Frachtschiffe und übten uns darin, die europäischen Nationalflaggen zu erkennen. Die drei älteren Geschwister schliefen zusammen in einem Zimmer, Baby Cornelia bei Anna. Der Villa sah man noch das Vermögen ihrer Erbauer an, inzwischen war sie freilich baufällig geworden. Eines Tages geschah es dann: Die über uns wohnende Nachbarin stürzte mit dem gesamten Balkon ab, das Eisen war durchgerostet. Sie überlebte schwer verletzt.

Wir liefen die Rheinpromenade entlang bis zum nahe gelegenen Schwimmbad, wo wir unseren »Freischwimmer« machten. Damals lernten so gut wie alle Kinder schwimmen. An die Schulzeit in Bad Godesberg habe ich nur wenige Erinnerungen – darunter die, dass der Unterricht manchmal in den Vormittag und manchmal in den Nachmittag fiel. Die Schulgebäude wurden für zwei Kohorten von Schülern genutzt. Dennoch umfasste eine Klasse mindestens vierzig Schüler, oft mehr. An Sportunterricht kann ich mich überhaupt nicht erinnern, was allerdings auch an mir liegen mag. Sehr präsent sind mir hingegen die Kämpfe mit meinem Vater um den morgendlichen Haferbrei. Ich hasste diese Pampe, konnte sie kaum herunterbekommen. Eine der Strafandrohungen habe ich nie vergessen: »Du darfst erst zur Schule, wenn du das aufgegessen hast!« Ich rätsele bis heute, was ich damals gefühlt habe. Ging ich gern in die Schule? Ich denke, ja. Hatte ich Angst vor einem Eintrag ins Klassenbuch, weil ich zu spät zum Unterricht kam? Wahrscheinlich auch.

Fotos aus dieser Zeit erzählen von Picknicks auf dem Rasen vor dem Haus, von Cornelias Taufe, der Suche nach Ostereiern. Sogar alte Weihnachtswunschzettel fand ich in den Familienunterlagen. Es sind Briefe von Carola, Christoph und mir an das Christkind: Anschrift »Milchstraße 1, Himmel«. Auf der Rückseite sind die Zettel mit »1950« datiert – einer Zeit, in der bestenfalls Carola über eine Schönschrift verfügte. Meine ältere Schwester streitet strikt ab, diese Zettel je geschrieben zu haben. Auch die Geschenke selbst verwundern uns: für Christoph typische Jungs-Spielzeuge wie Autos und Flugzeuge, für Carola und mich Puppen und Nähkörbchen. Meine Schwester und ich sind uns einig, dass es sich um Fälschungen handelt.

Wurden wir in Rollenklischees erzogen? Eher nicht. Carola bekam zwar Klavierunterricht, las aber lieber Karl May. Ich hatte zwar Ballettstunden, aber auch da hielt sich die Begeisterung in Grenzen. Meine Mutter selbst verfügte kaum über häusliche Kompetenzen. Aber sie sprach schon früh von Berufen, die sie als geeignet ansah für meine Schwestern und mich. In den 1950er-Jahren war das für bürgerliche Frauen bei der Erziehung ihrer Töchter eher ungewöhnlich. Die Frauen, die in der Kriegszeit oder unmittelbar danach einen eigenen Beruf ausgeübt hatten, waren nach 1945 zumeist in die Hausfrauenrolle zurückgedrängt worden. In dieser Hinsicht vollendete die Geschlechterideologie der 1950er-Jahre das NS-Projekt einer frauenbereinigten Berufswelt.

Obwohl auch meine Mutter Hausfrau war, wusste sie, was weibliche Selbstbestimmung ist. Sie hatte erlebt, wie ihre eigene Mutter ihren Weg gemacht und allein zwei Kinder aufgezogen hatte. Zwar hatte sie unter der Dominanz ihrer Mutter gelitten, wie sie mir einmal erzählte. Aber sie hatte von ihr auch gelernt, dass Frauen mehr können, als man ihnen je zuvor zugetraut hatte. Diese Botschaft gab sie uns, ihren Töchtern – verschlüsselt – mit auf den Weg. In dieser Hinsicht genossen meine Schwestern und ich eine progressive Erziehung. Später war auch Geschlechtlichkeit kein großes Thema. Es wurden keine Bücher versteckt, und keiner machte einen Hehl daraus, dass Sexualität zu den guten Dingen des Lebens gehört. Über Prüderie spottete meine Mutter. Auch über Homosexuelle verlor sie kein schlechtes Wort, anders als viele andere in ihrer Umgebung. Als eine Bekannte ihr mal mit Entsetzen mitteilte, ihr Enkel sei womöglich schwul, meinte sie nur: »Na und, einige der interessantesten Männer, die ich kenne, sind Homosexuelle.«

Im Rheinland angekommen, wurde jedes Jahr ein Kinderkarneval ausgerichtet. Die Wohnung war vollgehängt mit Luftschlangen. Auf den Fotos trete ich immer als Prinz oder Page auf. Nie als Prinzessin. Ich weiß nicht, ob ich das so wollte oder meine Mutter mich so einkleidete. Ich glaube, es war Letzteres. Bei Kostümfesten praktizierten meine Eltern oft den Geschlechtertausch: Meine Mutter trug Smoking, mein Vater Abendkleid. Hinter dieser Idee steckte eindeutig meine Mutter. Sie verspürte ein Verlangen, von dem auch viele Schriftstellerinnen und Künstlerinnen des 19. Jahrhunderts berichten: die Sehnsucht, ein Mann zu sein, um über dieselbe Unabhängigkeit zu verfügen wie dieser. Mein erstes Buch, das ich Mitte der 1980er-Jahre veröffentlichte, beginnt mit einer kurzen Passage, in der ich vom Erstaunen bei der Geburt meines Sohnes berichte. Ich fand es seltsam, neun Monate lang ein anderes Geschlecht in meinem Bauch getragen zu haben, aber meinerseits nie zu erfahren, wie es sich anfühlt, im männlichen Körper zu leben. Meine Mutter schrieb an den Rand »Quatsch«. (Ich fand das Buch mit mehreren solchen Randbemerkungen in ihrem Nachlass.) Meine Mutter hatte sich nicht nur gewünscht, im Männerkörper zu leben, sie erlebte sich auch so. Das war für meine Schwestern und mich schon anders. Wir wollten die Freiheiten haben, die einst Männern vorbehalten waren, hatten aber kein Problem damit, Frauen zu sein. Heute hat die Geschlechterpolarität ihren Sinn verloren – aber für meine Mutter war diese Entwicklung noch nicht absehbar. Sie musste sich noch verkleiden, um ihre Sehnsucht gelegentlich auszuleben.

Die Gewohnheit der Karnevalsfeste haben meine Eltern zeitlebens beibehalten. 1961 – mein Vater war inzwischen Protokollchef des Auswärtigen Amtes in Bonn – veranstalteten sie ein Kostümfest unter dem Motto »Rouge et Noir«. Carlo Schmid verfasste ein Einladungsgedicht, voller Anspielungen auf die politische Bedeutung der beiden Farben. Es enthielt die Zeilen »Rot komm' der eine/ Schwarz folg' der andere/schwarz-rot gewürfelt/zeig' sich der Schlaue.« Man riss sich um die Karten, für die man »einen Dukaten/ ein Papierchen von/zwanzig Demark aus Blessings/fleißigen Pressen« zu entrichten hatte. Der Regierung Adenauer ging allerdings die Vorstellung, dass das Bonner Parkett zum Schauplatz einer rot-schwarzen Paarung werden könnte, entschieden zu weit. Der Karnevalsscherz wuchs sich zu einem Skandal aus, der von der Presse genüsslich aufgegriffen wurde. (Ich war zu diesem Zeitpunkt im Internat, aber meine ältere Schwester erzählte mir, dass meinem Vater die Provokation, die mit dieser Einladung einherging, durchaus bewusst war. In Wahrheit hatten es wohl alle Beteiligten darauf angelegt.) Meine Eltern mussten das Fest absagen. Der Kalte Krieg war unerbittlich: Die Konfrontation zwischen Ost und West bedeutete Unvereinbarkeit von CDU und SPD. Allerdings wurde schon fünf Jahre später aus dem Karnevalsscherz Geschichte: 1966 schlossen CDU und SPD die erste Große Koalition – mit Kurt Georg Kiesinger als Kanzler und Willy Brandt als Außenminister. Brandt war nun der Vorgesetzte meines Vaters. Die GroKo von 1966 hielt nur drei Jahre. Erst lange nach der Wiedervereinigung probierte man es wieder. Da hatte die GroKo ihre Bedrohlichkeit verloren. Und für ein Kostümfest gab sie auch nichts mehr her.

Um 1952 kaufte mein Vater einen gebrauchten VW-Käfer, den meine Mutter – im Gegensatz zu vielen anderen Ehefrauen – fahren durfte. Da er sehr grün war, nannten wir ihn Laubfrosch. Wenn wir in die Ferien aufbrachen, quetschten sich insgesamt sieben Personen ins Auto: vorne meine Eltern, auf der Rückbank saßen Carola und Anna mit Baby Cornelia auf dem Schoß. Mein Bruder und ich kletterten abwechselnd in die Gepäckablage hinter der Rückbank, oder wir saßen auf einer zusammengerollten Decke zwischen den Vordersitzen über der Handbremse. Sicherheitsgurte gab es nicht, sie wurden erst 1974 eingeführt. Das Gepäck wurde unter der vorderen Haube und auf dem Dach verstaut. Die Autofahrten Richtung Süden – Bayern, später auch mal Italien – dauerten ewig, am Straßenrand sah man oft liegen gebliebene Autos mit Motorschäden oder geplatzten Reifen. Pannen gehörten zum Alltag der neu motorisierten Welt. Auf den langen Strecken mussten die Kinder unterhalten werden, was zum Teil durch Ratespiele, zum Teil durch Wettbewerbe geschah. Etwa: Wer sieht als Erster einen Zwiebelturm? Signal des Südens. Außerdem brachte mein Vater uns ein paar respektlose Lieder bei, die er selber als Schüler gelernt hatte: Im Lied »O hängt ihn auf« ergab die Story, dass ein Lorbeerkranz zu Ehren des Landesfürsten gehisst wurde, doch wenn der Refrain die jeweils letzten Verse zusammenfügte, war es der Fürst, der aufgehängt wurde. (Vermutlich stammte das Lied aus der Zeit der 1848er-Revolution, wie ich mir später zusammenreimte.)

Im Sommer wurden wir auch manchmal an die Nordsee geschickt: Das Kinderheim befand sich auf Juist. Das Klima galt als gesund, war es wahrscheinlich auch, aber die Unterbringung war uns mindestens so verhasst wie Lebertran. Unsere Abneigung richtete sich nicht gegen das Meer und nicht gegen den Strand, sondern gegen das Kinderheim »Weberhof«. Die ersten ein oder zwei Wochen durften wir nicht ans Meer – »das Meeresklima ist für die Kinder zu anstrengend«. Stattdessen sollten wir an kleinen Webrahmen sitzen. Oder andere todlangweilige Tätigkeiten ausüben. Vielleicht wollten wir auch einfach nicht von zu Hause weg sein. Die Eltern brachten uns hin, fuhren los und holten uns vier Wochen später wieder ab. (Vielleicht waren es auch nur drei Wochen, doch die gefühlte Zeit war unendlich.) Ein Foto aus dieser Zeit steht neben meinem Schreibtisch. Carola, Christoph und ich: Wir alle drei schauen mit unnachahmlich grimmigen Gesichtern auf einen Punkt an der Kamera vorbei. Es ist das ehrlichste Foto, das ich überhaupt kenne. In meiner Erinnerung befanden wir uns am Hafen und starrten auf die anlegende Fähre, die die Eltern gleich mitnehmen wird. Nachdem wir zum zweiten Mal auf Juist gewesen waren, erzählte Carola unseren Eltern, wie sie im Kinderheim von einer älteren Schülerin getriezt worden war. Keine Erzieherin hatte sie geschützt. Danach mussten wir nicht mehr in den »Weberhof«.

Nach außen hin hielten wir Geschwister fest zusammen. Anders war es zu Hause: Da ging es um Selbstbehauptung. Meist verbündete sich meine ältere Schwester mit dem jüngeren Bruder gegen mich. Jedenfalls habe ich das so in Erinnerung. Wegen des großen Altersunterschieds kamen die jüngeren Schwestern weder als Rivalinnen noch als Verbündete infrage. Aus der frühen Konkurrenz erwuchsen später aber enge Beziehungen. Alle fünf Geschwister schlugen sehr unterschiedliche Wege ein, und auch unsere politischen Ansichten liegen oft weit auseinander. Dennoch vergeht kaum ein Jahr, in dem es nicht zu einem Familientreffen kommt; eine Hochzeit oder ein runder Geburtstag findet sich immer. Über die Jahre wurde der Kreis immer größer, erst kamen die Partner dazu, dann die Kinder, nun auch die Enkel. Zusammengehalten wird diese Gruppe vornehmlich dadurch, dass wir uns über Ähnliches amüsieren. Offenbar gehört der gemeinsame Humor – mit dem mein Vater reich gesegnet war – zu den Dingen, die in Familien trainiert werden. Später habe ich gelernt, dass die größte Gabe, die ein Eskimostamm dem anderen bereiten kann, darin besteht, den anderen Stamm zum Lachen zu bringen. Wem das gelingt, der darf jede Gegengabe verlangen.[12] Blut ist dicker als Wasser, heißt es. Aber ohne das Bindungsmittel Humor ist es auch nur ein dünner Stoff.

Die alte Godesberger Villa, in deren Erdgeschoss sich unsere

Wohnung befand, war die erste von vielen attraktiven Behausungen meiner Eltern. Meine Mutter kleidete sich nicht nur sehr gut – sie galt als eine der bestgekleideten Frauen von Bonn –, sie verstand auch etwas von Einrichtung und Design. Die Wohnungen waren meist nicht groß, schon gar nicht für eine Familie mit fünf Kindern. Aber sie wirkten geräumig. Nein, ich habe als Kind keine bedrückenden Verhältnisse erlebt. Unter den Filmemacherinnen und Uni-Kolleginnen, denen ich später begegnete, gab es einige, die von der Not beengten Wohnens und von einer Kindheit berichteten, in der es am Notwendigsten fehlte. Einige erzählten auch vom Widerstand der Familien gegen ihre Bildungswünsche. Während bei einem Sohn der soziale Aufstieg begrüßt, ja gefördert wurde, wurde er bei den Töchtern unterbunden. Für manche dieser Frauen implizierten höhere Schulbildung und Studium den Bruch mit der Herkunftsfamilie. Es wurde ihnen unterstellt, »etwas Besseres« sein zu wollen. Mit solchen Zurückweisungen hatten wir vier Schwestern es nicht zu tun. Die Zäsur war anderer Art: Ohne es bewusst darauf anzulegen, lösten wir uns alle aus dem bürgerlichen Familienmodell. Jede von uns wollte ihr eigenes Geld verdienen, sich lieber in die Abhängigkeit von fremden Arbeitgebern oder Institutionen begeben als in der Abhängigkeit eines Ehemannes stehen. Ich denke, das ist repräsentativ für viele Frauen meiner Generation.

Erst nachträglich habe ich verstanden, wie groß der Anteil meiner Mutter an diesem Dang nach Selbstständigkeit war. Sie selbst verfügte über kein eigenes Einkommen, hatte aber volle Verfügung über das Konto, auf dem das Gehalt meines Vaters einging. Das gab es in dieser Generation nur selten. Meine Mutter wollte nicht unbedingt berufstätig sein, traute sich das nicht zu. (Das sagte sie mir später einmal.) Aber sie reklamierte ein Hausfrauengehalt – wegen der gesellschaftlichen Anerkennung der Erwerbstätigkeit. Ohne die Rolle selbst zu leben, wurde sie zum Medium jener Lust auf Unabhängigkeit, die schon ihre Mutter Anfang der 1920er-Jahre ausgelebt hatte. Die Nazis konnten erreichen, dass die weibliche Emanzipation eine Generation übersprang – die Generation meiner Mutter. Aber sie konnten nicht verhindern, dass sie danach wieder Fahrt aufnahm.

1953 erhielt mein Vater die Einladung, wieder ins Auswärtige Amt einzutreten. Das war zwar ehrenvoll, aber Beamter zu sein war damals weniger attraktiv als ein Job in der Industrie. Der staatliche Sold konnte mit den Gehältern der Wirtschaft nicht konkurrieren, und dieser schien in der jungen Bundesrepublik ein unaufhaltsamer Aufschwung beschieden. Dennoch zog es meinen Vater wieder in den diplomatischen Dienst. 1954 wurde er an die deutsche Botschaft in London versetzt. In London kam auch meine jüngste Schwester Claudia zur Welt.

DIE FREMDE BIN ICH

Schuljahre in London

Als wir in Ostende das Schiff bestiegen, hatte ich soeben die Grundschule abgeschlossen, die Prüfung zum Gymnasium bestanden und sah mich plötzlich dem Rätsel einer neuen Sprache gegenüber. Die italienischen Kindheitserfahrungen waren mittlerweile wie ausgelöscht. Ich erinnere mich, dass ich bei der Einfahrt in den Hafen von Dover die Menschen auf dem Quai sah und überlegte: Mag sein, dass sie nicht Deutsch *sprechen*, aber bestimmt *denken* sie auf Deutsch. Ich musste lernen, dass die Engländer nicht nur englisch sprechen, sondern auch englisch denken und handeln. Im Gegensatz zur ersten kulturellen und sprachlichen Entwurzelung (vom Italienischen ins Deutsche) habe ich diese zweite bewusst erlebt. Mit neun ist man in einem Alter, wo man fremde Sprachen noch nebenbei aufsaugt, aber auch schon merkt, was in einem vorgeht. Als Kind in eine neue Sprache eingetaucht zu werden schafft Verlorenheit und schärft zugleich den Sinn für ein Leben zwischen den Stühlen.

Meine Geschwister und ich kamen zunächst in ein englischsprachiges Ferienlager, das von einem deutschsprachigen Pastor geleitet wurde. Als die Ferien vorbei waren, sprachen wir ein rudimentäres Englisch – genug, um im Schulunterricht folgen zu können. Anfangs warf ich manchmal die beiden Sprachen durcheinander. So wollte ich in einem deutschen Satz von Ton sprechen (mit dem man töpfert) und sagte »*clay*«; die anderen verstanden »Klee« und wunderten sich, wie ich Figuren aus einem Gewächs formen wollte. Homonyme sollten mich – vor allem die der französischen Sprache – lebenslang faszinieren. Lange wollte ich mir nicht eingestehen, dass sie sich auch dem Zufall verdanken können.

Das Ich konstituiert sich über die Sprache, in der es lebt. Bei Nabokov, der durch das Exil gleich mehrfach sprachlich entwurzelt wurde, kreist das gesamte Werk um die Frage, wie das verlorene Ich durch ein literarisches ersetzt werden kann. Denn, so schreibt er, »Das Ich im Buch stirbt nicht im Buch.«[13] Bei James Joyce ist es genau umgekehrt: Für den Iren war Englisch die Sprache der Kolonisatoren. Er verwendete sie, aber er nahm sich mit dieser Sprache auch Freiheiten heraus. »Joyce is our revenge on the English«, sagte mir der irische Schriftsteller John Montague, mit dem ich ein Interview über irische Literatur drehte: »He took their language and tore it apart.«* Ähnliches gilt für Samuel Beckett, auch er ein Ire: Er schrieb in mehreren Sprachen, und immer wenn er in einer Sprache zu sehr zu Hause war, floh er in die andere. Diese Schriftsteller suchten die Entfremdung (oder funktionierten sie kreativ um, wie Nabokov). Ich wurde in diese Situation hineingeworfen, sie passierte mir. Aber diese Erfahrung trug dazu bei, dass ich schon früh viele Selbstverständlichkeiten infrage stellen musste. Las ich ein englisches Jugendbuch, so war dies meine Welt, las ich ein deutsches, so lebte ich in einer anderen Umgebung. Das Erlernen einer fremden Sprache bedeutete für mich als Kind eine »Entheimatung«. Die Erfahrung vermittelte mir eine erste Ahnung vom Elend und Gewinn eines solchen Lebens vor der Tür.

In London besuchten mein Bruder und ich zunächst eine gemischte Schule. Als ich deren Direktor zum ersten Mal begegnete, konnte ich den Blick kaum von seinem Gesicht wenden: Er brachte es tatsächlich fertig zu sprechen, ohne die Lippen zu bewegen. Spä-

* »Joyce ist unsere Rache an den Engländern: Er nahm ihre Sprache und zerfetzte sie.« John Montague, in: Christina von Braun, *Die eingepflanzte Zunge. Zeitgenössische irische Literatur*, Filmreihe in drei Folgen, Teil 2, Saarbrücken 1986.

ter erlebte ich das in England noch oft. Es gilt als vornehm, warum, weiß ich nicht. Vielleicht weil Lippen Sexsymbole sind, die kontrolliert gehören? Es war im Lateinunterricht dieses Direktors, als mir plötzlich ein Licht aufging: Der Direktor sprach das Wort »Cäsar« so aus, als werde es mit »K« und »ai« geschrieben. Wie der deutsche »Kaiser«. Diese Stunde war meine Einführung in die Etymologie. Erst später erklärte mir mein deutscher Lateinlehrer, dass die englische Aussprache des alten Lateins dem antiken römischen Sprachgebrauch wahrscheinlich näher kommt als die deutsche.

Nach zwei Jahren auf dieser Schule kam ich auf ein reines Mädchengymnasium: ein altes, traditionelles Gymnasium mit dem Leitspruch *So that Our Daughters May be as the Polished Corners of the Temple.** Der Satz prangte auf dem Wappen, das die Mädchen auf ihren Schulhüten (im Winter grauer Filz, im Sommer Stroh) und an den Jacken trugen. Schuluniformen waren selbstverständlich. Alle Mädchen trugen graue Flanellröcke, weiße Blusen, grauen Blazer (oder Strickjacken) und Hüte. In England gab es nur Ganztagsschulen. Wir aßen in der Schule zu Mittag. Dass ich von meiner gesamten neunjährigen Schulzeit die vier Jahre in England als die glücklichsten erinnere, hängt sicher nicht mit der englischen Küche zusammen. Die Mittagsgerichte bestanden aus völlig zerkochtem Gemüse, Nudeln, Fisch- oder Fleischgerichten. In guter Erinnerung blieb vielmehr die Aufmerksamkeit, die jeder einzelnen Schülerin entgegengebracht wurde. Worin sie bestand, ist aus den Schulzeugnissen dieser Jahre kaum abzulesen. (Gesammelt von meinen Eltern, liegen sie gestapelt in einer Schublade meines Arbeitszimmers.) Aber woran ich mich erinnere, ist eine dichte Atmosphäre von Strenge und Zuwendung zugleich.

Leider spielte die äußere Form der abgegebenen Arbeiten eine Rolle. Bei mir war sie eine Katastrophe. Zeitlebens sollte meine

* Der Spruch, das wusste ich damals nicht, ist abgeleitet von Psalm 144, 12, übersetzt in der Luther-Bibel mit: *Unsere Töchter seien wie Ecksäulen, für Paläste gemeißelt.*

Handschrift Freunde und Familie zur Verzweiflung bringen. Doch tauchte dieses Problem erst mit dem Umzug nach England auf. Die Engländer schrieben eine andere Schreibschrift, als ich sie mir in der deutschen Schule angewöhnt hatte. Offenbar versuchte ich, mich der Schreibweise meiner Schulkameradinnen anzupassen. Sie schrieben zumeist linkslehnend und verlinkten die Buchstaben auf andere Weise (dieselbe Schreibart fand ich später auch bei amerikanischen Freundinnen wieder). Weil die Anpassung nicht so recht gelang, ging ich zu Druckbuchstaben über. Das ging langsamer, also zog ich die Buchstaben zusammen: Es entstand eine Art von kursiver Druckschrift. Das Resultat waren Briefe und Notizen, die im Laufe der Jahre immer unleserlicher wurden. Oft auch für mich. Die Erlösung – für mich selbst und für alle, die meine Hieroglyphen mühsam entziffern mussten – kam viele Jahre später, als ich mir das Schreiben auf der Maschine beigebracht hatte.

Nicht zuletzt dank des Ganztagsunterrichts gab es in der englischen Schule viele Gelegenheiten für Sport: Tennis, Schwimmen und sogar Sportarten, denen ich später nie wieder begegnet bin – wie Lacrosse, eine Art von Cricket für Mädchen. Für den Sportunterricht wurden wir im Schulbus nach Hampstead Heath im Norden Londons gefahren. Ich selbst war sportlich nicht besonders begabt und auch nicht sehr ehrgeizig. Aber in den Sportstunden wie auch im Unterricht wurde vor allem Gemeinschaftssinn geübt. Man konnte sich auch einer Theatergruppe anschließen. Das liebte ich. Meine Mutter kam zu einer der Aufführungen, in denen ich spielte. Es war eine Mini-Rolle, aber ich hatte gehofft, Lob von ihr zu hören. Stattdessen beschimpfte sie mich – nicht etwa wegen mangelnder schauspielerischer Fähigkeiten, sondern weil mir die Haare ins Gesicht fielen! Später erzählten mir Freundinnen von ähnlichen Enttäuschungen. Ich brauchte Jahre, bevor ich begriff, dass Mütter an ihren Töchtern immer das Verfehlen der Ideale kritisieren, die sie sich selbst gesteckt haben. Eine gute Schauspielerin will, dass ihre Tochter gut spielt. Eine Frau mit künstlerischen Ambitionen hofft, dass ihre Tochter eine kreative Begabung zeigt. Und meine Mutter war eben eine elegante Frau. Für sie waren unordentliche Haare ein Graus. Letztlich suchen Mütter in ihren Töchtern das ideale Selbst. Väter sind oft schon zufrieden, wenn der Sohn es ihnen gleichtut. Mütter dagegen erhoffen sich von ihren Töchtern, dass sie einen Schritt weiter gehen. »Meine Mutter hatte noch ein paar Wünsche offen«, so drückte es meine Freundin Simone Bergmann einmal aus. Vielleicht erhoffen sie sich von den Töchtern deren Erfüllung.

Dass mir die Schuljahre in England in so guter Erinnerung geblieben sind, hing auch mit dem spezifischen Klima der Mädchenschule zusammen. Natürlich hatten wir gelegentlich Jungs im Kopf. Ich kann mich an Peter erinnern, den ich in einem Ferienlager kennengelernt hatte. Er sang mit hoher Stimme. Ich meinte, mich in ihn verliebt zu haben. Aber für mich wie für die anderen waren Namen wie »Peter« nur ein Code. (Unser Verhalten ähnelte ein wenig den Figuren in Romanen des 19. Jahrhunderts, die von Schriftstellerinnen wie den Brontë-Schwestern oder Jane Austen in zuvor nie gekannte literarische Höhen getrieben wurden.) Für das Alltagsleben, das Lernen und die inhaltliche Auseinandersetzung im Unterricht war das andere Geschlecht völlig überflüssig. Freundschaft, Konkurrenz oder Bewunderung – all diese Dinge machten wir allein unter uns Mädchen aus. So lernten wir, Nähe und Distanz zueinander zu finden.

Als ich später in Deutschland auf einem gemischten Internat war, erlebte ich eine völlig andere Atmosphäre. Der Umgang war geprägt von den prüfenden Blicken der Jungen und von der spontanen Bereitschaft der Mädchen, sich diesen auszusetzen. Ohne uns dessen bewusst zu sein, unterwarfen wir uns einer Kontrolle, die von den Jungen nicht immer bewusst ausgeübt wurde. Sie war eher Teil ihres angelernten – oder genauer: angefühlten – Habitus. Heute verspüren junge Mädchen diesen Zwang vielleicht weniger stark, aber es sollte mich wundern, wenn er ganz verschwunden wäre. Ich jedenfalls trauerte der englischen Mädchenschule noch lange nach.

Es hätte mich gefreut, wenn auch meine Tochter eine ähnlich gute Erfahrung mit einer Mädchenschule hätte machen können. Aber diese Wahl hatten wir nicht. Alle Mädchenschulen in unserer Umgebung in Bonn waren katholisch und verfolgten ein Bildungsideal, das sich am katholischen Frauenbild orientierte. Bildung und selbstständiges Denken standen an diesen Schulen – im Gegensatz zu denen in England – keineswegs an erster Stelle.

Obwohl ich eine mittelmäßige Schülerin war, habe ich vom Unterricht in London viel profitiert. Von Beginn an hatten wir Latein und Französisch; im Englischunterricht lasen wir – wen wundert's – viel Shakespeare und lernten zahlreiche Monologe und Sonette auswendig. Ich kannte die wunderbaren englischen *Christmas carols* wie *O come, all ye faithful* (das sich nur durch eine falsche Betonung beim Wort »anbeten« ins Deutsche übertragen lässt) und sang *Rule Britannia* aus vollem Hals. Bei den Aufsätzen machte ich selbst nach zwei Jahren noch Fehler. Dafür gewann ich bei einem schulübergreifenden Wettbewerb einen Preis fürs Erzählen. Aus dem Stegreif sollte man zu einem vorgegebenen Thema eine Geschichte erfinden. Ich weiß nicht mehr genau, was ich erzählt habe, aber offenbar gefiel die Story. Es ging, so viel weiß ich noch, um ein weißes Pferd. (Klingt nicht sehr originell. Wahrscheinlich konnte das Pferd sogar fliegen, was das Klischee abrunden würde.) Mein wirkliches Verhältnis zu Pferden war weniger romantisch. Unsere Eltern schickten uns zum Reitunterricht. Begleitet von einem Reitlehrer, durchquerten mein Bruder und ich jeden Sonntag auf Pferderücken den Hyde Park. Im Schritt, im Galopp, im Trab. Andere Mädchen in diesem Alter lieben es zu reiten, aber mir war nicht sonderlich wohl auf dem Rücken dieser großen Tiere. Prompt ging eines der Pferde durch, warf mich ab und blieb am Marble Arch stehen. Der Polizist, der es einfing, riet mir fürsorglich, sofort wieder aufzusteigen, damit erst gar keine Angst aufkäme. Die hatte ich schon vorher gehabt.

In England erlebte ich zum ersten Mal das Fernsehen. Eine befreundete Familie besaß ein Gerät, und wir drängten uns mit deren

Kindern auf dem Sofa vor dem Apparat. Erinnern kann ich mich nur an eine Serie zu Robin Hood: Sein Hut mit Feder war das zweitwichtigste heldische Symbol des Landes und kam gleich nach der Krone. Hin und wieder waren meine Eltern in ein altes Landhaus oder einen der Herrensitze eingeladen und nahmen uns mit. Ich denke sehr gern an die nur scheinbar verwilderten Parks, die sie umgaben – und an denen heute keine in England spielende Filmserie vorbeikommt. Mit meinem Vater unternahmen wir gelegentlich auch Ausflüge. Gut erinnern kann ich mich an einen Sommerurlaub, wo wir – mein Vater und seine drei »Großen« – mit einem Wohnwagen in Cornwall und Devon unterwegs waren. Mein Vater brachte uns Bridge bei (wir waren ja zu viert), was ich später noch oft gespielt habe. Wir pflückten Brombeeren, bekochten uns selbst und gingen baden. Im Meer wäre meine Schwester fast ertrunken. Eine gefährliche Strömung hatte sie erfasst und trieb sie in Richtung der Felsen, wo die Wellen brandeten. Eine Strandwache holte sie heraus. Nie wieder habe ich meinen Vater so bleich gesehen wie an diesem Tag.

In London gab es eine deutschsprachige protestantische Gemeinde, die in den 1950er-Jahren gegründet worden war. Pastor Georg Klapper konfirmierte eine Reihe deutscher Kinder, darunter auch mich. Mein Vater nannte die Prozession der Konfirmanden, die hinter Pastor Klapper in die Kirche einzogen, etwas respektlos die »Klapperschlange«. Zuvor hatten wir Konfirmanden monatelang jede Woche Unterricht bekommen und den Kindergottesdienst besucht. Meine Eltern gingen höchstens zu Weihnachten und Ostern in die Kirche. Mir war klar, dass es um die Aufnahme in die Gemeinde ging, aber irgendwie muss ich die Sache mit dem Geist, der über die Gläubigen kommt, wortwörtlich genommen haben. Jedenfalls war ich maßlos enttäuscht, als ich nach der Zeremonie nichts Besonderes verspürte. Kein Hochgefühl, keine Ekstase. Womöglich war diese Erwartung ein Relikt jener Jahre im Vatikan, wo ich kurze Einblicke in prachtvolle Zeremonien erhascht hatte, die solche Gefühle nahelegten.

Während der Jahre in England war der Kontakt nach Deutschland eingeschränkt – außer zu Weihnachten, wenn die ganze Familie nach Bayern fuhr, um die Feiertage in Schloss Elmau zu verbringen. Meine Eltern hatten den Ort Anfang der 1950er-Jahre entdeckt. Das abgelegene, verschneite Tal, wo wir im sogenannten Müllerhaus wohnten, wurde zum weihnachtlichen Stammsitz der Familie. Die Großeltern, die sich nach ihrer Rückkehr aus den USA in Bayern niedergelassen hatten, gesellten sich dazu. Gelegentlich kamen auch Wernher, seine Frau Maria und die beiden Töchter Iris und Margrit aus den USA. In Elmau, das damals sehr viel weniger luxuriös und für das Portemonnaie von Eltern mit fünf Kindern erschwinglich war, lernten wir Skilaufen und Walzer tanzen, fuhren mit dem Pferdeschlitten zum Ferchensee und sahen jedes Jahr ein Krippenspiel, das von der Familie Müller und einigen *permanent fellows* des Hauses aufgeführt wurde.

Über Johannes Müller, seine fragwürdige Rolle in der NS-Zeit und seinen Antisemitismus wusste ich damals nichts, der obskure Heilslehrer war 1949 verstorben. Wohl aber konnte man in Elmau die Anziehungskraft spüren, die Müllers Lehren – ein Gemisch aus »arischem« Christentum und anthroposophisch getränkten Ernährungs- und Bewegungsritualen – immer noch ausübten. In den 1920er-Jahren muss dieser Ort wie ein Versprechen gewirkt haben: Es gab sie noch, die heile Welt. Überall sonst im Land hatte der Erste Weltkrieg seine verheerenden Spuren hinterlassen. Unter den vielen Menschen, die sich damals von Elmau angezogen fühlten, waren auch zahlreiche Juden, so erzählte mir später der Psychoanalytiker Herbert Rosenfeld. Er war vor den Nazis nach London geflohen, doch seine Sehnsucht war so groß, dass er auch nach 1945 regelmäßig nach Elmau reiste. In den 1950er-Jahren war Elmau zu einem Ort geworden, in dem man die NS-Zeit auszublenden versuchte. Man durfte hier über alles reden – nur nicht über die Jahre 1933 bis 1945. Als Kind war Elmau auch für mich ein Sehnsuchtsort, aber als ich älter wurde, fühlte es sich an, als würde man auf Watte gehen.

Ich hörte auf, an den Weihnachtstreffen teilzunehmen, und traf die Familie bei anderen Gelegenheiten.

In London wurde bei Tisch oft über Politik gesprochen. Das meiste ging über die Köpfe der Kinder hinweg. Ausnahmen gab es, zum Beispiel als mein Vater einmal ein Telegramm erhielt, in dem von der »Sülzkrise« die Rede war. Der Tippfehler blieb hängen, die Weltkrise um den Suezkanal nicht. Einiges von den Tischgesprächen grub sich aber doch ein: Es muss oft um Fragen der Wiederaufnahme der Bundesrepublik in den Kreis der zivilisierten Nationen gegangen sein. Unter den Londoner Bekannten und Freunden gab es emigrierte Juden, die meine Eltern noch aus ihren Jahren im Berlin der 1920er-Jahre kannten. Im Geschichtsunterricht erfuhr ich über Deutschlands Rolle aus der Perspektive eines Landes, das in den beiden Weltkriegen schwere Verluste erlitten hatte und von deutschen Raketen angegriffen worden war. Zwar kann ich mich nicht konkret erinnern, dass von Konzentrationslagern und Völkermord die Rede war, doch auch so verband sich allmählich mit dem Wort »Jude« ein ebenso präzises wie schwer zu beschreibendes Gefühl, das mich als »Deutsche« markierte. Heute würde ich sagen, es war ein Schamgefühl, aber solche Begriffe standen mir damals nicht zur Verfügung.

Ich habe auch nicht in Kategorien wie Schuld gedacht, aber ich spürte deutlich, dass Deutsch-Sein negativ und befleckt war. Konkret wurde diese Ahnung, als Linda, meine beste Freundin in der Schule, eines Tages sagte, ihre Eltern würden ihr nicht erlauben, zu mir nach Hause zu kommen oder mich einzuladen. »It's because you're German«, sagte sie, »and we're Jewish.« In der Schule, die von vielen säkularen jüdischen Schülerinnen besucht wurde, war nie von Juden oder Nicht-Juden die Rede. Doch neben ihrer deutschen Freundin nahm Linda ihr eigenes Judentum deutlicher wahr als sonst. Meine Herkunft war mir schon durch den Umzug nach England bewusst geworden. Nun spürte ich sie auch im Verhältnis zu meiner jüdischen Freundin. Linda kam nie zu mir nach Hause, doch in der Schule hielt sie die Freundschaft aufrecht. Sie schrieb mir sogar ins Internat, als ich ein Jahr später mit meiner Familie England verließ und wir nach Deutschland zurückkehrten.

Ich war später noch häufig in Großbritannien, habe auf der Insel Freunde und recherchierte oder drehte dort für meine Filme. Bei jedem meiner Besuche erwacht in mir die Erinnerung an das pummelige kleine Mädchen, das ich damals war: Ich erinnere mich an *fudge, toffees* und wunderbare *short cakes,* die man zum Tee reichte. Ich sehe mich in der U-Bahn-Station St. John's Wood die Rolltreppe in die Unterwelt nehmen oder in einen der roten Doppeldecker steigen, um zur Schule zu fahren. Direkt neben der Station befand sich die Stadtteilbibliothek, wo ich oft Bücher auslieh. Keine große Literatur, nur spannend sollte es sein. Ich denke an Bummel auf der Regent Street, in deren Nähe die Schule lag, und ich trage noch immer die Farben und Gerüche englischer Gärten mit mir herum. Auch bei späteren Begegnungen war ich tief beeindruckt von der Selbstverständlichkeit, mit der Engländer ihre *Englishness* vor sich hertragen. Sie ist wie eine Autorität, die man nicht auszuüben braucht, weil man sie hat. Wenn die britische Debatte über den Brexit eines gezeigt hat, dann den Verlust eben dieser Selbstverständlichkeit. Schade.

IMMER GEGENWIND

Internat in Sankt Peter-Ording

Nach England war ich als Kind gekommen, ich verließ es als Teenager von 13 Jahren. Meine Eltern waren nach Bonn versetzt worden – mein Bruder und ich kamen auf ein Internat an der Nordsee. Während der Londoner Zeit war meine ältere Schwester Carola in einem Internat gewesen, nun sollte sie wieder zu Hause leben und wir in den Genuss der guten Internatserziehung kommen. In der englischen Erziehung hatte das Internat einen hohen Stellenwert; Ähnliches galt für viele deutsche Familien der adligen und bürgerlichen Schichten. Im Nachkriegsdeutschland hatte dieser Nimbus des Internats allerdings deutlich nachgelassen: Es galt als ein Ort für die Kinder von geschiedenen Eltern, denen man unterstellte, dass sie ihren Kindern kein »echtes Zuhause« bieten können. Die Scheidung (die sich damals zwingend mit der Schuldfrage verband) ging einher mit sozialer Stigmatisierung. Vor allem geschiedene Frauen hatten es schwer. Der schlechte Ruf des Internats war aber auch eine Reaktion auf den NS-Staat. Dieser hatte sich so massiv in die Erziehung der Kinder und Jugendlichen eingemischt, dass nach dem Krieg ein Rückzug ins eingehegte Familienleben angesagt war. Dass meine Eltern dennoch für Internatserziehung plädierten, hing einerseits mit ihren Traditionen zusammen, andererseits aber auch mit dem unsteten Leben, das sie führten. Sie konnten jederzeit wieder ins Ausland versetzt werden – und dies noch vor unseren Schulabschlüssen.

Im Frühjahr 1958 wurden mein Bruder und ich in ein Flugzeug nach Hamburg gesetzt. Es war das erste Mal, dass wir flogen. Freunde meiner Eltern nahmen uns in Empfang. Bevor wir zwei Tage später ins Internat weiterreisten, brachte mir unsere Gastgeberin noch bei, wie man einen Pullover wäscht – eine von vielen häuslichen Tätigkeiten, die ich nie selbst ausgeübt hatte. Dann bestiegen Christoph und ich in Altona einen Zug, in dem auch viele Gleichaltrige saßen, offenbar auf dem Weg ins Internat. Schon in England hatte ich erfahren, was es heißt, als Fremde wahrgenommen zu werden, hier erfuhr ich es erneut. Aber anders. Wir wurden angestarrt, als seien wir von einem anderen Planeten, und für deutsche Kinder boten wir tatsächlich einen merkwürdigen Anblick: Wir trugen unsere englischen Schuluniformen. Unsere Mutter hatte das bestimmt – und das Praktische an den Uniformen war ja auch, dass man sich über eine dem Anlass angemessene Kleidung keine Gedanken machen musste. Schuluniform passte immer. Den Hut mit dem Schulwappen hatten wir zu Hause gelassen, aber schon der Rest der Uniform genügte. Dass mein Bruder einen Schlips trug, mochte zur Not noch angehen, aber dass auch mein Outfit aus grauem Faltenrock, Blazer und einer weinroten Krawatte bestand, war Anlass für große Heiterkeit. Außer für mich.

Unser Internat befand sich in Sankt Peter-Ording. Der Ort, direkt an der Nordsee und mit breitem Watt, ist ein beliebtes Urlaubsziel und war es auch damals. Wir aber lebten hier das ganze Jahr über – und wenn das Klima im Sommer für einige Wochen weniger rau war, hatten wir Schulferien und waren woanders. Gegen Schule und Internat kann ich nichts Schlechtes vorbringen; es gab keine Züchtigungen oder sexuellen Übergriffe, wie sie (später) aus anderen Internaten berichtet wurden. Aber der Ort hatte auch nichts besonders Einnehmendes: nur Deich, Dünen, Wiesen mit Wassergräben, ein Leuchtturm – und viel Wind. Unentwegt Wind. In unserer freien Zeit kurvten wir mit den Fahrrädern durch die Gegend, doch auch dieses Vergnügen wurde vom permanenten Wind ausgebremst. Eigentlich würde man denken, dass der Wind auch mal von hinten kommen und das Rad anschieben müsste. In meiner Erinnerung gab es immer nur Gegenwind.

Die Geschlechter lebten in getrennten Häusern: ein Mädchenhaus, vier Jungenhäuser. Auch im Unterricht wurden wir gelegentlich getrennt. Die Jungen erhielten Werkunterricht, die Mädchen lernten Kochen und Nähen. Die Erzieherin des Mädchenhauses (»Erlenhaus«), Ilsemarie Herrfahrdt (von den Schülerinnen »Herfie« genannt), war eine aufrichtige Frau, aber die moderne Welt war ihr wohl ein Rätsel. 1922 geboren, gehörte sie der Generation von Frauen an, die sich zwischen Beruf und Familie entscheiden mussten. Sie blieb ihr Leben lang unverheiratet und erzog die Kinder der anderen. Den Nationalsozialismus hatte sie als Heranwachsende und junge Frau erlebt und war, worüber sie selbst berichtete, beim BDM gewesen. Nach ihrer Pensionierung blieb sie in Sankt Peter, nahm sich eine Wohnung im Ort. Dort empfing sie ihre »Ehemaligen« (aus insgesamt fünfzig Jahren), die ihr von der Welt draußen berichteten. Manchmal reiste sie auch selbst nach Hamburg, Kiel, Berlin, Marburg … Fast überall gab es eine ehemalige »Erlenhäuslerin«, mit der sie sich traf. Zwischendurch verfasste sie Rundbriefe, in denen sie uns mitteilte, was aus wem geworden war und wer wen geheiratet hatte. (Mich überraschte, wie oft es zu Ehen zwischen ehemaligen Internatsschülern und -schülerinnen kam.) Gelegentlich musste sie auch über das Versterben einiger früherer Schulkameradinnen berichten. 2013 starb sie selbst, hochbetagt. Ich war später noch zweimal in Sankt Peter: das erste Mal mit meinem Mann und unserer zweijährigen Tochter Anna (»wohl antiautoritär erzogen«, meinte Herfie). Das zweite Mal zu einem Klassentreffen (dreißig Jahre Abitur). Dabei verfielen einige der Klassenkameraden von damals wieder in ihre alten Rollen aus der Schulzeit – nun mit ergrauten Haaren. Danach habe ich an den Klassentreffen nicht mehr teilgenommen. Das Verhältnis meines Bruders zum Internat war anders: Er behielt lebenslange Freundschaften aus der Zeit. Meinen jüngeren Schwestern, die ebenfalls einige Jahre in Sankt Peter verbrachten, erging es ähnlich wie mir.

Über den Nationalsozialismus habe ich während der Jahre meiner Schulzeit kaum etwas erfahren. Mag sein, dass das an meiner Erinnerung liegt (so wie man den Texten misstraut, sollte man auch das eigene Gedächtnis hinterfragen). Aber mir berichteten gleichaltrige Freunde, die in anderen Gegenden zur Schule gegangen waren, dass die NS-Zeit durchaus thematisiert wurde. Es könnte also auch an Sankt Peter-Ording gelegen haben. (Als ich viele Jahre später für einen Film zur Geschichte der Entnazifizierung recherchierte, erfuhr ich, dass sich alte Nazis mit Vorliebe in der britischen Zone – zu der Schleswig-Holstein gehörte – niederließen, weil dort zwar die großen Verbrecher verfolgt wurden, aber viele andere unbehelligt blieben.) Nach meiner Erinnerung erzählten die Lehrer, wenn sie diese Zeit überhaupt erwähnten, vor allem von den eigenen Kriegserfahrungen. So etwa ein Physiklehrer, der gern über seine Fronteinsätze sprach. Vielleicht weil er zu den Glücklichen gehörte, die den Krieg überlebt hatten. Einer unserer Klassenkameraden sah in Hamburg Wolfgang Borcherts *Draußen vor der Tür*, das von den Schwierigkeiten der Kriegsheimkehrer handelt. Er erzählte von der Aufführung und der Erschütterung des Publikums über das »deutsche Schicksal«. Auch sein Vater war entweder gefallen oder in Kriegsgefangenschaft gewesen. (Rückblickend fällt mir auf, wie wenig wir über die Familien der anderen wussten.) Über die Verfolgung der Juden oder die Konzentrationslager sprach in diesen Jahren niemand, weder Schüler noch Lehrer. In der Generation meiner Kinder war das anders.

Ich kann mich auch nicht erinnern, je einen der *Re-Education*-Filme gesehen zu haben, die die Amerikaner in den 1950er-Jahren so zahlreich produzierten. Die Schüler wussten alle, dass da »etwas Schreckliches« passiert war. Ich selbst war ja schon während meiner Schulzeit in England darauf gestoßen worden; und im Internat gab es auch andere Schüler, die im Ausland zur Schule gegangen waren. Was jedoch allen, auch denen ohne Auslandserfahrung, eine Ahnung des Unheimlichen vermittelte, war das konsequente Schweigen über das Thema – eine brüllende Totenstille, auf die wir uns vermutlich alle einen Reim zu machen versuchten. Manchmal, etwa in der Berührung mit Literatur, brach dieses Schweigen auf. Ich erinnere mich, dass wir zu Büchern, die wir gelesen hatten, Referate halten sollten. Ich sprach über Ilse Aichingers *Die größere Hoffnung*. Eine Klassenkameradin hatte mir davon erzählt. Das teils autobiografische Buch war mir sehr nahegegangen. Aichinger benennt die NS-Zeit nicht. Aber das beschriebene Gefühl von Angst und Bedrohung entsprach unserem Verhältnis zu diesem namenlosen Verhängnis, über das niemand sprechen wollte.

Wie wir in der Zeit des Internats an Nachrichten kamen, ist mir völlig schleierhaft. Ich lese manchmal voller Neid von anderen meines Jahrgangs, die sich schon in der Unter- und Obersekunda,* ganz zu schweigen von den beiden letzten Jahren vor dem Abitur, in öffentliche Diskussionen einmischten und genau informiert waren über die politischen Verhältnisse der Zeit. Wir hatten nicht einmal Zeitungen (meine jüngste Schwester, die zehn Jahre später als ich im Internat war, hatte ganz selbstverständlich eine Tageszeitung abonniert – sogar eine englischsprachige). Auch der Fernseher wurde nicht angeschaltet. Es stand zwar einer im Speisesaal, aber ich erinnere mich nur an zwei Ereignisse: ein Fußballspiel (ich habe keine Ahnung, wer gegen wen spielte) und die Berichterstattung über den triumphalen Staatsbesuch von de Gaulle im Herbst 1962. Dass der Fernseher ausgerechnet dafür angestellt wurde, hatte weniger mit politischem Interesse als mit dem Versöhnungsgestus des französischen Präsidenten zu tun. Die Mädchen der Oberstufe verfügten über einen eigenen Aufenthaltsraum, in dem auch ein Radio stand – aber ich entsinne mich nicht, dort Nachrichten gehört zu haben. Dementsprechend gering war unsere Politisierung. In der englischen Schule hatte ich erlebt, dass sich 13-jährige Mitschülerinnen über

* Entspricht der zehnten und elften Klasse.

das parlamentarische System Gedanken machten oder über Gesetzesvorlagen diskutierten. In den Gymnasien westdeutscher Großstädte wird das nicht anders gewesen sein. Aber in die Abgeschiedenheit von Sankt Peter drangen solche Diskussionen nicht vor. Nicht in den späten 1950er- und frühen 1960er-Jahren.

Einmal im Monat gab das Landestheater Schleswig eine Gastaufführung. Wir gingen hin, egal was gespielt wurde. Kino gab es überhaupt nicht. Kurz: Wir waren abgeschnitten vom öffentlichen Leben und erfuhren über Politik und Kultur höchstens in den Ferien, je nach Elternhaus. Die Kuba-Krise im Herbst 1962 (überhaupt der Kalte Krieg) ging mehr oder weniger an uns vorbei. Sogar die DDR war ein vager Begriff, erschien wie ohne Belang für unser Leben. Der Geschichtsunterricht betraf (soweit er sich überhaupt in die neuere Zeit vorwagte) die Bundesrepublik, das andere Deutschland wurde ausgespart. Auch als 1961 die Mauer errichtet wurde – das geschah zwei Jahre vor dem Ende meiner Schulzeit, meine Kohorte befand sich im fortgeschrittenen Alter –, löste dies nur ein mittleres Erdbeben aus. Natürlich erfuhren wir davon, aber dieses Ereignis schien wie alle anderen weit weg.

Im Winter 1961 war das »andere« Deutschland dann doch plötzlich da: Die ersten Schüler und Schülerinnen, die zur Zeit des Mauerbaus mit ihren Familien aus der DDR geflohen waren, tauchten im Internat auf. Darunter auch zwei Cousinen von mir, die allerdings ohne ihre Familien ausgereist waren. Eine Cousine meines Vaters hatte Werner Hagemeyer geheiratet, der Konsistorialrat der Evangelischen Kirche Berlin-Brandenburg war. Bei der Teilung Berlins befand sich die Mehrheit der Konsistorialmitglieder im östlichen Teil der Stadt. Unter ihnen war Werner Hagemeyer, der im März 1962 zum amtierenden Konsistorialpräsidenten im Osten ernannt wurde. Die Konzentration der Kirchenmacht im östlichen Teil der Stadt überrascht aus heutiger Sicht, weil man mit Ostberlin Sozialismus und Entkirchlichung verbindet. Sie war letztlich ein Relikt aus dem alten Preußen. Da der preußische König auch Oberhaupt der Evangelischen Kirche war, befand sich die Kirchenleitung wie selbstverständlich in der Nähe des Schlosses. Erstaunlich ist eigentlich nur, dass diese Verortung so lange aufrechterhalten wurde: nach der Abdankung des Kaisers in der Weimarer Republik, während der NS-Zeit und später in der DDR, wo der Staat schon lange vor 1961 der Kirche das Leben schwer machte.

Nach dem Mauerbau ermächtigte die in Ostberlin angesiedelte kirchliche Leitung die Westberliner Konsistorialmitglieder, ein eigenes Konsistorium zu bilden. Ab dieser Zeit wanderte die kirchliche Führungsrolle in den Westen, wo sich die Evangelische Kirche mit der politischen Macht verbündete. Die Ostkirche dagegen sah sich immer weniger in der Pflicht gegenüber dem Staat, und ab den 1980er-Jahren sollte ein Teil von ihr zum Zufluchtsort von Dissidenten und Oppositionellen werden. Daher ihre Rolle bei der Wende. (Diesen Zusammenhang habe ich mir erst nachträglich zusammengereimt.) Werner Hagemeyer, der 1969 starb, erlebte den Fall der Mauer nicht mehr. Doch als ich 1994 nach Berlin zog, lernte ich auch andere Mitglieder unserer Ostberliner Familie kennen.

Hagemeyer und seine Frau sorgten dafür, dass ihre beiden Töchter in den Westen fliehen konnten. Friederike und Hilde erzählten von den Abschiedsbriefen, die sie ihren Eltern hinterlassen hatten. Darin entschuldigten sie sich für ihre Flucht – um ihre zurückgebliebenen Eltern und jüngeren Brüder vor Verfolgung zu schützen. Zum ersten Mal ahnte ich, welche Verstellungskünste den Menschen in in totalitären Systemen abverlangt werden. Meine Cousinen und eine meiner Zimmergenossinnen, die mit ihrer Familie ebenfalls aus der DDR geflohen war, erzählten ein wenig von den Verhältnissen »drüben«. Aber ich glaube nicht, dass wir sie intensiv danach befragten. Sie selbst versuchten sich in ihrem neuen Leben im Westen einzurichten.

Es mag an meinem Alter ebenso wie an der Abgeschiedenheit von Sankt Peter gelegen haben, dass ich mich nach der Ankunft im Internat immer mehr in mich zurückzog. Ich las viel, und einmal schrieb ich ein (gereimtes) Stück, das von der Klasse bei einem Schulfest aufgeführt wurde. Zusammen mit anderen gab ich eine Schülerzeitung heraus, die auch noch einige Jahre nach dem Weggang unserer Altersgruppe überlebte. Obgleich mir diese Tätigkeiten Freude bereiteten, hatten sie kaum Rückwirkungen auf meine latent depressive Gemütslage. Worte wie »Depression« kannte ich damals nicht; das sind später erlernte Kategorien. In diesen Jahren hatte ich keine Möglichkeit, meine Verfassung als vorübergehenden »Zustand« zu begreifen – noch viel weniger konnte ich ihr einen Grund geben. Ich erlebte sie als Teil des Selbst. Meine schulischen Leistungen waren entsprechend mittelmäßig, sowohl im Internat als auch im Klassenverband fühlte ich mich im Abseits. (Auf den Klassenfotos stehe ich meist am Rande.) Als wir in der Oberstufe Zweierzimmer bekamen und die Zahl nicht immer aufging, war es wie selbstverständlich, dass ich allein blieb. Diese Außenseiterrolle, die aufgriff, was ich schon in England erlebt hatte, prädestinierte mich nicht dazu, Aktivistin oder Anführerin zu werden, vielleicht befähigte sie aber zur Reflexion.

Im letzten Jahr der Schulzeit erlebte ich jedoch eine grundlegende Veränderung. Heute bringe ich diesen Wandel unter anderem mit meinem Essverhalten in Verbindung (wobei ich nicht weiß, ob das Verhalten Symptom oder Auslöser war): Ich entdeckte die Befriedigung, die das Hungern bereiten kann. Schon während der Schulzeit in England hatte ich mich zum Pummel entwickelt, und mit 15 oder 16 begann ich, auf die Linie zu achten, wie viele andere Altersgenossinnen im Internat. Bei mir wurde daraus die Freude am Nicht-Essen. Dahinter verbarg sich einerseits das Bedürfnis, Unabhängigkeit zu erringen, die Außenseiterrolle positiv zu besetzen. Andererseits aber auch der Versuch, Disziplin in Selbstdisziplin zu verwandeln. Es ging nicht um ein bestimmtes Regelwerk, etwa die Schule, sondern darum, das Regelwerk an sich, die Disziplin zur eigenen Sache zu machen. Es war eine Form von Selbstermächtigung – und tatsächlich hob sich meine Stimmung. Das innere Erleben hatte Rückwirkungen auf meinen Umgang mit den anderen und der anderen mit mir. Zwar hatte ich gelegentlich schon Anerkennung für das, was ich sagte oder schrieb, erfahren. Doch nun erlebte ich zum ersten Mal vonseiten meiner Mitschüler und Mitschülerinnen Sympathie und Zuneigung.

Rückblickend weiß ich natürlich, dass ich eine anorektische Phase durchlief, aber zu meinem Glück wusste damals niemand über Essstörungen Bescheid. Gerade in Deutschland, wo die Buffets auf den Wirtschaftswunderpartys immer ausladender wurden, war man auf die Lust am Hunger nicht eingestellt. (Unter den Fotos meiner Eltern aus dieser Zeit stieß ich auf Bilder von Empfängen, wo die Gäste keine Augen füreinander, sondern nur für die vor ihnen ausgebreiteten Speisen hatten.) Die Erfahrung erklärt vielleicht, warum ich später ein Sensorium für die unterschwelligen Botschaften der weiblichen Nahrungsverweigerung entwickelte. Ich thematisierte sie im ersten Buch, das mir den Ruf einer feministischen Autorin einbrachte. Es behandelte die Projektionen verschiedener Epochen auf den weiblichen Körper am Beispiel der sogenannten Frauenkrankheiten Hysterie und Anorexie. Das Thema Nahrungsverweigerung kam auch zur Sprache in meinem Film *Die Angst der Satten* (1984), in dem ich die Geschichte des Hungerstreiks als politische Waffe nachzeichnete. Ob im Kampf um das weibliche Stimmrecht, die irischen Kämpfe um die Unabhängigkeit oder die Auflehnung gegen das Gefängnis: Beim Hungerstreik geht es immer um Autonomie. Frauen nahmen bei dieser Form des Widerstands eine Pionierrolle ein. Die Suffragetten, die für das weibliche Stimmrecht auf die Straße gingen, waren die Ersten, die kollektive Hungerstreiks durchführten. Sie zeigten einer erstaunten Öffentlichkeit, dass man durch Nahrungsverweigerung ein politisches Mitspracherecht erzwingen konnte. An den englischen Frauenrechtlerinnen wurde auch zum ersten Mal in der Geschichte die Zwangsernährung praktiziert. Von all dem wusste ich damals nichts. Aber die eigene Erfahrung, dass die Bereitschaft zu hungern das Selbst festigen kann, hat später meinen Blick auf die Thematik gelenkt. Jede Klosterschülerin lernt, dass aus Selbstdisziplin Selbstermächtigung werden kann. Ich erfuhr es auf diese Weise.

Gegen Ende der Schulzeit räumte uns das Internatsleben größere Freiheiten ein. Wir saßen in den wenigen Cafés – eher Teestuben – des Ortes. Viele, darunter auch ich, begannen zu rauchen. (Zwei Jahre nach dem Abitur hörte ich wieder auf.) In dieses letzte Jahr der Internatszeit fallen auch die ersten Briefe nach Hause, die ich in den Ordnern meines Vaters fand. Meine Eltern waren 1962 nach New York versetzt worden, wo mein Vater den Posten des UN-Beobachters übernahm. (Die Bundesrepublik bemühte sich nicht darum, ordentliches Mitglied der UNO zu werden. Um zu vermeiden, dass auch die DDR zum ordentlichen Mitglied ernannt und mithin als eigener Staat anerkannt wurde, gab sie sich mit dem Beobachterstatus zufrieden. So gab es bei der UNO statt zwei deutschen Botschaftern zwei deutsche Beobachter.) Wenige Monate nach dem Umzug meiner Eltern und der zwei jüngsten Schwestern nach New York standen mein Abitur und damit das Ende der Schulzeit an. Die Briefe kreisen einerseits um die letzten Monate bis zum Abitur und andererseits um die Frage, wie es danach weitergeht.

In einem Brief an meine Eltern vom 22. Januar 1963, wenige Wochen vor dem Abitur, heißt es: »Weißer Schnee, knarrender Bodenfrost, strahlende + kalte Sonne und sonst nur Frieren, Frieren, Frieren … so müßt Ihr Euch St. Peter, überhaupt Deutschland vorstellen. Die Schule hat einen Ölstopp für ihre Heizung bekommen zu Gunsten der Krankenhäuser, aber da sie vor einer Woche erst frisch getankt hat, wird sie wohl einige Wochen mit ihrem jetzigen Vorrat auskommen.« Der Abiturtermin, so heißt es weiter, sei noch immer ungeklärt. Tatsächlich wurde er noch mehrfach verschoben. »Abitur!! Abitur!! Abitur!! Das ist das einzige Gesprächsthema, das ich um mich herum noch höre. Meine gesamte Klasse macht sich gegenseitig verrückt, und es herrscht eine unbeschreiblich gespannte Stimmung. Bei dem einen oder anderen, bei dem es um Kopf und Kragen geht, kann ich das ja verstehen, aber es gibt auch Leute, die es gar nicht nötig haben, nervös zu sein, und dabei am aufgeregtesten sind.«

In meinem Aufsatz, in dem wir uns anlässlich der Reifeprüfung über unsere Zukunftspläne auslassen sollten, teile ich mit, dass ich schreiben und Journalistin werden wolle. So war für die weitere Ausbildung einerseits eine Journalistenschule im Gespräch (es gab eine in New York), andererseits hatten meine Eltern herausgefunden, dass man sich in dem angesehenen amerikanischen Frauen-College Wellesley auf ein Stipendium bewerben konnte. Das war angesichts der hohen US-Studiengebühren verlockend. Ich schickte zwar alle Bewerbungsunterlagen, war aber, wie aus einem Brief nach Hause vom 28. Januar 1963 hervorgeht, zögerlich: »Wäre es nicht zu machen, daß ich eventuell für eine Uni in New York ein Stipendium bekomme oder zumindest eine Vergünstigung? Ich hatte mich so auf zu Hause gefreut nach 5 Jahren Internat, Das werdet Ihr doch sicher verstehen. Oder habt Ihr Angst, daß ich in New York unter die Räder komme?« Das Stipendium (damals umgerechnet 10 000 Mark) entsprach vermutlich nur einem Teil der tatsächlichen Studiengebühren. Für das Gehalt meines Vaters, der noch vier weitere Kinder durch Schule und Studium zu bringen hatte, war es ein hoher Betrag.

Die Angelegenheit erledigte sich von selbst. Inzwischen waren die mündlichen Abi-Prüfungen noch einmal verschoben worden, nun auf Anfang März. Damit war klar, dass ich die *College Entrance Examination*, die Anfang März in München stattfand, nicht wahrnehmen konnte. Einen Ersatztermin gab es nicht. Auch war mein Appell, mal wieder zu Hause zu leben, gehört worden. Wir diskutieren dann noch, ob ich den Atlantik per Flug oder Schiff überqueren solle. Mich verlockte das Schiff, aber mein Vater warnte vor den Frühjahrsstürmen, und so lenkte ich ein: »Ich freue mich schon riesig auf Euch und auf New York. Für die meisten Leute ist das Abitur ein Schlußpunkt. Für mich ist es der Anfang von etwas Neuem. Genau was das Neue ist, weiß ich auch nicht, aber ich bin sehr gespannt darauf.«

Beim Lesen der Briefe aus diesen Wochen war ich überrascht über den liebevollen Ton des Austauschs. Ich hatte eigentlich in Erinnerung, dass das Verhältnis zwischen meinen Eltern und mir nicht einfach war und dass ich es besonders meiner Mutter schwer gemacht habe. Als Kind war ich oft bockig, mehr als meine Geschwister, was meinen Vater oft daran zweifeln ließ, dass ich »je einen Mann finde«. Der Ton in diesen Briefen klingt anders. Als habe sich auch hier ein Wandel vollzogen. Er mag mit der Distanz zu tun haben, die sich in den fünf Jahren Internat entwickelt hatte. Wäre ich zu Hause geblieben, wäre vermutlich ein stärkeres Bedürfnis nach Abgrenzung entstanden. Vielleicht hätte sich meine neue »Selbstermächtigungsmethode« aber auch positiv auf das Verhältnis zu den Eltern ausgewirkt.

Am 4. März 1963 konnte ich schließlich telegrafisch Vollzug melden. Abitur bestanden. Wenige Wochen später saß ich im Flieger nach New York. Ich war 18 Jahre alt.

LEARNING TO FLY

New York

Wie das Erwachen aus einem bleiernen Schlaf! Nach den Jahren der Abgeschiedenheit im Internat war das Leben in New York wie endlich tief Luft holen. Damals war es leichter als heute, sich in der Stadt zu bewegen – die Straßen der Metropole waren noch nicht so überfüllt. Die vielfältige Herkunft der Bewohner war aber auch schon Mitte der 1960er-Jahre größer als irgendwo sonst. Meine Eltern bewohnten ein schönes kleines *Brownstone,* das heute noch der Bundesregierung gehört. In demselben Stadtteil (die 65. Straße auf der East Side von Manhattan) lebten aber auch viele junge Leute mit begrenztem Einkommen. In Manhattan waren Wohnungen damals generell erschwinglich, *coffee shops* auch. Für den Herbst konnte ich mich an der New York University einschreiben (ich belegte Lehrveranstaltungen in Psychologie, Theater und *creative writing*). Für den Sommer trat ich ein journalistisches Praktikum bei der Deutschen Presseagentur an – unter der Obhut von Max Beer.

Wer dieser Mann war, wissen heute nur noch wenige. Max Beer (nach ihm ist in Berlin-Mitte eine Straße benannt, wie ich bei meinem Umzug in die Hauptstadt 1994 erfreut feststellte) wurde 1886 geboren, war Journalist, Schriftsteller und hatte schon in der Informationsabteilung des Völkerbunds in Genf gearbeitet. Dort begegnete er auch Gustav Stresemann, mit dem wiederum meine Großmutter Hildegard Margis eng zusammenarbeitete. Er hatte sie in die Deutsche Volkspartei geholt, so war sie DVP-Bezirksverordnete in

Berlin-Charlottenburg geworden. 1933 verlor Beer als Jude seine Stelle als Völkerbundkorrespondent der *Deutschen Allgemeinen Zeitung;* 1939 ging er nach Paris, bevor er 1940 über Spanien und Portugal in die USA floh. Dort war er unter anderem beim *Aufbau* tätig – einer deutschsprachigen Zeitung, die 1934 von jüdischen Immigranten gegründet worden war und bis 2004 existierte. (Während meiner Jahre in New York habe ich sie oft gelesen.) Beer nahm die US-Staatsbürgerschaft an, und als der Krieg vorbei war, arbeitete er in der Informationsabteilung der Vereinten Nationen, wurde bald auch UN-Korrespondent mehrerer Agenturen und Zeitungen. Als ich ihn 1963 kennenlernte, galt er als lebendes Bindeglied zwischen den Institutionen Völkerbund und Vereinte Nationen. Für meine Mutter stellte er auch eine Verbindung zu ihrer Mutter her: Im Haus meiner Großmutter war Stresemann ein- und ausgegangen; die Freundschaft meiner Mutter mit seinem Sohn Wolfgang hatte den Krieg überdauert. Max Beer hatte zeitlebens gegen Antisemitismus und für die Menschenrechte gekämpft, erfuhr aber 1958, dass ihn ein westdeutscher Diplomat gegenüber einem Journalisten als »dreckigen Juden« bezeichnet hatte. Daraufhin gab er sein im Vorjahr erhaltenes Bundesverdienstkreuz zurück. Das Auswärtige Amt ließ die Angelegenheit untersuchen und entließ den Beamten. Ich lernte erst allmählich mehr über das »Vorleben« von Max Beer, war aber von Anfang an voller Zuneigung zu diesem freundlichen und souverän auftretenden Kosmopoliten, der mir beibrachte, in endlosen UNO-Sitzungen auszuharren, bevor ich das Fazit in einen Zweizeiler presste.

Im Jahr 1963 lag der Zweite Weltkrieg noch keine zwanzig Jahre zurück. Die Wunden von Krieg und Shoah klafften weit offen – bei Juden wie bei Nicht-Juden, die vor den Nazis geflohen waren. Viele dieser Flüchtlinge waren in New York gelandet: Zum einen war die Stadt bei der Emigration in die USA erste Anlaufstelle, zum anderen gab es hier seit Langem eine große deutschsprachige Community. Die deutschen und österreichischen Emigranten bildeten – schon lange vor Kriegsende – ein Netzwerk mit eigenen Zeitschriften und Publikationen. Für einige Intellektuelle wurden ab den 1930er-Jahren eigene Lehrstühle geschaffen – unter anderem an der New School for Social Research. Diesen Männern und Frauen, so erfuhr ich viel später, als ich einen Film über die Geschichte der Entnazifizierung drehte, waren ein Gutteil der Richtlinien für das *Re-Education*-Programm der USA wie auch der berühmte Fragebogen zu verdanken, den die Amerikaner an die Bevölkerung in ihrer Besatzungszone und in Österreich verteilt hatten. Er sollte Auskunft geben über die Mitgliedschaft in NS-Organisationen, die Kollaboration der einzelnen Bürger sowie über die ökonomischen und sozialen Verhältnisse der Deutschen.

In den 1960er-Jahren gehörten der deutschsprachigen Community von New York Juden, Deutschamerikaner und Westdeutsche an, die in den USA arbeiteten. Die einzelnen Gruppen verkehrten kaum miteinander, aber die 86. Straße, der *Sauerkraut Boulevard* mit seinen deutschen Restaurants, Metzgereien und Bäckereien, die Pumpernickel im Angebot hatten, bildete einen Ort, an dem sie sich über den Weg liefen. Am *German Ball* oder dem *Vienna Ball* nahmen nicht nur Deutschamerikaner, die auf der *Steuben Parade* mitmarschierten,* sondern auch jüdische Emigranten teil. Letztere gehörten auch zu den treuesten Besuchern von Veranstaltungen des New Yorker Goethe-Instituts, das 1955 eröffnet worden war. Die verschiedenen deutschsprachigen Gruppen verband eine Deutschland-Nostalgie – ähnlich wie bei den »Jeckes« in Israel, die trotz ihrer Vertreibung aus Deutschland zugleich an ihren Traditionen aus der Zeit vor der Emigration festhielten. Doch die *Jeckes* in Israel lebten unter anderen Juden. Dagegen hatten die jüdischen Emigranten in New

* Seit 1957 findet in New York jährlich ein Umzug statt. Er ist benannt nach dem preußischen Offizier Friedrich Wilhelm von Steuben, der sich dem amerikanischen Freiheitskrieg anschloss und unter Washington zum General aufstieg. Der Umzug ist das wichtigste Ereignis der deutsch-amerikanischen Community.

York mit vielerlei Arten von Deutschen zu tun – darunter auch Deutschamerikanern, die den Nationalsozialismus unterstützt hatten. Ich wunderte mich, wie freundlich Westdeutsche wie ich von jüdischen Emigranten – etwa beim *Aufbau,* wo ich gelegentlich zu Besuch war – empfangen wurden. Immerhin gehörten wir zur Bundesrepublik, die ausdrücklich die Nachfolge des NS-Staates angetreten hatte. Die nostalgische Atmosphäre auf diesen Veranstaltungen war schwer zu ertragen. Ich habe einmal an einem *German Ball* teilgenommen – das reichte. Später begriff ich, dass sich die Nostalgie immer auf die Zeit *vor* der Katastrophe bezieht. Die Zeit dazwischen wird bei solchen Anlässen ausgeblendet.

Wenige Monate nach meiner Ankunft kam mein Bruder für die Sommerferien zu Besuch nach New York. Er war noch im Internat und ging nun seinerseits auf das Abitur zu. Während seines Aufenthalts bereisten wir gemeinsam die USA. Einmal begleiteten wir unseren Vater nach Washington, wo er sich im *White House* vorstellen sollte. Das geschah informell, weil er für seinen Posten an der UNO kein *Agrément** von der US-Regierung brauchte. Kennedy war zu der Zeit Präsident, und wir wurden von seinem Vizepräsidenten Lyndon B. Johnson empfangen. (Er sprach ein derartig texanisches Englisch, dass ich kaum ein Wort verstand.)

Bei diesem Aufenthalt besuchten wir auch Monticello, Thomas Jeffersons wunderbar angelegten Landsitz in Virginia. Während dieses Ausflugs wohnten wir in einem Hotel, das aus weit verstreut liegenden Bungalows bestand. Alle Angestellten des Hotels waren Schwarze (damals sagte man noch nicht *Afro-Americans*). Als wir ankamen, wollte uns der Empfangschef zu unserer etwas entfernt liegenden Unterkunft führen. Mein Vater bot ihm an, zu uns ins Auto zu steigen, was er höflich ablehnte. Mein Bruder und ich verstanden nicht, warum. Diskret gab er uns zu verstehen, dass es ihm

* Die Zustimmung eines Landes, den Entsandten eines fremden Landes aufzunehmen und ihm diplomatischen Status zu gewähren.

verboten sei, sich zu einem Weißen ins Auto zu setzen. Es war für uns die erste Begegnung mit der Rassentrennung der Südstaaten. (Erst ein Jahr später, 1964, wurde sie im Zivilbereich durch den von Lyndon B. Johnson initiierten *Civil Rights Act* abgeschafft.)

Mein Bruder und ich erlebten bei dieser Reise eine vollkommen neue Welt und begriffen zum ersten Mal, dass sich soziale Unterschiede an der Hautfarbe orientieren können. Ich war in dieser Hinsicht vollkommen naiv, von »Jim-Crow-Gesetzen«* hatte ich noch nie gehört. Klar, auch in New York konnte man sehen, dass alle Reichen weiß waren und unter den Armen die schwarze Haut dominierte. Das schien jedoch nicht zwingend. Hier im Süden war es das. Zugleich wurde offenbar, dass man im Norden zwar das Gesetz verändert hatte, nicht jedoch die sozialen Verhältnisse, die dadurch entstanden waren.

Heute wird immer klarer, dass die Sklaverei nicht wirklich verboten, sondern nur durch den Hass gegen Afroamerikaner ersetzt wurde. Wie kann es sein, dass in dem Land, das sich von der Bevormundung durch die Kolonialmächte befreit hatte und die Freiheitsstatue zur nationalen Allegorie erkoren hatte, diese Relikte von Kolonialismus und Sklaverei eine solche Persistenz haben? Letztlich ist dieser Widerspruch aber im Freiheitsversprechen selbst verankert (das auch das Recht auf Waffenbesitz legitimiert). Die Sklaverei war von Anfang an mit der Definition des amerikanischen Bürgerrechts verwoben: Die Südstaaten konnten nur deshalb so lange an der Sklaverei festhalten, weil Schwarze nicht als Menschen, sondern als »Sache« definiert wurden – und das Recht auf Eigentum kennzeichnete wiederum den freien Bürger. In dieser Logik stellte jeder »freie Schwarze« den »freien Amerikaner« infrage. Das Pochen auf das Recht, ein freier Bürger mit Eigentumsansprüchen zu sein, war

* Vor dem Ende der Rassentrennung in den Südstaaten der USA erlassene Gesetze, die der schwarzen Bevölkerung bis dahin erlangte Rechte und Errungenschaften absprachen. Benannt nach der literarischen Figur Jim Crow, einem stereotypen, tanzenden und singenden Schwarzen.

im Norden natürlich genauso tief verwurzelt wie im Süden. Damals sah ich nur die Folgen – ich begriff nicht ihre Entstehungsgeschichte. Die 2013 gegründete Bewegung *Black Lives Matter* weist mit ihrem Namen genau darauf hin: »Schwarzes Leben« ist kein Eigentum, über das sich frei verfügen lässt.

Zusammen mit meinen Eltern unternahmen mein Bruder und ich in diesem Sommer eine Reise nach Mexiko. Diese Reise hat sich tief in meine Erinnerung eingeschrieben – unter anderem wegen der Begegnung mit einem passionierten Gelehrten, der in Oaxaca lebte: Alexander von Wuthenau. Er hatte die Theorie entwickelt, dass das präkolumbianische Amerika von Völkern aus dem semitischen Kulturraum wie auch aus Afrika und Asien bevölkert worden sei und dass dies gewisse Ähnlichkeiten erkläre – etwa die der Tempel von Teotihuacan mit den ägyptischen Pyramiden. Als er uns 1963 von diesen Thesen erzählte, stellte er *work in progress* vor (sein erstes Buch zum Thema erschien erst 1970). Wegen seiner Theorien über die Vielfalt der Einflüsse auf die lateinamerikanische Kultur galt er als *enfant terrible* der Ethnologie. Mir sind seine Darlegungen nie mehr aus dem Kopf gegangen, und sie meldeten sich auch wieder in meiner Erinnerung, als ich Jahrzehnte später das (inzwischen eindrucksvoll umgestaltete) Nationalmuseum für Anthropologie in Mexico City besuchte.

Bei diesem zweiten Besuch im Jahr 2013 achtete ich auf ganz andere Faktoren – namentlich die Schrift, ein Thema, das mich schon seit Anfang der 1980er-Jahre beschäftigte und über das ich wiederholt gearbeitet habe. Theoretiker gehen heute davon aus, dass die Schriften der meisten Hochkulturen unabhängig voneinander eine ähnliche Entwicklung durchliefen: von Piktografie (ein Bild repräsentiert ein Objekt oder auch einen abstrakten Gedanken, ein Ideogramm) über Logografie (das einzelne Wort wird bildlich dargestellt), über eine Syllabografie (Zeichen repräsentieren die Silben der gesprochenen Sprache; das Schreiben beginnt sich an den Lauten des Sprechens zu orientieren) bis zur alphabetischen Schrift (wo die einzelnen Zeichen einem einzelnen Laut entsprechen).* Der Verlauf von der einen zur nächsten Stufe erfolgt mit Übergängen und enthält Mischformen. Doch immer impliziert der Prozess eine zunehmende Abstraktion: vom Gesehenen, Objekthaften zur alphabetischen Zerstückelung des Sprechens in seine Einzelteile. In Mexiko war diese Entwicklung durch die Invasion der spanischen *conquistadores* abgebrochen worden. Es bietet sich also eher an, die präkolumbianische Kultur nicht als Import (aus dem semitischen oder einem anderen Kulturraum), sondern als eine Eigenentwicklung zu sehen. Dennoch bin ich Wuthenau dankbar: Bei seinen Ausführungen wurde mir zum ersten Mal klar, dass viele der großen historischen Entwicklungsgeschichten vielleicht auch ganz anders gedacht werden können. Dass es manchmal genügt, die Perspektive ein wenig zu verschieben, um neue Zusammenhänge zu erkennen – eine Einsicht, die sich bei meiner späteren Beschäftigung mit Geschlechterfragen immer wieder als unumgänglich erwies.

Von Mexico City flogen mein Bruder und ich weiter nach San Francisco, um die Westküste zu erkunden. Wir wohnten privat, hatten gelegentlich ein Auto zur Verfügung und mussten lernen, wie man dieses auf dem sehr abschüssigen Gelände der Golden Gate City parkt. (Wenige Wochen zuvor hatte ich in New York überhaupt erst

* Die chinesische Schrift mit ihren Piktogrammen erscheint wie das evidente Gegenbeispiel zu dieser These. Ähnliches gilt für Japan und einige andere Hochkulturen. Dieser Sonderweg, auf den ich hier nicht ausführlicher eingehen kann, hängt vermutlich mit der Abschottung dieser Kulturen zusammen. Denn das Alphabet, das weltweit meistverwendete Schriftsystem, wurde nur ein einziges Mal erfunden: im Kulturraum des alten Judäa, vermutlich auf der Sinai-Halbinsel. Es war Modell für alle anderen Alphabete. Die Herkunft ist an der Gestalt der Buchstaben nicht immer zu erkennen, denn übernommen wurde weniger die Form als die *Idee* der phonetischen Zeichen. China und andere asiatische Kulturen konnten sich dem Einfluss des Alphabets entziehen, und die Mächtigen des Landes – von den chinesischen Kaisern bis Mao – hielten eben deshalb am traditionellen Schriftsystem fest: Es sicherte ihre innenpolitische Herrschaft.

meinen Führerschein gemacht.) San Francisco war damals noch nicht die Hochburg der Hippie-Bewegung, das begann erst zwei oder drei Jahre später mit Jimi Hendrix und Janis Joplin. Wir absolvierten das übliche Westküsten-Programm der Touristen (Chinatown, Yosemite Park, die großen Redwood-Wälder). Heute fahren die Touristen auch für Weinproben nach Nappa Valley, damals konnte von einem guten amerikanischen Wein nicht die Rede sein. In den besseren Restaurants von New York gab es nur französische, italienische und spanische Weine. Und wenn amerikanischer Wein getrunken wurde – etwa auf den Long-Island-Strandpartys –, so hieß die Marke durchgehend *Gallo* und kam in Gallonen-Flaschen (etwa 3,8 Liter) daher.

Weniger touristisch war unser Ausflug nach Phoenix, Arizona, wo wir in einer Kaschemme wohnten, in der sich einige Bewohner offenbar lebenslang einquartiert hatten. Diese Menschen saßen in abgewetzter Kleidung auf der Veranda und warteten … Worauf sie warteten, wusste man nicht. Ganz arm können sie nicht gewesen sein – sonst hätten sie sich auch diese Absteige nicht leisten können. Die Bedürftigkeit, die sie ausstrahlten, hatte eher mit Resignation zu tun. Mit Entmutigung. Manche Obdachlose verkörpern – ob sie es darauf anlegen oder nicht – einen Vorwurf. Er beinhaltet, dass sie noch etwas von der Welt erwarten. Bei den Leuten auf der Veranda von Phoenix war es anders. Sie waren keine Obdachlosen, hatten ein Dach über dem Kopf – und dennoch ging diese Mutlosigkeit von ihnen aus. Als hätten sie sich damit abgefunden, dass der liebe Gott (oder der Lauf der Welt) ihnen diesen Ort, diese Veranda als Endpunkt des Lebens zugedacht hat. Als ich vor wenigen Jahren *Hillbilly Elegy* von J. D. Vance las,[14] in dem der Autor von seiner Jugend im Rust Belt erzählt, musste ich an die Menschen auf der Veranda dieses Motels zurückdenken. Man nannte die USA das Land, in dem »es jeder schaffen kann«. Hier begegnete ich zum ersten Mal Menschen, die mit diesem Gedanken abgeschlossen hatten. Aber verglichen mit dem, was ich mittlerweile in den USA gesehen habe, war das Motel in Phoenix Luxus. Heute lebt ein Teil der amerikanischen Bevölkerung, auch der weißen, unter Bedingungen, wie ich sie aus den brasilianischen Favelas kenne. Als ich 2018 in Evanston bei Chicago an der angesehenen North-Western University eine Gastprofessur hatte, erzählte mir die Reinigungskraft meines Zimmers im *guest house*, sie war weder Afroamerikanerin noch Hispanic, dass sie drei Jobs brauche, um über die Runden zu kommen. Sie sagte, sie schlafe vier Stunden die Nacht.

Von Phoenix aus wollten wir in den Grand Canyon – unvermeidliches Ziel aller Touristen in dieser Gegend. Der Besuch hinterließ keine nachhaltigen Erinnerungen. Natürlich ist die Schlucht grandios, und ich habe sie später noch einmal mit meinem Mann und meinen Kindern besucht. Aber der Eindruck war das zweite Mal auch nicht nachhaltiger. Das hängt, glaube ich, mit den Umständen zusammen, unter denen man solche berühmten Orte besucht. Ich hörte einmal einen Vortrag von Tim Nahum Gidal über die großen Fotografen der 1930er-Jahre. Er war selbst einer der Pioniere des Fotojournalismus und sagte, »wir haben nur fotografiert, wenn wir die Einzigen waren«. Diese Lehre sollte man auch bei touristischen Reisen beherzigen: Nachhaltige Erinnerungen entstehen nur da, wo man glaubt, man sei der einzige Mensch, der diesen Ort kennt. Natürlich eine Illusion, aber sie funktioniert ganz gut. Vom Grand Canyon ging es mit dem Greyhound zurück nach New York. Wir fuhren drei Tage und drei Nächte, unterbrochen nur von Stopps, an denen wir von einem Bus in den anderen umstiegen. Am Ende dieser Fahrt hatte jeder von uns fünf Krimis gelesen und eine Ahnung von der Größe des Landes.

Im Spätsommer musste sich meine Mutter in Deutschland einer Operation unterziehen. Sie blieb über Wochen fort. Mein Vater bat mich, sie bei seinen Repräsentationspflichten in New York zu vertreten. Früher, während der Jahre in Bonn, war meine ältere Schwester oft zur Betreuung von Gästen verpflichtet worden. »Ich sollte mir Mühe geben, ein angemessenes Gespräch zu führen«, erzählte sie mir. »Und eingehämmert wurde mir auch, dass ich unser Land würdig zu vertreten hätte.« Aber Carola lebte nun nicht mehr zu Hause. Ich wusste nicht, worauf ich mich einließ, hatte auch nicht die Zeit, darüber nachzudenken. Nach den vielen Jahren der Abgeschiedenheit im Internat wurde ich nun mitten in ein Geschehen geworfen, das aus Empfängen, Abendeinladungen und Bällen bestand. Ich war Gast in einigen dieser traumhaften Landsitze der Ostküste Amerikas, die das Versprechen erfüllen, das im Begriff »Neu-England« steckt. Ich berauschte mich an dem *social life*, das in der Stadt und am Wochenende auf dem Land geführt wurde, und entdeckte die Sucht, die ein solches Gesellschaftsleben ausüben kann. Es ist eine Sucht, die nie ganz befriedigt werden kann, weil es ein Immer-noch-Mehr gibt. Die Anzahl Menschen, die ich in dieser Zeit kennenlernte, ist nicht zu beziffern. Aber es spielte auch keine Rolle, da es eigentlich nur darum ging, im Karussell zu bleiben. Irgendwann holte mich jedoch das Gefühl ein: Das kann's nicht gewesen sein. Das intensive Gesellschaftsleben, das ich während dieser Monate in New York führte, war eine einmalige Chance – weil es mich für immer kuriert hat von diesem Leben.

Ich lernte in diesen Jahren auch die Verführungen des Luxus kennen. Es ging mir finanziell nie richtig schlecht im Leben, und auch die Angst in den ersten Jahren meiner Berufstätigkeit, ob der nächste Auftrag kommt, war nie existenzbedrohend. Wenn es tatsächlich mal eng wurde, gab es immer jemanden, der mir ein wenig Geld lieh oder sogar schenkte. Aber der Luxus, den ich in diesen Jahren erlebte, war etwas anderes: Überfluss, gepaart mit zurückhaltender Abgeschiedenheit. Ich war beeindruckt von dieser Art Wohlstand, mir war aber auch bewusst, dass ich nur Zaungast war – zugelassen durch die Position meines Vaters. Er selbst war nicht vermögend, bewegte sich aber, wie alle Diplomaten, in vermögenden Kreisen. Man lebt in dieser Welt ein geborgtes Leben. Wenn man zu lange darin verharrt, so ergeht es einem wie dem Schriftsteller F. Scott Fitzgerald, der von der Idee besessen war, der Gesellschaft der Wohlhabenden anzugehören. Er soll Hemingway einmal gefragt haben, ob er nicht auch finde, dass reiche Leute »irgendwie anders sind«. Darauf habe dieser nur lakonisch geantwortet: »Ja, sie haben Geld.«

Inmitten des New Yorker *social life* gab es aber auch Begegnungen und Gespräche, die sich auf mein weiteres Leben auswirkten. Zu ihnen gehörten solche mit deutschen Politikern, die bei ihren USA-Reisen regelmäßig in New York haltmachten. Mein Vater gab oft einen Empfang oder ein Abendessen für sie, wodurch ich Vertreter aller Parteien kennenlernte. Als ich später in Bonn studierte, sah ich manche von ihnen wieder, zum Beispiel Ernst Benda, den ich 1966 auch für ein Referat an der Uni zurate zog. Es ging um die Notstandsgesetze. Benda räumte mir einen Gesprächstermin ein. Er war damals Abgeordneter der CDU im Bundestag und federführend für einen der Entwürfe der Notstandsgesetze, die zu einem Auslöser für den deutschen Mai 1968 wurden. Durch diese politischen Tischgespräche füllten sich erstmals – ausgerechnet in New York – meine Wissenslücken über die deutsche Nachkriegsgeschichte.

Zu den Abenden im Haus meines Vaters kamen auch die Repräsentanten anderer europäischer Länder (was mich zwang, mein Französisch aus der englischen Schulzeit zu aktivieren) sowie Wissenschaftler: etwa der Politikwissenschaftler Zbigniew Brzeziński und der Historiker Wolfgang Leonhard. Mit Leonhard blieb ich befreundet, bis er vor wenigen Jahren starb. Die Freundschaft bezog auch seine erste Frau Yvonne und seine zweite Frau Elke ein. Als ich Elke kennenlernte, war sie als Psychologin tätig, später wechselte sie zur Politik und saß von 1990 bis 2005 für die SPD im Bundestag. Amerikanische Politiker erschienen selten bei diesen Abendeinladungen; Anfang der 1960er-Jahre interessierten sie sich für deutsche Politiker nur, wenn es um das Verhältnis zur Sowjetunion ging. Deutschland, vor allem Berlin, war für sie ein Vorposten, um herauszufinden, was sich auf der anderen Seite des Eisernen Vorhangs abspielte.

Durch meine Tätigkeit bei Max Beer hatte ich einen Ausweis, der es mir erlaubte, bei der UNO ein und aus zu gehen. Ich befand mich dort am 22. November 1963: dem Tag, an dem Kennedy ermordet wurde. Im UNO-Gebäude, angelegt für Konferenzen mit Hunderten von Delegierten, rannten die Menschen in Richtung Sitzungssaal der Vollversammlung. Kamerateams trafen ein. Man erwartete eine Erklärung des Generalsekretärs. Wenige Wochen zuvor hatte Kennedy in diesem Saal gesprochen. Bei seiner Rede hatte er die Bedeutung des Vertrags über die Einschränkung des Wettrüstens (für das Weltall und die Meere) betont. Für Berlin und Deutschland symbolisierte jeder amerikanische Präsident, und ganz besonders Kennedy, eine Rückversicherung im prekären Gleichgewicht des Kalten Kriegs; sie hielt die westliche Welt zusammen. Für Länder jenseits des Eisernen Vorhangs repräsentierte Kennedy eine scheinbar unbesiegbare Weltmacht. Nur ein Jahr zuvor hatte er im Rahmen der Kuba-Krise die Sowjetunion in die Schranken gewiesen. Nun war er einem Anschlag zum Opfer gefallen – im eigenen Land. Bis dahin war Amerika tatsächlich *great*. Die Ermordung Kennedys, so denke ich heute, war der historische Wendepunkt, an dem die Welt begann, die Nachtseiten der Vereinigten Staaten wahrzunehmen.

Wenn ich deutschen Freunden meiner Generation zu beschreiben versuche, wie sich mein Verhältnis zu den USA in den letzten Jahrzehnten verändert hat, so sagen sie oft: Auch wir betrachteten die Amerikaner als Repräsentanten des Fortschritts und als Schutz vor den Folgen des Ost-West-Konflikts. Mein Vertrauen auf die USA beruhte auf einer Innenperspektive aus diesen Jahren. Worin sie bestand, wurde mir schlagartig klar, als ich vor ein paar Jahren Steven Spielbergs *Bridge of Spies* sah. Der Film spielt in der Zeit des Kalten Kriegs. Mit der Figur des Anwalts, der einen russischen Spion vor den amerikanischen Gerichten verteidigt und dafür (allen Forderungen nach der Todesstrafe zum Trotz) bis zum *Supreme Court* geht, wird das Bild eines Mannes gezeichnet, der an den Rechtsstaat glaubt und dies bis ins biedere Familienleben hinein verkörpert. Ich kannte viele solche Amerikaner; ihr Auftreten, auch das ihrer Ehefrauen, erschien mir manchmal ein wenig konform, langweilig. Doch rückblickend hat diese Gradlinigkeit etwas Bestechendes. Wenn ich heute in den USA bin, ist davon kaum mehr etwas zu spüren. Der Konformismus ist einem Neoliberalismus gewichen, der sich als das »echte« Amerika ausgibt und alle anderen drängt, sich ähnlich zu verhalten. Vielleicht war das, was ich für repräsentativ hielt, nie majoritär, aber es schuf Leitlinien – und diese scheinen heute ihre Gültigkeit verloren zu haben. Mit meiner Trauer über den Verlust dieses Amerikas stehe ich nicht allein; auch amerikanische Freunde teilen sie. In den vier Jahren der Trump-Regierung entstand sogar ein Phänomen, das es in der amerikanischen Geschichte noch nie gegeben hat: *American self hate*. Das erzählten mir Akademiker aus Princeton. Der Umschwung begann mit der Ermordung Kennedys, verstärkte sich erheblich mit dem Vietnamkrieg und dem Watergate-Skandal, um mit Trump (und dem Krieg in den sozialen Medien, deren Produkt er ist) seinen bisherigen Höhepunkt zu erreichen.

In den 1960er- und 1970er-Jahren waren nicht nur Wohnungen auf Manhattan erschwinglich, junge Leute mit geringem Einkommen konnten sich auch Sommerhäuser in *The Hamptons* auf Long Island oder auf Fire Island leisten. Im Sommer verbrachte ich das Wochenende oft in einem dieser Häuser. Eines von ihnen wurde immer wieder von jungen Deutschen gemietet, die für eine Ausbildung oder erste Arbeitsstelle nach New York gekommen waren: Auf Long Island hieß es nur *The German Kibbutz*. Die Gemeinschaften, die sich während dieser Wochenenden in den Strandhäusern bildeten, waren sehr international – allerdings umfasste dieser Begriff so gut wie ausschließlich US-Amerikaner und Westeuropäer. Lateinamerikaner und Asiaten fanden sich in eigenen Communitys zusammen. Ich kann mich auch nicht erinnern, in dieser Umgebung einem einzigen Afro-Amerikaner begegnet zu sein. Später änderte sich das, aber nur sehr langsam.

In Manhattan waren viele Viertel, die heute teure Wohngegenden sind, noch gar nicht erschlossen. Die Bowery, ein inzwischen gentrifiziertes Pflaster mit vielen Boutiquen südlich der Houston Street, war eine *no go area*. Allerdings lag die New York University, an der ich studierte, am Washington Square und damit direkt neben diesem Bezirk – und die Wohnungen am Washington Square waren trotz dieser Nähe zur verfemten Bowery sehr begehrt. In einer von ihnen wohnten Freunde von mir, der Architekt Paul Wiener (der an der Erbauung von Brasilia beteiligt war) und seine Frau, die Künstlerin Ingeborg ten Haeff. Sie gaben kleine Abendessen, an denen Verleger, Künstler, Schriftsteller teilnahmen. An die Abende und Wochenenden bei Wieners (sie hatten ein Haus in East Hampton) muss ich heute noch oft denken – allein wegen ihrer ungewöhnlichen Kunstsammlung, die von mittelalterlichen Madonnen über Calder-Mobiles bis zu Ingeborg selbst reichte. Die Künstlerin war und blieb bis ins hohe Alter ein Kunstwerk eigener Art: eine auffallende Erscheinung und immer exquisit gekleidet. Später hat sie mich ein paar Mal in Berlin besucht. Auf der Straße folgten ihr die Blicke der Menschen. Paul Wiener verstarb leider schon zwei Jahre, nachdem ich dem Paar begegnet war. Mit Ingeborg blieb ich bis zu ihrem Tod befreundet, und für ihren zweiten Mann, John Githens, gilt dies bis heute.

Brooklyn, heute fast ebenso teuer wie Manhattan, kam damals schon in Mode, vor allem unter Künstlern und Homosexuellen. Für Erstere gab es günstigen Wohn- und Atelierraum, für Letztere bot die Umgebung eine gewisse Klandestinität. Homosexualität war zu dieser Zeit noch strafbar und wurde polizeilich verfolgt. Die Razzia in Greenwich Village, an die der Christopher Street Day erinnert, fand im Jahr 1969 statt, also sechs Jahre nach meiner Ankunft in New York. Heute kann man sich die Angst, unter der Schwule, Lesben, Transvestiten lebten (Transsexuelle gab es nur als Utopie), kaum vorstellen. In meinem Freundeskreis wussten wir, wer dazugehörte, aber man sprach nicht darüber. Im Gegenteil: Es gab sogar eine Art von Schutzinstinkt gegenüber Homosexuellen. Andersherum fühlte man sich als Frau auch immer unbeschwert in schwuler Gesellschaft. Es war wohltuend, dass nichts erwartet wurde.

In den letzten dreißig Jahren hat sich das Verhältnis von Frauen und Schwulen gewandelt. Das geschah, so vermute ich, als Folge der breiten gesellschaftlichen Akzeptanz von Homosexualität. Dabei hat sich – zunächst unmerklich – ein neuer schwuler Machismo herausgebildet, den es damals nicht gab. (Oder wenn es ihn gab, so manifestierte er sich nicht.) Es ist fast, als habe die gesellschaftliche Akzeptanz der Homosexualität einigen (ich betone *einigen*) schwulen Männern erlaubt, endlich auch so frauenfeindlich auftreten zu können, wie es heterosexuelle Männer immer schon taten: Misogynie als Entrée-Billett für die Zugehörigkeit zum männlichen Pantheon, von dem man früher verachtet und ausgeschlossen worden war. Diese Entwicklung hat in den 1960er-Jahren niemand vorausgesehen, und auch meine Freunde von damals – einige sind in den 1980er-Jahren an Aids gestorben – hätten sich wohl kaum träumen lassen, dass die Realisierung ihrer Sehnsucht nach sozialer Anerkennung eines Tages diese Konsequenz haben würde.

Im Frühjahr 1964 – ich war nun 19 – beschloss ich, für das weitere Studium nach Deutschland zu gehen. Warum, kann ich nicht mehr rekonstruieren, aber ich vermute, es waren die hohen Studiengebühren der US-Universitäten wie auch die Tatsache, dass ich dort gezwungen war, mich auf *Freshman*-Niveau* einzuschreiben. Ich hätte nach vier Jahren mit dem Bachelor abschließen können; in der gleichen Zeit konnte ich in Deutschland den Magister machen (und tat es auch). Mit Bedauern sah ich das Jahr in New York zu Ende gehen, aber es tröstete mich, dass ich in den Semesterferien wiederkommen konnte. Gegen Ende des Winters gaben wir noch ein Karnevalsfest (die Tradition hielt sich in meiner Familie), zu dem sowohl meine Eltern als auch ich einluden. Zu »meinen« Gästen zählte ein junger russischer Diplomat, mit dem ich manchmal in der UNO Witze über Kommunismus und Kapitalismus austauschte und der (was keineswegs ausgemacht war) die Erlaubnis erhielt, unser Haus

* College-Erstsemester. Amerikanische Schüler und Schülerinnen verlassen nach zwölf Jahren die High School und sind im Durchschnitt 17 oder 18 Jahre alt, wenn sie ins College kommen.

zu betreten – nicht allein, wohl aber in Begleitung eines Kollegen. Die beiden tranken und amüsierten sich offenbar gut. Noch mehr aber amüsierten sich Freunde von mir, die sie nach Hause fuhren und denen die Russen klarzumachen versuchten, dass eine rote Ampel »fahren« bedeutet und man immer nur »nach links« abbiegen solle. Zu den Gästen zählte auch Salvador Dalí, den ich durch einen gemeinsamen Freund kennengelernt hatte. Er erschien ohne Verkleidung, wurde aber für diese wunderbare Aufmachung à la Dalí bewundert. Als er sagte, er *sei* Dalí, lachten alle – nur der Meister war *not amused*.

Auf dem Rückflug nach Deutschland saß ich neben einer sympathischen älteren Dame, mit der ich ins Gespräch kam. Wir sprachen erst auf Englisch, dann wechselte sie ins Deutsche, erzählte mir, sie sei Israelin, und schließlich erfuhr ich, dass sie 1933 in Berlin die Kinder- und Jugend-*Alijah* gegründet und bis in die 1940er-Jahre weitergeführt hatte. Es handelte sich um Recha Freier, über deren große Verdienste ich danach Genaueres erfuhr: Sie hatte Tausenden von jüdischen Kindern das Leben gerettet und war dabei immer mehr in den Untergrund abgetaucht. Dass sie selbst am Leben blieb, war ein Wunder.

In Frankfurt trennten sich unsere Wege: Recha Freier flog weiter nach Tel Aviv, aber wir blieben noch eine Weile in brieflichem Kontakt. Sie schickte mir eine Sammlung ihrer Gedichte. Als ich 1989 zum ersten Mal nach Israel kam, um für meine dreiteilige Filmreihe über die Geschichte des Antisemitismus zu recherchieren, lebte sie leider nicht mehr. Ich musste oft an sie denken, während ich die Erinnerungen meines Onkels Hans las. Er war 1936 nach England gegangen, und da er ganz legal dort lebte (meine Großmutter behauptete, er absolviere dort eine Ausbildung), konnte er zwischen Berlin und London hin und her reisen. Bei diesen Reisen transportierte er Geld und Schmuck von jüdischen Freunden meiner Großmutter außer Landes. Manchmal begleitete er auch jüdische Jugendliche, für deren Ausreise nach England die Eltern gesorgt hatten.

GO BETWEEN

Studium in Deutschland, Jobben in New York

Eigentlich wollte ich in Berlin studieren, bekam dort aber keinen Studienplatz und schrieb mich an der Universität Bonn ein. (Kurz vor Semesterbeginn kam dann doch die Zulassung für Berlin, aber da hatte ich schon am Rhein Quartier bezogen.) Als Studienfach hatte ich Germanistik gewählt; ich glaubte, da lerne man Romane oder Theaterstücke schreiben! Das war natürlich Blödsinn, aber es hätte ja wenigstens ein Funke von jener Leidenschaft, die literarische Texte vermitteln, in den Seminaren aufblitzen können. Stattdessen wurde uns vom Pult »deutsches Kulturgut« nähergebracht – vermutlich ein Relikt jener Besetzung des »deutschen Geistes« durch die Nazis. (Später, in den 1990er-Jahren, habe ich bei den Kollegen und Kolleginnen der Germanistik gesehen, wie spannend und hochpolitisch das Fach sein kann.) Ein Freund von mir, der Politikwissenschaft studierte, nahm mich mit in eines seiner Seminare. Die Inhalte, der Ton der Diskussion sprachen mich sofort an. Ich meldete mich aus der Germanistik ab und schrieb mich ein in die Politikwissenschaft; als Nebenfächer nahm ich Soziologie und Völkerrecht dazu. Fortan besuchte ich Lehrveranstaltungen, mit denen ich etwas anfangen konnte und die nebenbei auch dazu beitrugen, das sich nun anbahnende Geschehen besser einzuordnen.

Im Frühjahr 1964 kam es zu beträchtlichen Umwälzungen in Westdeutschland: Hunderttausend Menschen nahmen an den Ostermärschen gegen Atomwaffen teil; auf einem Sonderparteitag der SPD wurde Willy Brandt zum Parteivorsitzenden und Kanzlerkandidaten gekürt. Im August traten die Amerikaner in den Vietnamkrieg ein und bombardierten Nordvietnam, was zur Politisierung nicht nur der amerikanischen, sondern auch der westdeutschen Universitäten beitrug. Im November wurde in Hannover die NPD gegründet. Diese ganzen Entwicklungen führten dazu, dass es in Berlin und Frankfurt bereits lange vor Mai 1968 beträchtlich brodelte. In Bonn dagegen blieb es ruhig. (Meine Schwester Carola, die ebenfalls in Bonn studierte, erzählte mir kürzlich, dass ein studentisches Paar, das unverheiratet zusammenlebte, unter ihren Kommilitonen und Kommilitoninnen für mehr Diskussionsstoff sorgte als die gleichzeitig stattfindenden politischen Ereignisse.) Ob sich diese Bonner Beschaulichkeit trotz oder wegen der Hauptstadt entwickelte, ist schwer zu sagen. Nur wenige Hundert Meter trennten die Universität von Bundestag und Kanzlerbungalow, doch die beiden Welten lebten nebeneinanderher, als befänden sie sich auf unterschiedlichen Planeten. Wenn sie überhaupt aufeinandertrafen, dann im Seminar für Politische Wissenschaft, wo immerhin über Fragen wie die Notstandsgesetze diskutiert wurde.

Aus dem Beginn meiner Studienzeit gibt es viele Briefe nach Hause. Meist erzählen sie von Nebensächlichkeiten wie der, dass ich eine Bude gefunden habe: »Im Haus einer vollkommen verrückten Opernsängerin mit dem Sopran-Arien-verheißenden Namen PHILOMENE. Sie putzt, kocht, geht, ißt, trinkt und erledigt sonstige tägliche Gewohnheiten, während ihr eine Arie aus dem immensen Brustkasten hervorquillt. Genauso viel Herzlichkeit strömt aber auch aus ihr hervor. Ich habe ein großes Zimmer in ihrem von Wein, Flieder und Apfelbäumen umrankten Hexenhäuschen, das in Plittersdorf am Rhein liegt. Bad- und Küchenbenutzung, Bettwäsche, Heizung, Elektrizität, Mitbenutzung der riesigen Märchen-Sonnenterrasse, Telefon, alles ist eingeschlossen in die 100,- DM Miete, auch die musikalische Bildung natürlich.«

Wovon ich nicht nach Hause berichtete: In dieser Zeit stieß ich auf Marcel Prousts Roman *Auf der Suche nach der verlorenen Zeit*. Ich versank in die Lektüre und ließ mich von Prousts Welt und seiner Sprache gefangen nehmen. Als ich viele Jahre später Joris-Karl Huysmans' *A Rebours* zu verfilmen versuchte, wollte ich eigentlich diesen Zustand filmisch einfangen. Der Versuch ging schief. Der Film war zähflüssig, klebte an der literarischen Vorlage und vermittelte nicht wirklich diesen »anderen Zustand«, in den das Lesen eines Textes uns versetzen kann. Da die Umsetzung literarischer Stoffe im Film auch in anderen Fällen nur selten gelingt, scheint es eine Konkurrenz zwischen den magischen Bildern, die das innere Auge beim Lesen generiert, und den technischen Bildern zu geben. Diese Erfahrung trug dazu bei, dass ich mich später sowohl mit der Entstehungsgeschichte der Bildkultur als auch den Auswirkungen der Schrift auf Gesellschaft und Psyche beschäftigte.

In den Briefen nach Hause erzähle ich auch gelegentlich vom Studium. »Es ist vielleicht ganz gut, daß ich nicht nach Berlin gegangen bin, weil ich die Universität hier jetzt kenne und das Studium mir wirklich großen Spaß macht. Zwei Tage die Woche bin ich in Bonn, die letzten drei in Köln. Ich habe mich für ein Referat in einem Seminar über die Ideologien der Antike eingetragen; es heißt ›der Friedensbegriff in der Antike‹, und ich muß es Ende Januar halten.« Das sei eine ziemliche Herausforderung »angesichts der Tatsache, daß ich in meinen 13 Jahren Schule zwar viel von den Kriegen der Antike, selten aber von deren Frieden gehört habe«. Die Hierarchien im Seminar – hier Anfänger, dort Fortgeschrittene – waren damals fließend. »Als ich mir das Thema vom Dozenten holte, fragte er mich, ob ich auch im Hauptseminar sei. Als ich ihn ganz erstaunt fragte, ob ich das denn dürfe, meinte er, man werde mich wohl nicht rausschmeißen.« Sofort schrieb ich mich im Hauptseminar ein und war dort umgeben von Studierenden im 9., 10. und 12. Semester, »die bei meinem Anblick zu überlegen schienen, wie das arme Kind wohl in seinen Kindergarten zurückfindet«. Das Thema, das ich mir für eine Hausarbeit geben ließ, war »faszinierend: de Gaulle und die

V. Republik, so daß ich mir gar nicht so deplatziert vorkam«. Damals ahnte ich noch nicht, dass ich wenige Jahre später nach Paris umziehen und das Frankreich der Zeit *nach* de Gaulle mir eine neue Heimat werden würde.

Von zu Hause erhielt ich einen Monatswechsel von DM 300,–, der die Gebühr für die Einschreibung, die Zimmermiete und in etwa die Lebenskosten deckte. Daneben versuchte ich zu jobben und fand – mein Studienfach half – eine Beschäftigung bei der Parlamentarischen Gesellschaft, deren wissenschaftlicher Leiter ein politisches Stichwortlexikon zusammenstellte. Meine Aufgabe bestand in der Suche nach geeigneten Begriffen. Ich hatte Zugang zur umfangreichen Bibliothek des Bundestags. Wie ich meine Zeit einteilte, blieb mir überlassen, sodass ich sowohl in der Semesterpause als auch während des Semesters daran arbeiten konnte. Der Auftraggeber bat mich, auch große Lexika wie den *Brockhaus* durchzuackern (anders lässt sich diese Tätigkeit nicht beschreiben). Da er einsah, dass dieses Pensum von einer Person allein nicht zu schaffen war, konnte ich gelegentlich eine Freundin dazuholen. Wir nahmen »Unmengen von Brockhäusern und Herdern mit nach Hause« und arbeiteten uns »Tag für Tag ein Stück weiter durchs Alphabet. Das einzig Ärgerliche an der Sache ist, daß wir ziemlich einseitig gebildet sein werden: Almuth über die Buchstaben M bis Z des Alphabets, ich über A bis L.« Wenige Monate später heißt es: »Den Brockhaus habe ich inzwischen ›fertig gelesen‹ und sitze momentan in der riesigen Bibliothek des Bundestags vor Unmassen von Katalogen, die ich Schrank für Schrank nach unentdeckten Worten durchsuche. Inzwischen habe ich bestimmt schon 3000 Begriffe zusammen.«

Ein Freund meiner Schwester verkaufte (eher schenkte) mir für DM 100,– einen alten VW, Jahrgang 1949. (»Dein Wagen ist älter als die Indische Republik«, bemerkte Wolfgang Leonhard, als ich ihn und seine Frau Yvonne einmal von Bonn in die Eifel fuhr.) Ich brauchte etwa 500 Mark, um den Wagen wieder flott zu machen – und die spendete mir mein Großvater. Als Begleitgabe erhielt ich

Ratschläge für die Ehe. Ich habe leider keine schriftlichen Notizen gemacht, vermute aber, dass er mir nahelegte, mich neben meinem Mann »kleinzumachen«. (Ähnliches hatte er auch schon bei anderen Gelegenheiten formuliert.) Ein Telegramm, das ich zum 21. Geburtstag – die Volljährigkeit! – von zu Hause erhielt, ging in eine ähnliche Richtung. Mein Vater nahm dafür die gesamte Völkergemeinschaft in Anspruch: »Alle Völker dieser Erde wünschen dir Glück Segen und alle raten aus Erfahrung, neues Selbstbestimmungsrecht und Freiheit von väterlichem Trusteeship nur massvoll und vernünftig zu nutzen.«

Ich hatte eine eigene Bude (inzwischen teilte ich mir eine Wohnung mit einer Freundin, die Jura studierte, wir wohnten in unmittelbarer Nähe der Universität), ein eigenes Auto und fühlte mich wie eine Königin. Auch das Studium machte weiterhin Spaß. »Ich habe mich schon für zwei Referate gemeldet: eines über internationale Organisationen und eines über die deutsche Außenpolitik in der Abrüstungskommission des Völkerbundes, was von den beiden das reizvollere ist.« Bei der Entscheidung für diese Themen hatten zweifellos meine Begegnung mit Max Beer und meine Tätigkeit bei der UNO nachgewirkt. Im selben Brief erkundige ich mich nach Beers Wohlergehen; ich hatte erfahren, dass er erkrankt war, und tatsächlich starb er im Jahr 1965. Kurz zuvor hatte er mir noch zum Geburtstag geschrieben. Ein Semester später heißt es, dass ich in Soziologie an einem Referat über die römischen Kaiser arbeite. »Die haben ja wirklich lustig adoptiert und Leute zum Kaiser erhoben. Ansonsten habe ich mir noch ein Referat über die Interessenvertretungen bei den Europäischen Gemeinschaften geben lassen und eines über die Notstandsgesetzgebung.« Man merkt den Briefen an, dass ich nach Hause gern von Erfolg und Anerkennung berichte. Etwa wenn ich das Lob erwähne, das ich für das Referat über die römischen Kaiser erhielt. Oder die Tatsache hervorhebe, dass man sich in einem Seminar auf meine »Theorie über große Männer« bezogen habe. Ich habe keine Ahnung, worin diese »Theorie« bestand, glaube aber nicht, dass sie etwas mit meinen späteren Interessen für die Entstehung von Männlichkeitsparadigmen zu tun hatte. Anders als heute war eine Lehrveranstaltung zu diesem Thema damals undenkbar. Männlichkeit war Norm und Normalität: Die Beschäftigung mit dem Thema erübrigte sich. Auch frauenspezifische Fragen wurden kaum diskutiert – das galt sogar für die Sozialgeschichte, die erst in den Folgejahren geschlechtsspezifische Aspekte zu berücksichtigen begann.

Was in den Briefen aber völlig unerwähnt bleibt, ist die schreckliche Angst, die ich vor jedem öffentlichen Auftritt hatte. Bei Referaten nahm meine Stimme (die ohnehin nicht sehr weit trug) einen Flüsterton an. Zur Frustration der Zuhörer. Es hat Jahre gedauert, bis ich diese Angst vor dem öffentlichen Auftritt überwunden habe. Alice Schwarzer, die später in Paris um die Ecke wohnte, riet mir, schon aus diesem Grund auf Frauenveranstaltungen zu gehen: Unter Frauen lerne man, diese Scheu zu überwinden. (Die deutsche Sprache bringt gut zum Ausdruck, dass die feministische Forderung auf das »Stimmrecht« auch die Forderung impliziert, der eigenen Stimme Gehör zu verschaffen.) Als ich mir schließlich dieses »Stimmrecht« erfochten hatte – ein Kampf, der mit der eigenen Psyche mindestens ebenso viel zu tun hatte wie mit der Öffentlichkeit, der das Stimmrecht abgetrotzt wurde –, begann ich mich für die Genese dieser Geschlechterhierarchie zu interessieren. Die Frage wurde zum Leitfaden späterer Forschung.

Das Gespräch mit Ernst Benda zu den Notstandsgesetzen war hilfreich und zugleich mit einer Botschaft an meinen Vater verbunden. »Er läßt Euch sehr herzlich grüßen und Dir ausrichten, daß er schon vorgeschlagen habe, die Frage der Verjährung vor die UNO zu bringen; es werde sich wahrscheinlich noch vor Weihnachten ein Kreis bilden, um darüber zu diskutieren. Solltest Du nach Bonn kommen, würde er sehr gerne mit Dir sprechen.« Offenbar hatten Benda und mein Vater Überlegungen angestellt, die Nicht-Verjährung der NS-Verbrechen (die von der Volkskammer der DDR schon beschlossen worden war und für die Benda zu dieser Zeit eine Vorlage für den Bundestag erarbeitete) auch in die UNO einzubringen.

Im Mai 1965 schickte ich eine Bewerbung an Roy Blumenthal, um während der Sommerpause, die ich in New York verbringen wollte, bei ihm zu arbeiten. Er leitete die Public-Relations-Agentur Roy Bernard, die damit beauftragt war, in der amerikanischen Öffentlichkeit für die Unterstützung von Westberlin zu werben. Mein Job bestand darin, die Zeitungen nach Nachrichten über Deutschland und speziell Berlin zu durchforsten. So kam es, dass ich jeden Tag fünf bis sechs große US-Tageszeitungen las und einen guten Einblick sowohl in die Rhetorik des Kalten Kriegs als auch die US-Innenpolitik der späten 1960er-Jahre erhielt. Meine direkte Vorgesetzte war Ingeborg von Zitzewitz, genannt »Pudel«. Sie kam aus Ostpreußen und hatte dort als junge Frau den Einmarsch der Russen erlebt. Später war sie beim Bundesnachrichtendienst in Pullach tätig, bevor sie in die USA auswanderte. In Amerika hatte sich Pudel zunächst mit Übersetzungen durchgeschlagen – sie sprach ein fehlerfreies Englisch – und war schließlich bei Roy Bernard gelandet, von wo aus sie Kontakt zu allen Berliner Behörden, einschließlich dem Regierenden Bürgermeister (damals Willy Brandt), hatte. Pudel war von einem Humor, wie er, glaube ich, nur in Ostpreußen vorkam: pointiert, manchmal makaber (sie machte sich einen Spaß daraus, im Wartezimmer ihrer Ärzte die Werbezeitschrift der Bestattungsbranche *Morticians Monthly* liegen zu lassen) und selbstironisch. Als ich später mal mit meiner Tochter (damals etwa zwölf Jahre alt) zu Besuch bei ihr war und Anna ein nicht sehr schmeichelhaftes Porträt von ihr zeichnete, amüsierte sie sich köstlich darüber und stellte es auf ihren Schreibtisch; es blieb dort bis zu ihrem Tod. Ein Besuch in ihrer Wohnung im Village, wo sie mit drei oder vier Katzen lebte, war bei jeder meiner Reisen nach New York ein *must*. Nach der Wiedervereinigung kündigte Berlin seinen Vertrag mit Roy Bernard – Pudel wurde in die Kulturabteilung des Goethe-Instituts berufen, wo sie bis zum Erreichen des Rentenalters blieb.

Durch meine intensive Lektüre der US-Zeitungen konnte ich im Detail beobachten, wie sich die *civil rights movements* ausbreiteten und unter den jungen Amerikanern der Widerstand gegen den Vietnamkrieg wuchs. Die Haare der Männer wurden länger, bei beiden Geschlechtern ersetzten lange wallende Roben die traditionelle Männer- und Frauenkleidung. Ich erlebte den Empfang, den New York den Beatles bereitete, und wie das Musical *Hair*, das der konsumkritischen Hippie-Kultur ein Denkmal setzte, zum Hit am konsumfreudigen Broadway wurde. Außerdem erinnere ich mich an unzählige Buttons, die es im Village zu kaufen gab und auf denen alles – von den politisch Mächtigen bis zu den kirchlichen Lehren – verspottet wurde. Was später Graffiti waren, hieß damals Buttons. Auf ihnen standen Sprüche wie »Make love, not war« oder »Save water, shower with a friend«. Mein liebster Button trug die Aufschrift: »No Easter this Year, they found the body«.

New York war auch meine Einführung in die moderne Kunst. An der Schule in Sankt Peter-Ording hatte es kaum Möglichkeiten gegeben, etwas über die Umwälzungen zu erfahren, die sich ab den 1950er-Jahren in der Kunstszene vollzogen. Eine Freundin von mir, Karin Koehn, die Kunsthändlerin war und für ein großes Auktionshaus gearbeitet hatte, nahm mich mit auf ihre Samstagstouren durch die Galerien. Solche Touren waren unter New Yorkern beliebt. Zum ersten Mal begegnete ich Namen wie Jasper Johns, Robert Rauschenberg, Cy Twombly, Frank Stella, Roy Lichtenstein, Andy Warhol, Robert Morris oder James Rosenquist und begann zu begreifen, dass der Sinn der Kunst auch darin bestehen kann, überhaupt erst nach ihrem Sinn zu *fragen*. Das war die Absicht eines Gutteils dieser Werke, gleichgültig ob sie dem Pop, der *minimal* oder der *conceptual art* zugeordnet wurden. Waren die Galerien zunächst noch *uptown* angesiedelt, so verlagerten sie sich im Laufe der Jahre immer weiter nach *downtown*, dem späteren So-Ho. Sie folgten damit den Künstlern und Künstlerinnen, die schon in den 1960er-Jahren begonnen hatten, sich in den Lofts in der Umgebung der Bowery anzusiedeln:

alte Fabriketagen, die zu Ateliers umfunktioniert wurden. Es war die klassische Gentrifizierung: Erst kommen die Künstler, dann folgen die Galerien, deren Ausstellungsobjekte dem Stadtteil das Flair der Bohème verleihen und ihn als Wohngegend aufwerten – zuletzt breiten sich die teuren Apartments und dann die Boutiquen aus.

An den Sonntagen im Herbst – der sich beim Indian Summer bis in den Dezember hinziehen kann – gab es einen anderen sozialen Ritus: Ich traf mich mit Freunden im Central Park in einem Open Air Café in der Nähe des kleinen Zoos. Einige hatten ihre fünf Kilo *Sunday Times* unter dem Arm. Eine der Frauen, die dort regelmäßig auftauchten, war Donna Guimaraes, die bei *Vogue* eine leitende Stellung hatte. Sie schenkte mir einmal – ohne speziellen Anlass – eine Armbanduhr. Wahrscheinlich fand sie, dass ich nicht sehr pünktlich war. Mein Problem mit Uhren war jedoch, dass sie bei mir immer stehen blieben. Einfach ausfielen. Es dauerte Jahrzehnte, bis sich das änderte – was erst geschah, vielleicht kein Zufall, als ich mich in Richtung Wissenschaft orientierte. Mitte der 1990er-Jahre, ich hatte gerade einen Ruf an die Universität erhalten, entdeckte ich bei einem Straßenhändler auf der 42. Straße in New York eine Armbanduhr, die mir gefiel und zum Spottpreis zu haben war. Es handelte sich um die Kopie eines Modells von Gucci. Dieses Mal blieb die Uhr nicht stehen. Doch nach einiger Zeit bemerkte ich rote Flecken an meinem Handgelenk. Offenbar war ich auf Nickel allergisch. Daraufhin schenkte mir mein Mann Tilo das Original von Gucci. Diese Uhr blieb bei mir – bis zum 4. März 2020. Irgendwo in Berlin – zwischen Bahnhof Friedrichstraße und Prenzlauer Berg – muss sich das Schloss geöffnet haben, die Uhr war mir vom Handgelenk gerutscht. Wenige Tage später kam in ganz Deutschland die Zeit zum Stillstand. Corona.

In den Semesterferien arbeitete ich regelmäßig in New York. Ich gewöhnte mich daran, zwischen den USA und Deutschland zu pendeln und wurde mein eigener *Go between* zwischen den politischen Diskussionen auf beiden Seiten des Atlantiks. Dabei gab es einige

Gemeinsamkeiten. Etwa den Widerstand gegen den Vietnamkrieg bei gleichzeitiger Idealisierung Maos, inklusive der 1966 einsetzenden Kulturrevolution. Das Porträt Maos wurde zur Ikone (was Andy Warhol wiederum persiflierte), und wer etwas auf sich hielt, besorgte sich die rote Fibel. Auch ich hatte eine dieser *Mao-Bibeln*. Die vielen Toten, die die Kulturrevolution nach sich zog, das kollektive Trauma, das sie bei der chinesischen Bevölkerung hinterließ, das habe ich erst viele Jahre später begriffen, als ich genauere Berichte über diese Zeit las. Damals gab es sehr wenige Reportagen über das innere China – aber hätte es sie gegeben, wären wir wohl nicht erpicht darauf gewesen, sie zu lesen.

Es gab aber auch viele Unterschiede zwischen der politischen Szene in Deutschland und in den USA. In Amerika gehörten die *civil rights movements*, der Kampf um die Gleichberechtigung der afroamerikanischen Bevölkerung, zum zentralen Thema der politischen Auseinandersetzungen. In Deutschland war es der Widerstand gegen die Notstandsgesetzgebung. Er hatte einerseits mit der NS-Erbschaft zu tun, andererseits – das wurde mir erst später klar – mit der Teilung Deutschlands, der Teilung des Landes in einen kapitalistischen und einen kommunistischen Staat. Zwar sahen nur wenige meiner Kommilitonen in der DDR ein Vorbild, aber sie weigerten sich mitzugehen beim primären Antikommunismus, der in Westdeutschland so verbreitet war. Das war einer der Hintergründe für die intensive Marx-Lektüre dieser Zeit.

In beiden Ländern veränderte sich das Verhältnis zu Armee und Rüstung. In den USA trug die Verweigerung des Vietnamkriegs zur Politisierung einer ganzen Generation bei.* Die deutsche pazifisti-

* Mit dem Vietnamkrieg begann auch die Karriere des Trauma-Begriffs. Der Einschnitt, den dieser Krieg mit sich brachte, wirkte sich nicht nur aufs politische Leben, sondern auch auf die Psychiatrie aus. Zunächst bezog sich der Begriff ausschließlich auf die Traumata, die der Krieg bei den amerikanischen Soldaten bewirkte. Erst später wurde er auch für Opfer verwendet, die an fremder Gewalteinwirkung gelitten hatten: Er bezeichnete

sche Bewegung wandte sich gegen die Aufrüstung, für die der Kalte Krieg den Grund (oder einen Vorwand) lieferte. Später verlagerte sich der deutsche Pazifismus in die Anti-Atombewegung.

Gemeinsam war den Oppositionsbewegungen beider Länder auch ein wachsendes Bewusstsein für ökologische Fragen. In den USA war das Interesse für Ökologie eine verspätete Auswirkung der Hippie-Bewegung, die neben der Konsumkritik auch ein neues Verständnis von Gemeinschaftsverantwortung, ohne Hierarchie und Gleichschaltung, propagierte. Ökologisches Engagement fand, wie die Hippie-Bewegung selbst, zunächst in ländlichen Kommunen ihren Niederschlag. In Deutschland dagegen formierte sich ab Mitte der 1970er-Jahre eine politisierte Umweltbewegung. Sie mündete ab 1980 in die Gründung der Partei Die Grünen. Ich fühlte mich den Grünen von Anfang an und bis heute verbunden. Als sich im Jahr 1996 die Heinrich-Böll-Stiftung konstituierte und mit der Grünen Akademie eine eigene »Denkwerkstatt zu den politischen und kulturellen Fragen der Zeit« schuf, wurde ich in das erste Mitgliedergremium berufen und war mehrere Jahre lang auch eine seiner Sprecherinnen.

Wenn ich heute auf die Umwälzungen der 1960er-Jahre zurückblicke und mich frage, was von ihnen geblieben ist, so kommen mir auf Anhieb drei Dinge in den Sinn. Das eine ist der Kampf um die *civil rights,* der zwar im amerikanischen Gesetz seinen Niederschlag fand, aber in den USA de facto noch immer zu bürgerkriegsähnlichen Verhältnissen führt. Das zweite sind Umweltfragen, die, aus einer minoritären Bewegung erwachsen, inzwischen zum wichtigsten Konfliktthema des Kapitalismus geworden sind. Das dritte ist die Frauenbewegung, deren Anfänge ich Mitte der 1960er-Jahre in den USA erlebte. Damals entstand die amerikanische *Women's Libe-*

die psychischen Verletzungen, die die nationalsozialistischen Konzentrationslager bei ihren Opfern hinterließen. Von dort aus wurde er dann auch auf andere Gebiete übertragen, etwa auf die Opfer von Missbrauch und sexueller Gewalt.

ration Movement, in der Frauen wie Betty Friedan (die 1966 die *National Organization for Women* gründete) oder Gloria Steinem (die einen Artikel über ihre Arbeit als Undercover Bunny im New Yorker *Playboy Club* schrieb und später die Frauenzeitschrift *Ms* gründete) neue feministische Maßstäbe setzten. Ich verfolgte die Forderungen dieser Frauen (die zehn bis zwanzig Jahre älter waren als ich) mit Bewunderung. Zugleich hatte ich den Eindruck, nicht betroffen zu sein: Mir standen doch alle Türen offen! Auch als Frau. Es dauerte ein paar Jahre, bevor mir ein Licht aufging.

Noch in anderer Hinsicht habe ich mich damals getäuscht. Etwa bei der Wahl von Jimmy Carter. Das geschah zwar erst einige Jahre später (er wurde 1977 amerikanischer Präsident), aber er hatte sich schon 1971 als Gouverneur von Georgia dafür ausgesprochen, der Rassentrennung endgültig ein Ende zu setzen. Als Präsident beendete er die Konflikte um den Panama-Kanal, er hatte eine führende Rolle bei den Verhandlungen zum israelisch-palästinensischen Abkommen von Camp David, nahm diplomatische Beziehungen zur Volksrepublik China auf und war innenpolitisch aktiv auf den Gebieten der Energie- und Umweltpolitik, der Zugänglichkeit von Bildung und der Menschenrechte. Carter war der einzige Präsident der USA nach 1945, der das Land nicht in eine offene kriegerische Handlung verwickelte. Doch ich hielt damals Carter für »zu schwach« für das Amt des US-Präsidenten – ohne zu merken, dass ich damit dem üblichen Diskurs vom »starken Mann« auf den Leim ging. Fakt ist: Als die USA Jimmy Carter abwählten und nach nur einer Wahlperiode durch den Kalten Krieger Ronald Reagan ersetzten, ging in Amerika eine Periode zu Ende, die zu den politisch fortschrittlichsten und ökonomisch sichersten ihrer gesamten Geschichte gehörte. Ich war entsetzt, als Ronald Reagan mit seiner Rhetorik des Kalten Kriegs den Sieg davontrug, aber ich hatte nicht begriffen, dass ich, indem ich eine »starke Persönlichkeit« einforderte, selbst dieser Art des polarisierenden Denkens verfallen war – einem Denken, das sich später, etwa in der Figur von Trump, als frauenfeindlich und antidemokratisch erweisen sollte. Seither habe ich dazugelernt.

Wieder in Bonn, wurde ich zusammen mit anderen Studierenden der Politikwissenschaft zu einem Gespräch mit Bundespräsident Theodor Heuss eingeladen. Es dauerte immerhin zwei Stunden, und ich berichtete davon nach Hause. »Er fragte nach unseren Ansichten über das parlamentarische und das föderalistische System der Bundesrepublik, die Bundeswehr, unsere Stellung zu den westlichen und östlichen Nachbarn, den Bildungsnotstand und die Hochschulreformen, und schließlich wollte er wissen, was wir von der deutschen Nationalhymne und dem Singen von Heimatliedern hielten.« Damals bewegten uns weder die Nationalhymne noch das Heimatlied. Die anderen Themen dagegen waren unter den Studierenden hoch besetzt.

Obwohl ich den Magister noch gar nicht abgeschlossen hatte, begann ich über eine Dissertation nachzudenken. Nach meiner Zeit an der UNO lag ein Thema auf diesem Gebiet nahe, aber es gab auch Gegenvorschläge. Ein Assistent am Institut für Völkerrecht, Wilhelm Kewenig (der spätere Innensenator von Berlin; mit ihm und seiner Frau hatte ich mich angefreundet), empfahl mir, mich mit Weltraumrecht zu beschäftigen, »das in Fachkreisen schon jetzt und in ein paar Jahren allgemein von großer Aktualität sein wird. Probleme der Planeten- und Mondzugehörigkeit, des Atommülls, der Spionage über Erdsatelliten und tausend andere Sachen«, die die Welt bald beschäftigen würden. Dazu hätte es freilich eines juristischen Grundstudiums bedurft; das hatte ich nicht. (Mein Bruder, der Jura studierte, hat später tatsächlich in Weltraumrecht promoviert.)

In demselben Brief berichtete ich von einem Fest, zu dem ich eingeladen war. An meinem Tisch saß ein Herr, »der anscheinend Tante Anna Braun und deren Tochter Nora recht gut kannte (ich habe erst nach einiger Zeit den Mut aufgebracht zu bekennen, daß ich von keiner der beiden je gehört hatte, geschweige denn sie kenne!). Von Tante Anna erzählt er mir folgende Geschichte: Sie sei leidenschaftlich nationalsozialistisch und leidenschaftlich monarchistisch gewesen, und als sie eines Tages Heuss vorgestellt werden sollte, sei sie in schweren Konflikten gewesen und habe gar nicht so recht gewußt, wie ihren Landesvater begrüßen, so daß sie schließlich mit nationalsozialistisch erhobenem rechten Arm in einen Hofknicks gesunken sei.« Ich weiß nicht, ob die Geschichte erfunden ist. Aber sicher ist, dass ich nur einen Bruchteil meiner ostpreußischen Verwandten je kennengelernt habe. Sie lebten weit verstreut; seitdem es kein »Stammgut« mehr gab, begegneten sie sich eher zufällig.

Dieser Abend bot auch Einblicke in die Seele eines konservativen Politikers der Zeit. »Zu meiner Linken saß ein ungeheuer pompöser schnurrbärtiger Mann, der beleidigt war, weil keiner mit ihm redete, und als ich ihn fragte, wer er sei und wie er heißt, erklärt er: ›Ich bin der Doktor Jahn, CDU-Abgeordneter‹. Auf diesem selbstbescheidenen Niveau konnten wir uns dann noch ein Dessert und eine Polka lang unterhalten. Er war übrigens im April in New York und möchte gerne Entwicklungsminister werden, obwohl er es leugnet.« Es muss sich um Hans Edgar Jahn gehandelt haben, über den ich erst später Näheres las: Er war schon 1932 der NSDAP beigetreten. 1943 erschien seine Schrift *Der Steppensturm – Der jüdisch-bolschewistische Imperialismus*, wegen der er 1979 in die Kritik geriet und von seinem Europa-Mandat zurücktreten musste. Er war Berater von Adenauer, Mitglied im Präsidium des Bundes der Vertriebenen und interessierte sich für Afrika und Lateinamerika. Das südafrikanische Apartheid-Regime bezeichnete er in einem öffentlichen Vortrag von 1962 (das war nur wenige Jahre vor meiner denkwürdigen Begegnung mit ihm) als »Vorbild für ganz Afrika«. Laut *Spiegel* vom 18. Juli 1962 sagte er wortwörtlich: »In keinem anderen Land geht es den Negern so gut.« So viel zur Entwicklungspolitik der Adenauer-Ära.

NEUE HORIZONTE

Rückkehr nach Rom, Audienz beim Papst, Abschluss des Studiums

Im Frühjahr 1967, das Ende meines Studiums war in Sicht – ich hatte eine Skizze meiner geplanten Magisterarbeit abgegeben –, beschlossen meine Freundin Carol Hutz und ich, eine längere Italienreise zu machen. Für Carol, die Kunstgeschichte studierte, war Rom ein *must*. (Sie betreibt heute als Carol Johnssen eine Galerie moderner Kunst in München.) Und ich wollte anknüpfen an meine alte Italien-Sehnsucht. Wir verbrachten vier Wochen in Italien, davon allein drei in Rom, wohnten bei verschiedenen Freunden oder Bekannten (vor der Abreise hatten wir eifrig Adressen gesammelt) und stürzten uns in ein Intensivprogramm italienische Renaissance, für das wir manchmal kundige Führer gewinnen konnten, meist jedoch mit Büchern zurechtkommen mussten. Unser Programm entsprach weitgehend dem, was auch andere Bildungsreisende bei ihren Italienbesuchen absolvieren – außer in einem Punkt: einer Generalaudienz beim Papst, von der ich in einem langen Brief nach Hause berichte. Der Botschafter am Heiligen Stuhl hatte sie arrangiert. Er berief sich darauf, dass der aktuelle Papst Paul VI. nach meiner Geburt, damals noch als Kardinal Montini, der erste Besucher am Wochenbett meiner Mutter gewesen war. Zu diesen Audienzen erscheinen immer dreißig bis vierzig geladene Gäste. Mein Bericht an die Eltern über diese Begegnung war dem Feierlichen des Ortes und dem Erhabenen des Anlasses nicht ganz angemessen.

»Unser Papstbesuch: Zunächst einmal wären wir um ein Haar

ohne Schleier in den Vatikan gezogen, wenn uns die Bellonischen Dienstmädchen, die mich übrigens ungeheuer verwöhnt haben, nicht im letzten Moment noch gefragt hätten, ob wir einen Schleier haben, und als wir das erstaunt verneinten, schnell die ihren hervorholten. Dann flitzten wir in den Vatikan, aber auch nur auf den allerletzten Drücker, so daß wir zunächst einmal zu spät kamen und die Schweizer Garden sich über uns amüsierten, als wir die Treppe des Papstpalastes hinaufrannten. Oben waren wir in der Reihenfolge dann unter den Ersten, und ein sehr netter junger deutscher oder tschechischer Monsignore unterhielt sich mit uns und meinte, wir sollten doch deutsch mit dem Papst sprechen, das würde ihn mal ein bisschen üben. Aber als der Papst uns dann auf ihn zugehen sah, verschlug es ihm die Sprache, und er wußte nicht, was er mit diesen beiden unbedarften deutschen Mädchen anfangen sollte. Carol und ich wußten auch nicht so recht, wie er sich das mit dem Ring-Küssen dachte. Zunächst einmal konnte ich auf meiner Seite überhaupt keinen finden, aber ich hielt auch die rechte Hand und küßte also aus lauter Verzweiflung meinen eigenen Daumen. Auch wußten Carol und ich nicht, wann und wie oft dieser Ring geküßt werden muß, so daß wir es sicherheitshalber gleich bei jedem übernächsten Atemzug taten. Und dann sagte der Papst einige nette Worte zu uns, unter anderem gratulierte er mir zu dieser berühmten Familie, und dann starrten wir uns alle drei noch ein paar Minuten ein wenig hilflos an, er rettete sich, indem er uns zwei sehr hübsche Münzen schenkte und uns verabschiedete. Aber der junge Monsignore, mit dem wir zuerst gesprochen hatten, kam doch hinter uns her und meinte, den Papst entschuldigen zu müssen. Er meinte, der Papst wüßte eigentlich nicht so recht, was er jungen Mädchen sagen sollte, und wir sollten doch später, wenn wir große Frauen seien und viele Kinder hätten, wiederkommen, und dann wüßte er, was er mit uns reden sollte, er könne uns dann fragen, wie viele Kinder wir hätten, und so ...«

Das war meine Wiederbegegnung mit dem Vatikan, der mir in

den ersten fünf Jahren meines Lebens Heimat gewesen war. Insgesamt hat diese Reise einen Teil meiner Italiensehnsucht vorübergehend gestillt. In den wenigen Wochen wurde auch mein Italienisch einigermaßen flüssig. Die Musik aus der Kindheit hatte sich wieder nach vorne gespielt.

Zurück in Bonn warteten neue Seminare und Referate auf mich. Aus einem Brief nach Hause geht hervor, dass ich seit einer Woche alle Verabredungen abgesagt habe, weil ich eine Arbeit zum Thema »Utopien« über Francis Bacon übernommen habe und plötzlich merke, wie viel Wissen mir fehlt. »Bin nun dabei, viel über seine Philosophie und deren Folgen, über die Neuzeit und die Renaissance und die Scholastik zu lesen, und je mehr ich mich damit beschäftige und mich in die Mentalität der Zeit hineindenke, desto mehr Freude macht es mir. Das Thema ist wirklich faszinierend, nur schade, daß man dafür so wenig Zeit hat.« Glücklicherweise hatte ich – durch meine Arbeit am politischen Lexikon – auch Zugriff auf die »fabelhafte« Bibliothek des Bundestags und durfte dort Bücher ausleihen. »Aber ich merke doch, daß mir für den tagtäglichen Gebrauch so einige Sachen fehlen wie eine Geschichte der Philosophie und ein Konversationslexikon.« Das mutet heute überholt an. Später waren viele Meter meiner Bücherregale mit Lexika angefüllt, in denen ich Dinge schnell nachschlagen konnte. In den letzten zwanzig Jahren wurden sie alle entsorgt. Sie konnten mit der Recherche im Internet nicht konkurrieren. Dafür blieb das Thema der Utopie bei mir. 1984 realisierte ich einen Film über die Geschichte des utopischen Denkens (*Von Wunschtraum zu Alptraum*), in dem ein Teil auch Bacons Wissenschaftsutopie gewidmet ist.

Mitten zwischen solchen Berichten über das Studium erfolgt plötzlich eine Bemerkung über den Sechstagekrieg: nicht viel mehr, als dass ich täglich zu Freunden gehe, die einen Fernseher haben.

Zum Thema meiner Magisterarbeit – »Die Rolle von *Public Relations* in den internationalen Beziehungen« – fand ich in der Unibibliothek wenig. In Düsseldorf gab es zwar einen Spezialisten, Professor Hundhausen, der eine Gesellschaft für *Public Relations* gegründet hatte und mich auch mit einiger Literatur versah. Aber sein Interesse lag eher auf dem Gebiet der Wirtschaft. Mich dagegen interessierte die Rolle von informellen Verbindungen (Journalismus, Öffentlichkeitsarbeit und Nichtregierungsorganisationen) in den internationalen politischen Beziehungen. Immerhin hatte ich in einem Büro gearbeitet, das *Public Relations* für Westberlin machte. Heute weiß man, dass soziale Medien großen Einfluss auf die Wahlen haben und auch gezielt eingesetzt werden – im eigenen Land wie im Ausland. Diese Techniken gab es noch nicht. Aber schon lange vor dem Internet wurden internationale Beziehungen manipuliert: unter anderem durch Falschinformationen. (Mein Großvater, der ab 1917 das damals neu gegründete erste zentrale Presseamt des Kaiserreichs leitete, hatte schon im Ersten Weltkrieg Fehlinformationen in der ausländischen Presse gestreut.)

Als ich kürzlich – zum ersten Mal seit mehr als fünfzig Jahren – wieder in der Magisterarbeit blätterte, sah ich, dass es auch einen Abschnitt zur Geschichte des »Gerüchts« gab. Seltsam, dachte ich: Das Gerücht war ein typisches Phänomen oraler Kommunikation und ging mit der allgemeinen Schreib- und Lesefähigkeit und der Verbreitung von Druckerzeugnissen meist zurück. Mit der Rotationspresse tauchte es jedoch wieder auf, um dann mit dem Internet und den modernen sozialen Medien einen Status zu erreichen, der alle oralen Netzwerke weit übertraf: *Fake News* und gefühlte Fakten stellen die moderne Form des alten Gerüchts dar. Zugleich erzählen sie davon, dass unsere digitale Welt, die eigentlich auf schriftlichen Zeichen basiert, als mündliche daherkommt. Es ist, als habe die Schriftlichkeit ihre eigene Oralität hervorgebracht, damit das alte Prinzip Gerücht wieder von der Gesellschaft Besitz ergreifen kann. Diese »sekundäre Mündlichkeit« trug erheblich zur politischen Polarisierung bei, die wir seit einigen Jahren in den westlichen Gesellschaften erleben.

Ich entdeckte die große, zu dieser Zeit fast ausschließlich amerikanische Forschung auf dem Gebiet der Sozialpsychologie, der Massenkommunikation, der Kommunikationskanäle, der Vorurteilsbildung. Die Magisterarbeit beginnt mit einem Zitat von Marshall McLuhan, auf dessen 1964 publiziertes Buch *Understanding Media: The Extensions of Man* ich in New York gestoßen war. (Es erschien erst 1968 auf Deutsch.) Andere Autoren, die ich damals begierig las, waren Walter Lippmann, Edward Bernays, Paul Lazarsfeld, William Albig. Das von Theodor W. Adorno, Else Frenkel-Brunswik, Daniel J. Levinson und R. Nevitt Sanford verfasste und 1950 publizierte Buch *The Authoritarian Personality* war – dank der Rückkehr des Frankfurter Instituts für Sozialforschung – auch in Deutschland bekannt (wurde allerdings nie vollständig übersetzt).

Im Sommer 1967 arbeitete ich nun nicht bei Roy Bernard, sondern an meiner Magisterarbeit. Als Präsenzeinrichtungen waren die New Yorker Bibliotheken ideale Arbeitsplätze; die meiste Zeit verbrachte ich im Hunter College, in dessen Nähe ich wohnte. Ich vertiefte mich in ein für mich völlig neues Denken. Die Arbeiten von Maurice Halbwachs zum kollektiven Gedächtnis, in denen er zeigt, dass das Erinnerte einer Gemeinschaft immer von deren aktuellen Bedürfnissen bestimmt wird, kannte ich noch nicht. Aber die Literatur, der ich hier begegnete, vermittelte ähnliche Einsichten. Geht es bei Halbwachs um die ausgesiebte Erinnerung, so ging es bei diesen Sozialpsychologen um gefilterte Information: Die Aufnahme und Weitergabe von Mitteilungen hängen von den Bedürfnissen und historischen Rahmenbedingungen ab, unter denen eine Gemeinschaft lebt. Rückblickend wird ersichtlich, dass die Forschungen, die ich las, das erste theoretische Rüstzeug lieferten, um die Funktionsweise der modernen sozialen Medien zu verstehen.

Die Frage nach dem Einfluss der Medien auf die Gestaltung des öffentlichen Raums hat mich seit der Magisterarbeit immer wieder beschäftigt. Marshall McLuhans Buch *Understanding Media* war für mich eine Offenbarung gewesen. (In einem Brief aus Bonn bat ich um die Zusendung von drei Exemplaren: »McGraw Hill, Paper back

Nr. 45436, kostet 1,95 Dollar«. Offenbar wollte ich missionieren!) In meinen späteren Filmen und Büchern taucht immer wieder die Frage auf, wie die Medien – Schriftsysteme, Sehtechniken oder Geld – Menschen und Gemeinschaften prägen: Psyche, Denken, Verhalten formatieren, nach eigenen Regelwerken funktionieren lassen. Ich erforschte den Einfluss medialer Techniken auf die Bildung von Gemeinschaften, auf Gottesbilder und auf Geschlechterrollen. Mir wurde allmählich klar, dass politische Bewegungen oft nicht als Nutznießer, sondern als *Effekt* der Medien zu begreifen sind. So wie der Nationalismus des 19. Jahrhunderts eine Folge des Buchdrucks war.

Das gilt auch für die neuen sozialen Medien, deren Desinformationen man mit Faktencheck und Gegeninformationen zu begegnen versucht. Es gelingt selten, gegen die »gefühlten Wahrheiten« anzukommen. Vielleicht wäre es effektiver, sich an einigen historischen Beispielen zu vergegenwärtigen, dass bisher jedes neue Medium einen doppelten Effekt hatte: Einerseits wirkte es homogenisierend; andererseits stärkte es aber auch die Erkenntnisfähigkeit des Einzelnen. Der Buchdruck schuf Konformität der Leserschaft, hatte aber auch Skepsis und Aufklärung zur Folge. Heute produziert das Internet sowohl »gefühlte Gemeinschaften« als auch einen vorher nie da gewesenen Zugang zu Wissen, Information und intellektuellem Zweifel. Bei diesem paradoxen Effekt gewinnt zunächst die Manipulation, doch das Wissen hat den längeren Atem. Diese Erkenntnis ist ermutigend und eröffnet andere Handlungsräume.

Wenn ich auf die Zeit des Studiums zurückblicke und mich frage, was hängen geblieben ist und mir später noch genutzt hat, so ist die Bilanz nicht übergroß. Die tiefsten Spuren hat zweifellos die Politikwissenschaft hinterlassen, aber dieses Fach hatte ich mir auch ausgesucht, weil es vertrautes Gelände war. Ein Selbstbewusstsein als Frau vermittelte mir die Universität ganz gewiss nicht. Das Studium legte auch nicht den Grundstein für die spätere Erkenntnis, dass das öffentliche Leben von Geschlechterbildern durchsetzt ist.

Als ich bei der mündlichen Prüfung gefragt wurde, was die *fasces*, das Rutenbündel mit Beil der hohen Amtsträger Roms, symbolisierten, antwortete ich »Macht«. Klar, sagte der Professor, aber wofür stehen sie? Dass er nach dem Phallus fragte, kam mir nicht in den Sinn – diese Denkmuster waren weit entfernt von der Art, wie das Fach gelehrt wurde. Adolf Jacobsen, der mich damals prüfte, hatte offenbar ein Sensorium für solche geschlechter- oder psychoanalytischen Kategorien, aber im politikwissenschaftlichen Lehrstoff kamen sie nicht vor. Später, als ich an der Universität lehrte, leitete ich ein Graduiertenkolleg zum Thema »Geschlecht als Wissenskategorie«, wo diese Perspektiven zum Grundwissen gehörten. Das war fast vierzig Jahre später! Es hatte Dekaden gebraucht, bevor sich die Wissenschaft (auf Druck der feministischen Forschung) für die Geschlechterkategorien des Wissens öffnete und die Paradigmen ihrer Forschung zu überdenken begann.

Die Gender-Perspektive rückte bei mir erst mit dem Beginn meiner Berufstätigkeit in den Vordergrund. Ich hatte das Glück, meinem ursprünglichen Berufswunsch, dem Journalismus, folgen zu können, und dieser beinhaltet auch immer die Beschäftigung mit aktuellen Fragen der Zeit. Der freiberufliche Journalismus, wie ich ihn ausübte, geht oft mit einer prekären Existenz einher. Aber er bietet auch die Möglichkeit, aus den eigenen, oft von der Aktualität geprägten Interessen Forschungsfragen abzuleiten. Vom Ende meines Studiums 1968 bis zu meiner Berufung auf eine Professur an der Humboldt-Universität 1994 habe ich freiberuflich gearbeitet. Anfangs machte ich Recherchen für andere, dann schrieb ich Artikel und Hörfunkbeiträge, bevor ich als selbstständige Filmemacherin zu arbeiten begann: erst mit Kurzfilmen, später mit längeren Features. An die Stelle der Beschäftigung mit aktuellen Ereignissen rückte immer mehr das Interesse an der längerfristigen Beobachtung historischer oder sozialer Prozesse. Ich kam zu der Erkenntnis, dass sich die Gegenwart – gerade die der Geschlechterverhältnisse – nur unter der Betrachtung von langen Zeiträumen verstehen lässt.

In rund 25 Jahren entstanden fünfzig Filme – manche von ihnen thematisierten eine Person (ein Porträt von Meret Oppenheim zum Beispiel), andere die Veränderungen jahrhundertealter Institutionen durch die Aufnahme einer Frau (so ein Film über die Académie Française und Marguerite Yourcenar), und wieder andere behandelten jahrtausendealte Symbole (Schlange und Drachen), in deren Wandel sich die allmähliche Entwertung von Sexualität und das Aufkommen eines geistigen Konzepts von Fruchtbarkeit spiegelte. Jeder Film umfasste ein in sich abgeschlossenes Thema. Doch ab Mitte der 1970er-Jahre zog sich die Frage der Geschlechterordnung wie ein roter Faden durch fast alle Arbeiten.

ACHTUNG, SIE VERLASSEN DEN KOMFORT-SEKTOR

Beginn der Berufstätigkeit

Im Monat des Studienabschlusses kam der letzte Wechsel von zu Hause. Ich stand nun ökonomisch auf eigenen Beinen, und es zog mich zurück nach New York. Meine Eltern verließen gerade die Stadt; mein Vater war nach Paris versetzt worden. Zunächst wohnte ich noch in »ihrem« *Brownstone,* bevor der Nachfolger meines Vaters eintraf. Er war ein Freund meiner Eltern und bot mir an, im Haus zu bleiben, was ich gern annahm, bis ich einige Monate später mit einer Freundin zusammenzog. (»Hübsche Wohnung, nicht teuer, kann ich mir gerade leisten«, schrieb ich an die Eltern.) Ich konnte auch meine alte Stelle bei Roy Bernard wieder antreten. Trotz dieser Kontinuitäten begann ein völlig neues Leben: selbstbestimmter und zugleich riskanter.

Erst in dieser Situation, als ich ökonomisch und familiär ganz auf mich gestellt war, ging mir auf, wie sehr unsere Wahrnehmung der »Wahrheit« von unserem jeweiligen sozialen Kontext bestimmt wird. Natürlich hatte ich während meines Studiums viel zu dieser Frage gelernt – theoretisch. Nun erlebte ich es am eigenen Leibe. Ich erfuhr mich als Teil der Umwälzungen, denen jeder und jede für sich allein ausgeliefert ist. Ich habe mich oft gefragt und stelle mir diese Frage noch heute: Wie hätte ich mich während der Zeit des Nationalsozialismus verhalten? Wäre ich mitgelaufen? Hätte ich andere verraten – oder hätte ich andere versteckt, wie meine Großmutter es tat? Ich weiß es nicht – und je mehr ich begreife, wie veränderbar unsere Psyche ist, wie sehr sie Resultat jener Regelwerke ist, die ein Zeitalter in uns einpflanzt, desto schwieriger finde ich es, darauf eine klare Antwort zu finden. Ich kann im Rückblick erkennen, welche kulturellen Strategien der Nationalsozialismus einsetzte, um Menschen in seinen Bann zu ziehen. Aber sich diesem Druck während des Geschehens selbst zu entziehen verlangt nach einer besonderen Erkenntnisfähigkeit. Es erfordert die Bereitschaft, sich ins Abseits zu stellen, wenn alles im Umfeld auf Zustimmung drängt. Mit der Entlassung in die Autonomie begann ich zu erfassen, wie kompliziert es ist, soziale Verhältnisse von innen heraus zu verstehen, geschweige denn, sie zu verändern. Heute ist mir klar, dass dieses Dilemma der Grund für mein wachsendes Interesse an der Vergangenheit war: Wenn sich schon die Gegenwart so schwer entziffern lässt, so finden wir doch vielleicht Hinweise, wenn wir nach ihrer Entstehungsgeschichte fragen.

In den USA hatte der Vietnamkrieg das Land gespalten. Im Sommer 1968 kam es zu einem Wahlkampf, aus dem Richard Nixon als Sieger hervorging. Der Kalte Krieg erfuhr eine neue Zuspitzung, die mit der sowjetischen Besetzung der Tschechoslowakei Europa erneut zu einem potenziellen Kriegsschauplatz machte. Offenbar konnte ich noch immer bei der UNO ein- und ausgehen, denn am 23. August 1968 schrieb ich an meine Eltern, dass der Nachfolger meines Vaters eingetroffen sei: »Er kommt ja wirklich keinen Moment zu früh, mit der neuen Krise in der Tschechoslowakei. Die UNO hat gestern bis 4 Uhr morgens getagt; und heute Abend spricht anscheinend Hájek vor dem Sicherheitsrat, was ich mir sehr gerne anhören würde. Vielleicht fahre ich rüber.« Hájek war Außenminister der ČSSR und befand sich gerade in Jugoslawien, als die sowjetische Armee in Prag einmarschierte. Er reiste sofort nach New York und sprach vor der UNO in seiner Funktion als Außenminister: Er kritisierte zwar den Einmarsch, widersetzte sich aber einer westlichen Einmischung. Nach seiner Rückkehr in die Tschechoslowakei musste er von seinem Amt als Außenminister zurücktreten.

Im Oktober 1968 kam Willy Brandt, inzwischen Außenminister, nach New York. Rüdiger von Wechmar, der stellvertretende Generalkonsul und Direktor des German Information Center, gab einen Empfang für ihn. Ich schrieb meinem Vater: »Gestern sah ich Deinen Chef, und wir haben ein wenig gesprochen: über die Studentenunruhen und was man mit einem Studium der Politischen Wissenschaft anfangen kann, und ob es überhaupt eine Wissenschaft sei … na ja, und all diese Probleme haben wir zur vollen Befriedigung in etwa zwölf Minuten gelöst. Egon Bahr war auch da, und ich habe mich auch mit ihm unterhalten.« Willy Brandt sollte ich später noch mehrfach begegnen – auch in Paris, wo er mich beiseitenahm und meinte: »Ihre Mutter sagt, Sie seien so links.« Was sollte ich antworten?! Für meine Mutter gehörte alles jenseits der FDP zum linksradikalen Lager. Gegenüber Freunden verwendete sie die Formulierung, ihre Tochter sei »links von Mao«. In den folgenden Jahren haben wir es vermieden, über politische Themen zu diskutieren.

Wenige Wochen später, am 5. November 1968, heißt es in einem Brief: »Heute ist election day. Nach den Polls liegt Nixon immer noch vorne, daran haben auch die Paris-Verhandlungen und der Bombenstopp, der auch noch kein rechter ist, nichts geändert, oder kaum. – Morgen sind wir alle weiser (und vielleicht unglücklicher!).« Am nächsten Tag wird der Brief fortgesetzt: Ich hatte den Abend mit vielen anderen in der Wohnung von Rüdiger von Wechmar verbracht, der einen Wahlabend veranstaltete »mit Massen von Fernsehern, vor denen wir alle bis ziemlich spät in der Nacht saßen. Na, nun haben wir es hinter uns, und ich finde alles ziemlich grauenhaft. Ich bin überzeugt, daß Nixon und seine Freunde den Krieg in Vietnam ausweiten werden, statt jetzt, wo sie als Partei nun einmal nicht vorbelastet sind, auszusteigen. Er hat auch schon entsprechende Statements von sich gegeben.«

Während der Jahre bei Roy Bernard lernte ich viele deutsche Journalisten kennen, darunter auch Hanns Joachim Friedrichs, damals ZDF-Korrespondent in New York. Er empfahl mich seinem

Kollegen in Washington, Hans-Herbert Westermann, als dieser jemanden für eine größere Recherche suchte: Er plante ein Feature über die amerikanische Deutschlandpolitik seit 1945. Meine Aufgabe in diesem Projekt bestand darin, die Entwicklungen der letzten dreißig Jahre im Detail (Verträge, wissenschaftliche Artikel, Zeitungsberichte etc.) zu sichten und zusammenzufassen. Auf diese Recherche hatten mich sowohl mein Studium als auch die Tätigkeit bei Roy Bernard vorbereitet. Mir fehlten jedoch die Kenntnisse zu dem, was vor 1960 geschehen war. Ich arbeitete in der Bibliothek des *Council on Foreign Relations* (eine 1921 gegründete Denkfabrik zu außenpolitischen Fragen), wo alle notwendigen Materialien zu finden waren. Zu dieser Zeit – im Winter 1968/69 – war noch kein Ende des Kalten Kriegs in Sicht.

Das Schwierigste an dieser Recherche war die kondensierte Wiedergabe der gewonnenen Einsichten. In dieser Hinsicht erwies sich die Arbeit als gute Übung für meine späteren filmischen Dokumentationen und Essays. Auch auf die Inhalte dieser Arbeit konnte ich Jahre später zurückgreifen: etwa bei der zweiteiligen Filmreihe, die ich 1987 realisierte: *Die Erben des Hakenkreuzes* über die Geschichte der Entnazifizierung in den beiden Teilen Deutschlands. Die Filmreihe behandelte den Umgang der vier Besatzungsmächte mit Nachkriegsdeutschland. Es gab beträchtliche Unterschiede, sogar zwischen den drei Westzonen: Die Briten verfolgten nur die großen nationalsozialistischen Verbrecher, die Franzosen legten Wert darauf, die Deutschen ihre Niederlage spüren zu lassen. Doch die USA hatten eine gründliche »Umerziehung« der deutschen Bevölkerung im Auge: Sie führten die Entnazifizierungsgerichte ein, entwickelten sogenannte *Re-Education*-Programme (in meinem Film zeige ich Ausschnitte aus einigen dieser Streifen) und gründeten die kirchlichen Akademien als Ausbildungsstätten und Diskussionsforen. Den nachhaltigsten Einfluss hatte aber das demokratische Vorbild, das sie selbst abgaben – und natürlich der offensichtliche Wohlstand der US-Bürger.

Während dieser Arbeit hatte ich mich mit Guido Goldman angefreundet. Er war Assistent am Lehrstuhl von Henry Kissinger im Department for Political Science in Harvard und blieb mit Kissinger auch in Kontakt, als Nixon diesen als Berater ins Weiße Haus geholt hatte. Einmal lernte ich Kissinger persönlich kennen. Es war Ostersonntag, und wir trafen uns mit ihm und einigen anderen in New York zum Mittagessen. Danach wollten alle auf die *Easter Parade* auf der Fifth Avenue gehen. Auf dieser Parade, die immer am Ostersonntag stattfindet, tragen Frauen ihre elegantesten und fantasievollsten Hüte und Frühlingskostüme zur Schau. (Inzwischen ist es die Parade aller Geschlechter!) Nachdem unsere kleine Gruppe etwa hundert Meter mitgewandert war, wandte sich Kissinger enttäuscht zu uns um und meinte: »Nobody is looking at *me!*«

In einem Brief von März 1969 berichtete ich meinem Vater, dass der Abschluss meiner Recherche bevorstehe und das Thema mich bis zum Ende brennend interessiert habe. »Du kannst Dir gar nicht vorstellen, wie mein Schreibtisch aussieht. Ich finde nichts mehr. Karteikarten, Blätter, Bücher, Briefe. Astrid [meine Wohnungsgenossin] hat glücklicherweise vor ein paar Wochen einen zwei Meter langen Tisch geschenkt bekommen – aber inzwischen sieht man beinahe nichts mehr von ihm.« Offenbar blieb aber Zeit für einen kurzen Ausflug nach New Haven. »Gestern und vorgestern war ich über das Wochenende bei den Leonhards in Yale, was sehr anregend war. Sie haben mich auf ein Abendessen mitgenommen, auf dem lauter kluge Leute die Probleme der Welt lösten, und wir haben bis spät in die Nacht geredet: Sie haben mir die kommunistische Weltrevolution erklärt, und ich ihnen die anarchistische. (Sie waren ganz erstaunt, daß sie Euch nicht einleuchtet!)«

Ein anderer Ausflug führte mich nach Cape Canaveral. Während des Aufenthalts meines Vaters in New York war sein Bruder Wernher öfters in die Stadt gekommen. Zweimal hatte ich ihn und seine Familie in Huntsville, Alabama besucht. Im Jahr 1969, meinem letzten Jahr in den USA, lud mich Wernher zu einem *launching* ein, wovon ich nach Hause berichte: »Das Wochenende vorher war ich in Huntsville, was eher gemütlich und lustig war. Iris und Peter [zwei von Wernhers Kindern] waren da. Sonntagabend flog ich mit Maria [Wernhers Frau] in einer kleinen NASA-Maschine nach Florida, und am Montagmorgen war das Launching. Ihr könnt Euch gar nicht vorstellen, wie social das Ganze war, wie auf einem großen Derby, auf dem man vor lauter Leute-Gucken das Rennen verpasst. (Maria gab mir ein Who's Who der Besucher auf der Tribüne.) Hier riskiert man, Countdown und Launching zu verpassen, würde die Sache nicht so einen immensen Krach machen, dass man sowieso nicht weiterreden kann … Dann ist nach ein paar Minuten – eigentlich mehr Sekunden – alles vorbei!« Das war wenige Monate vor der Landung auf dem Mond. Natürlich sprach niemand von der NASA über diese Pläne. Das Experiment hätte ja auch schiefgehen können – und wie man bei den Berichten über die Mondlandung im Sommer 2019 sehen konnte, lief vieles tatsächlich nicht nach Plan. Um ein Haar hätten es die Astronauten nicht zurück geschafft. So aber erschien mir das Ereignis wie ein »Routine-Launching« (was zugegebenermaßen naiv war, angesichts der Kosten für einen solchen Abschuss). Ohne es zu ahnen, hatte ich teilgenommen an einem der letzten Probestarts, bevor die NASA mit der Mondlandung ernst machte.

Ich werde oft danach gefragt, wie gut ich Wernher kannte und wie mein Verhältnis zu ihm war. In meiner Kindheit und auch noch in der frühen Jugend war es völlig ambivalenzfrei. Er war ein Mann von großem Charme und ungewöhnlicher Ausstrahlungskraft. Das trug dazu bei, dass er seine immens teuren Programme realisieren konnte – ob in Peenemünde unter einem verbrecherischen Regime oder in den USA. Wie aus dem obigen Bericht zu ersehen, blieb diese Herzlichkeit auch bestehen, als ich schon reflektierter war und seinen Anteil an den NS-Verbrechen zu realisieren begann. Nie wieder hatte ich ein derartig gespaltenes Verhältnis zu irgendeinem anderen Menschen: auf der einen Seite Zuneigung, Bewunderung und familiärer Stolz. Und auf der anderen Seite Beschämung darüber, dass jemand, mit dem ich so nah verwandt bin, von der Diktatur der Nazis profitiert hatte, um seine Träume zu verwirklichen. Vor einigen Jahren wurde ich in den Beirat für eine Neugestaltung der Gedenkstätte von Peenemünde berufen. Sie soll nun nicht nur die technischen Errungenschaften und die Pioniere der Luftfahrt idealisieren (das war lange der Fall), sondern auch von den Verbrechen berichten, die an diesem Ort begangen wurden, und auf die ökologischen Probleme hinweisen, die mit dem technischen und militärischen Fortschritt verbunden sind.

Im April ging die Zeit in New York zu Ende. Ich wollte schnell noch Paris besuchen, wo ich bis dahin nur einmal kurz gewesen war, und dann nach Deutschland gehen, wo ich eine Reihe von Kontakten zu Fernsehen und Radio geknüpft hatte. Peter von Zahn bot mir an, in seiner Filmproduktion *Windrose* zu beginnen. Ich entschied mich dagegen, wollte weiter freiberuflich arbeiten und habe die Entscheidung später auch nicht bereut. Zunächst plante ich aber eine andere Reise: Ein schwedischer Freund von mir war Botschafter in Bukarest geworden und hatte mich eingeladen, ihn dort zu besuchen. Sieht man von den Transitstrecken nach Berlin ab, war ich noch nie jenseits des Eisernen Vorhangs gewesen – mein Blick war bis dahin immer nur auf den Westen gerichtet.

Es war das Jahr 1969. Der Kalte Krieg war auf seinem Höhepunkt, und Nicolae Ceaușescu, der mächtige Mann von Rumänien, wurde vom Westen hofiert, weil er – mehr als irgendein anderer Staatsmann aus dem sowjetischen Einflussbereich – Moskau die Stirn bot. Dem Moskau-Peking-Konflikt zum Trotz brach Ceaușescu die Beziehung zu Rotchina nicht ab; und er nahm, als erster Machthaber von der anderen Seite des Eisernen Vorhangs, diplomatische Beziehungen zur Bundesrepublik auf (zum Ärger von Walter Ulbricht, der offenbar eine DDR-Version der Hallstein-Doktrin* ver-

* Die Hallstein-Doktrin, benannt nach Walter Hallstein, Staatssekretär im Auswärtigen Amt, bestimmte von 1955–1969 über die westdeutsche

trat). Nach dem Sechstagekrieg kündigte Ceaușescu auch die Beziehungen zu Israel nicht auf, und *last but not least,* entsandte er auch keine Truppen zur Niederschlagung des Prager Frühlings. All das dankte ihm der Westen: Im Jahr 1968 war Charles de Gaulle nach Bukarest gereist (als ich gut zwanzig Jahre später einen Film über de Gaulle realisierte, sah ich im Archivmaterial die Begeisterung, mit der er an der Universität von Bukarest empfangen wurde). 1969 kam Nixon zu Besuch. Er sorgte dafür, dass Rumänien Mitglied des Internationalen Währungsfonds und der Weltbank wurde.

Innenpolitisch sah es anders aus. Zwar hieß es, Ceaușescu sei beliebt bei der Bevölkerung, aber vor meiner Abreise vermittelten mir Exil-Rumänen ein anderes Bild. Zu ihnen gehörte der Schriftsteller Petru Dumitriu, dessen Buch *Incognito* ich gelesen hatte. Er war mit seiner Frau Irene aus Rumänien geflohen, wo sie eine zehn Monate alte Tochter zurückließen, die sie erst fünf Jahre später wiedersahen. Die Tochter war bei Dumitrius Schwester geblieben, die deswegen ein Jahr im Gefängnis saß. Als ich das Paar kennenlernte, hatte auch die Schwester Rumänien verlassen können und lebte nun in Frankfurt/M. Außerdem hatte ich von New Yorker Freunden Adressen erhalten. Sie baten mich, Briefe, Geschenke oder Geldbeträge für Verwandte mitzunehmen. Weil ich nicht wusste, was mich erwartete, beschloss ich, eine Art von Tagebuch zu führen – in einem Stenoblock, den ich zu meiner Überraschung kürzlich in alten Ordnern wiederentdeckte. Ich gehe auf diese Reise etwas ausführlicher ein, denn erstens geben die Notizen einen kleinen Einblick in das

Außenpolitik. Sie besagte, dass die Aufnahme diplomatischer Beziehungen zur DDR als »unfreundlicher Akt« gegenüber der Bundesrepublik gewertet werde. Die Gegenmaßnahmen reichten von wirtschaftlichen Sanktionen bis zum Abbruch diplomatischer Beziehungen. Die Bundesrepublik rechtfertigte ihren Anspruch, das gesamte deutsche Volk zu repräsentieren, mit der mangelnden demokratischen Legitimierung der DDR. Die sozialliberale Koalition unter Willy Brandt gab die Hallstein-Doktrin auf.

Rumänien dieser Jahre (damals nicht gerade ein Renner der Tourismusbranche), zweitens erzählen sie vom Kalten Krieg aus der Innensicht eines kommunistischen Landes, und drittens spiegeln sie den naiven Blick einer westlichen Besucherin, die sich zum ersten Mal in ihrem Leben auf der anderen Seite der Eisernen Vorhangs befindet. Ich war 24 Jahre alt, und im Gegensatz zu den Briefen nach Hause waren diese Notizen eigentlich nur für mich gedacht.

IN EINEM LAND DER ANGST

Rumänisches Tagebuch

Am 24. Januar 1969 landete ich in Bukarest. Im Flieger saßen vor allem Business-Leute, rumänische wie deutsche. Ich notierte wenige Tage später: »Am Flugplatz [*damals sagte man nicht Flughafen*] fiel mir erst ein sehr merkwürdiger Geruch auf, wie in Weinkellern oder wie Mottenduft.« Ich sollte ihm während dieser Reise noch oft begegnen. Im Haus meines Freundes Carl wurde ich von einem rumänisch-deutschen Diener empfangen, »der mir die Hand küßt (in der Volksrepublik Rumänien!) – wie mir überhaupt in meinem ganzen Leben noch nie so viel wie hier und gerade von den Sozialisten die Hand geküßt worden ist!« Carl teilte mir mit, dass der Diener mit ziemlicher Sicherheit über ihn an die Securitate berichtete. Der Chauffeur, Jan, habe ihn darüber unterrichtet. »Carl meint aber, daß es genauso gut möglich sei, daß beide informieren oder daß Jan eigentlich der ist.« Im Treppenhaus begrüßte mich die Frau des Dieners. (»Küß die Hand, gnä' Frau. Handkuß.«) Laut Carl informierte sie wohl nicht, dafür aber ihre Mutter, Maria, die Köchin, »die er ein paar Tage später bei mir im Zimmer sah, wo sie eigentlich nichts zu suchen hatte«. So erhielt ich schon am ersten Tag einen kleinen Einblick in die Omnipräsenz des rumänischen Geheimdienstes.

Bei einer Rundfahrt durch die Stadt sah ich »ein paar schöne alte Häuser, zwei oder drei monströse Gebäude, vor allem das Pressehaus. Denkmäler mit immensen Muskelmännern, dann wieder eine kleine rumänische Kirche aus dem 17. Jahrhundert, die viel älter aussieht, als sie ist.« Später begriff ich, dass es die byzantinische Architektur war, die sie in *meinen* Augen so alt erscheinen ließ: Ich hatte diesen Stil mit dem Mittelalter assoziiert, nicht mit dem Osten. Beim Besuch des Nationalmuseums am folgenden Tag schloss ich mich einem jungen dänischen Paar an, das von einem Rumänen (Mediziner von Beruf) auf Englisch geführt wurde. Er zeigte uns die großartigen byzantinischen Objekte, wunderte sich aber über die christlichen Bräuche: »›Man macht Sünde, man trinkt, alles vergeben! Man bringt Bruder um, man trinkt, alles vergeben, in Ordnung!‹ Über die Heiligen sagt er, daß es so viele gebe, für jeden Tag mehrere. Sie seien nun einmal von den Römern zufällig umgebracht worden, und schon werden sie zu Heiligen! St. Georg: Ich habe gehört, daß man in Mexiko auch solche Ungeheuer wie die Drachen gesehen habe, man wisse nicht, ob sie aus der Antarktis oder aus früherer Zeit übriggeblieben sind. St. Georg sei so einem wohl zufällig über den Weg gelaufen und habe ihn umgebracht. Schon ist er ein Heiliger! Er fragt uns, ob es Christus gegeben habe. Als ich das bejahe, erklärt er, ja, das stimme wohl, aber er war sicherlich einer von diesen großen ›Magiern‹.« Ich staunte, wie schnell aus einer Religion – Rumänien war bis wenige Dekaden zuvor mehrheitllich christlich gewesen – Aberglaube werden kann.

Die restliche Sammlung bestand aus Flamen und »eineinhalb Stockwerken mit Rumänen – wußte nie, dass Brâncuşi und Victor Brauner aus Rumänien kommen«. Meine westliche Voreingenommenheit hatte beide Maler, die ich aus einigen öffentlichen und privaten Sammlungen in New York kannte, flugs in »unsere Welt« versetzt. An einigen Werken der Rumänen fiel mir auf, »wie ›sozialistisch‹ (heldenhaft, pathetisch, pompös) sie schon im letzten Jahrhundert, lange vor 1917 gemalt haben«. In der rumänischen Sammlung sah ich auch zwei Bilder von einem Stoenescu, von dem ich später erfuhr, dass er der Vater von Dan Stoenescu war, einem Freund aus New York, der mir Geld und Briefe für Verwandte in Rumänien mitgegeben hatte.

Die ersten beiden Nächte konnte ich vor Albträumen kaum schlafen. »Fühle mich verfolgt. Zum Teil liegt es auch daran, daß ich mir der unsichtbaren Mikrophone bewußt bin.« Ich war, so notierte ich, »bis dahin noch nie in einem Land, in dem die Menschen Angst vor dem Staat haben.« Obwohl ich mich in Bukarest in der schwedischen Botschaft, also in gesicherten Wänden, befand, begann die Angst sich auch auf mich zu übertragen. Auf dem Rückweg von einem Ausflug in die Umgebung der Hauptstadt kamen wir am »Flugplatz« vorbei, wo eine große Menschenmenge versammelt war. »Autoladungen voll von Menschen (sie stehen auf Lastwagen) und Busse voll; sie werden am Flugplatz abgesetzt und entlang der Straße zur Stadt verteilt. Sie warten und sind gelangweilt, denken aber offensichtlich nicht daran wegzugehen. An diesem Nachmittag sollte Ceaușescu aus Moskau zurückkehren. Menschen zum Jubeln bestellt. Wie die Schafe wartend, um dann auf Kommando zu applaudieren. Sehr bedrückend.« Als ich etwa eine Woche später an der Parade zum 1. Mai teilnahm, wiederholte sich der Eindruck, besonders beim Vorbeimarsch der Parteimitglieder.

Auf verschiedenen Empfängen lernte ich Mitglieder des diplomatischen Corps kennen. »Habe auf einem Empfang mit dem belgischen Botschafter gesprochen, der auf meine Bemerkung über das Deprimierende nur dumme Witze machte und mir später erklärte, das solle man nicht so sehen, das sei alles nicht so schlimm. Die Frauen im diplomatischen Corps sind ähnlich unerträglich, vermeiden alle politischen Themen, sind langweilig, gossipy.« Auf diesem Empfang begegnete ich auch dem orthodoxen Bischof, dem Metropoliten, der mich einlud, am nächsten Sonntag um 10 Uhr am Gottesdienst teilzunehmen. Und ich lernte Rabbi Rosen kennen, den Oberrabbiner von Rumänien, der »nebenbei« auch Parteimitglied und Parlamentsabgeordneter war. Rabbi Rosen sprach Deutsch mit Akzent, von dem ich nicht wusste, ob er aus dem Jiddischen oder aus dem Rumänischen kam. Auch ihm sagte ich, wie bedrückt ich bin. Aber er reagierte anders als der Diplomat. »Er verstand das sehr gut, meinte, man müßte sich gewöhnen. Lud mich zur Synagoge Freitagabend 7 Uhr ein. Es gibt etwa 700 000 Juden in Rumänien. Sie werden als Nationalität verstanden. Bei Volkszählungen werden Nationalitäten und Muttersprachen angegeben. Nationalitäten: Neben deutsch, rumänisch, tschechisch, ungarisch u. a. wird auch jüdisch in dieser Spalte aufgeführt (die Zugehörigkeit ist nicht religiös gemeint). Als Muttersprache kann man auch Jiddisch angeben.«

Auf demselben Empfang begegnete ich auch einer jungen Frau und ihrem Vater. Der Vater war, wie sich herausstellte, Schauspieler am jiddischen Theater. Die junge Frau, 19 Jahre alt, spielte und lernte am Konservatorium. Sie sprach Englisch, Französisch und ein wenig Deutsch. Ich fragte sie, ob ich sie anrufen dürfe, damit sie mir die Universität zeigt. »Sie wendet sich zum Vater und meint, das sei schwierig. Wir machen aus, daß ich am nächsten Tag ins Theater komme.« Ich erlebte mein erstes jiddisches Theaterstück und war erstaunt, fast alles zu verstehen.

Wenige Tage später nahmen wir am Gottesdienst in der Synagoge teil. »Rabbi Rosen mit seinem großen Hut. Schöne alte, etwas verfallene, ganz versteckte Synagoge. Frauen sitzen auf den Galerien, getrennt von Männern. Sitze zufällig neben der Frau des israelischen Botschafters, die sehr nett ist und mir viel erklärt. Ich lerne auch die Frau von Rabbi Rosen kennen; sie ist sehr verlegen, freut sich aber, daß wir gekommen sind. In der Synagoge gibt es einen guten Sänger [*damals wusste ich noch nicht, dass er Kantor genannt wird*], der anscheinend auch in Philharmonien singt. Dazu Chor (Männerchor), man wechselt sich ab. Erstaunlich, wie viel die Menschen während des Gottesdienstes miteinander reden, selbst während der Gebetslieder. Die jüdische Gemeinde von Bukarest ist wohl nicht sehr groß. Viele alte Leute, eigentlich fast gar keine Jugend, auch nicht unter den Frauen. (Carl sieht nicht sehr glücklich aus in seiner ersten Reihe unten). Wir gehen etwas früher.« Die jüdische Gemeinde von Bukarest war früher einmal sehr groß, doch die meisten ihrer Mitglieder wurden im Holocaust ermordet. Einige flohen. Die wenigen Überlebenden, die im Lande geblieben waren, wurden argwöhnisch beobachtet, auch in den 1960er-Jahren. Viele Jahre später lernte ich die Sängerin Sanda Weigl kennen; sie war Nichte von Helene Weigel und in den 1950er-Jahren in Rumänien aufgewachsen. Sie erzählte mir von einer Schulstunde, in der von Juden die Rede war. Sie wurde von der Lehrerin vor versammelter Klasse als Jüdin geoutet. Bis dahin wusste sie nichts davon, aber alle Mitschüler wussten es.

Zwei Tage später besuchte ich mit Carl den Gottesdienst der Orthodoxen Kirche. Die Kirche steht auf dem Hügel, direkt neben der Residenz des Patriarchen, und ist von oben bis unten ausgemalt, »mehr als man es selbst in barocken Kirchen gewohnt ist«. Das Gotteshaus war voll, Frauen saßen links, die Männer rechts. »Unter den Gläubigen gibt es etwas mehr junge Leute als in der Synagoge, aber auch nicht viele. Ein wunderbarer Chor, mit Männer- und Frauenstimmen.«

Auf einem anderen Empfang lernte ich den Pressechef des rumänischen Auswärtigen Amts, Petre Jusif, kennen. Wir unterhielten uns kurz und vereinbarten, dass ich mich in den nächsten Tagen melde, um ein Treffen auszumachen. Am nächsten Morgen um neun rief ich an. Sein Stellvertreter sagte mir, ich solle um zehn Uhr im Auswärtigen Amt sein. »Klopfenden Herzens fahre ich hin«, man erwartete mich schon im Empfang. Der Stellvertreter, eine Art Sekretär, war jung, hatte sechs Jahre Germanistik in der DDR studiert und übersetzte, wenn Jusif mich nicht verstand. »Jusif, sehr ernst, etwas hager, grauhaarig, blauäugig, starke Brille, immer ernst, tiefgefurchte Stirn, scheint passionierter und überzeugter Kommunist zu sein. Er fragt mich, was für ein Programm sie für mich arrangieren sollen – ich sagte, ich möchte gerne die deutsche Schule besuchen (hatte schon versucht direkt anzurufen und unangemeldet hinzugehen, wurde aber ans Sekretariat verwiesen), Studenten kennenlernen, bei der Zeitschrift *Neuer Weg* vorbeischauen und das Pressehaus sehen. Anschließend schlägt er eine Unterhaltung über politische Richtlinien vor, das Gespräch ist sehr schwierig, weil bei allen Fragen, die ich stellen möchte, die Antworten schon voraussehbar sind. Erst auf dem Gebiet der internationalen Politik wird es interessanter. Es wird offen ausgesprochen, daß man gegen die russische Idee von *pater* und *filius* im Block ist. Die Russen werden beim Namen genannt. Es geht um die Sicherheitskonferenz, Europa. Ob ich Angst hätte vor dem großen roten Biest (›la grande bête rouge‹)? Man trinkt türkischen Kaffee. Ich bitte um Propagandamaterial und werde reichlich bedient.«

Ähnlich verlief der Termin bei der Redaktion von *Neuer Weg* eineinhalb Stunden später. Die Tageszeitung war wichtig, weil sie bis 1968 die einzige rumänische Zeitung in deutscher Sprache gewesen war und auch international gelesen wurde. Danach kam die eine oder andere fremdsprachige Zeitung hinzu. Ich wurde von Hugo Hausl, dem stellvertretenden Chefredakteur, empfangen. Er erklärte mir, dass die Zeitung einen »politischen Teil« von zwei Seiten habe; über dessen Inhalte bestimmte offenbar die Parteizentrale. Über den Rest der Zeitung entscheide die Redaktion selbstständig. Man habe viele Kontakte zu westdeutschen Zeitungen. »Hausl hat Angst, ist sehr nervös, viel mehr als eine Studentin und eine Redakteurin, die anwesend sind.« Er erzählte mir viel über die Geschichte der Deutschrumänen (die meisten lebten im Banat oder in Siebenbürgen); wir sprachen allgemein über Minoritäten. »Er findet es lächerlich, daß Juden sich als Nation, als nationale Minorität bezeichnen. Es ist das einzige Mal, daß er ausfallend wird und sich gehen läßt: in dieser Judenfrage.« Das Pressehaus war ein immenses Gebäude, das kurz nach dem Krieg von den Russen errichtet worden war. Ein Monumentalpalast, der die sechs größten und eine Reihe von anderen Zeitungen, mehrere Verlagshäuser, das Kulturministerium und weitere Einrichtungen beherbergte. »Er behauptet, Zeitungen und Presseagentur seien ganz unabhängig voneinander!« Am Ende bat ich »um Propagandamaterial, bekomme den Beschluß des letzten Parteitages, aber als ich den von vor 4 Jahren verlange, sagt er: ›das nächste Mal gerade nicht zur Hand‹!« (Wolfgang Leonhard hatte mir schon gesagt, dass es auch in der Sowjetunion ungern gesehen wird, wenn die alten Parteibeschlüsse mit den neuen verglichen oder an ihrer Umsetzung gemessen werden.)

Wenige Tage nach meiner Ankunft besuchte ich die Familie Pasçu. Simone war die Cousine meines New Yorker Freundes Dan Stoenescu. Sie lebte mit Ehemann und Mutter »unbeschreiblich ärmlich, in einem alten kleinen Haus, eher ein Schuppen, alle drei zusammen in mehr oder weniger einem Zimmer«. Von den alten Familienmöbeln aus einem Landhaus und einer Stadtvilla (in der Sos Kiselef 27) waren nur ein paar Familienbilder geblieben. Nach und nach mussten sie alles verkaufen. Der Ehemann war früher Offizier und nun im Ruhestand, auch die Mutter war nicht mehr berufstätig. Simone verdiente ihr Geld vor allem mit Übersetzungen. »Sie empfangen mich mit Umarmungen und Küssen, sind erstaunt, daß ich so jung bin. Sind sehr, sehr lieb zu mir, freuen sich glaub ich schrecklich über den Besuch. (Wie sehr mich alles erschrocken hat, merke ich erst später in der Nacht in meinen Alpträumen.) Jedes Mal, wenn die Rede auf ihr Schicksal und ihre Lebensumstände kommt, wechselt Simone schnell das Thema. Die Gesichter werden gelegentlich sehr traurig.« Sie wollten mich ins Ballett oder zur Oper einladen, hörten sich alles über Amerika und den Westen an, über Studenten und Hippies, für die sie aber kein Verständnis hatten. »Im Winter frieren sie (Kohle und Holz sind zu teuer). Ich weiß nicht, ob sie Hunger haben; wahrscheinlich gibt es genug zu essen, aber keine Auswahl, es geht darum, den Magen irgendwie zu füllen.« Mir fiel auf, dass in Bukarest viele Menschen übergewichtig sind, meist ein Zeichen von schlechter Ernährung. Das kannte ich auch aus den USA. »Ich habe ein sehr schlechtes Gewissen, wenn ich erzähle, wo ich überall war, daß ich gerade im Begriff bin, nach Paris zu gehen, aber noch nicht wisse, ob es mir dort gefallen wird. Vielleicht würde ich auch nach New York zurückgehen. Derweil steht die ganze Zeit der Chauffeur vor dem Haus.«

Ich wurde zu Konzerten eingeladen, lernte Musiker kennen, darunter auch Nicolae Radulescu, einen sehr liebenswürdigen Pianisten, der, wie ich erfuhr, mit einer Deutschen verheiratet war [vermutlich: Deutsch-Rumänin] und dessen Sohn, ein Organist, in Wien lebte. Ich traf Radulescu später noch mehrere Male – unter anderem für eine Probe zu Mahlers *Lied von der Erde*. Zum Abschied schenkte er mir eine kleine Ikone, eine Hinterglasmalerei, die ich bis heute wie einen Schatz hüte. »Wenn ich in Bukarest leben würde, wären dies die Leute, unter denen ich mich gerne bewegen würde. In der Kunst (wenn sie nicht sozialistisch ausgerichtet ist) oder auf dem Land. Wenn ich hier auf der Terrasse in der Sonne sitze, merkt man nichts – oder weniger – von all dem, was hier das Leben regelt. Das Land erscheint dann wie woanders auch, aber ich merke schon, wie das Schöne, das ich zu sehen bekomme, oder auch die Gewohnheit mir den Blick für das Bedrückende zu versperren beginnen.« Später, als Filmemacherin, habe ich wegen dieser Erfahrung, bestimmte Dinge nach kurzer Zeit nicht mehr wahrzunehmen, immer sofort nach der Ankunft an einem neuen Ort die Bilder, die mir in den ersten Tagen auffielen, mit der Kamera festgehalten. Verschleierte Frauen zum Beispiel, als ich zum ersten Mal in einem Land war (in diesem Fall war es Algerien), wo viele Frauen den Schleier trugen. Man verliert sonst rasch die Aufmerksamkeit für diese »Bilder«.

An die Mikrofone gewöhnte ich mich nicht. »Wenn ich mit Carl allein bin, weiß ich sehr wohl, worüber sich reden läßt und worüber nicht. Es ist grotesk, daß man viel weniger Hemmungen haben muß, über sehr private und intime Dinge zu sprechen als über objektive und unpersönliche Dinge wie Politik und andere Menschen.« Ich musste zufällig an ein Telefonat denken, das ich kurz vor meiner Abreise aus New York mit einem Freund führte – »und merke plötzlich, daß ich erstaunt darüber bin, daß dieses und andere Gespräche nicht abgehört wurden! So sehr ist es mir hier schon zur Selbstverständlichkeit geworden, daß mir das Nicht-Abgehört-werden wie die Ausnahme vorkommt!« In den ersten Tagen ließ ich mein Notizheft mit den täglichen Einträgen im Zimmer liegen. Bis wir einmal überraschend früh nach Hause kamen und die Haushälterin, puterrot, aus meinem Zimmer eilte. Sie hatte offenbar den Auftrag, herauszufinden, wen ich sehe und was ich unternehme. (Was bei meiner Klaue kein leichtes Unterfangen gewesen sein kann, die arme Leserin!) Aus Vorsicht verwendete ich bei privaten Begegnungen ohnehin nur die Initialen. Nun war klar, dass diese Tarnung nicht genügte: Der Stenoblock kam in den Safe, wenn ich das Haus verließ.

Ich besuchte die Familie Hariton: Vera war die Cousine von russischen Freunden, die in New York lebten. Sie war Architektin und Malerin. Ihre Schwiegermutter Tudu wirkte sehr vornehm (sie erzählte von ihrem Schweizer Pensionat); ihre Familie besaß einst viele Häuser (darunter auch das Haus, in dem sich die schwedische Botschaft befand). »Sie ist von allen am wenigsten politisch verkrampft und erinnert mich an Gesichter, die ich aus dem Westen kenne.« Dann gab es noch Veras Tochter Ina, »schwarzhaarig mit schrägen Augen, ganz zierlich, ziemlich groß und einfach hinreißend süß. Haare wie Juliette Gréco geschnitten. Sie gefällt mir am besten.« Außerdem erschien Jan, der Technik studierte und in einem Jahr abschließen sollte »Groß, verlegen, wird im Laufe der Zeit sehr viel netter, und ist ganz aufgeregt, als ich ihm vom Abschuß der Apollo 9 auf Cape Kennedy* erzähle. Ich soll ihm ein Buch mit einem Autogramm von Wernher besorgen.« Hinzu kam John, Mediziner, Lungenspezialist. »Er erzählte Carl beim Spaziergang am Sonntag, wie sensibel und sinnlich die Tuberkulose mache, daß viele Ärzte dem verfielen und deshalb viele Lungenärzte mit ihren früheren Patienten verheiratet seien.« Der Mythos um manche Krankheiten funktionierte offenbar auch hinter dem Eisernen Vorhang.

* Cape Canaveral, nach der Ermordung von Kennedy nach ihm benannt, wurde erst 1973 wieder in Cape Canaveral umbenannt.

Erst redete ich nur mit Vera, Tudu und Ina, wir sprachen Französisch (das wurde in Rumänien zu meiner Umgangssprache). Man duzte mich sofort. »Die ganze Zeit kommt vom Tonband [*vermutlich meinte ich einen Kassettenrekorder*] Musik. Um die Worte zu überdecken, wie sich später herausstellt. Gleich nach meiner Ankunft drückt mir Vera ein langes Schreiben in die Hand, auf dem steht, wie perfide und verlogen das System sei, daß man es hasse, daß man glücklich sei, weil ich von ›drüben‹ komme, daß ich nicht mehr aus der Botschaft anrufen solle, daß sie abgehört würden; ich soll vorsichtig sein mit dem, was ich sage, und alleine kommen, ›on va parler de jolies choses‹. In der Botschaft soll ich ihren Namen nicht erwähnen etc. Über zwei Seiten ein Erguß von Haß und Unglücklichsein und Vorsichtsmaßregeln. Am Ende steht, daß ich das Schreiben zurückgeben soll, damit es vernichtet wird.«

Dann kam der Rest der Familie, es gab einen reichhaltigen türkischen Kaffee. Alle redeten, und ich musste von Nina und Nikita (meinen russischen Freunden) und New York erzählen. »Gelegentlich, wenn wir auf politische Themen kommen, wird das Tonband lauter gestellt.« In Rumänien, so erzählten sie, sei fast jeder, der im öffentlichen Dienst tätig ist, auch Parteimitglied, das gelte aber nicht für Vera (»bei ihrem Mann, er ist Ingenieur, weiß ich es nicht genau«). Ina besuchte neben der normalen Schule die Ecole des Beaux Arts, sie zeichnete und machte schöne kleine Skulpturen. »Deshalb braucht sie auch am 1. Mai nicht mitzumarschieren wie die anderen Schulkinder.« Vera beklagte sich, dass man viel Zeit mit Anstehen in den Läden verbringe. Es werde auch gedrängelt, die Leute würden nicht in der Schlange warten, bis sie dran sind. In diesem Zusammenhang erwähnte sie auch, dass es viel weniger Kriminalität gebe als früher. Seltsam, dass sie das so erzählt. In der Statistik totalitärer Staaten tauchen Verbrechen gegen Gedankenfreiheit, gegen Oppositionelle nicht auf.

Drei Tage später traf ich mich erneut mit den Haritons. Carl fuhr mich hin, ließ mich in einiger Entfernung aussteigen. Wir gingen zunächst in einem Park spazieren und besuchten dort ein Dorfmuseum, wo es sehr voll war. Ich fragte mich, »ob das Dorfmuseum die Landpartie ersetzen muß«. Im Museum fiel mir ein Mann auf, »der mir vorkam, als verfolge er uns, oder vielleicht andere. Sah ihn zweimal im Museum, in die Zeitung schauend, die er offensichtlich nicht las.« Ich unterhielt mich mit Ina und Vera und erzählte über *drugs* und *narcotics*. »Sie haben sehr wenig Verständnis dafür; gibt es hier ja auch nicht. Vera erzählt mir, daß sie Spiritualismus sehr liebt – Rudolf Steiner etc. Das ist mir eher fremd, ich weiß aber vielleicht auch zu wenig darüber. Der Spiritualismus, so sagt sie, das sei eine Sache ›qui me fait fière d'être un homme‹*.«

Dann wollten sie wissen, was sich im Westen gegen Geld verkaufen lässt. Sie dachten daran, nächstes Jahr »rüber« zu fahren. Ina zeigte mir ihre hinreißenden Puppen und Zeichnungen. Vera gab mir vier von ihren Aquarellen und Zeichnungen mit. Dann wurde ein Abendessen mit fünf oder sechs Gängen aufgetischt. Jan zeigte mir seine Schulbücher und erklärte, was er im Englischunterricht lernt. »Alles so sozialistisch und ›anti-kapitalistisch‹, bösartig. Ich kann mir nicht vorstellen, daß man sich auf Dauer nicht doch davon beeinflussen läßt, auch wenn Jan sagt, daß man sich daran gewöhnt. Es sei wie mit den Juden in Deutschland.« Ich konnte nur vermuten, dass er meint, die antisemitische Propaganda sei allmählich an den Menschen abgeprallt. War aber nicht der Fall. »Vielleicht rechnen die Propaganda-Leute heute damit, daß der Effekt nachläßt. Deshalb tragen sie so dick auf. Mich wundert weniger die Ideologie, als daß sie so plump verkündet wird.« Bei Tisch erzählte man mir einen Witz: Ceaușescu wird gefragt: Was ist der Unterschied zwischen einem Malheur und einer Katastrophe? »Er antwortet: Wenn der Kronleuchter auf Breschnews Kopf fällt, dann ist es ein Malheur; fällt er nicht, so ist es eine Katastrophe.« Verglichen mit dem sowjetischen Parteichef war der verhasste rumänische Vorsitzende doch wieder ihr Mann.

* »Das macht mich stolz, ein Mensch zu sein.«

Ich versuchte, den Haritons die Hippie-Bewegung zu erklären, und stieß auch hier (wie bei den Pasçus) auf vollkommenes Unverständnis. »Was mir an diesem Abend am meisten auffällt, ist der hohe Grad an Antisemitismus. Alle Juden wollten nur Geld machen. Ich sage: andere doch auch. – Ja, aber die Juden seien geschickter! Sie sagen, bis vor 10 Jahren seien alle top posts von Juden besetzt gewesen. Nach dem Krieg hätten die Sozialisten auf die Leute in den Gefängnissen zurückgegriffen. Außerdem seien viele Juden auch von Anfang an Sozialisten und gegen den Nationalsozialismus gewesen. Jetzt sei es nicht mehr ganz so. – Bin hier drauf gekommen, daß man die Freiheit und die Zustände in einem Land daran ermessen kann, wie es den Juden darin ergeht. ›Zeig mir deine Juden und ich sage dir, wer du bist‹. Mit dem Bus spät abends nach Hause.«

An einem Konzertabend lernte ich den Botschafter der DDR kennen. Rumänien war zu dieser Zeit eines der wenigen Länder, die diplomatische Beziehungen zu beiden Deutschlands unterhielten. Er hieß Moldt, »ist sehr nett und kultiviert, relaxed und freundlich. Angenehmer Mann, der 1962 aus Hamburg u. Lübeck kommend nach Ostberlin gegangen ist. Rede ein wenig mit ihm.«* Einige Tage später begegnete ich ihm wieder. Dieses Mal waren mehr Leute dabei, und es kam zu einem kleinen Eklat. »Eröffnung der tschechischen Industrieausstellung, mit Reden und Übersetzungen. Fast nur Männer. Nachdem wir drinnen sind, gehe ich mit einigen, befinde mich plötzlich neben dem DDR-Botschafter Moldt, der an der Seite des ungarischen Botschafters ist. Moldt und ich begrüßen uns freundlich, und wir gehen zu dritt weiter durch die Ausstellung.

* Nachdem ich in meinem Tagebuch auf den Namen stieß, habe ich nachgeschaut, was aus ihm geworden ist; Ewald Moldt (1927–2019) war Diplomat und Politiker. 1970, also ein Jahr nach dieser Begegnung, wurde er Stellvertretender Außenminister der DDR und blieb es bis 1978. Von 1978 bis 1988 leitete er die Ständige Vertretung der DDR in der Bundesrepublik und wurde dann erneut Stellvertretender Außenminister bis 1990.

Dann kommt der 2. Mann von d. russischen Botschaft dazu, den ich auch freundlich begrüße und umgekehrt. Wir gehen zu viert weiter und unterhalten uns.« Wenige Schritte hinter uns geht der Botschafter der Bundesrepublik, Erich Strätling, dem ich natürlich auch schon begegnet bin. Später sah ich ihn im ernsten Gespräch mit Carl, dem er Vorwürfe machte, »daß ich den DDR-Botschafter kenne und mit ihm rede«. Die beiden deutschen Botschafter sprachen nicht miteinander (jedenfalls der westdeutsche nicht mit dem ostdeutschen; aber unter Walter Ulbricht war es andersherum wohl auch nicht weit her). »Carl ist etwas besorgt, Strätling war anscheinend wirklich erbost. Aber sehr dumm, daß er Carl Vorwürfe macht statt mir.« Auf einem Empfang einige Tage später traf ich erneut auf Strätling (das diplomatische Corps ist ein einziges Karussell: Man begegnet sich immer wieder, erst recht in Ländern mit eingeschränkter Bewegungsfreiheit). »Er ist noch immer sehr böse. Sage ihm, daß es mir Leid tut. Er sagt, solche Dinge könnten ja uns allen auf diesem Boden passieren. Ich sage ja, und daß ich auch schon den rotchinesischen Botschafter kennengelernt habe, was wohl meine Entschuldigung etwas zweifelhaft erscheinen läßt.«

Am 27. April 1969 gab de Gaulle seinen Rücktritt bekannt. Er hatte es drauf ankommen lassen mit seinem Referendum, das so provokant war, dass die Franzosen nur Nein sagen konnten. In gewisser Weise fand damit – ein Jahr nach den Ereignissen – die Pariser Mai-Revolution ihren Abschluss. Trotzdem war es ein Schock. Die Ära der großen Nachkriegspolitiker – Roosevelt, Churchill, Stalin, de Gaulle – fand ihren Abschluss. Aber für meinen Vater, der nun in Paris lebte, implizierte dieser Rücktritt noch mehr: De Gaulle wollte der Idee der »Erbfeindschaft« zwischen Deutschland und Frankreich ein Ende setzen, und er hatte viel für die Umsetzung dieser Vision getan. Mein Vater hatte das französische Gymnasium in Berlin besucht, sprach fließend Französisch. Er hatte Adenauer bei seinem Staatsbesuch in Frankreich begleitet, und er hatte den Staatsbesuch de Gaulles durch die Bundesrepublik vorbereitet, seine auf Deutsch gehaltenen Reden gehört und den Jubel erlebt, als der französische Präsident vom »großen deutschen Volk« sprach. Noch viele Jahre später kamen ihm die Tränen, wenn er von der Messe in der Kathedrale von Reims sprach – diesem hochsymbolischen Ort*, der im Juli 1962 mit der gemeinsamen Messe der beiden katholischen Staatschefs zur Ikone der deutsch-französischen Versöhnung wurde. Ich wusste, wie sehr die Nachricht vom Rücktritt de Gaulles meinen Vater aufwühlen musste. Aber ich wusste nicht, wie ich ihm das sagen sollte. Schließlich schickte ich ein kurzes Telex, das aus nur zwei Worten besteht: »Au backe«. Den Code verstand mein Vater.

Wenige Tage vor dem Ende meines Aufenthalts gab Carl ein Mittagessen, zu dem neben den üblichen Diplomaten auch einige Intellektuelle kamen. Darunter Alexandru Paleologu, Schriftsteller, philosophischer Essayist und Dramaturg eines Bukarester Theaters, und seine Frau, die Sekretärin am Historischen Institut war. Paleologu hatte bis 1964 im Gefängnis gesessen, andererseits aber auch mit der Securitate zusammengearbeitet, wie ich später erfuhr. Von Dumitriu, auf den ich ihn ansprach, sagte er, »daß er hier den Ruf gehabt habe, sehr gut mit den Parteibonzen zu stehen, als legaler Playboy des Staates. Auf der anderen Seite habe er aber immer die Gesellschaft von alten vornehmen Familien gesucht, nur aus Snobismus (›un charactère très proustien**‹).« Paleologu selbst stammte, wie ich von Carl erfuhr, aus einer alten vornehmen Familie. Sein Großonkel hatte versucht, den Prinzen Bibescu zu ermorden, musste fliehen, änderte in Paris den Namen zu Paléologue. Er erzählte mir, dass er im vorangegangenen Jahr zum ersten Mal seit zwanzig Jahren in den Westen gereist sei: zu einer Konferenz. Seine Frau durfte nicht mit.

* In Reims waren die französischen Könige gekrönt worden, hier unterzeichnete die deutsche Wehrmacht am 6. Mai 1945 die Kapitulation.

** ›ein sehr proustischer Charakter‹.

Auf meiner anderen Seite saß Nicolae Fontino, »den ich am Vortag schon auf der Straße gesehen hatte, weil sein Institut für Internationales Recht und Internationale Beziehungen direkt nebenan ist«. Karl Bracher, bei dem ich studiert hatte, war einer von nur zwei westdeutschen Professoren, die er kannte. Fontino war Historiker, seine Frau ebenfalls: Ihr Gebiet war das Mittelalter, seines der Erste Weltkrieg und die Zwischenkriegszeit. Er war in erster Ehe mit Irene Dumitriu verheiratet und gab wohl die Vorlage für den Sebastian in *Inkognito* ab. Er hatte den Roman nicht gelesen. Ich gab ihm das Exemplar, das in Carls Regal stand. »Fontino erzählte mir, daß er als Student immer auf den Barrikaden war, und als er sich zufällig im letzten Mai während des Generalstreiks in Paris befand, sei es herrlich gewesen, bis früh morgens in der Universität zu sein. Er habe nicht mitdemonstriert, aber falls er polizeilich erfaßt worden wäre, hätte man ihn für einen Teilnehmer gehalten. Bei den Demos sei er in Tränengas geraten, und um sich beim Odéon in Sicherheit zu bringen, habe er ein Taschentuch naßgemacht, sich über das Gesicht gelegt und sei gerannt. Als er sich am nächsten Tag im Buchladen den Schweiß von der Stirn wischen wollte, hätten seine Augen angefangen zu tränen, weil das Tuch noch vom Tränengas getränkt war.« Er strahlte, während er das erzählte. Es wehte eine Spur vom Pariser Mai 68 in die rumänische Hauptstadt. Fontino und Paleologu blieben noch, als alle anderen schon gegangen waren. Sie gaben uns einige Tipps für eine geplante Tour zu den Bergklöstern. »Waren wohl glücklich, hier zu sein, und gingen nur sehr reluctantly. Grotesk: Sie waren bei weitem die interessantesten Gäste, aber sahen es als besondere Ehre an, eingeladen zu sein.«

An demselben Nachmittag besuchte ich das Parteimuseum. Carl setzte mich ab. »Sehr gut gemacht, ohne jedes Pathos. Es beginnt mit den Römern und der ganzen Unterdrückungsgeschichte, die ersten Volksrevolutionäre, einige wurden gefoltert. Unter ihrem Abbild steht ›Märtyrer d. soundso‹ – wie in der Religion. Für die spätere Zeit gibt es Photographien, Zeitungsausschnitte, Portraits, alle hochinteressant (bis etwa 1950 oder '52, danach artet alles in große Elogen über die Erfolge der sozialistischen Wirtschaft aus). Die Zeit der Opposition ist interessanter. Ceaușescu ist mehrfach schon in den dreißiger Jahren abgebildet, sieht sehr jung aus, könnte gut sein, daß er einfach nachträglich eingefügt wurde, ohne damals eine große Rolle gespielt zu haben. Man sagte mir, die Ausstellung werde immer ausgewechselt, je nach neuem Regime und neuer Politik. – Hatte ich bisher immer den seltsam muffigen Geruch in der Nase, den man hier überall in den öffentlichen Gebäuden vorfindet und der wohl von den Putzmitteln kommt, so riecht es im Parteimuseum zum ersten Mal nach Weihrauch!« (So steht es wörtlich im Tagebuch. Ich glaube nicht, dass ich das mit dem Weihrauch erfunden habe.)

Viele Jahre später, im Dezember 1989, erinnerte mich eine Berichterstattung über den Tod von Ceaușescu an diesen Besuch im Parteimuseum. Ich war über Weihnachten in Frankreich, wo das Fernsehen ausführlich über den Prozess und die Hinrichtung am 25. Dezember 1989 berichtete. Der Bericht war beeindruckend, weil er nachwies, dass die Filmaufnahmen von der Hinrichtung des Diktators nachträglich gestellt worden waren. Prozess und Hinrichtung sollten filmisch festgehalten werden, aber mit der Hinrichtung hatte man es offenbar sehr eilig. Die Kamera war noch nicht bereit. Daraufhin stellte man die Leichen von Nicolae und Elena Ceaușescu noch einmal an die Wand und durchlöcherte sie mit Kugeln. Diese genaue Analyse von Bildpolitik beeindruckte mich. In Deutschland bezog die damalige politische Berichterstattung selten solche Beobachtungen ein.

Zwei Tage vor meinem Rückflug in den Westen kam ein Telex von meinem Vater: »Anna heute Nacht friedlich entschlafen«. Mit dieser Nachricht endete ein für alle Mal meine Kindheit. Anna gehörte schon vor meiner Geburt zur Familie, sie hatte aus unserem Zuhause das gemacht, was meinen Eltern bei ihrem extrovertierten Leben kaum gelingen konnte: ein Nest für uns Kinder. Dieses Elternhaus hatte uns Kindern sehr viel geboten – und in den vorangegangenen Jahren hatte gerade ich davon profitiert. Aber ein Gefühl von Geborgenheit gab uns Anna. Ich rechne es meiner Mutter und meinem Vater hoch an, dass sie Anna immer mit sich nahmen, egal wohin sie versetzt wurden. Sie blieb auch bei ihnen, als schon längst kein Kind mehr zu Hause wohnte. Der Verlust von Anna bedeutete einen tiefen Einschnitt für mich, und so endet das rumänische Tagebuch nicht mit einer Bilanz über diese erste Begegnung mit einem Land, in dem die Menschen Angst vor dem Staat haben, sondern mit dem Abschied von einer Kindheit, in der es – mit Anna – einen Schutzwall gegen Angst gegeben hatte. »Kann noch nicht weinen, wird mir alles noch nicht ganz klar, weil ich es mir auch nicht vorstellen kann. Es ist noch nie jemand gestorben, der mir so nahe stand. Für sie ist es so viel besser. Sie war unglücklich in Paris, es ist ihr in letzter Zeit nicht mehr so gut gegangen, sie hatte in Paris keine Freunde und auch keine richtige Funktion. Es ist mir noch nicht ganz in den Kopf gegangen, daß sie tot ist. Ich merke es nur daran, daß mein Magen so nervös ist, aber mein Kopf hat es noch nicht begriffen. Letzte Nacht habe ich geträumt, daß sie noch lebt und ganz jung und munter ist, daß es zwei Annas gibt, eine, die gestorben ist, und eine, die es noch gibt. War sehr böse auf Pappi, daß er mir gesagt hat, sie sei gestorben, wo es doch gar nicht wahr ist.« Als ich wenige Tage später in Paris ankam, baten mich die Eltern, Annas Nachlass zu ordnen. Das meiste sollte zu ihrer in Rom lebenden Schwester geschickt werden. Nur ihre Tagebücher – eher Notizkalender mit ein paar kurzen Einträgen hier und da – behielt ich für mich. Sie erwähnt darin immer wieder ihre Einsamkeit. In New York hatte sie über die Jahre ein paar Freundinnen gewonnen. In Paris dagegen war sie allein. Sie lebte in einem geschäftigen Haus, fühlte sich aber überflüssig. Ich habe weinend über diesen kleinen Terminkalendern gesessen. Für uns, meine Geschwister und mich, war Anna alles andere als überflüssig. Aber wir lebten alle nicht mehr zu Hause.

NEU IN EINER ALTEN STADT

Paris

Eigentlich wollte ich nur für ein paar Monate nach Paris: mich umsehen, schauen, was dran war an der legendären Eleganz dieser Stadt – und am Ruf der Boheme. Ich blieb zwölf Jahre. In den ersten Monaten lebte ich noch »zu Hause« – was die untertriebene Bezeichnung für das Palais Beauharnais war: Ende des 17. Jahrhunderts erbaut, war es um 1800 von Eugène Beauharnais im Stil des Empire eingerichtet worden. Seine Mutter Joséphine war mit Napoleon I. verheiratet. Seine Schwester Hortense lebte in diesem Stadtpalais. Das Gebäude beherbergte seit Langem die Residenz der deutschen Botschaft. Schon 1862 hatte Bismarck hier als preußischer Botschafter gewohnt. Nach dem Zweiten Weltkrieg hatte Frankreich das Gebäude konfisziert, gab es aber Mitte der 1960er-Jahre an die Bundesrepublik zurück – mit der Auflage, eine komplette Sanierung durchzuführen und die Empire-Dekors stilgerecht zu restaurieren. (Das Ganze hat den Bund ein Vermögen gekostet. Dafür war man wieder wer!)

Meine Ankunft fiel in den Sommer 1969, und ich erlebte den absoluten Stillstand, in den Paris damals im Juli und August versank: leere Straßen, geschlossene Büros, Läden mit heruntergelassenen Rollos. (Heute ist der Sommerschlaf weniger tief.) Ich nutzte diese Zeit, um die Stadt als Touristin zu erkunden, den Louvre, Notre Dame, die Sainte Chapelle zu besichtigen. Von anderen Städten, in denen ich länger gelebt hatte, wusste ich, dass man sich berühmte

Sehenswürdigkeiten gleich nach der Ankunft anschauen muss – später verweigert man sich dem Tourismus, man lässt sich nur noch auf Orte ein, die nicht im Reiseführer stehen. In Paris stieß ich auf eine vollkommen andere Welt – älter als New York, jünger als Rom, unversehrter als alle deutschen Städte zusammen. Eine Stadt, in der königliche Pracht und Industriezeitalter eine seltene Symbiose eingingen. Und zeitgenössische Politiker ihren Amtssitz in Räumen hatten, die einst von Aristokraten und Kardinälen bewohnt worden waren.

Ich fand Arbeit – kleine Jobs für deutsche Zeitungen, einmal arbeitete ich auch kurz in der Boutique eines Berliner Modeschöpfers, der in Paris freilich nicht reüssieren konnte. Ich suchte mir eine eigene Wohnung und fand sie in der Cité des Fleurs in der Nähe der Place Clichy. Die Innenstadt von Paris ist voll von diesen kleinen Cités: kurze Sackgassen mit Mini-Villen und Vorgärten; man glaubt sich auf dem Land, aber der Eingang zur Métro ist um die Ecke. Allmählich kannte ich mich im Pariser U-Bahn-Netz aus, gewöhnte mich an die Geräusche und Gerüche des Untergrunds. Sie waren so anders als die von New York, wo es nach Bagels und Donuts riecht. Ich könnte noch jetzt allein am Geräusch der U-Bahn erkennen, ob ich mich in Paris, New York oder Berlin befinde. Das Quietschen der Räder, die Warnsignale vor dem Schließen der Türen sind so spezifisch, dass man sie in einem Film ohne die dazugehörigen Bilder einsetzen kann, um klarzumachen, in welcher Stadt die Story spielt. Ich lernte auch, wie anstrengend das Pariser U-Bahn-Netz ist, das Umsteigen ist oft mit langen Wegen verbunden. Noch heute versuche ich, wenn es irgendwie geht, die Station Châtelet zu vermeiden. Später fuhr ich mit dem Auto durch Paris. Das war zwar auch anstrengend, aber ich hatte die schützende Haut der Blechkiste und konnte die Unterlagen, die ich sonst durch Paris schleppte, mitnehmen. Auf den Gedanken, mit dem Fahrrad durch Paris zu fahren, bin ich damals nicht gekommen – auch sonst niemand. Es war viel zu gefährlich. Heute gibt es viele Fahrradfahrer und Radwege, die Stadt versucht ihnen Priorität vor dem Auto einzuräumen.

Als Deutsche musste ich eine *carte de séjour* (Aufenthaltsgenehmigung) beantragen, mein Arbeits- und Bleiberecht regelmäßig erneuern. Das war mit langen Wartezeiten bei der Meldebehörde verbunden. Ich schimpfte auf die französische Bürokratie – so wie heute meine amerikanischen Freunde, die sich für eine Gastprofessur in Deutschland anmelden, über die deutsche Verwaltung stöhnen, ohne sich ihrerseits der komplizierten Behördengänge bewusst zu sein, die Ausländer in den USA durchlaufen müssen. Über die Jahre lernte ich, Bürokratie als die weltweite Fron des Ausländers zu begreifen. Die europäische Freizügigkeit war damals noch ein ferner Traum.

Paris vor fünfzig Jahren funktionierte anders als heute. Der Briefträger kam zweimal am Tag. Für eilige Nachrichten gab es die Rohrpost. So wie später das Fax und noch später die E-Mails. Die Restaurants waren auch für kleine Budgets erschwinglich, und die einfachsten unter ihnen boten akzeptable Speisen an. Wenn ich Freunde in Hotels unterbringen musste, so waren diese zwar nicht luxuriös (ein Zimmer ohne eigenes Bad und WC war damals in Paris die Norm), aber sie waren auch nicht teuer. Für zehn Francs die Nacht konnte man direkt neben Notre Dame wohnen.

Heute kann man sich auch kaum mehr die langen Autofahrten zwischen Paris und Deutschland vorstellen. Ich hatte oft in Köln oder Frankfurt zu tun und fuhr gelegentlich mit dem Auto, um in Deutschland beweglicher zu sein. Auf der Strecke Paris-Aachen bot Belgien ein kleines Stück Autobahn, in Frankreich kam später ein Stück Autobahn Richtung Norden dazu. Doch für den Großteil der Strecke fuhr man über Landstraßen. Für die Strecke bis Köln brauchte man leicht mal sieben oder acht Stunden. Als dann in Frankreich das Autobahnnetz ausgebaut wurde, fiel auf, dass die Strecke nach Metz und Straßburg, also Richtung Osten, nicht vorankam. (Als Tilo einen französischen Bekannten fragte, warum dieser

Ausbau so lange auf sich warten ließ, war dessen Antwort: Aus dem Osten sind sie immer noch schnell genug gekommen.) Bei diesen Fahrten musste man auch mehrere Währungen vorrätig haben: französische, belgische und deutsche Scheine und Münzen. Es war auch hilfreich, die sich ständig ändernden Währungskurse zu kennen, um dort zu tanken, wo Benzin am günstigsten war. Heute erleichtert der Euro die europäische Beweglichkeit – aber die Zeit davor liegt gerade mal zwanzig Jahre zurück.

Eine israelische Freundin, die mich kürzlich zu Hause (auf dem Prenzlauer Berg) besuchte, rief beim Betreten der Wohnung ganz überrascht aus: »It's so French in your place!« Sie meinte, in einer Pariser Wohnung gelandet zu sein. Mir war das nicht bewusst. Aber es stimmt, einen Gutteil des Mobiliars haben wir in Paris erworben (genauer: zusammengestückelt). Es begleitete uns nach Bonn und dann nach Berlin. Vieles waren Erwerbungen aus den Beständen der Heilsarmee oder der Compagnons d'Emmaüs, einem laizistischen Orden, der 1949 gegründet worden war. Beide Organisationen unterhielten Lagerhallen mit Möbeln aus Wohnungsauflösungen oder von Spenden. Viele junge Leute richteten sich mit den Beständen aus diesen Lagern ein. Man bekam alles: von Tischen, Stühlen, Schränken bis zu Salatschüsseln, Lampen oder Bildern (koloniale Jagdszenen aus Indochina!). Heute behelfen sich junge Leute eher mit Ebay, die neuen Lagerhallen sind virtueller Art. Die Einrichtungsgegenstände, die wir erwarben, erzählten von den Lebensgewohnheiten ihrer Pariser Voreigentümer; und nun befand sich ihre Erzählung in Berlin. Meine Freundin hat das auf den ersten Blick erkannt.

Von New York aus hatte ich Kontakt zu Peter Scholl-Latour geknüpft, der mir anbot, die Recherchen für einen Jahresbericht zu übernehmen. Außerdem schrieb ich kurze Berichte für die Feuilletons von Zeitungen und Zeitschriften. Manchmal baten mich auch Filmemacher aus Deutschland, ihnen bei der Vorbereitung ihrer Dreharbeiten in Paris zu helfen oder bei Interviews zu dolmetschen. Ich war beteiligt an einem Porträt des Modeschöpfers Pierre Cardin und fuhr an den Genfer See, um bei Georges Simenon zu drehen. Bei diesen Aktivitäten lernte ich neue Seiten von Paris kennen, kam in die Ateliers von bekannten Künstlern und Künstlerinnen wie César, Sonia Delaunay oder Gisèle Freund, übersetzte Interviews mit dem Dramatiker Fernando Arrabal oder den Schriftstellern Alain Robbe-Grillet und Eugène Ionesco. Einmal drehte ich auch bei den Comic-Zeichnern von *Hara-Kiri*, aus dem später *Charlie Hebdo* wurde. Mit Georges Wolinski traf ich mich nach den Dreharbeiten noch ein paar Mal. Im Gegensatz zu seinen provokativen Comics war er ein sanfter Mensch – und es traf mich tief, als er 2015 zu den Opfern des Attentats auf *Charlie Hebdo* gehörte. In diesen Jahren entstanden langjährige Freundschaften: so mit dem inzwischen leider verstorbenen Fotografen Jean-François Bauret und seiner Frau, der Künstlerin Claude Bauret Allard, die wir jeden Sommer in ihrem wunderbaren Haus bei Grasse besuchen. Ich lernte Willy Maywald kennen, der in den 1920er- und 1930er-Jahren als Mode- und Porträtfotograf in Deutschland arbeitete, bevor er (noch vor 1933) nach Paris ging – dieser Stadt, von der Franz Hessel sagte, sie sei die Heimat der Fremden. Als Jude und Homosexueller führte Maywald hier ein unbehelligtes Leben. Als die Nazis Paris besetzten, floh er in die Schweiz, um unmittelbar nach dem Krieg nach Paris zurückzukehren.

Maywald konnte ganze Abende damit verbringen, Szenen aus deutschen Stummfilmen nachzuspielen. Er machte mich bekannt mit einigen deutsch-jüdischen Emigranten. Im Mittelpunkt dieses Kreises stand Fritz Picard, der nach dem Krieg die *Librairie Calligrammes* gegründet hatte. Die Buchhandlung war spezialisiert auf Werke, die in der NS-Zeit verboten waren. (Ulrike Ottinger, die sich, wie wir später feststellten, ein wenig früher als ich in Paris aufhielt, hat *Calligrammes* eine Ausstellung im Berliner Haus der Kulturen gewidmet und dem Ort ein berührendes filmisches Denkmal gesetzt.) Picards Buchhandlung in der Rue du Dragon war Ende der 1960er-Jahre noch immer Ort eines Austauschs zwischen deutschen und französischen Intellektuellen. Das Gästebuch von Picard und seiner Lebensgefährtin Ruth Fabian war in Ottingers Ausstellung zu sehen. Nach Picards Tod führte Annette Antignac, die Tochter von Ruth und Walter Fabian, die Buchhandlung weiter. 1999 musste sie schließen – nach der Wende ging das französische Interesse an den Intellektuellen, die der NS-Zeit widerstanden hatten, zurück. Aber es fehlte auch die Generation der Emigranten, die die Buchhandlung zu ihrer intellektuellen Heimat gemacht hatten.

Walter Fabian, der erste Mann von Ruth Fabian, war einer meiner Kronzeugen in einem Film, den ich einige Jahre später über die Geschichte des deutschen Pazifismus im Kaiserreich und in der Weimarer Republik drehte. Als ich ihm 1983 begegnete, wusste ich nicht, dass er mit Ruth Fabian verheiratet gewesen war. Immer wieder erlebte ich solche Überraschungen: dass es zwischen den Menschen, die ich kennenlernte, ungeahnte Verbindungen gab. Auf einer Karte, die Briefsendungen abbildet, die zwischen den Emigrantengruppen in New York, Paris, London, Zürich, gelegentlich auch Wien oder Berlin, vor und nach dem Krieg zirkulierten, würden die USA und Europa hinter einem dichten Geflecht von Linien verschwinden.

Mein erstes Jahr in Paris war geprägt von einer solchen Fülle von neuen Begegnungen und Eindrücken, dass mir der Kopf schwirrte. Die Vielfalt spiegelte sich zunächst auch in meinen Reportagen wider, die sich in unterschiedlichen Feldern bewegten: von den *caféthéatres* und dem Blätterwald der linken Presse bis zur Hochschulpolitik und neuen psychiatrischen Modellen. Während dieses Jahres lernte ich einige Redakteure und Redakteurinnen deutscher öffentlich-rechtlicher Sendeanstalten kennen, die mir erste kleine Filme anvertrauten – darunter einen Film über den Bestseller *Zufall und Notwendigkeit* des Molekularbiologen Jacques Monod. Er erhielt 1965, zusammen mit François Jacob, den Nobelpreis für Medizin. In seinem Buch zeigte er, dass die Evolutionstheorie dem Zufall mehr Raum geben muss, und er sprach von den Auswirkungen dieser Erkenntnis auf das Selbstbild des Menschen.

Mein erstes längeres Feature behandelte die Lebensgeschichte des Schriftstellers André Malraux, der unter Charles de Gaulle und als dessen enger Verbündeter Kulturminister geworden war. (Eine seiner Großtaten war die Reinigung der eingerußten Fassaden von Paris: Als ich in die französische Hauptstadt kam, sah man in einigen Stadtvierteln noch diese dunkelgrauen Fassaden, die man heute nur noch in alten Filmen zu sehen bekommt.) Bei dem Film beriet mich Manès Sperber, dem ich bald nach meiner Ankunft in Paris begegnet war und der Malraux gut kannte. Malraux hatte einen wichtigen Roman, *La Condition Humaine* (dt.: *So lebt der Mensch*), über die chinesische Revolution und einen nicht minder wichtigen Roman, *L'Espoir* (dt.: *Die Hoffnung*), über den Widerstand im Spanischen Bürgerkrieg geschrieben. Ein Kapitel dieses Romans wurde mithilfe der republikanischen Armee von Spanien verfilmt. In dem Interview sagt er über Spanien: »Eine französische Anthologie über den Tod wäre nicht sehr ergiebig. Vielleicht Pascal, aber sonst wenig. Aber eine spanische Anthologie über den Tod – es wäre die gesamte spanische Literatur. Spanien ist das einzige Land, in dem eine Partei sich den Slogan gab: Es lebe der Tod.«

Malraux schrieb eine Reihe von einflussreichen kunstphilosophischen Schriften. Für ihn war die Kunst, deren Aufgabe es einst war, eine religiöse Botschaft zu vermitteln, zum Religionsersatz geworden. »Wir sind die erste Zivilisation, die die Gesamtheit der früheren Götter geerbt hat, nur dass sie ihre Göttlichkeit verloren haben. In der Statue einer mesopotamischen Gottheit sehen wir nur die Statue. Wir haben es fertiggebracht, alle Götter in Statuen zu verwandeln und als solche zu bewundern. Diese Metamorphose der Kunst ist das wichtigste Phänomen unserer Zeit. Sie entzieht sich der traditionellen Zeitvorstellung: nicht etwa durch Transzendenz, durch Unsterblichkeit, sondern weil im Angesicht des Todes heute nur die Kunst Bestand hat.« Malraux vertrat allerdings auch die Ansicht, dass keine Gesellschaft lange ohne Religion überleben kann.

In politischer Hinsicht legte Malraux einen weiten Weg zurück:

vom Kämpfer gegen den Kolonialismus (als welcher er aus Indochina zurückkehrte) über Mitläufer der Kommunisten, Kämpfer im Spanischen Bürgerkrieg aufseiten der Republikaner, Mitglied der französischen Résistance gegen die deutsche Besatzungsmacht bis zum bedingungslosen Befürworter der konservativen Politik de Gaulles. Im Mai 1968 marschierte Malraux in vorderster Linie bei der großen Demo zur Unterstützung von de Gaulle. Aus dem alten Widerstandskämpfer war eine paradigmatische Gestalt der französischen Konservativen geworden. Zugleich war seine Biografie beispielhaft dafür, dass sich in Frankreich – anders als in Deutschland – Politik und schriftstellerische Tätigkeit niemals ausschlossen. Er war Intellektueller und Aktivist zugleich. Für mich waren die Arbeit an diesem Film und die Begegnung mit Malraux eine lehrreiche Einführung in wichtige Aspekte der französischen Geistesgeschichte.

Ein anderer Film dieser ersten Jahre in Paris bestand in einem Gespräch mit Claude Lévi-Strauss über die Moderne. Lévi-Strauss galt damals als politisch konservativer Denker – das Gegenbild zu Herbert Marcuse, Kultfigur der studentischen Proteste. Diese Einschätzung war nicht falsch: Lévi-Strauss hielt an alten Institutionen fest. Aus demselben Grund hatte er aber auch – das zeigte das Gespräch, das ich 1972 mit ihm führte – schon früh ein Sensorium für die Endlichkeit des Planeten und für ökologische Fragen. Diese waren erst kurz zuvor ins Bewusstsein einer breiten Öffentlichkeit gerückt. Das Interview fand fast zeitgleich mit dem Erscheinen der Studie *Die Grenzen des Wachstums* des Club of Rome statt, die wegen ihrer antitechnologischen Implikationen auf heftigen Widerstand gestoßen war.* Im Interview erwähnte Lévi-Strauss die Studie mit keinem Wort, doch seine Aussagen stellten genau wie sie den Gedanken des Fortschritts infrage. Allerdings verortete er diesen im

* Im Jahr 2008 veröffentlichte CSIRO (*Commonwealth Scientific and Industrial Research Organisation*) eine Untersuchung, in der die Prognose aus dem Jahr 1972 mit den seither eingetretenen Fakten verglichen wurde: Die Voraussagen hatten sich allesamt bewahrheitet.

Glauben an die Geschichte. »Wenn ich manchmal die Parallele zwischen den zeitgenössischen Gesellschaften und den Gesellschaften ohne Schrift ziehe, dann betrachte ich vor allem die Geschichte. Unsere Konzeption von Geschichte ist der Mythos der modernen Zivilisation. Was ich damit meine: Wir instrumentalisieren die Vergangenheit, um unsere Gegenwart zu verstehen und unsere Zukunft zu modellieren. Genauso funktioniert das mythische Denken. Für die Völker ohne Schrift liegen die Grenzen in Urzeiten, vor dem Beginn der Geschichte. Das mythische Denken bietet ihnen Verhaltens- und Erklärungsregeln, an die sie sich zu halten versuchen. Die Mythologie liefert ihnen die Rechtfertigung für das Verharren in einem Zustand, der ihrer Ansicht nach schon immer bestand. Für uns funktioniert der Mythos ein wenig anders: Die Geschichte soll dazu beitragen, die Gesellschaft nach den gleichen Mustern zu transformieren, wie sie sich auch schon in der Vergangenheit veränderte. Die einzelnen Theoretiker unterscheiden sich nur in ihrem Verständnis früherer Transformationsprozesse.« Als ich beim Schreiben dieses Buchs das Transkript des Interviews wieder durchlas, war ich überrascht von der Aktualität der Betrachtungsweise: Sie vergleicht eine Gesellschaft, die den Wandel verweigert, mit einer Gesellschaft, die nach ständigem Wandel verlangt, das Prinzip der Bewahrung verwirft und eben deshalb unfähig wird, sich zu verändern.

In den Dritten Programmen der ARD gab es damals viel Sendezeit für kulturelle Berichterstattung und politische Dokumentationen. Nach 1968 hatte sich im Bereich der Filmdokumentation und des Spielfilms eine kritische Linke herausgebildet, die neue politische Maßstäbe setzte und eine eigene Ästhetik entwickelte. Die ARD – vor allem der WDR – wurde zum Schauplatz einer Avantgarde des Dokumentarfilms. Sie verband sich mit Namen wie etwa Gisela Tuchtenhagen und Klaus Wildenhahn. (Übrigens galt in dieser Zeit Ähnliches für die DDR, wo Filmemacher wie Jürgen Böttcher, Winfried Junge, Gitta Nickel, Volker Koepp und Helke Misselwitz den Dokumentarfilm neu erfanden. Sie galten alle als kritische Beobachter des DDR-Alltagslebens. Ihre Filme lernte ich allerdings, wie vermutlich viele Westdeutsche, erst nach der Wende kennen. Studierende, die in der DDR aufgewachsen waren, brachten sie mir näher.) Als angehende Filmemacherin und im Ausland lebend, gehörte ich dieser Avantgarde (leider) nicht an, sollte aber bald vom Terrain, das sie bereitete, profitieren – mit ganz anderen Stoffen. Während es die Filmemacher und -macherinnen in Deutschland in die Fabriken und zu den sozialen Brennpunkten zog, bildete sich bei mir ein immer größeres Interesse für historische Perspektiven heraus. Ich erhoffte mir von dem, was Lévi-Strauss den Mythos der Geschichte nennt, Einblicke in die Mythen der Geschlechterfrage. Geschichte ist ja nicht nur die Vereinnahmung der Vergangenheit für die Interpretation der Gegenwart und die Gestaltung der Zukunft (im Sinne von Lévi-Strauss), sondern auch die Erkenntnis, dass über angeblich unveränderbare Sachverhalte, etwa Geschlecht, immer wieder neu verhandelt wurde. Die historische Perspektive kann also auch die Skepsis gegenüber der mythologischen Instrumentalisierung von Geschichte stärken.

Die unterschwelligen Entwicklungen der Kulturgeschichte lassen sich nicht so leicht dokumentarisch vermitteln wie aktuelle politische oder soziale Fragen, wo man die Protagonisten in Aktion sehen und filmen kann. Ich musste ein anderes Genre entwickeln: den Filmessay. Dieser »funktioniert«, wenn ich es rückblickend formulieren soll, durch die Spannung, die sich zwischen dem historischen Thema und aktuellen Bildern (deren Codes bekannt sind) erzeugen lässt. So erzählte ich etwa am Beispiel einer jungen modernen Frau Gustave Flauberts *Madame Bovary* nach und zeigte dabei die Ähnlichkeit zwischen dem Frauenleben des 19. Jahrhunderts und heute. Weil sich die Zitate aus dem Roman so gut auf die aktuelle Situation von Frauen in der Provinz übertragen ließen, erschien Flauberts Werk wie ein Roman aus dem 20. Jahrhundert. Und andersherum: Das 19. Jahrhundert bestand fort in unserer Zeit. Einige

Frauen von *Emma,* denen ich den Film zeigte, waren tief beeindruckt von Flauberts »Feminismus«. Der Autor hätte mit dieser Zuschreibung wenig anfangen können. Aber er hatte schon früh den Finger auf eine Wunde gelegt, die bis heute schmerzt.

Ein anderes Mal realisierte ich den Film *Glanz und Elend der Metropole. Stadt und Gesellschaft im Paris des 19. Jahrhunderts.* Er behandelte die Pariser Stadtplanung im 19. Jahrhundert, die vor allem das Werk des Barons Georges-Eugène Haussmann war: Unter dem Präfekten nahm die französische Hauptstadt Mitte des Jahrhunderts ihre heutige Gestalt an. Haussmann verfolgte damals mit ästhetischen Mitteln politische Ziele. Er ließ große Schneisen durch die Stadt schlagen, damit Regierungstruppen schnell eingreifen und Volksaufstände im Keim ersticken konnten. Die Folgen dieser Stadtplanung ließen sich gut anhand von Szenen aus dem Leben in den Plattenbausiedlungen der Banlieue darstellen. Der einzige Unterschied: Damals diente die Stadtplanung der raschen Mobilisierung von Truppen, heute der Verdrängung der ärmeren Bevölkerung an den Stadtrand. Auf dem Gebiet des Filmessays glaube ich über die Jahre eine gewisse Fertigkeit entwickelt zu haben. Viele dieser Filme konnte ich später in den kulturhistorischen Lehrveranstaltungen an der Uni einsetzen. Sie vermittelten historische Einsichten durch die Verbindung von Geschichte und Gegenwart.

EINE FRAU IST EINE FRAU IST EINE FRAU

Das Geschlecht der Kunst

Ab den 1970er-Jahren stand die Geschlechterfrage im Zentrum meiner Arbeiten – und es war die bildende Kunst, die den Weg wies. Soziale Veränderungen kündigen sich oft als künstlerische Neuerungen an. Denn die Kunst rührt ans Unbewusste einer Zeit, oft bevor diese es selber merkt. Sie ist geradezu prädestiniert, auf die Veränderungen der Geschlechterordnung zu reagieren – oder diese vorwegzunehmen. Ich war damals nicht die Einzige, die sich für dieses Thema interessierte. In den USA widmeten sich Künstlerinnen um die Kuratorin Lucy R. Lippard in Ausstellungen und Aktionen der Rolle von Frauen in der Kunstgeschichte. In Berlin fand 1977 die große Ausstellung *Künstlerinnen International 1877–1977* statt. In Wien inszenierte die Medienkünstlerin Valie Export provokante Aktionen, in denen sie die Sichtweisen auf den weiblichen Körper thematisierte. In Bonn eröffnete Philomene Magers die erste Galerie Deutschlands, die einen Schwerpunkt auf feministische Kunst legte, während Marianne Pitzen mit anderen Aktivistinnen und Künstlerinnen den Grundstein für das *Frauenmuseum* legte, das bis heute immer wieder informative und ausgefallene Ausstellungen zu Künstlerinnen und zur Frauengeschichte zeigt. Die Kunsthistorikerin Gislind Nabakowski gründete 1973 das Magazin *heuteKunst*, das 1975 ein Themenheft zum Thema »Feminismus & Kunst« herausbrachte. Von diesen Aktionen und Künstlerinnen haben sich einige, etwa die Arbeiten von Valie Export, ins kulturelle Gedächtnis eingeschrieben, andere wurden, wie so oft bei Frauen, »vergessen«. Über Philomene Magers zum Beispiel gibt es nicht einmal einen Wikipedia-Eintrag. Bis heute verhalten sich viele Feministinnen so, als habe es keine andere vor ihnen gegeben, statt den Gewinn zu sehen, der sich aus der Durchsetzung einer weiblichen Memorialkultur ergeben würde. Erst sie ermöglicht jene geistige Genealogie, die Männern seit Jahrhunderten Selbstgewissheit verleiht.*

In den 1920er-Jahren hatte es durchaus große Künstlerinnen gegeben, viele von ihnen hatten ihr Werk nicht vollenden können, waren wie etwa Charlotte Salomon in den Konzentrationslagern umgebracht worden. Doch einige hatten überlebt. Zu ihnen gehörte Meret Oppenheim, über die ich 1976/77 einen Film drehte. Sie hatte als junge Frau bei den Surrealisten mitgewirkt und wurde später zur Ikone des Feminismus. Meret Oppenheims Werke umfassen neben Gedichten eine Vielfalt von Collagen, Zeichnungen, Ölbildern, Fresken, zusammengebastelten Objekten. Zu deren wichtigsten Gemeinsamkeiten gehören der (scheinbare) Zufall und ein eigenwilliger Witz. Das Widerständige muss ihr schon in die Wiege gelegt worden sein, denn die Eltern benannten sie nach einer Figur in Gottfried Kellers Roman *Der grüne Heinrich:* Meretli, dem Kind, das nicht beten wollte.

Meret Oppenheim gehörte zu den ersten Künstlerinnen, die ihr Frau-Sein ausdrücklich thematisierten. Der im Film vertretene Feminismus erscheint heute – im Zeitalter von Diversität – ein wenig altmodisch, doch die Fragen, die sie stellte, beschäftigten viele Künstlerinnen und Schriftstellerinnen in dieser Zeit. In der Schweiz geboren, war Meret Oppenheim in den 1920er-Jahren zu den Surrealisten in Paris gestoßen. Die 18-Jährige wurde schnell durch ein originelles Objekt bekannt: die pelzbezogene Kaffeetasse *Frühstück*

* Zum Glück bemühen sich heute Historikerinnen und Kunsthistorikerinnen wie Tina Mendelsohn um eine Aufarbeitung und Memorisierung dieser feministischen Aufbrüche in der Kunst der 1970er-Jahre.

im Pelz. Das ist auch der Titel eines Films über sie. »Für die Surrealisten«, so sagt sie, »war das, was eine poetische Aussage hatte, Kunst. Das Wort Kunst wurde ungern benutzt, war eben wertvoll. Jeder Künstler will die Gesellschaft verändern. Auch wenn er es nicht ausspricht. Aber er verändert sie doch. Vielleicht ist ein Künstler auch nur ein Seismograf der Zeit, der zeigt, wo die Gesellschaft gerade steht. Die Surrealisten wollten aber die Welt aktiv ändern. Sie hatten begriffen, dass man nicht mehr weiterkommt mit dem Rationalismus, und haben deshalb Freud sehr verehrt. Er hatte ja, so könnte man sagen, das Unbewusste legitimiert.«

Da Freud über Hysterikerinnen Einblick in die Macht des Unbewussten gewonnen hatte, galt diese »Frauenkrankheit« den Surrealisten, in den Worten ihres Wortführers André Breton, als »die größte Erfindung des 20. Jahrhunderts«. Die Frauen selbst hatten bei den Surrealisten wenig zu sagen. Kaum eine gehörte dem inneren Kreis an. »Die, die da waren, waren entweder die Geliebten von den Surrealisten – oder sie schlossen sich, so wie später die Toyen, eine sehr gute Malerin, den Gedankengängen völlig an und identifizierten sich ganz mit dem surrealistischen Dogmatismus. – Was mich betrifft: Ich habe eigentlich immer geschwiegen. Ich traf Man Ray nach dem Krieg wieder – so zwischen 1950 und 1960 –, und er sagte zu mir: Aber du sprichst ja! Jetzt! Ich sagte: Wieso? Früher habe ich, scheint's, kein Wort gesagt.«

Dass die Surrealisten Frauen nicht ernst nahmen, störte Meret Oppenheim zunächst nicht; bis zum Alter von zwanzig Jahren arbeitete sie vollkommen unbekümmert. Dann setzte ein Gefühl von Unsicherheit ein. »Dieser Druck der Gesellschaft wurde mir bewusster und bewusster, und ich geriet in eine Krise zwischen Anpassung und Nicht-Anpassung. Ich konnte nicht mehr arbeiten, war wie in Fesseln. Ich wollte, konnte nicht, wollte, konnte nicht. Ich habe zwar immer gearbeitet, aber ohne jede Zufriedenheit. Während dieser ganzen Krisenjahre hatte ich ein Gefühl von gefesselten Händen.« 18 Jahre dauerte die Krise. In dieser Zeit schnitzte sie die Figur der

Genoveva. »Erst zehn Jahre, nachdem ich sie gemacht hatte, wurde mir klar, was die Figur überhaupt bedeutet. Eine Figur, die dasteht mit gebrochenen Händen. Ohne die Möglichkeit zu handeln. Diese Figur der Genoveva stellte mich selbst dar, im Zustand einer Unfähigkeit zu handeln.«

Diese Erfahrung der Ohnmacht führte Meret Oppenheim auf die Hemmnisse zurück, die sich der Kreativität von Frauen stellen. »Es ist sowieso schwierig, Künstler zu sein. Aber für eine Frau sind die Schwierigkeiten doppelt so groß. Es gilt, sich von dem Bild zu befreien, das die Gesellschaft von der Frau hat. Eine Frau darf nicht denken. Eine Frau darf keine aggressiven Ideen äußern. Aber das, was jeder Künstler tut, ist, neue Gedanken zu formulieren – und neue Gedanken sind eben aggressiv. Bei den Frauen kommt noch dazu, dass sie zu einem Selbstbewusstsein kommen müssen, das für den männlichen Künstler selbstverständlich ist. Das ist der Grund, dass immer noch relativ wenige Frauen schöpferisch tätig sind.« Zugleich erkannte sie immer deutlicher, dass – ebenso wie kein Künstler auf das Weibliche im Ich verzichten kann – auch die Künstlerin sich zum Männlichen in sich selbst bekennen und dieses leben muss.

Schon lange bevor Bisexualität, Transsexualität und diverses Geschlecht öffentlich diskutiert wurden, wurde die psychische Bisexualität als Voraussetzung für schöpferische Fähigkeiten zum Thema der Kunst – übrigens auch der Psychoanalyse. Allerdings behandelten männliche und weibliche Kunstschaffende diese Frage sehr unterschiedlich. Mit Mühe rangen sich Künstlerinnen wie Meret Oppenheim dazu durch, von der eigenen Männlichkeit zu sprechen, während männliche Künstler nicht die geringste Hemmung hatten, sich zu ihrem weiblichen Ich zu bekennen. Es gibt Hunderte von Beispielen, in denen Schriftsteller Romane mit einer Ich-Erzählerin verfassen – aber in nur ganz wenigen leihen Schriftstellerinnen einem männlichen Ich ihre Feder. Mir fallen auf Anhieb nur zwei Beispiele ein: Anna Seghers' *Aufstand der Fischer von St. Barbara* und Marguerite Yourcenars Roman über den römischen Kaiser Hadrian,

Ich zähmte die Wölfin. Meret Oppenheim erkannte nicht nur früh, dass männliche Künstler Anspruch auf eine eigene Weiblichkeit erheben, sondern auch, dass dabei oft eine Frau dran glauben muss: Die Ehefrau oder Geliebte wird geopfert, damit der Mann seine schöpferische Potenz entfalten kann. Ich habe über diese Aneignung von Weiblichkeit durch männliche Künstler später anhand einiger Beispiele geschrieben. Meret Oppenheim ging mit diesem Kannibalismus auf künstlerische Weise um. Eines ihrer Kunstwerke ist Marcel Duchamp gewidmet, der sich in vielen Kunstwerken als Frau darstellte: Es zeigt ein Schachbrett, auf dem eine leicht angenagte weiße Dame liegt und heißt: *Bon appetit, Marcel.*

Trotz der unterschiedlichen Schaffensbedingungen von Künstlern und Künstlerinnen war Meret Oppenheim der Überzeugung, dass man nicht von einer »männlichen« und einer »weiblichen« Kunst sprechen kann. »Es gibt nur *eine* Kunst«, sagte sie. Doch halte sie es für möglich, dass mit einem wachsenden Anteil von Künstlerinnen auch neue Themen aufsteigen. Als ich mich ein Jahr später erneut mit dem Thema Feminismus in der Kunst beschäftigte, lernte ich, dass mit den Künstlerinnen nicht nur neue Themen, sondern auch neue ästhetische Formen aufkommen.

In dem Film *Eine Frau ist eine Frau ist eine Frau* von 1977 wollte ich erkunden, wie Künstlerinnen feministischen Anliegen visuellen Ausdruck verleihen. Von den vorgestellten Künstlerinnen war Gina Pane zweifellos die radikalste. Sie hatte sich im Mai 1968 politisiert und Kunstaktionen gegen den Vietnamkrieg gemacht. Ab Anfang der 1970er-Jahre griff sie feministische Themen auf. In einer Ausstellung, die in Paris einen Skandal verursachte, stellte sie sieben Wattebäusche mit ihren Monatsblutungen aus. Andere Frauen dieser Zeit zelebrierten das weibliche Blut als Fruchtbarkeitssymbol, oder sie schrieben anthropologische und historische Abhandlungen über den Umgang der Kulturen mit der Menstruation. Gina Pane nutzte die Symbolik des weiblichen Blutes, um weiblichen Schmerz darzustellen. Ob intendiert oder nicht, das Motiv übernahm viel von der christlichen Ikonologie. Aber in Panes Aktionen wurde die »Passionsgeschichte« auf den weiblichen Körper übertragen. »Meinen Körper in der Kunst einzusetzen ist meine einzige Möglichkeit, ihn wiederzuerobern«, sagte sie, »Wir, die Frauen, besitzen in unserer Gesellschaft keine eigene Identität. Jede Form von Kreativität unterliegt den männlichen Gesetzen. Das Weibliche bleibt ausgeschlossen in den Formen, Tönen, Bildern. Ich glaube, dass ich nur mit der Realität meines Körpers diesen Bann durchbrechen kann.«

In *Action Sentimentale* verwendete Pane Rosen, das Symbol der Liebe, und stach sich Dornen in den Arm. Mit einem Rasiermesser schnitt sie die Innenseite der Hände auf, fügte sich also selbst Wundmale zu und erinnerte so daran, dass »Stigma« eigentlich »Zeichen« bedeutet: ein auf den Körper geschriebenes Zeichen. »Ich glaube, dass wir noch durch sehr viele Erfahrungen gehen müssen. Dies ist nur der Anfang in unserer Suche nach einer eigenen Realität. Wir können sie noch nicht definieren, aber wir können den Bruch mit den Bildern provozieren, die uns die männliche Sprache aufgezwungen hat.« Viele von Gina Panes Körperinszenierungen hatten mit dem Versuch zu tun, eine eigene – weibliche – Sprache zu entwickeln. So hatte sie sich in einer für unseren Film inszenierten Aktion die Augen verbunden und hielt eine Holzpuppe in der Hand, mit der sie – vergeblich – in Dialog zu treten versuchte. Am Ende der Aktion schneidet sie sich mit einer Rasierklinge in die eigene Lippe. Das Blut tropft von ihrem offenen Mund auf das weiße Hemd. Manche Kritiker haben Panes Aktionen als Selbstzerstörung interpretiert. Sie widerspricht: »Es ist keine Form von Masochismus. Ich verletze mich nicht gern. Ich wehre mich sogar mit meinem ganzen Körper gegen diese Verletzung. Aber bis jetzt ist es meine einzige Möglichkeit, diese Sprache, diesen Schrei der Frau vernehmbar zu machen.«

Zu den anderen Künstlerinnen dieses Films gehörte eine Frauengruppe aus Düsseldorf (Erinna König, Maria Fisahn, Susanne Ebert), die Straßenaktionen organsierte. Die Frauen versahen in der Kölner Innenstadt die Plakatwand einer Bushaltestelle mit einem Werk, das sie vorher im Atelier erstellt hatten. Es zeigt die Silhouette eines Mannes mit erhobener Faust, zu dessen Füßen eine Frau liegt. Wie unschwer zu erkennen, ging es um das Thema Gewalt gegen Frauen. Als ich den Film 1976 drehte, wurden gerade die ersten Frauenhäuser (in Berlin und Köln) eingerichtet. Das eigentliche »Kunstwerk« der Gruppe bestand darin, die Passanten zu Reaktionen zu provozieren. Diese kamen auch. Sie reichten von »Eine Frau, die von ihrem Mann geschlagen wird, hat den Haushalt vernachlässigt« über »Haben Sie noch nicht begriffen, dass Schlagen keinen pädagogischen Wert hat?« oder »Eine geschickte Frau kann jeden Mann beherrschen« bis zu »Wenn mich ein Mann schlagen täte, würde ich sofort zurückschlagen« und »Ich würde ihm kochendes Wasser ins Gesicht schütten«. An dieser Bushaltestelle ging es hoch her.

Bei den Gesprächen mit den Künstlerinnen kam auch die Frage auf, ob Künstlerinnen von der Arbeit in der Gruppe profitieren oder nicht. »Das Problem des Sich-Verlierens, das Frauen in der Zweierbeziehung mehr als Männer haben, sich auf jemand anderen auszurichten und dabei total aufzugehen«, so Erinna König, »dieses Problem ist in der Gruppenarbeit einfach latent da. Andererseits: Die Gruppenarbeit hat mein Selbstbewusstsein gestärkt. Im Unterschied zu dem, was man annehmen könnte. Ich traue mir alles zu, was es an Problemen gibt, die man erledigen kann. Und wenn ich es mir zutraue als Teil einer Gruppe, traue ich es mir immer noch zu.« Zu dieser Zeit gab es viele Kunstschaffende, die ihr Werk als politische Aktion verstanden. Diese Künstlerinnen gaben dem Impetus einen feministischen Sinn.

Bei einem weiteren Beispiel, der französischen Künstlerin Annette Messager, ging es um den feministischen Einsatz von Ironie und Witz. In ihren damals gerade entstehenden Werken legte sie Hunderte von Alben, Typ Poesiealbum, mit Fotos und Zeichnungen an, durch die sie sich selbst »Bedeutung zu verleihen« suchte: Annette Messager, die Sammlerin, Annette Messager, die Künstlerin, Annette Messager, die Schwindlerin, usw. »Je älter ich werde, desto mehr Alben und Titel werde ich gesammelt haben und desto wichtiger werde ich sein.« Für ihre Alben verwendete Messager Klischees aus dem Alltag: Reisekataloge, die Werbung für Fotostudios, Mode- und Frauenzeitschriften. Sie machte die Bedeutungslosigkeit zum Inhalt von Kunst, griff Archetypen des Hübschen auf – und persiflierte damit gängige Klischees von Weiblichkeit.

Bei einer anderen Aktion (die sie ebenfalls in einem Album festhielt) saß Messager im Café und fotografierte die Hosenschlitze vorbeigehender Männer, so wie ein Mann mit den Augen vorbeigehende Frauen auszieht. Zu Hause vergrößerte sie die Fotos und versah sie mit den Gedankenfetzen einer Frau, die den Mann beobachtet. Eine andere ihrer Sammlungen umfasste Männer in Uniformen – von der Feuerwehr über den Piloten bis zum Taucher im Neoprenanzug. Es hieß »Die Männer zu meinem Schutz«. Es gab auch »erotische Alben«, die Fotos von bekannten oder unbekannten Männern versammelten. »Das eine heißt ›Männer, die ich liebe‹, das andere ›Männer, die ich nicht liebe‹. Manchmal sind es dieselben Männer – mal mag ich die Augenfarbe oder die Augenbraue, dann ist das der Grund wiederum für meine Ablehnung. Dieser Mann zum Beispiel (*sie zeigt auf ein Foto des bekannten Sozialpsychologen Serge Moscovici*): Er sieht aus wie ein alt gewordener Student. Das Foto gehörte ins Album der Männer, die ich mag. Bis ich ihm plötzlich auf der Straße begegnete. Ich war ganz erstaunt zu sehen, dass es ihn tatsächlich gibt. Ich glaubte bis dahin, dass er nur in meinem Album existiert. Es hat mich sehr enttäuscht, ihn in der Realität zu sehen. Außerdem war er mit einer Frau zusammen, in die er verliebt schien. Das hat mich schockiert, ich hatte hinterher Lust, dieses Bild aus dem Album zu entfernen.«

Mitte der 1970er-Jahre hatten es Künstlerinnen noch schwer auf dem Kunstmarkt, vor allem dann, wenn sie feministische Inhalte vertraten. So bedeuteten diese Dreharbeiten für sie öffentliche Aufmerksamkeit, während mein Gewinn im Erkenntnisprozess bestand. Meret Oppenheim erzählte mir, dass sie zunächst große

Schwierigkeiten gehabt hatte, ihre Bilder zu verkaufen – bis sie eines Tages beschloss, hinter jeden Preis noch eine Null zu setzen. Danach rissen sich die Kunden um ihre Werke! Inzwischen werden die Werke all dieser Künstlerinnen hoch gehandelt.

Die in diesen Jahren sowohl in den USA als auch in Europa aufkommende Frage nach einer spezifisch weiblichen Kreativität musste notwendigerweise ins Leere laufen. Tatsächlich konnte sie niemand befriedigend beantworten. Rückblickend wird jedoch erkennbar, dass sich die Veränderungen, die sich während dieser wenigen Jahrzehnte *innerhalb* der Kunst vollzogen, zu einem Gutteil Künstlerinnen zu verdanken waren: von der Aktion zur Reflexion (so bei Anna Oppermann); von der Normierung zum Lob der Anomalie (bei Gina Pane); von der Idealisierung des Bleibenden zum Leitbild des Flüchtigen (bei Annette Messager); vom Glauben an den Kanon zur Aufwertung des Vergänglichen (die Aktionen von Valie Export); vom objektivierten Körper zur Selbstobjektivierung (bei Marina Abramovič). Diese Künstlerinnen thematisierten auch die Art, wie der weibliche Körper betrachtet, einem »penetrierenden« männlichen Blick ausgesetzt wurde, und rückten damit die Geschichte des Blicks ins Zentrum feministischer Aufmerksamkeit. Als ich zwanzig Jahre später den Film *Vom Sinn des Sehens* realisierte, wurde die Geschlechterfrage auf völlig andere Weise gestellt: Es ging nicht mehr um die Betrachtungsweise von Künstlerinnen, sondern um die Veränderungen der Geschlechterrollen durch die technischen Sehgeräte der Moderne.

»KEIN DÜMMERES TIER ALS DER MANN«

Das Geschlecht der Geschichte

Ohne dass ich dies beabsichtigt hätte, fokussierte sich mein Blick immer mehr auf eine Frage: Warum wurde Frauen so lange Bildung vorenthalten? Warum wurden sie davon abgehalten, ihre künstlerischen Fähigkeiten zu schulen und in Werke umzusetzen? Mit welcher Begründung durften sie keine eigenen Ateliers besitzen, keine wissenschaftlichen Akademien besuchen oder Romane schreiben? Und als sie dann schließlich doch die Schule besuchen und selbst zur Feder greifen durften: Warum beschränkte sich ihre schreibende Tätigkeit zunächst auf die Abgeschiedenheit der privaten Kammer, auf Briefe und Tagebücher? In den Romanen von Sophie La Roche, Bettine von Arnim, den Brontë-Schwestern oder Jane Austen – es war die erste Generation von Schriftstellerinnen, deren Werke gedruckt wurden, wenn auch oft unter männlichem Pseudonym – wird immer wieder dieses Verhältnis von öffentlichem und privatem Raum der Frauen diskutiert.

In ihrem Buch von 1949 *Das andere Geschlecht* hat Simone de Beauvoir diesen Sachverhalt eindrucksvoll dargestellt. Doch ihre Antwort auf die Frage nach dem Grund für diese Geschlechterordnung lautet letztlich: Der Mann wollte es so. Ähnliches gilt für viele Bücher über Sexismus, die seither erschienen sind. Ihnen ist gemeinsam, dass sie die Rolle der Frau als Objekt des historischen Geschehens thematisieren. Das ist nicht falsch, wie auch niemand bestreiten kann, dass die traditionelle Geschlechterordnung dem Mann gesellschaftliche Macht und Deutungshoheit verlieh. Aber für mich lag die eigentliche Frage woanders. Wenn es für Männer so leicht war, Frauen geistige Tätigkeit zu untersagen, warum haben sie dann ab 1800 damit aufgehört? Warum verlor das alte Verbot seine Wirkmacht? Warum gab es ab dem 19. Jahrhundert immer mehr Frauen, die als Künstlerinnen, Schriftstellerinnen, Wissenschaftlerinnen, ja sogar als Geistliche hervortraten und gehört, gelesen wurden? Beauvoirs großartiges Werk war selbst Symptom dieser Veränderung.

Die Auflösung der alten Verbote vollzog sich innerhalb einer für Mentalitätsveränderungen ungewöhnlich kurzen Zeit – und eben diese Geschwindigkeit macht deutlich, dass der Grund dafür nie in der »Natur« der Geschlechter verankert sein konnte. Die Evolution lässt Veränderungen zu, aber sie vollziehen sich nicht innerhalb von zwei oder drei Generationen. Es musste sich also von vorneherein um symbolische Rollen gehandelt haben. Aus welchen Gründen hatte diese Symbolik im Verlauf des 19. Jahrhunderts ihre Plausibilität eingebüßt? Damals hätte ich diese Frage noch nicht in zwei oder drei Sätze fassen können. Doch rückblickend weiß ich, dass mich dieses Problem immer mehr umtrieb.

Auf der Suche nach möglichen Antworten realisierte ich einige Filme zu sozialhistorischen Themen, darunter einen Film über die Frauen der Französischen Revolution (*Verfemt, Verfälscht, Vergessen*). Der große Umbruch um 1789, der in ganz Europa, aber besonders in Frankreich zu einer tiefen Zäsur führte, beschäftigte damals einige französische Historikerinnen. (Ja, es gab sie nun endlich, diese feministischen Historikerinnen, wenn ihre Forschungen bei den Kollegen auch selten auf Gegenliebe stießen.) Sie zeigten, dass die Französische Revolution einerseits das Ende der machtvollen Koalition von Krone und Kirche, den Umbruch von Feudalgesellschaft zu bürgerlicher Mündigkeit bewirkte, andererseits aber auch die Freiheit von Frauen wieder empfindlich einschränkte. Im Jahr 1789 befreiten sich (weiße) Männer von vielen Fesseln, umso enger wurde der Handlungsraum der Frauen und der Bürger in den Kolonien. Die

Forschungen dieser Historikerinnen belegten, dass die Frauen des 18. Jahrhunderts keineswegs so entmündigt und abhängig gewesen waren, wie die gängige Geschichtsschreibung unterstellte: Sie machten das Gros der städtischen Bevölkerung aus, bewegten sich frei im urbanen Raum, gingen ein und aus in den Wirtshäusern, und viele von ihnen waren die Alleinversorgerinnen ihrer Kinder (weil sich die Väter aus dem Staub gemacht hatten).

Artikel 1 der *Erklärung der Menschenrechte* von 1789 verkündete die Freiheit und Gleichheit aller Menschen. Freilich, er galt nur für das männliche Geschlecht. Mir wurde bei den Recherchen zu diesem Film zum ersten Mal klar, dass gesellschaftlicher Fortschritt – etwa in der Aufklärung – mit einem Rückschritt weiblicher Emanzipation einhergehen kann. Beim Ausbruch der Revolution hatten Frauen noch eine führende Rolle gehabt: Marktfrauen holten Louis XVI von Versailles nach Paris, damit er seine nationale Verantwortung übernahm. In den neu entstehenden politischen Klubs waren es oft Frauen, die den Ton angaben. Zu denen, die sich Bildung angeeignet hatten, gehörte Olympe de Gouges, eine Theaterschriftstellerin, deren Stücke in der Comédie Française aufgeführt wurden. Sie setzte sich für die Abschaffung der Sklaverei ein – und dies zu einer Zeit, wo die Nationalversammlung dem Recht auf Eigentum höchste Priorität einräumte: Dieses Recht ist in Artikel 2 festgehalten. Für die Kolonien schloss es das Eigentum *an* Menschen, nicht jedoch das *der* Menschen ein.

Auf die *Erklärung der Menschenrechte* reagierte Olympe de Gouges mit einer *Erklärung der Rechte der Frauen und Bürgerinnen*, die sie 1791 der Nationalversammlung zur Verabschiedung vorlegte. Außerdem pflasterte sie die Wände von Paris mit Flugblättern, auf denen sie nicht nur die politische Gleichberechtigung einforderte, sondern auch mit dem Männlichkeitsbild der Revolutionsanführer abrechnete. »Mann, sage mir, wer dir die Allmacht verliehen hat, mein Geschlecht zu unterdrücken! Sieh die Weisheit des höchsten Schöpfers, betrachte die Natur, der du angeblich nacheiferst, und zeig mir dort eine einzige Parallele für dein tyrannisches Imperium. Blind und aufgebläht durch Scharfsinn und Aufklärung, will der Mann als Despot über ein Geschlecht regieren, das alle geistigen Fähigkeiten besitzt. Ich meine, es gibt von Paris bis Peru, von Japan bis Rom kein dümmeres Tier als den Mann.« Die Antwort folgte auf dem Fuß. Olympe de Gouges landete als angebliche »Royalistin« auf dem Schafott. Eine andere weibliche Heldenfigur der Revolution, Théroigne de Méricourt, wurde von einem Revolutionstribunal in die Irrenanstalt Salpêtrière eingewiesen, wo psychisch Kranke mit Delinquenten und Stadtstreichern weggesperrt wurden. Die Begründung wurde durch den Mythos nachgeliefert: Sie habe Männer ermordet und Kinder gefressen!

Kaum hatten Frauen zur Umwälzung der sozialen Verhältnisse beigetragen, wurden sie aus dem öffentlichen Raum verdrängt. Die Frauenklubs wurden geschlossen, den Frauen wurde ein Versammlungsverbot erteilt, und es wurde ihnen untersagt, jegliches Zeichen einer Beteiligung am politischen Leben, etwa die Revolutionskokarde, zu tragen. Auch das neu eingeführte Scheidungsrecht wurde wieder abgeschafft, nachdem sich herausgestellt hatte, dass mehr Frauen als Männer die Scheidung beantragten. Für die Legitimierung dieser Einschränkung weiblicher Unabhängigkeit hatten Philosophen der Aufklärung wie Jean-Jacques Rousseau das geistige Rüstzeug geliefert: Sie hatten ein Ideal von Weiblichkeit formuliert, das den Frauen Sittsamkeit, Häuslichkeit und ein Leben im Dienst des Mannes abverlangte. Die Revolutionäre griffen dieses Vorbild auf und plakatierten Aufrufe in der Stadt, auf denen politisch aktive Frauen als »Monster« bezeichnet und die anderen zur Häuslichkeit ermahnt wurden: »Frauen, wollt ihr echte Republikanerinnen sein? Dann seid zurückhaltend im Auftreten, fleißig im Haushalt und geht nie zu einer öffentlichen Veranstaltung mit der Absicht, dort das Wort zu ergreifen.«

Die Einsichten, die ich aus diesen Recherchen und Dreharbeiten mitnahm, waren entscheidend für den weiteren Erkenntnisprozess.

Nicht nur boten sie Einblick in das Potenzial und die Radikalität der Frauen dieser Zeit. Darüber hinaus war an diesem Beispiel auch gut zu beobachten, wie relativ rasch eine neue Ideologie um sich greifen und auf die Geschlechterordnung einwirken kann. Innerhalb weniger Jahrzehnte setzte sich ein neues Ideal der Ehe durch: Es sah für die Frau eine dienende Rolle vor, die sie vorher weder in den aristokratischen noch in den ärmeren sozialen Schichten gehabt hatte – und diese Rolle wurde wiederum zur »Natur der Frau« erklärt. Vorher hatte das kirchliche Regelwerk über die Geschlechterordnung bestimmt; nun berief sich die bürgerliche Gesellschaft auf neue, von der Aufklärung formulierte »Naturgesetze«. Für Franzosen bezeichnet das Datum 1789 den Beginn des modernen Frankreichs ohne Thron und Kirche. Parallel dazu vollzog sich ein Transfer von religiöser zu säkularer Geschlechterordnung. Doch diese glich der alten – bis auf kleine Details: An die Stelle der Muttergottes rückten weibliche Allegorien, in denen »die Nation«, »die Republik«, »die Gerechtigkeit«, ja sogar »die Brüderlichkeit« verehrt wurde. Während überall in Paris solche weiblichen Steinfiguren auf Sockel gehoben wurden, verschwanden die realen Frauen aus dem öffentlichen Raum.

Für historische Filme wie diesen, in denen es nicht um die heroisierten, sondern um die verdrängten Relikte der Geschichte geht, fehlen oft die visuellen Belege. Gewiss, es gibt Porträts, ein paar zeitgenössische Darstellungen, die Mauern der Salpêtrière. Aber diese Bilder wie die schriftlichen Dokumente der Zeit sind oft mit ideologischer Absicht verfasst. So schrieb Jules Michelet, der große Mythologe der Französischen Revolution, eine Geschichte der *Frauen der Französischen Revolution*. Sie wurde zwar erst Jahrzehnte nach den Ereignissen verfasst, doch der Autor formuliert, als sei er selbst dabei gewesen. De facto erzählt Michelet von der »Wirklichkeit« seiner Zeitgenossen: Er gibt ihre »gefühlte Wahrheit« wieder.

Um das Ideologische eines solchen »Zeugnisses« erkennbar zu machen, muss man im Film einiges ausprobieren. Zu meiner eigenen Überraschung passte Michelets Text sehr gut zu den Werbeplakaten der Kinos am Boulevard Clichy, wo Blockbuster ihre Kunden mit nackten Busen und männlichen Pistolen anlocken. Die Kongruenz zwischen diesen divergenten Zeitebenen (19. und 20. Jahrhundert) und unterschiedlichen Medien (Bild und Text) war ein Indiz für die Langlebigkeit misogyner Stereotype. Michelet schreibt: »Die Frau herrscht durch das Gefühl und durch die Leidenschaft. Die Frau – das ist das Bett, der allmächtige Einfluss der Liebesgewohnheiten und die unwiderstehliche Kraft der Seufzer und Tränen auf dem Kopfkissen. [...] Daher hatte die Gegenrevolution in jedem Haus ihren mächtigen Vorkämpfer, der unverdächtig schien und unermüdlich arbeitete. Die Frau hat einen enormen und meist fatalen Einfluss auf die Politik. Im Allgemeinen waren es Frauen, die die Revolutionen scheitern ließen.« Michelets Buch erschien 1854 – keine siebzig Jahre nach dem Sturm auf die Bastille hatte die Geschichtsschreibung aus den Vorkämpferinnen der Revolution »Antirevolutionäre« gemacht, die ihren reaktionären Kampf vom Ehebett aus führten. In meinem Film bezeichnet der Historiker Albert Soboul die Französische Revolution als »großartige Anstrengung, die Gesellschaft zu rationalisieren«. Das beste Beispiel seien die Menschenrechte: »Das natürliche Recht, die Gleichheit aller Menschen – was gibt es Rationaleres?« *Aller* Menschen? Diese Aussage machte der Historiker 1981, fast zwei Jahrhunderte nach der Französischen Revolution.

Ich verwendete auch einen Ausschnitt aus der aufsehenerregenden Theaterinszenierung *1789* von Ariane Mnouchkine. Das Stück war Theater-Avantgarde. Aber was die Geschlechterrollen betrifft, hielt sich die Inszenierung an die alten Klischees: Helden wie Danton sind einsame Anführer der Revolution, während Frauen entweder die »Masse« darstellen (die Frauen sind allesamt weiß gekleidet, was ihre Namenlosigkeit unterstreicht) oder als Königin und Frauen des Hofs für die »Sündigkeit« des Ancien Régime stehen. Durch die Überzeichnung der Figuren ironisiert Mnouchkine zwar das Geschehen, aber zugleich reproduziert sie alte Geschlechterstereotype der Geschichtsschreibung.

Manche meiner Filmthemen hatten auf den ersten Blick wenig mit Geschlecht zu tun: etwa die zweiteilige Filmreihe *Zum Sterben muss man geboren sein* über die Geschichte des Umgangs mit dem Tod in Europa. Aber auch hier erwies sich die Kategorie Geschlecht als perspektivischer Gewinn. Die Filmreihe behandelt die religiösen wie weltlichen »Unsterblichkeitsstrategien« verschiedener Zeitalter. Die Beispiele reichen von der antiken Heroisierung in Grabmalinschriften über christliche Auferstehungsdarstellungen bis zu barocken Kirchen der Feudalgesellschaft, in der die Aristokratie von der Loge aus an der Messe teilnimmt. Sterben tun hier die anderen: die da unten im Parterre. Diese Filmreihe umfasste auch moderne »Sterbeübungen« unter Anleitung einer Anthropologin im kalifornischen Happy Valley und die Kryokonservierung: Menschen zahlen zwischen 30 000 und 200 000 Dollar dafür, in einen Tiefkühlzustand versetzt zu werden, aus dem sie später, in einem fortgeschrittenen Zeitalter, wiedererweckt werden wollen. Bei den Dreharbeiten sagte mir einer meiner Interviewpartner, dass die Kryokonservierung nebenbei den Vorteil habe, dass sich sein Geld während des Tiefschlafs vermehre und er bei seiner Wiederkehr ein reicher Mann sei.

Man konnte bei diesem großen historischen Bogen der europäischen Geschichte regelrecht zusehen, wie sich die Unsterblichkeitsfantasien vom Ruhm (Antike) über den Glauben an eine Auferstehung im Jenseits (Christentum) zunehmend auf eine weltliche Ewigkeit zubewegten, die entweder Berühmtheit oder Kryokonservierung oder die permanente Reproduktion durch die Gene umfasste. Dass diese Unsterblichkeitsfantasien ausschließlich von Männern formuliert, erfunden und auf sie selbst angewendet wurden, kam mir als Erkenntnis erst im Schneideraum. Der erste der beiden Filme endet mit dem O-Ton des Historikers Philippe Ariès, der auf die enge Verbindung zwischen »der Angst vor dem Tod und der Angst vor der Frau« hinweist. Als ich Ariès später fragte, was er damit meinte, zuckte er mit den Schultern und meinte: »Weiß selber nicht, ist mir so rausgerutscht.« Vielleicht war ihm plötzlich der Gender-Bias der Todesrituale zu Bewusstsein gekommen, bevor er den Gedanken rasch wieder verwarf. Sein eindrucksvolles Werk zur Geschichte des Todes enthält dazu nichts, nicht einmal da, wo er von den Brontë-Schwestern, dem Roman *Wuthering Heights* oder Jules Michelets Abhandlung über *Die Hexe* schreibt.[15]

Als ich 1978 diese zweiteilige Filmreihe drehte, war die Technik der Kryokonservierung noch in ihren Anfängen (1966 wurde der erste Mensch eingefroren; heute gibt es bereits Tausende). Doch schon damals kamen Adepten der Kryokonservierung zu Wort, die eher auf die Lagerung ihres Genoms setzten – so wie heute im *Frozen Zoo* in San Diego das genetische Erbgut aussterbender Tierarten bewahrt, oder im *Global Seed Vault* auf Spitzbergen der Samen von fast allen Pflanzenarten in einem hochgesicherten ehemaligen Kohlebergwerk konserviert wird. Beim Menschen wollten die Kryoniks mehr als nur die Art bewahren: Sie streben die Wiedererweckung eines *bestimmten* Menschen (sich selbst) an und redeten auch schon damals – wie heute die *Transhumanisten* von Silicon Valley – davon, dass man das erworbene Wissen in einem Computer »abspeichern« und später ins Gehirn eines genetisch identischen Wesens »einspeisen« kann. Humane Bots als Unsterblichkeitsstrategie des Ich. Bei Filmen wie diesen erhielt ich Einblicke in die Wunschwelten vergangener und aktueller Zeiten; sie verschafften mir Einsichten in das, was man vielleicht das Unbewusste historischer Epochen nennen könnte. Und wo ist das Unbewusste am Werk, wenn nicht beim Umgang mit der eigenen Sterblichkeit? Bemerkenswert war jedoch, dass das Unbewusste auch dafür zu sorgen schien, dass Sterben und Klage zu einer weiblichen Angelegenheit wurden: Auf den Gräbern berühmter Männer sind weinende Frauen oder Putten zu sehen. Die Unsterblichkeit dagegen bleibt der Männlichkeit vorbehalten. Damit verschafften mir diese Filme auch ein Verständnis für die historische Dynamik, die über die Geschlechterrollen bestimmte.

NAHKAMPF LERNEN

Die Ehe

Wenn ich heute zu rekonstruieren versuche, ab wann die Geschlechterfrage auf meiner Agenda nach oben rückte, so lautet die Antwort: mit meiner Eheschließung. Angesichts der Tatsache, dass ich nun fast fünfzig Jahre mit demselben Mann verheiratet bin, mag das erstaunen. Aber die feste Bindung an einen Partner stellte für mich einen ungeheuren Einschnitt dar, dessen Dimensionen mir allerdings erst langsam aufgingen. Einige Frauen werden im Rahmen von politischem Aktivismus zu Feministinnen; andere – zu denen ich mich rechne – über individuelle Erfahrungen.

Als ich Tilo kennenlernte, lebte ich mit Jean zusammen, einem französischen Schauspieler und Theaterregisseur. Unsere Lebensverhältnisse waren ein wenig chaotisch, aber meine Autonomie nie eingeschränkt. Ich arbeitete an dem, was mich interessierte, und niemand hielt mich davon ab. Das änderte sich nun. Tilo war (und ist) Psychiater und Psychoanalytiker. (»Genau das richtige für dich«, sagte mir eine Freundin, der ich von seinem Beruf erzählte.) Wir hatten uns anlässlich eines Interviews kennengelernt. Tilo, der seine allgemeine Arztausbildung in Deutschland, seine Facharztausbildung jedoch in Paris absolviert hatte, arbeitete in der sogenannten Sektorpsychiatrie (die später auch in Deutschland eingeführt wurde). Mit diesem Modell ließ sich durch die Betreuung von psychisch Kranken in ihrem Lebensumfeld die Hospitalisierung zu einem Gutteil vermeiden. Darüber wollte ich berichten. Es wurde ein langes Gespräch – und war zugleich meine erste Begegnung mit der Psychiatrie. Als ich im Laufe der Recherchen zum ersten Mal in meinem Leben den ganzen Tag in einer geschlossenen Abteilung verbrachte und später mit dem Auto nach Hause fuhr, schoss es mir an einer Ampel plötzlich durch den Kopf: Kann ich mich darauf verlassen, dass die anderen Rot beachten, dass sie sich an die Verkehrsregeln halten? Bis dahin hatte ich noch nie an diesem stillschweigenden Konsens gezweifelt, doch der Besuch hatte diese Sicherheit infrage gestellt. Schlagartig kam mir zu Bewusstsein, wie viel im Zusammenleben moderner Gesellschaften auf einer »automatischen« Übereinstimmung beruht. Später folgten noch viele Begegnungen mit Männern und Frauen aus Psychiatrie und Psychoanalyse – mit Franco Basaglia, Roger Gentis, Maud Mannoni, Félix Guattari, Luce Irigaray. Jeder und jede von ihnen beschäftigte sich neben der therapeutischen Arbeit auch mit der gesellschaftlichen Relevanz psychischer Erkrankungen. Luce Irigaray, mit der ich mich anfreundete, und andere Psychoanalytikerinnen erweiterten diese Fragen um die Geschlechterdimension. Besonders Luce Irigaray, die auch die historische Dimension der Philosophiegeschichte in ihre Überlegungen einbezog, wurde für ihre Kritik an den Geschlechterstereotypen psychoanalytischer Theorien scharf angegriffen.

Mit Tilo begegnete ich zum ersten Mal einem Mann, mit dem mir ein längeres Zusammenleben denkbar erschien. Genau da wurde es schwierig. Wir waren beide nicht auf die uns bevorstehenden Territorialkämpfe vorbereitet. Sie sollten über viele Jahre andauern. Es ging um Freiräume, um die Verteilung von Pflichten, um die Bewahrung des Selbst. Mir war vorher nicht klar – weil ich es nie zu spüren bekam –, dass ich in diesen Kämpfen a priori die schlechteren Karten hatte. Wie eng das Gelände gesteckt war, auf dem sich das Frau-Sein bewegt, hatte ich schlicht nicht wahrgenommen. Erschwerend kam hinzu, dass niemand einem sagen konnte, nach welchen Gesetzen dieses System funktioniert. Andernfalls hätte man das Regelwerk infrage stellen, seine Veränderung einfordern können. (Genau das geschah dann freilich auf breiter Ebene.) Viel tiefer saß jedoch das unbewusste Regelwerk: Tilo hatte eine von allen Vätern und Männern vor ihm übernommene Männlichkeit im Kopf, ich dagegen konnte mich bei meinem Kampf um eigene Freiräume, in denen es vornehmlich um eine selbstbestimmte Zeit wie überhaupt um die »Geschlechterrollen« ging (ein Begriff, der den Anschein erweckt, es handle sich um ein Theaterstück!), auf so gut wie keine Vorbilder und keine lange Tradition berufen. Das erhöhte jene Verzweiflung und gelegentlich auch Wut, die aus der Ohnmacht geboren wird.

Letztlich waren es drei Dinge, die mir den Weg aus dieser Sackgasse wiesen: Das eine war unser beider Bereitschaft, diese Kämpfe zwar auszutragen, aber zugleich nach gemeinsamen Lösungen zu suchen. Hilfreich waren bei diesen Bestrebungen unsere unterschiedlichen Fachgebiete: auf der einen Seite die Psychiatrie/Psychoanalyse, auf der anderen die Kulturgeschichte. In den Jahrzehnten, die wir nun zusammenleben, erwies sich der Austausch zwischen diesen Sichtweisen für beide Seiten als produktiv: Tilo erzählt mir oft – anonymisiert – von seinen Patienten und Patientinnen. Ich trage dazu bei, dass er einige ihrer Berichte im allgemeinen kulturellen Kontext und unter geschlechtlicher Perspektive sehen kann. Andersherum zeigten mir die individuellen Erfahrungen, von denen Tilo erzählte, auf welche Weise kulturhistorische Bedingungen im Einzelnen wirkmächtig werden. Wir schlugen die Brücke zwischen der kollektiven und der individuellen Psyche – und das erwies sich auch als eine geeignete Brücke zwischen uns. Zum zweiten Rettungsanker wurde mir meine eigene Psychoanalyse. Sie war zunächst selbst Konfliktstoff: Tilo hatte im Kopf, dass eine Analyse oft zur Verabschiedung der aktuellen Lebenssituation und der Auflösung einer Beziehung führt – ich dagegen spürte, dass nur eine Psychoanalyse mich vor der sofortigen Trennung bewahrte. Außerdem fand ich es unverständlich, ja ungerecht, dass er sich selbst diesen (wie ich damals glaubte: magischen) Schlüssel zum Unbewussten angeeignet hatte, ihn mir aber nicht zugestehen wollte. Ich setzte mich durch.

Allerdings sollte ich bald merken, dass ich ein völlig falsches Bild von der Psychoanalyse hatte. Ich glaubte, sie verschaffe Einblick in die innersten Geheimnisse eines Menschen. Sie sei eine Art Trick, mit dem man sich und andere »durchschauen« kann. Als Tilo mich zum ersten psychoanalytischen Kongress meines Lebens mitnahm, war ich ganz erstaunt – um nicht zu sagen: enttäuscht –, wie normal, ja langweilig diese Kategorie Mensch aussah. Erst später begriff ich, dass der Beruf tatsächlich zwingt, in Abgründe zu blicken, dass die eigene »Normalität« aber auch als Schutz funktioniert. Auch wurde mir klar, dass der psychoanalytische Prozess nicht darin besteht, andere Menschen zu »durchleuchten«, sondern in der Eröffnung eines Austauschs. In der Analyse läuft ohne die Kooperation des Analysanden gar nichts. Der Prozess ist auch weniger dazu da, »Interpretationen« zu liefern, als vielmehr die Weichen zu stellen für ein verändertes, besser integrierbares Narrativ über jene Krisen und Wunden, die das allgemeine im einzelnen Leben geschlagen hat. Die Erarbeitung dieser anderen »Erzählung« des Ich ist der eigentliche Kern der psychoanalytischen Arbeit.

Ich machte Termine mit zwei Analytikerinnen: Die eine war Maria Török (deren Texte zu den unbewussten Erinnerungsketten ich später oft zitiert habe); die andere war Marianne Strauss. Dass es eine Frau sein sollte, war mir von vornherein klar; so viel hatte ich aus unseren Konflikten begriffen. Dass ich mich für Marianne Strauss entschied, hing damit zusammen, dass Deutsch ihre Muttersprache war, wenngleich diese angebliche »Mutter« sie als Jüdin der Heimat beraubt hatte. Die Analyse dauerte circa fünf Jahre (mit Unterbrechungen, wenn ich für Dreharbeiten unterwegs war). Mit dem Beistand von Marianne Strauss gelang es allmählich, meine ohnmächtige Wut und Hilflosigkeit (nicht nur gegenüber den sozialen Rollen, sondern auch gegenüber deren Verankerung in meinem Kopf) in Worte und Handlungsfähigkeit zu überführen. Allmählich kam etwas von der Selbstverständlichkeit zurück, die ich heute in meinen früheren Briefen und Reisenotizen wiederentdecke.

»Zurück« ist vielleicht das falsche Wort. Nichts von dem, was vor diesem Einbruch (in jedem Sinne des Wortes) gewesen war, kam zurück. Vielmehr fand ein Prozess statt, der mir dazu verhalf, auf diesem schwankenden Terrain der sich ändernden Geschlechterverhältnisse die Balance zu finden. Während der New Yorker Jahre hatte ich mich auf festem Boden geglaubt. Nun merkte ich, wie instabil er in Wirklichkeit war. Ich nahm jene kleinen und großen Schamlosigkeiten und Herabsetzungen wahr, denen Frauen ausgesetzt sind. Es genügte ein dummer Herrenwitz in öffentlicher Runde und das darauf unvermeidlich folgende Feixen der Anwesenden, um mich zu verunsichern. Es genügte die hingeworfene Frage des WDR-Programmdirektors Werner Höfer (mit dem ich einen Gesprächstermin wegen künftiger Projekte vereinbart hatte): »Warum wollen Sie arbeiten? Verdient Ihr Mann nicht genug?«, um mir die Sprache zu verschlagen. Es genügt noch immer zu erleben, wie Frauen bei öffentlichen Diskussionen das Wort abgeschnitten oder gar nicht erst erteilt wird, um Wut und Ohnmachtsgefühle wieder aufsteigen zu lassen. Noch heute muss ich mich zwingen, bei solchen Situationen sofort und mit den richtigen Worten zu reagieren. Unnötig zu sagen, dass dies nicht immer gelingt. Später erlebte ich freilich auch, wie manche Männer am liebsten im Boden versunken wären, wenn ihnen ein *faux pas* unterlaufen war. So etwa dieser Kollege in einer wissenschaftlichen Diskussionsrunde der Max-Planck-Gesellschaft in München: Ich war die einzige Frau im Raum, und er wandte sich mit der Frage an mich, an wen er seine Reisekostenabrechnung schicken solle. Für ihn konnte eine Frau in diesem Kreis nur eine Verwaltungsangestellte sein. Während der restlichen Sitzung signalisierte er heftige Zustimmung zu jedem meiner Redebeiträge.

Die meisten Frauen lassen sich das alles nicht mehr gefallen, doch die Abwehr kostet auch Kraft, die sich anders besser nutzen ließe. Unbestreitbar: Die Dinge haben sich verändert. Und auch damals gab es schon Lichtblicke. Ich erinnere mich an ein Abendessen in Paris, bei dem zwischen mehreren Teilnehmern und einer Teilnehmerin eine heftige Diskussion über die Einführung der Mehrwertsteuer entbrannte. Die Frau kritisierte die Mehrwertsteuer als sozial ungerecht; sie unterscheide nicht zwischen höheren und niederen Einkommen. Die Männer sahen nur die (vermutlich eigenen) Vorteile der Mehrwertsteuer. Schließlich wandte sich die Frau vollkommen entnervt zu mir und meinte: »Les hommes ne sont pas mûrs pour la démocratie!«* Diesen Satz habe ich nicht vergessen. Er passt immer mal wieder.

Der dritte Rettungsanker war die Arbeit an einem Buch. Ich hatte für den Hörfunk ein längeres Feature über die Geschichte der Hysterie verfasst. Lothar Menne, damals Lektor beim S. Fischer Verlag, hatte es gehört und schlug mir vor, zum Thema ein Buch zu verfassen. Diese seltsame »Frauenkrankheit«, über deren Ursache in den Jahrhunderten immer neue Theorien entwickelt wurden, erwies sich als ergiebige Perspektive für eine Ideengeschichte über Weiblichkeitsimaginationen. Ich spürte, dass es für dieses Thema nicht eines Films, sondern eines Textes bedurfte. Bei der Hysterie und ihren spektakulären Inszenierungen, so stellte ich bald fest, geht es immer um das, was sich *hinter* dem Theater verbirgt – und Zugang zu diesem Verborgenen bietet eher die Sprache. Der Film kann nur die Oberfläche reproduzieren. Die Symptome der Hysterie – sie erstrecken sich von Lähmungserscheinungen und chronischen Schmerzen über Atemnot bis zum Verlust der Sprachfähigkeit – sind, wie Freud gezeigt hat, Körper gewordene Sprache. Also galt es, nach den Worten zu fragen, aus denen diese Sprachbilder hervorgingen. Zugleich ahnte ich, dass es um die Genese dieser angeblichen »Natur der Frau« ging, die eine verdrängte Natur überlagert

* »Die Männer sind nicht reif für die Demokratie.« Diesen Satz, auf Frauen gemünzt, bekamen die Suffragetten zu hören, die um das weibliche Stimmrecht kämpften.

hatte, aber nie ganz zum Verschwinden bringen konnte. Ich hoffte, diesem Prozess auf die Spur zu kommen, indem ich die Geschichte der Hysterie, so wie sie sich in der Medizingeschichte niedergeschlagen hatte, erzählte.

Die Medizingeschichte war schließlich nur das erste Kapitel meines Buches *Nicht ich*. Ursprünglich als Taschenbuch konzipiert, wuchs es zu einem Hardcover von fünfhundert Seiten an. Es erschien nicht bei S. Fischer, sondern bei der Neuen Kritik, einem vom SDS gegründeten Verlag. Seine Leiterin, Dorothea Rein, ging mit der Veröffentlichung ein gewisses Risiko ein, sollte es aber nicht bereuen. Das Buch erschien in acht Auflagen. Ich habe zehn Jahre daran gearbeitet; es war eine intellektuelle Bearbeitung sowohl des Stoffs als auch meiner eigenen Emotionen. Da mir für diese Art von »Stoffbewältigung« die Vorbilder fehlten – der weibliche Körper mit seinen Erkrankungen war immer nur das Objekt von Betrachtungen gewesen; er hatte in der Forschung nie für sich (oder das Verdrängte) gesprochen –, musste ich notgedrungen auch in mich selbst hineinhören. Die ohnmächtige Wut, die ich an mir erlebt hatte und in der Symptombildung der Hysterikerinnen wiedererkannte, eignete sich als Leitfaden. Ich wurde oft auf eine Bemerkung im Vorwort angesprochen, laut der ich die von Medizinern, Theologen oder Philosophen verfassten Texte über *die* Weiblichkeit »mit meinem Körper zu lesen« begann. Tatsächlich erfuhr ich sie am eigenen Leib. Denn ich begann darauf zu achten, was diese Wunschbilder – und hinter jeder Projektion verbirgt sich ein Wunschbild – in mir bewirkten. In gewisser Weise ließ ich meinen »Körper sprechen«, aber nicht durch Symptome, wie die Hysterikerinnen es getan hatten. Vielmehr provozierte mein Unbehagen das Bedürfnis, den historischen Kontext zu entschlüsseln, in dem diese Theorien entstanden waren. Es ging darum zu verstehen, ob sich hinter meinem subjektiven Empfinden etwas Allgemeineres verbarg. Gelang es, für den einen oder anderen Kontext diesen Schlüssel zu finden, so löste sich der Knoten. Der Körper atmete regelrecht auf. Das klingt nicht sehr wissenschaftlich, aber dann ging es ja auch darum, die Wissenschaft selbst und ihr Verhältnis zur Weiblichkeit zu dechiffrieren. Das Buch, das aus dieser Arbeit hervorging, wurde nachträglich als Dissertation anerkannt – sie hatte weder Doktorvater noch Doktormutter, sondern war entstanden in einem elternlosen Raum: dem Dialog zwischen Körper und Schrift. Allerdings profitierte das Buch – wie alle meine Bücher – vom aufmerksamen Lektorat von Freundinnen. In diesem Fall waren es Sabina Kienlechner und Susann Heenen-Wolff, die damals für den Verlag Neue Kritik tätig war.

Zugleich brachte mich die Hysterie der Genese dieser seltsamen Geschlechterhierarchie auf die Spur – entlang einer historischen Linie, die man von der griechischen Antike bis in die Moderne verfolgen kann. Mir wurde immer klarer, dass sich die Fantasien über »die Frau« nicht durch Zufall veränderten, sondern eher als Produkt von Kulturtechniken zu verstehen sind, von denen jede für sich eine jeweils neue Form männlicher Ermächtigung implizierte. Ob es sich um den Pflug, um Schriftsysteme, das Geld, Bildtechniken, religiöse oder wissenschaftliche Systeme handelte: Mit jeder dieser Kulturtechniken entstand ein neuer männlicher Herrschaftsbereich, der zudem mit der Deutungshoheit über Weiblichkeit einherging. Historisch war die Hysterie entstanden in Parallele zu einer der wirkmächtigsten dieser Kulturtechniken: den Schriftsystemen.

Das Thema Schrift habe ich seither immer wieder und unter unterschiedlichen Perspektiven aufgegriffen. Doch im Wesentlichen wurden damals – ab Mitte der 1970er-Jahre – in meinem Denken die Weichen für ein Verständnis der Geschlechterverhältnisse gestellt, durch das ich mit den Vorannahmen über Weiblichkeit nicht nur intellektuell, sondern auch handelnd umgehen konnte. Zugleich begriff ich, dass das, was mir als Frau – ob in Liebesbeziehungen oder im Berufsleben – widerfuhr, nicht nur mich und meine Zeit betraf, sondern Frauen auch in anderen Zeitaltern erschüttert hatte. Allein diese Erkenntnis hatte etwas Entlastendes, auch für unsere Ehe. Das Erscheinen des Buches wurde zum »Showdown« des Zusammenlebens von Tilo und mir. In dieser Zeit zerbrach die Ehe fast – danach stabilisierte sie sich. Für mich war die Erkenntnis, dass mit dem »hysterischen« Frauenkörper kein individuelles Problem verhandelt wird, eine Befreiung – und es ging, wie ich später von vielen (Frauen wie Männern) erfuhr, beim Lesen auch anderen so. Bei uns jedenfalls wurde es nach dem Erscheinen friedlicher.

Auffallend war natürlich, dass die großen »Krisen« der Hysterikerinnen in dem historischen Moment verschwanden, als Frauen zu geistiger Tätigkeit und universitärer Ausbildung zugelassen wurden. Als Frauen um 1900 das Recht erhielten, zu studieren, akademische Berufe zu ergreifen und das Stimmrecht auszuüben, registrierten die psychiatrischen Krankenhäuser einen Rückgang der großen hysterischen Anfälle. Als der französische Psychiater Philippe Pinel 1794 die Leitung des Hôpital de la Salpêtrière übernahm, fragte er einen Wärter, was er tue, wenn ein Patient einen Anfall habe. Wir nehmen ihm die Fesseln ab, hieß es. Pinel befahl, auf jegliche Zwangsbehandlung zu verzichten. Für die Frauen mit hysterischen Symptomen war es ähnlich: Nur bestand ihre »Zwangsjacke« im Ausschluss vom geistigen Leben. Das bot einen Schlüssel zum Verständnis dieser unbegreiflichen Geschlechterordnung. Ich muss es Tilo hoch anrechnen, dass er diesen schmerzhaften Prozess mit mir bis zum Ende durchstand.

DIE FRAU LEBT NICHT VOM KIND ALLEIN

Mutter werden

Während der Jahre in Paris wurden unsere beiden Kinder geboren: Anna-Céline und Valentin Elias. Die Geburt der Kinder stellte eine große Bereicherung und einen tiefen Einschnitt in meinem und unserem Leben dar. Ich hatte lange gebraucht, bevor ich mir überhaupt vorstellen konnte, Mutter zu werden. Aus heutiger (und historischer) Sicht mag es absurd klingen, aber ich dachte damals, dass sich Ehe und Mutterschaft gegenseitig ausschließen. Schon vorher war ich zu der Erkenntnis gelangt, dass die Ehe eine unmöglich zu lebende Institution ist, weil sie sowohl das Gefühl von Geborgenheit (das eine Familie im Idealfall vermittelt) als auch Sexualität (die im Prinzip nach Anarchie verlangt) unter einen Hut zu bringen versucht. Männer der bürgerlichen Schichten haben dieses Problem bekanntlich dadurch gelöst, dass sie die Funktionen auf zwei unterschiedliche Frauen verteilten: eine innerhalb und eine (oder mehrere) außerhalb der Ehe. Natürlich steht diese Möglichkeit auch Frauen offen (sie wurde und wird auch wahrgenommen). Aber mir ging es weniger um sexuelle Autonomie als um geistige Unabhängigkeit – und im traditionellen Ehemodell war die nicht vorgesehen. Der Wunsch nach intellektueller Freiheit wurde zum Motor vieler Anstrengungen, die ich mir zumutete, und setzte eine Triebkraft frei, die mich rückblickend selbst erstaunt.

Gerade weil ich mich *nicht* zwischen Beruf und Kindern entscheiden wollte, konnte ich die Kinder (die mittlerweile selbst Kinder haben) als Geschenk erleben und die Erfahrung, sie heranwachsen zu sehen, als beglückend. Die zeitliche Vereinbarkeit von Berufstätigkeit und Mutterschaft war zwar schwierig. Doch noch stärker war die Angst vor den regressiven Gefühlen, die ich bei so vielen jungen Müttern beobachtet hatte. Sie versetzte mich in eine Panik, über die ich heute nur den Kopf schütteln kann. Diese Angst, aus dem Berufsleben wieder herauszufallen, lässt sich nur aus der damaligen Zeit verstehen. Ich schleppte Bücher, die ich beruflich lesen musste, zur Entbindung ins Krankenhaus und setzte den Termin für den Beginn neuer Dreharbeiten auf zwei Wochen nach der Geburt fest. Für heutige junge Mütter ist ein solches Verhalten vollkommen unverständlich. Aber ein Gespräch mit zwei etwa gleichaltrigen Freundinnen – der Verlegerin Antje Kunstmann und der Impresaria Sonia Simmenauer – zeigte uns, dass wir alle drei ähnlich restriktiv mit unserem »Wochenbett« umgegangen waren. Viele Frauen unserer Generation, vor allem dann, wenn sie freiberuflich waren, konnten sich ihrer festen Verankerung im Berufsleben keineswegs sicher sein. Umso mehr lag uns daran, nicht auf die alleinige Funktion der Mutterschaft reduziert zu werden.

Zu unserem Glück bekam ich meine Kinder in Frankreich, wo die berufstätige Mutter viel selbstverständlicher war als im Westdeutschland der 1970er-Jahre. Es gab die notwendige Infrastruktur: Ganztagsschulen, Kindergärten, Krippen. Sie waren schon nach dem Ersten Weltkrieg eingerichtet worden. Die Schlachtfelder hatten damals das Land ausgeblutet und zu einem einschneidenden Bevölkerungsrückgang geführt. Mit dieser Sorge hatten es auch andere Länder zu tun, doch viele von ihnen begegneten dem Geburtenrückgang mit verstärkter Mutterideologie, während die Franzosen Strukturen zur Vereinbarkeit von Mutterschaft und Beruf schufen. Damit kam es in Frankreich schon Jahrzehnte früher als anderswo in Europa zu einem grundsätzlichen Mentalitätswandel.

Als Filmemacherin übte ich einen Beruf aus, für den ich viel unterwegs war; diese Lücken konnte der Vater, beruflich selbst stark eingebunden, kaum ausfüllen. Wir nahmen eine Kinderfrau ins Haus. Mir war dieses Familienmodell aus meiner Kindheit vertraut, Tilo gewöhnte sich daran. Mit unseren beiden Zusatzmüttern hatten wir viel Glück. Bei der Geburt von Anna im Jahr 1976 kam Susanne zu uns, und als sie sich nach vier Jahren beruflich unabhängig machen, heiraten und eigene Kinder haben wollte, kam Roswitha. Der Kontakt mit Susanne blieb erhalten – und mit Roswitha verband uns eine enge Beziehung bis zu ihrem Tod im April 2018. Anna und Valentin erlebten mit ihr eine ähnliche Beziehung wie meine Geschwister und ich mit unserer Anna aus Rom.

Roswitha wurde Teil der Familie. Sie kam aus dem Sauerland, hatte unmittelbar nach dem Krieg eine Ausbildung zur Kinderpflegerin begonnen und war noch vor deren Ende von einer vermögenden Familie als Nanny engagiert worden. Mit dieser Familie zog sie nach Griechenland, dann weiter in den Libanon (lange vor dem Bürgerkrieg) und von dort aus nach Ägypten. Den Nahen Osten lernte sie zu einer Zeit kennen, als dieser noch nicht von den aktuellen Konflikten erschüttert wurde. Von Kairo aus verschlug es sie nach Spanien, wo sie wiederum zehn Jahre lang bei einer wohlhabenden Familie lebte und deren Kinder erzog. Roswitha sah mehr von der Welt als alle anderen Mitglieder ihrer Familie, musste aber erleben, wie sie mir einmal voll Trauer erzählte, dass sich weder ihre Geschwister noch die Eltern für ihre Erzählungen über diese fremden Orte interessierten. Von Spanien aus kam sie nach Deutschland zurück und arbeitete in einem Altersheim. Dort kündigte sie, weil sie miterlebte, dass alte Menschen geschlagen wurden. 1980, als Fünfzigjährige, fand sie schließlich zu uns und blieb, auch als Anna und Valentin schon längst das Haus verlassen hatten. Natürlich gab es gelegentlich Spannungen zwischen ihr und mir, aber so wie ich erleichtert war, die Kinder in guten Händen zu wissen, wenn ich arbeitete, war auch sie froh, wenn sie am Wochenende die Verantwortung abgeben und ihr eigenes Leben führen konnte. Als wir später von Bonn nach Berlin zogen, boten wir ihr an mitzugehen. Das wollte sie nicht, mietete sich in einer nahe gelegenen Seniorenresidenz ein, hatte ihre Terrasse mit Blumenkästen und radelte durch Bonn, das ihr nun schon seit zwanzig Jahren vertraut war. Wir und die Kinder besuchten sie regelmäßig. Als sie anfing, dement zu werden, wurde das Alleinleben schwierig – das Seniorenheim wollte sie in ein Pflegeheim verlegen. Stattdessen suchte Anna eine Unterkunft für Roswitha in Berlin – sie fand eine in einer Senioren-WG, die nur sechs bis acht Mitbewohner und ein festes Pflegepersonal hatte. In einer Blitzaktion organisierten Anna und Valentin den Umzug in die neue Wohnung, wo Roswitha bei Ankunft die Möbel aus ihrer vorigen Wohnung vorfand. Sie lebte sich schnell ein und wurde liebevoll versorgt. In Berlin konnten wir – vor allem Anna – uns besser um ihre Belange kümmern und besuchten sie oft. Roswitha wurde 86 Jahre alt und starb in Berlin. Sie wurde auf eigenen Wunsch und in unser aller Beisein in einem Friedwald bestattet.

Ich weiß nicht, ob diese Beziehung (die sich über fast vierzig Jahre erstreckte) die Bezeichnung Ausbeutung verdient. Genau damit wurde ich aber nach unserem Umzug nach Deutschland konfrontiert. Anders als in Frankreich wurde unsere Familienkonstruktion mit ihren »zwei Müttern« heftigen Anfeindungen ausgesetzt. Einerseits kritisierten mich andere Mütter wie auch eine Kindergärtnerin dafür, trotz kleiner Kinder berufstätig zu sein. Für diese Frauen war die Vorstellung, eigene Kinder anderen zur Betreuung zu überlassen, unvorstellbar. Andererseits warfen mir Feministinnen vor, eine andere Frau »auszubeuten« (womit sie implizit sagten, dass die Kindererziehung nur mich und nicht den Vater betraf – kein sehr feministisches Argument). Ich kann dazu nur sagen, dass Roswitha in ihren letzten Lebensjahren von unseren Kindern und uns mehr Zuwendung erfahren hat als viele ältere Menschen von ihrem leiblichen Nachwuchs.

Ich begann damals über die deutsche Geschichte der Mütterlichkeit nachzudenken. Noch bis in die 1990er-Jahre prognostizierten viele westdeutsche Ratgeber, dass »fremdbetreute« Kinder schwerste psychische Folgeschäden erleiden würden – eine Diskussion, die sich nach der Wende dann auch prompt über die DDR-Mütter ergoss. Inzwischen hat sich einiges geändert. Heute klagen Eltern vor Gericht, wenn sie keinen Kita-Platz bekommen – oder sie sind (in Städten wie Köln, wo es nicht genügend öffentlich geförderte Kindertagesstätten gibt) bereit, beträchtliche Summen für diese »schädliche Fremdbetreuung« aufzubringen. Mehr noch: Als es wegen Corona zum Shutdown der Schulen und Kindergärten kam, war plötzlich vom großen Schaden die Rede, den Kinder durch geschlossene Kitas erlitten. Eine erstaunliche Kehrtwende. »It takes a village to raise a child«, heißt es in manchen Kulturen. Vielleicht hatte die deutsche Familie im Dritten Reich zu viele Eingriffe vom Staat erlebt und öffnete sich deshalb erst spät den Segnungen der Dorfgemeinschaft. Heute kommen zum Glück immer mehr Eltern von sich aus zu der Erkenntnis, dass auch eine WG eine solche Dorfgemeinschaft bilden kann und dass die nahe Beziehung zu unterschiedlichen Erwachsenen und anderen Altersgenossen für ein Kind eher eine Bereicherung als eine Gefahr darstellt.

Die Konflikte um das Familienmodell dürften einer der Gründe für die Probleme der deutschen Gesellschaft mit der Frauen- und Geschlechterforschung sein. In Frankreich werden Feministinnen von der katholischen Kirche oder konservativen Kräften bekämpft. In Deutschland sind sie zudem oft Zielscheibe von Angriffen aus der linken Ecke: Feministinnen werden als »privilegierte« Frauen diffamiert und – ein besonders häufig bemühtes Bild – gern mit »der Kassiererin im Supermarkt« verglichen. Kein Mensch käme auf die Idee, den erfolgreichen Unternehmer am Parkplatzwächter der Firma zu messen. Der Mythos von der privilegierten Feministin basiert auf der verbreiteten Idee, dass Frauenrechte nur in Zeiten des Wohlstands eine Chance haben. Das ist historisch schlicht falsch. Im »goldenen Zeitalter« Athens waren die Frauen völlig entmündigt.* Auch im Florenz der italienischen Renaissance blühte die Wirtschaft, während Frauen in diesem Zeitalter nichts zu sagen hatten. Dagegen zeigen neue Langzeituntersuchungen, dass die Ökonomie in den Ländern am besten funktioniert, in deren Gesetzgebung die Frauenrechte fest verankert sind.[16] Frauenrechte sind kein Symptom des Wohlstands! Das Gegenteil ist der Fall: Oligarchen, die durchweg auch Phallokraten sind, richten jede Wirtschaft zugrunde.

Hinzu kommt, dass sich erfolgreiche Frauen, anders als viele Männer in leitenden Positionen, oft für das Schicksal ihrer weniger privilegierten Geschlechtsgenossinnen interessieren. Es waren und sind Feministinnen, die sich für die Einrichtung der Häuser für geschlagene Frauen oder den Schutz obdachloser Frauen einsetzen (darunter übrigens auch meine »privilegierte« Schwester Carola). Es waren Feministinnen, die gegen den Paragrafen 218 kämpften und erneut kämpfen müssen: Das Verbot oder die Restriktion des Schwangerschaftsabbruchs trifft arme Frauen viel härter als wohlhabende, die immer schon nach Holland oder in die Schweiz ausweichen konnten. Es sind feministische Juristinnen und Ärztinnen, die ärmere Frauen und Migrantinnen vor Gericht verteidigen, medizinisch versorgen oder bei Behördengängen begleiten. Als das Berliner LAGeSo (Landesamt für Gesundheit und Soziales) im Winter 2015 Tausende von Flüchtlingen, die auf Unterbringung und Papiere warteten, tagelang in Schnee und Kälte vor den Türen des Amtes stehen ließ, nahm eine Gruppe von rund neunzig jungen Frauen – durchweg erfolgreiche Schriftstellerinnen, Journalistinnen, Anwältinnen, Architektinnen** – die Sache in die Hand. Sie

* Dieses große Zeitalter, das gern mit der griechischen Klassik überhaupt gleichgesetzt wird, dauerte übrigens nur fünfzig Jahre. Die Macht Athens kam zu einem abrupten Ende, nachdem sie an einem umstrittenen, von einigen größenwahnsinnigen Führern vorangetriebenen Eroberungsfeldzug gegen Sizilien zerbrochen war.

** https://wirmachendas.jetzt.

standen um vier Uhr morgens mit den Migranten, Migrantinnen und deren Kindern in der Kälte, sorgten für medizinische Hilfe, organisierten VW-Busse, in denen Rechtsberatungen stattfanden, und vieles mehr. Und es sind auch diese »privilegierten« Feministinnen, die gegen den *gender pay gap* und Altersarmut kämpfen, die alle sozialen Schichten, aber die Geringverdienerinnen besonders hart treffen.

Außerdem kommt ein Gutteil dieser erfolgreichen Frauen keineswegs aus privilegierten Verhältnissen; sie stammen oft aus Familien, die über kein Vermögen verfügten und in denen bis dahin niemand, schon gar nicht eine Frau, studiert hatte. Unter meinen Studentinnen und Promovendinnen haben mir einige davon berichtet: Sie hatten keinen Vater, der, wie bei meinen Schwestern und mir, für das Studium oder eine bessere Ausbildung der Tochter aufkommen konnte. Viele von ihnen hatten aber starke Mütter: Frauen, die (oft als Alleinerziehende) Gigantisches leisteten, um ihre Kinder durchzubringen, und die zugleich ihren Töchtern – über welche Kanäle auch immer – jene Botschaften mitgaben, die zum Motor ihrer Schaffenskraft wurden. Unbestritten: Es gibt Frauen, die Karriere gemacht haben und denen das Wohlergehen anderer Frauen gleichgültig ist. Aber der Anteil der Erfolgreichen, die das Schicksal der Benachteiligten nicht kalt lässt, ist beträchtlich – und er wächst ständig.

DAS GESPENST DES KALTEN KRIEGS

Frankreich, Deutschland und die RAF

Während der Jahre in Paris – Tilo lebte dort insgesamt 16, ich zwölf Jahre lang – hatten wir uns an den Gedanken gewöhnt, ganz in Frankreich zu bleiben. Bei der Geburt der Kinder sorgten wir dafür, dass sie sowohl deutsche als auch französische Geburtsurkunden erhielten. Die Entscheidung zwischen den beiden Ländern, die sie mit 18 Jahren hätten treffen müssen, erübrigte sich bald dank der EU. Wir bewohnten ein großes altes Haus auf dem Montparnasse, das wir günstig gemietet hatten und mit Freunden teilten. Außerdem kauften wir ein Haus auf dem Land, wie viele Pariser, die sich wegen des anstrengenden Stadtlebens nach einem Fluchtpunkt draußen sehnen: Manchmal ist es geerbt, manchmal wird es erworben, oft ist es auch der Wohnort der Großeltern, die in den Sommerferien Kinder und Enkel empfangen. Diese ländlichen Orte prägen das nationale Zusammengehörigkeitsgefühl nicht weniger als Marseillaise und Trikolore.

Durch das Leben in Frankreich entwickelten wir einen französischen Blick auf Deutschland. Als ich im Jahr 1969 nach Frankreich kam, waren die Ressentiments gegen Deutsche deutlich spürbar. Kein Wunder: Frankreich hatte mehr als die meisten anderen europäischen Länder unter dem Ersten Weltkrieg gelitten. Während des Zweiten Weltkriegs hatte die deutsche Besatzung das Land sowohl ausgebeutet als auch erniedrigt. Bei Gesprächen, die ich als Journalistin führte, ließ sich selten jemand die Gelegenheit entgehen, auf

Nazideutschland anzuspielen. Wenn *Le Monde* über Deutschland berichtete, so ging es meist um Neonazis oder die Dominanz des deutschen Nachbarn. Ganz allmählich vollzog sich jedoch ein Wandel, und er hing, so meine Wahrnehmung, vor allem mit zwei Faktoren zusammen. Das eine war der deutsche Film: Vor den Pariser Kinos bildeten sich für jeden neuen Film von Fassbinder, Wenders, Herzog, Trotta, Schroeter, Syberberg, Schlöndorff, Reitz, Kluge, Sanders-Brahms lange Schlangen. Auch wir haben keinen dieser Filme verpasst. Sie transportierten nicht nur neue Inhalte und ästhetische Formen, sondern erzählten auch von einem anderen Deutschland. Die Abschottung gegenüber Deutschland lockerte sich. Andersherum war dies schon lange vorher geschehen. Die meisten französischen Romane und ein Gutteil der philosophischen Schriften (von Sartre über die Psychoanalyse bis zum Feminismus) waren ins Deutsche übersetzt worden. Mehr als heute bestimmten sie in den 1970er-Jahren die Diskussion in den westdeutschen Feuilletons.

Der andere Faktor betraf die Ereignisse um die Rote Armee Fraktion (RAF) und ihre Zuspitzung im »Deutschen Herbst« von 1977. In Frankreich gab es, wie auch bei vielen deutschen Linken, Sympathien für die Ziele der RAF und zugleich Ratlosigkeit über die Reaktionen des deutschen Staates. Die Franzosen hatten erlebt, dass die Gesellschaft Schlimmeres als den Aufstand einer revolutionären Gruppe überleben kann: Sie hatten einen Generalstreik, der das Land über Wochen lahmlegte, heil überstanden. Warum hatte sich die Sache in Deutschland so zugespitzt? Man machte sich in Frankreich nicht klar, welcher Druck von der deutschen Teilung in einen kapitalistischen und einen sozialistischen Staat ausging. Dagegen wusste man in Deutschland um die Gefahr, dass der Kalte Krieg jederzeit in einen Krieg von Deutschen gegen Deutsche umkippen könnte. Für die Franzosen war der Kalte Krieg weit weg – zumal de Gaulle das Land mit eigener Nuklearbewaffnung versehen und zumindest die Illusion erweckt hatte, Frankreich positioniere sich als unabhängige

Weltmacht zwischen Ost und West. Auch betrachteten einige Franzosen die deutsche Teilung als Gewähr, den Nachbarn, der so viel Leid über Frankreich gebracht hatte, in Schach zu halten. (Immer wieder bekam ich François Mauriacs berühmten Ausspruch zu hören: »Ich liebe Deutschland. Ich liebe es so sehr, dass ich zufrieden bin, dass es zwei Deutschlands gibt.«) Dieser Hintergrund erklärt, warum ein Gutteil der Franzosen – auch der Intellektuellen – fassungslos den verängstigten und harschen Reaktionen des westdeutschen Staates auf die RAF gegenüberstand. Das galt auch für mich, die ich in Frankreich lebte. Heute weiß ich mehr über die tiefe Wunde, die diese Zeit in Deutschland hinterlassen hat. Aber damals, selbst im Ausland lebend, hatte ich eher einen Blick von außen. Freunde in Deutschland dagegen waren direkt vom Klima der Verdächtigungen, vom Radikalenerlass und der Atmosphäre einer Zeit betroffen, die für die Bundesrepublik zweifellos traumatisch war.

Gelegentlich erlebte ich das innenpolitische Klima in Deutschland aus eigener Anschauung. Im Sommer 1976 hatte ich beim WDR in Köln zu tun. Gegen Abend traf ich mich mit meiner Freundin Angelika Wittlich, die wiederum einige andere Redakteure von der WDR-Filmredaktion sowie den Filmemacher Harun Farocki im Schlepptau hatte. Wir trafen uns in einem italienischen Restaurant und gingen hinterher zu einem Konzert der Rolling Stones, die an dem Abend in Köln auftraten. Ich selbst brach früher auf, weil ich einen Platz im Nachtzug nach Paris gebucht hatte. (Damals nahm ich oft Nachtzüge zwischen Paris und Deutschland; sie waren günstiger als die Flüge und die Reservierungen flexibler.) Später schrieb mir Angelika, dass ich nun polizeilich erfasst worden sei: Die Polizei hatte uns den ganzen Abend beobachtet, weil sie Harun für den damals weltweit gesuchten Terroristen »Carlos« hielt (Carlos war der Deckname von Ilich Ramírez Sánchez, der im Übrigen nicht die geringste Ähnlichkeit mit Farocki hatte). Zwei Tage lang war Harun wie vom Erdboden verschluckt; niemand wusste, wo er sich befand. Während des Konzertes hatte er Fotos von uns allen gemacht, die

Polizei hatte sie entwickelt und ließ sich nun erklären, wer die abgebildeten »Verdächtigen« seien.

Die Auswirkungen der RAF reichten schließlich bis nach Frankreich. Jean-Paul Sartre schrieb das Vorwort zu einer Publikation des Heidelberger Sozialistischen Patientenkollektivs (SPK).[17] Da sich einige Mitglieder des SPK der RAF angeschlossen hatten, geriet das Kollektiv unter allgemeinen Terrorismus-Verdacht; einige Mitglieder tauchten in Frankreich unter. Der Psychoanalytiker Félix Guattari veranstaltete eine Unterstützungskampagne für das SPK. Tilo schrieb eine Einführung zur französischen Publikation ihrer Schriften, in der er die Bewegung für Franzosen kontextualisierte. Sein Text zirkulierte auch in Deutschland. Am 30. September 1977 wurde der Rechtsanwalt Klaus Croissant zwei Türen neben uns auf der Avenue du Général Leclerc im 14. Arrondissement verhaftet. Croissant hatte Andreas Baader im Stammheimprozess verteidigt und 1974 den Auftritt Jean-Paul Sartres in der Haftanstalt arrangiert. Nach der Verhaftung Croissants unterschrieben zweihundert französische Intellektuelle, darunter Simone de Beauvoir, Françoise Sagan und Régis Debray, einen öffentlichen Aufruf, in dem sie die französischen Justizbehörden aufforderten, ihn nicht auszuliefern. Er wurde dennoch den deutschen Behörden übergeben.

Kurz nach Croissants Verhaftung – der Begriff »Sympathisant« war nun in Deutschland zu einem kriminaltechnischen Terminus geworden – klingelte die französische Kripo an unserer Tür. Tilo öffnete; der Beamte fragte nach mir. Wie sich herausstellte, ging die Kriminalpolizei einem Hinweis aus Deutschland nach, laut dem sich in unserem Haus Terroristinnen versteckten. Indiz für den Verdacht (der überforderte Kripobeamte zeigte uns das Telex aus Wiesbaden): Es seien Frauen mit Motorrädern gesehen worden! Diese Motorradfahrerinnen gab es tatsächlich: Die eine war Caroline, die Ehefrau von Hans Joachim Kruse. Er war Korrespondent des SWR in Frankreich, und wir teilten uns das Haus mit dem Paar. Die andere war eine Freundin von Caroline, die ebenfalls im Haus wohnte. Die beiden Frauen hatten Freude am Motorradfahren und versuchten auch, dem dichten Verkehr von Paris zu entgehen. Für die deutsche Kripo genügte aber der Hinweis auf Frauen mit Motorrad und in Lederkluft, um das Schreckgespenst RAF heraufzubeschwören. Die eigentlich unangenehme Erkenntnis dieses Besuchs war freilich: Jemand war bei uns zu Gast gewesen (das Haus war groß, und wir hatten oft Logierbesuch) und hatte danach bei der Kripo Anzeige gegen uns erstattet. Es war unvermeidlich: Wir begannen darüber nachzudenken, wer das gewesen sein könnte. Das deutsche Klima der Verdächtigung hatte uns auch in Frankreich eingeholt.

In dieser Zeit trat der Verlag Seghers mit der Bitte an mich heran, ein kleines Buch über Deutschland zu verfassen. *Salut l'Allemagne* richtete sich an die wachsende Zahl von jungen Leuten, die durch Europa zu reisen begannen. Das Buch erschien später auch auf Italienisch. Den touristischen Teil übernahm meine Ko-Autorin Inge Hanneforth, ich schrieb die Einführung in das politische und soziale Leben der Bundesrepublik. Als das Buch gedruckt war, richtete der Verlag eine Anfrage an die Botschaft der Bundesrepublik, ob sie nicht einige Hundert Exemplare erwerben wolle, um sie gratis an Gymnasialklassen zu verteilen. Der Antwortbrief der Kulturabteilung vom 2. September 1975 war deutlich. »Das Kulturreferat hat die Schrift geprüft. Sie zeichnet sich durch Lebendigkeit aus, die besonders die Jugend ansprechen dürfte. Sie enthält eine Fülle von Informationen, die den jüngeren Menschen die Orientierung in Deutschland erleichtern dürfte. Sympathisch ist, dass die Autoren auch in Nebensätzen, Bildunterschriften und Formulierungen ihren politischen Standort nicht verbergen. Das gilt besonders für das Kapitel Baader-Meinhof, Justiz, Kirche, Polizei und Schule. Aber gerade dieser an sich sympathische Zug macht natürlich eine Förderung der Schrift aus öffentlichen Mitteln außerordentlich problematisch, ja im Grunde kaum vertretbar. Das Kulturreferat bedauert daher, aus seiner Sicht eine Förderung nicht befürworten zu können.«

Ich hatte diesen Vorgang vergessen, und als ich diesen Brief in meinen Unterlagen fand, musste ich vermuten, dass ich mich beim Schreiben als Fan der RAF geoutet hatte. In Wirklichkeit war der Text recht nüchtern und faktenbezogen. Über die RAF hieß es: Sie ist aus den »mouvements contestataires« hervorgegangen, ihre Mitglieder »praktizieren eine Art von ›urbaner Guerilla‹ und schrecken auch nicht vor Mord zurück. Sie wurden zur Zielscheibe einer beispiellosen Jagd, die mit Hilfe eines gigantischen Einsatzes von Polizeikräften durchgeführt wird, die ihrerseits auch nicht zögert, auf Mitglieder der RAF (oder verdächtigte Personen) zu schießen. Diese Hexenjagd und die Haftbedingungen der vierzig Gefängnisinsassen (sie initiierten einen Hungerstreik gegen ihre Isolationshaft; einer von ihnen starb dabei) haben ihrerseits eine große Gegenbewegung in der bundesdeutschen Linken hervorgerufen, obgleich diese mit den Methoden des politischen Kampfs der Gruppe nicht einverstanden ist.«[18] Seghers ist ein liberaler französischer Verlag, keine Druckanstalt für Kampfschriften. Doch für die Bundesrepublik war schon diese Sicht auf die Ereignisse unannehmbar. Das Verhältnis zur RAF wurde für uns zu einer Zerreißprobe zwischen unseren deutschen und unseren französischen Zugehörigkeitsgefühlen.

Durch die Sonderstellung Frankreichs im Kalten Krieg war auch das Verhältnis der Franzosen zum Kommunismus verglichen mit Deutschland entspannt. Die Kommunistische Partei (KPF) hatte eine große Wählerschaft, und alle, auch die Konservativen, fanden sich damit ab, dass ihre Kinder von Lehrern unterrichtet wurden, die mehrheitlich, ja fast ausschließlich in der kommunistischen Gewerkschaft (CGT) organisiert waren. Die Kommunisten genossen in Frankreich auch deshalb ein gewisses Ansehen, weil sie in der Résistance die tragende Rolle gespielt hatten. Viele Anhänger der KPF hatten eine enge Beziehung zur DDR. So kam es, dass das Berliner Ensemble nie in Westdeutschland, wohl aber regelmäßig in Paris auftrat. (Ein Versuch von mir, das Berliner Ensemble auf der von der KPF organisierten *Fête de l'Humanité* zu filmen, scheiterte: Wir sollten doch nach Ostberlin kommen, beschied man mich.) Das Theaterleben in der roten Banlieue blühte. Dort lebte es sich damals besser als heute, wo die Vororte zu einem Brennpunkt sozialer und kultureller Konflikte mit der französischen Jugend nordafrikanischer Herkunft geworden sind. Die roten Kommunen am Rande von Paris hatten den Umfang mittelgroßer Städte und waren kulturelle Hochburgen – gefördert von der KPF und ihrer Wählerschaft. So wurde Paris zu einem Ort, an dem sich Intellektuelle aus beiden Deutschlands unbehelligt begegnen konnten. Das galt vor allem für die Universitäten von Nanterre und Vincennes. In Paris wurden so freilich auch die Kontakte zwischen der RAF und der DDR geknüpft: Der ostdeutsche Staat bot etwa zehn RAF-Mitgliedern die Möglichkeit, in der DDR unterzutauchen.

Ich will den französischen Umgang mit dem Kommunismus nicht idealisieren, und auch die KPF selbst war erstarrt in ihrer Moskau-Hörigkeit. Es gab nur einfach weniger Berührungsängste zwischen Rechts und Links, als dies in Westdeutschland der Fall war. Auch kannte ich einige Franzosen, die sehr wohlhabend waren und zugleich sozialkritische Verlage gründeten oder linksradikale Projekte förderten. So etwa Jean-Edern Hallier, der die Satirezeitschrift *L'Idiot international* herausgab. Ich war einmal mit Klaus Wagenbach bei ihm zum Abendessen eingeladen und wurde zu meinem Erstaunen von einem Butler bedient. (Später wurde diese Linke als *gauche caviar* bezeichnet.) Es mag an diesen französischen Erfahrungen liegen, dass mich die Polarisierung des Kalten Kriegs nie so recht in ihren Bann nahm. Anders als einige meiner Freunde in Deutschland erlebte ich die Öffnung des Eisernen Vorhangs nicht als »Niederlage« des Sozialismus und Sieg des Kapitalismus, sondern eher als das Ende einer bestimmten Variante von internationaler Machtpolitik.

In einem Film von 1979 thematisierte ich diese deutsch-deutsche Polarisierung. Es handelte sich um das Porträt einer mittelgroßen Stadt, Bron, eine kleine Industrie- und Schlafstadt am Rande von Lyon, die nichts, aber auch gar nichts Besonderes auszeichnete –

außer der Tatsache, dass der Gemeinderat (mit einem kommunistischen Bürgermeister) beschlossen hatte, sich eine Städtepartnerschaft mit beiden Deutschlands zu leisten. Fast alle französischen Städte hatten sich für ein Entweder-oder entschieden. Bron, eine neu erbaute Stadt, hatte Verträge mit zwei deutschen Kreisstädten abgeschlossen – beide mit jahrhundertealter Geschichte: Grimma in der DDR, Weingarten in der Bundespublik. Der Gemeinderat achtete zwar darauf, dass sich die beiden deutschen Partner nicht trafen, aber die Mitglieder selbst hatten keine Berührungsängste – weder mit dem kapitalistischen noch dem sozialistischen Deutschland. Von der Bevölkerung, soweit sie von den Partnerschaften profitierte, reiste ein Teil nur nach Weingarten, ein anderer nur nach Grimma. Einige besuchten beide Städte. Als ich den Aufenthalt der Partner aus Grimma filmte, bat der Gemeinderat von Bron darum, dass wir uns nicht als Westdeutsche zu erkennen geben. Bei den Dreharbeiten verständigten wir uns wortlos. Es kam dennoch heraus: Die Delegation aus Grimma reiste verärgert ab, die Mitglieder des Gemeinderats von Bron zuckten mit den Schultern. Sie fanden das Drama um die deutsch-deutsche Begegnung übertrieben.

Bei diesem Film drehte ich auch mit einer Schulklasse aus Bron, die in Grimma gewesen war. Die jungen Leute waren etwa 16 Jahre alt, und eine der Schülerinnen berichtete, dass man ihr vor der Abreise gesagt habe, in der DDR gebe es keine Neonazis. (Zu dieser Zeit waren die französischen Zeitungen voll von Nachrichten über Neonazis in Westdeutschland.) Sie sei aber sehr wohl Rechtsextremen begegnet – sie hätten sich auch nicht sonderlich versteckt. Ich mochte es damals nicht so recht glauben; weder in der westdeutschen noch in der französischen Presse hatte ich Berichte darüber gelesen. Doch als die Forschung kürzlich Erkenntnisse über Neonazis in der DDR – und deren Verstrickungen mit Polizei und Armee – zutage förderte, fielen mir die Aussagen dieser Schülerin wieder ein.

»ASSEZ D'ACTES. DES MOTS!«

Die Hinterlassenschaften des Mai 1968

Die Ereignisse im Mai 1968 habe ich weder in Frankreich noch in Deutschland erlebt, zu der Zeit war ich noch in New York. Aber ich erlebte die Nachfolgejahre in beiden Ländern und war frappiert von den Unterschieden. Sowohl die französischen als auch die deutschen 68er hatten ihren Marx im Allgemeinen gut gelesen und konnten ihn seitenweise zitieren. Im einen wie im anderen Fall war auch ein allmählicher Wandel der Lektüre zu beobachten: Marx wurde immer weniger als Ökonom und Interpret sozialer und wirtschaftlicher Realität gelesen, dafür wuchs seine Bedeutung als Kultur- und Ideologiekritiker. In Deutschland wurde dieser Wandel erst nach 1989 deutlich spürbar. In Paris dagegen kündigte sich die veränderte Marx-Lektüre schon ab Mai 1968 an. Einer der Slogans der Unruhen lautete: »Assez d'actes. Des mots!«*. Der ironische Ton schlug sich auch im Umgang mit marxistischen Paraphernalia nieder. Eine Freundin schenkte mir zur Geburt unserer Tochter Anna eine Spieluhr, auf der man die *Internationale* als Wiegenlied abspielen konnte. Eine andere Freundin, Ruth Salzmann, überreichte mir eine kleine (aus Russland mitgebrachte) geschnitzte Holzplanke mit den Porträts von Marx und Lenin: Sie hatte früher dazu gedient, das Konterfei der Revolutionäre auf die Butterportionen sowjetischer LPGs zu pressen. Nun war daraus ein Souvenir geworden. Die

* »Genug der Taten, wir wollen Worte!«

Butter-Stempel habe ich noch, die Spieluhr ist leider verloren gegangen.

Während man sich in Frankreich über den Aktionismus lustig machte, galt in Westdeutschland der Marx'sche Satz, der noch heute mit Goldlettern in der Eingangshalle meiner Alma Mater, der Humboldt-Universität zu Berlin, prangt: »Die Philosophen haben die Welt bisher nur interpretiert. Es gilt sie zu verändern.« In der deutschen 1968er-Bewegung galten Intellektuelle etwas, wenn sie bereit waren, zu Taten zu schreiten. In seinem Nachruf auf Che Guevara (abgedruckt im *Kursbuch* von Januar 1968) schrieb Peter Weiss: »Das einzig Richtige ist, ein Gewehr zu nehmen und zu kämpfen.« Aktionisten forderten den Tod der Literatur, und Dutschke plädierte für die Abschaffung des Krieges durch den bewaffneten Kampf.* Der Druck, sich mit Aktionen an der Weltveränderung zu beteiligen,

* In diesen Anfangsjahren war Dutschke noch nicht der Pazifist, zu dem er sich später entwickelte. Am 3. Dezember 1967 antwortete er auf die Frage von Günter Gaus, ob er notfalls selbst zur Waffe greifen würde: »Wäre ich in Lateinamerika, würde ich mit der Waffe in der Hand kämpfen. Ich bin nicht in Lateinamerika, ich bin in der Bundesrepublik. Wir kämpfen dafür, daß es nie dazu kommt, daß Waffen in die Hand genommen werden müssen. Aber das liegt nicht bei uns. Wir sind nicht an der Macht. Die Menschen sind nicht bewußt sich ihres eigenen Schicksals, und so, wenn 1969 der NATO-Austritt nicht vollzogen wird, wenn wir reinkommen in den Prozeß der internationalen Auseinandersetzung – es ist sicher, daß wir dann Waffen benutzen werden, wenn bundesrepublikanische Truppen in Vietnam oder in Bolivien oder anderswo kämpfen – daß wir dann im eigenen Lande auch kämpfen werden.« Im Februar 1968 schmuggelte Dutschke mehrere Stangen Dynamit, die der Verleger Feltrinelli und Gaston Salvatore mitgebracht hatten, im Kinderwagen (in dem sein wenige Wochen alter Sohn lag) aus der Wohnung. (Gretchen Dutschke-Klotz: *Rudi Dutschke. Wir hatten ein barbarisches, schönes Leben. Eine Biographie*, Köln 1996, S. 179 f.) In einem späteren Interview (1978) erklärte er, es sei darum gegangen, bei einer Verschärfung des Vietnamkriegs US-Schiffe mit Kriegsmaterial für Vietnam zu sprengen. (Wolfgang Kraushaar: *Rudi Dutschke und der bewaffnete Kampf*. In: derselbe, Karin Wieland, Jan Philipp Reemtsma [Hg.]: *Rudi Dutschke, Andreas Baader und die RAF*. Hamburg 2005, S. 24 f.)

bewirkte bei mir (und ich denke auch bei anderen) ein schlechtes Gewissen gegenüber »der Bewegung«: ein Gefühl der Unzulänglichkeit. Auf lange Sicht hatte es freilich den gegenteiligen Effekt: Es wuchs die Skepsis gegenüber der Wirkmacht der Gewalt.

Forderungen nach dem »Tod der Literatur« hätte man in Frankreich kaum gehört: weder bei den 68ern noch bei ihren konservativen Gegnern. Als de Gaulle aufgefordert wurde, Sartre verhaften zu lassen (dieser hatte sich an der Besetzung des Odéon beteiligt und verteilte vor den Renault-Werken das maoistische Blatt *La Cause du peuple*), antwortete er: »On n'arrête pas un Voltaire.« Das heißt so viel wie: »Man verhaftet keinen Voltaire.« Aber es bedeutet auch: »Einen Voltaire hält man nicht auf.« Der Respekt für den Intellektuellen ist in Frankreich ausgeprägt – was als Erbschaft von Émile Zola gelten darf, der das Komplott um die falschen Anschuldigungen gegen den jüdischen Hauptmann Dreyfus publizierte und so zu dessen Rehabilitierung beitrug. Waren Schriftsteller wie er zunächst als *intellectuels* diffamiert worden, so erhielt der Begriff nach dieser Affäre, die Frankreich erschütterte und dann den Rechtsstaat stärkte, eine positive Konnotation. In Deutschland dagegen bezeichnete Ludwig Erhard sozialkritische Intellektuelle als »Pinscher«.

Der deutsch-französische Gegensatz prägte noch über Jahrzehnte die Entwicklungen in beiden Ländern. In Frankreich hieß das schlimmste Schimpfwort, mit dem man einen Linken nach 1968 bedenken konnte: *recupération*. Gemeint war eine Vereinnahmung linker Positionen durch »die Macht« oder das Establishment. Der Vorwurf der *recupération* begegnet einem bis heute – sogar in Didier Eribons ansonsten beeindruckendem Buch *Rückkehr nach Reims*. Eribon beschreibt differenziert, wie sich seine Scham über die soziale Herkunft hinter seiner Scham über die Homosexualität verbarg. Doch wenn er über die liberale Linke spricht, steht plötzlich wieder die *recupération* im Raum, ohne dass er das Wort verwendet. Er macht die neue Linke dafür verantwortlich, dass die Arbeiterschaft von der KPF zur extremen Rechten gewandert ist und den Front National wählt. Eine merkwürdige Verdrehung der Tatsachen. Es stimmt zwar, dass der Kapitalismus über eine große Fähigkeit verfügt, sich die an ihm geübte Kritik einzuverleiben. Aber das war nicht der Grund für den Rückgang der kommunistischen Wählerschaft. Er war eine Folge des Untergangs der Sowjetunion, die für die französischen Kommunisten (anders als für die Partita Communista Italiana) der wichtigste Referenzpunkt gewesen war. Hinzu kam, dass sich die KPF kaum den neuen politischen Dimensionen wie Ökologie oder Feminismus öffnete.

Das Verharren in der Polemik gegen die *recupération* führte bei einem Teil der französischen Linken zu einer Rigidität, die noch bis weit in die 2000er-Jahre zu spüren war. Ich erinnere mich an Diskussionen mit Pariser Intellektuellen, in denen es um das Referendum von 2005 über die europäische Verfassung ging. Bekanntlich stieß diese in Frankreich auf Ablehnung, die allerdings eher emotionaler als informierter Art war. Eine französische Freundin, die als Gastprofessorin in Berlin war, lud uns kurz nach dem Referendum zu einem Abendessen mit französischen Freunden ein, von denen einige zum ersten Mal in Deutschland waren. In der Diskussion mit diesen Intellektuellen wurden Europa als Vasall Deutschlands und Merkel als »nouveau Bismarck« bezeichnet. Es war die Art von Argumentation, wie ich sie aus den 1970er-Jahren kannte. In dreißig Jahren hatte sich an der Denkart kaum etwas geändert. Wenn ich heute nach Paris komme, bin ich angenehm überrascht, wie wenig sich die Architektur der Stadt in den letzten Jahrzehnten verändert hat. (Im Gegensatz zu Berlin, wo sich die Veränderungen überstürzen.) Klar, es gibt die neue Bibliothèque Nationale und Peis spektakuläre Pyramide am Louvre. Aber sonst? Dieselben Straßen, dieselben Cafés an denselben Plätzen, sogar die Einbahnstraßen haben ihre Richtung nicht geändert. So ähnlich kamen mir diese Intellektuellen vor: Sie argumentierten so, wie sie es nach Mai 1968 gelernt hatten. Diese Stagnation war vielleicht eine Folge ihrer früheren Immunität gegenüber dem Kalten Krieg.

In Deutschland hatten die 68er mit *recupération* nicht viel am Hut. Hier wuchs in den 1980er- und 1990er-Jahren eine Generation von Oppositionellen ins Establishment hinein. Die Entwicklung hatte viel mit der fehlenden Glaubwürdigkeit der NS-geprägten Generation zu tun, und sie wurde begleitet von einer politischen Umwälzung. In der bürgerlichen Presse und in den Verlagen fanden sich ehemalige Linke in leitenden Positionen wieder. Sie krempelten die Meinungsseiten und Feuilletons um und gründeten neue Verlage. Auch an den Universitäten bildete sich eine progressive Generation von Akademikerinnen und Akademikern heraus. Als ich 1994 an die Humboldt-Universität berufen wurde, gehörte ein Gutteil meiner Kollegen und Kolleginnen diesen Jahrgängen an. Durch diese Intellektuellen kamen neue Perspektiven (darunter die feministische) und neue Stoffe in Umlauf. Die Germanistik, vor der ich während meines Studiums in die Politikwissenschaft geflohen war, aber auch die Geisteswissenschaften insgesamt entwickelten sich zu hochpolitischen Fachrichtungen: Man stellte die Verbindung zwischen kulturellen und gesellschaftlichen Entwicklungen her, ging auf die soziale Wirkmacht der Sprache und die politische Relevanz von Bildern ein. Es begann eine differenzierte Auseinandersetzung mit dem Nationalsozialismus, und es stieg die Aufmerksamkeit für das deutsch-jüdische und europäisch-jüdische kulturelle Erbe. An diese Perspektiven konnte ich später mit meinen Filmen und Büchern gut anschließen, was mir die Umstellung auf Deutschland erleichterte.

Zwar wurden auch in Frankreich neue Universitäten gegründet – dazu gehörte vor allem Vincennes, wo in den ersten Jahren viele bedeutende Intellektuelle lehrten. Doch diese Errungenschaften von Mai 1968 verschwanden bald wieder. Wo einst die Baracken der Universität von Vincennes standen, ist heute grüne Wiese; die Lehrenden – darunter berühmte Köpfe – wurden auf andere Unis verteilt oder zogen sich zurück. Dafür entwickelte sich eine außerakademische Linke. Ihr gehörte Robert Linhart an, mit dem wir befreundet waren. Er hatte ein Haus in unserer unmittelbaren Umgebung in den Cévennes. (Als es nach den Unruhen von Mai 1968 in Frankreich zum Rechtsruck kam, wurde diese Gegend für viele Linke zum Rückzugsort.)

Linhart, Schüler von Louis Althusser, war Soziologe und an der École Normale Supérieure, eine der berühmten französischen Elite-Hochschulen, promoviert worden. Er kam aus der kommunistischen Jugend, war aber aus der KPF ausgeschlossen worden, als er ihr »Revisionismus« vorwarf. Robert erzählte mir von der Enttäuschung, die ihm ein Besuch in Moskau (das muss in den 1970er-Jahren gewesen sein) bereitet hatte: Er war erschrocken über die Unterschiede zwischen Arm und Reich, über die Klassengesellschaft, die er dort vorfand. 1978 veröffentlichte Linhart ein beeindruckendes Buch, *L'Établi**, in dem er seine Beobachtungen als »installierter« Arbeiter an den Fließbändern von Citroën tagebuchartig festhielt.[19] Er gehörte zu einer zwischen Tradition und Revolution gespaltenen Generation, was es wiederum für deren Kinder nicht einfach machte. Roberts Tochter Virginie, die wir in den 1970er-Jahren als Kind erlebten, verfasste später ein Buch über ihren Vater, in dem sie die Widersprüche beschrieb, denen sie und andere Kinder linker 68er ausgesetzt waren. Robert hatte sich zwar dafür eingesetzt (und auch erreicht), dass Virginie in einem der besten und traditionsreichsten Lycées von Paris angenommen wurde, doch bei der Einschulung sagte er ihr: Vergiss nie, dass du es hier mit dem Klassenfeind zu tun hast.[20]

Wie viele französische Intellektuelle von Mai 1968 war Robert jüdischer Herkunft. Es war jedoch kein religiöses Judentum. Vielmehr hatte die nationalsozialistische Besatzung Frankreichs in den Jahren 1940 bis 1944 seinen Eltern (und anderen ihrer Generation) überhaupt erst ihre jüdische Herkunft zu Bewusstsein gebracht. Wie

* *L'Etabli* heißt eigentlich »Werkbank«, wurde dann aber übertragen auf junge Linke, die sich unter Arbeitern an der Werkbank etablierten.

viele deutsche Juden waren sie durch Antisemitismus und Judenverfolgung zu Juden »gemacht« geworden. An ihren Kindern, Roberts Generation, war das nicht spurlos vorbeigegangen, zumal mehrere von ihnen als Kinder vor den Nazis versteckt worden waren. (Einige von ihnen waren später bei Tilo in Behandlung.) Dieser Hintergrund spielte eine Rolle beim Aufbegehren der 68er, und er war einer der Gründe dafür, dass in den Jahren nach 1968 eine Aufarbeitung der französischen Kollaboration begann. Den Anfang machte Marcel Ophüls' Film *Le Chagrin et la Pitié*: Der Dokumentarfilm war während des Referendums von 1969, das zu de Gaulles Rücktritt führte, gedreht worden, kam aber wegen erheblicher Widerstände erst 1971 in die Kinos. Für die Mehrheit der französischen Bevölkerung war de Gaulle nach dem Krieg zur Symbolfigur der Vorstellung geworden, dass ganz Frankreich der Résistance angehört hatte. Nach 1968 war dieser Mythos nicht mehr aufrechtzuerhalten. Der Film brach den Bann: Das Thema der Kollaboration war nicht mehr tabu; der Anstoß dazu ging von dieser Generation aus. Anders als in Deutschland war diese nachwachsende Linke selten institutionell verankert. Dennoch wirkte sie auf die Gesellschaft ein.

1975 realisierte ich einen Film für die Redaktion von *Panorama*, ein kritisches und damals viel gesehenes politisches Fernsehmagazin der ARD. Der Beitrag behandelte den Fall eines jungen französischen Untersuchungsrichters, der einen Fabrikdirektor in U-Haft nahm, nachdem es in dessen Fabrik zu einem tödlichen Unfall gekommen war. Der Richter gehörte einer neu gegründeten linken »Richtergewerkschaft« an, deren Mitglieder von den Konservativen als »rote Richter« beschimpft wurden. Der Fall hatte in Frankreich für einen Eklat gesorgt: Noch nie war ein Arbeitgeber auf diese Weise belangt worden. Die Gewerkschaften hatten zwar immer wieder darauf hingewiesen, dass die Arbeitsschutzgesetze keine Beachtung fanden, aber das bewirkte wenig: In Frankreich starb stündlich ein Mensch am Arbeitsplatz. Der *Panorama*-Beitrag verursachte auch in Deutschland kontroverse Diskussionen. Als ich einige Wochen später in Düsseldorf auf einem Abendessen mit mehreren Künstlern und Intellektuellen war, sprach mich einer der Anwesenden auf diesen Beitrag an und zog den Vergleich mit Ulrike Meinhof. Ich verstand nicht, wie er dazu kam, bis ich Jahre später Filmausschnitte mit Ulrike Meinhof sah, wo sie in einer öffentlichen Fernsehdiskussion einen ganz ähnlichen Fall für Deutschland beschrieb – nur war der Gerichtsentscheid anders ausgefallen: Ein Angestellter, der seinen Arbeitgeber wegen nicht eingehaltener Sicherheitsbestimmungen angezeigt hatte, war von diesem entlassen worden. Der Arbeitnehmer hatte geklagt. Das Gericht gab dem Arbeitgeber recht: Die Zusammenarbeit mit einem Angestellten, der gegen ihn Anzeige erstattet hatte, sei nicht zumutbar. Für die mangelhaften Sicherheitsvorkehrungen wurde der Arbeitgeber nicht belangt. »Mein Fall« lag etwa zehn Jahre später, und er fand in Frankreich statt. Dort hatte sich der Wind gedreht – Arbeitgeber standen nicht mehr über dem Gesetz. Eine Folge von Mai 1968.

Ich sah die Filmausschnitte mit der jungen Ulrike Meinhof im Jahr 2018; es wurden mehrere Dokumentationen auf das nun fünfzig Jahre zurückliegende Jahr 1968 ausgestrahlt. Zur Zeit der Aufnahmen hatte es noch kein WLAN und kein Youtube gegeben; wir konnten die ausländischen Fernsehprogramme in Paris nicht empfangen. Deshalb hatte ich vorher selten Gelegenheit gehabt, Ulrike Meinhof live zu sehen. Ich war beeindruckt von ihrer Klarheit und differenzierten Denkweise. Die Filmausschnitte waren Mitte der 1960er-Jahre gedreht worden. In der Dokumentation von 2018 wurden auch spätere Auftritte von Ulrike Meinhof gezeigt. Hier argumentiert sie mit gängigen Schlagworten und spricht mit Vorliebe vom »Proletariat«. Heute verwendet niemand mehr diesen Begriff, auch nicht die Linken. Ebenso obsolet erscheint auch die »Arbeiterklasse«. Das Abschneiden der SPD bei den letzten Wahlen erzählt davon, dass es kaum mehr Wähler gibt, die sich mit diesem Begriff identifizieren, was vermutlich als Resultat eines erfolgreichen Kampfes für die Arbeiterrechte zu werten ist. Was mir aber beim

Betrachten dieser Meinhof-Ausschnitte klar wurde: Unsere heutige politische Sprache hat noch keine angemessene Begrifflichkeit für die wachsende Zahl von Menschen gefunden, die unter prekären Verhältnissen leben, ausgebeutet werden und durch das Raster gewerkschaftlicher Organisation fallen. Indem in der Dokumentation von 2018 die verschiedenen Zeitalter und Begrifflichkeiten nebeneinandertraten, verdichtete sich dieser blinde Fleck unserer politischen Sprache; ihr Unvermögen, die neue soziale Wirklichkeit widerzuspiegeln, trat zutage. Unmittelbar nach 1968 hat keiner – weder in Deutschland noch in Frankreich – vorausgesehen, wie sehr sich eine sozioökonomische Lektüre von Marx wieder lohnen würde. Der Begriff »Neoliberalismus« existierte noch nicht – und niemand sah voraus, dass an die Stelle des »Proletariats« ein neues Prekariat treten würde: die »Verworfenen«, wie Zygmunt Bauman sie nennt.[21] Neu ist auch, dass sich diese Gruppe nicht auf eine soziale Schicht beschränkt, sondern potenziell jeden erfasst.

Winter 1963/64. Mein erstes Jahr in New York. Ich bin 19 Jahre alt und überzeugt, dass mir die Welt offen steht.

Im Vatikan, Winter 1947/48. Mein Vater mit meinen beiden Geschwistern Carola und Christoph und mir. Wir sind herausgeputzt wie für einen feierlichen Anlass. Im Vatikan kann das nur ein Gottesdienst gewesen sein.

Bad Godesberg, auf den Treppen der Villa am Rhein, Ostern 1953. Meine Mutter und die liebe Anna. Inzwischen ist das vierte »C« geboren: Cornelia.

Auf Juist, Sommer 1950. Carola, Christoph und ich sind uns einig, dass wir in dem Kinderheim, wo wir gleich abgegeben werden, nichts verloren haben.

Im Fotostudio, London 1955. Meine Mutter mit den drei »Großen«. Es muss Stunden gedauert haben, bis wir Kinder diese ungezwungene Pose eingenommen haben. Meine Mutter braucht solche Regieanweisungen nicht.

Internat in St. Peter Ording, 1963. Die Primaner dürfen rauchen – und tun es allein deshalb. Frische Luft gibt es in St. Peter genug. Nach dem Verlassen des Internats höre ich bald wieder auf zu rauchen.

New York, Sommer 1965. Während der Jahre in New York ist diese Art von Familienidyll eher selten. Alle sind immer unterwegs. Wenn ich mich recht erinnere, wird die Familie für eine Reportage über meinen Vater in Szene gesetzt.

Elmau 1962/63, Familientreffen zu Weihnachten. In der Mitte der Patriarch, Magnus von Braun, hinter ihm die Söhne Sigismund und Wernher, rechts Hildegard und Maria von Braun, links die großen Enkel: neben mir Carola, Christoph, Iris. Unten die Enkelinnen Margrit, Cornelia und Claudia.

Im Vatikan, Frühjahr 1967. Meine Freundin Carol und ich werden von Papst Paul VI. empfangen. Der Monsignore, der uns so freundlich zulächelt, erklärt uns später, wir sollten wiederkommen, wenn wir verheiratet seien und Kinder hätten. Dann wisse der Papst auch, worüber er mit uns reden solle.

Paris 1970. Tilo, kurz bevor ich ihn kennenlerne. Er wohnt gegenüber vom Eifelturm. Von ihm lerne ich, dass Psychoanalytiker in allem gern den Phallus sehen.

Paris 1977, Film über Feminismus in der Kunst. Die Kunst ist wegweisend für den Feminismus dieser Jahre. Die Künstlerin Annette Messager vor einer Auswahl ihrer Alben, in denen sie mit dem angeblich weiblichen Kitsch abrechnet.

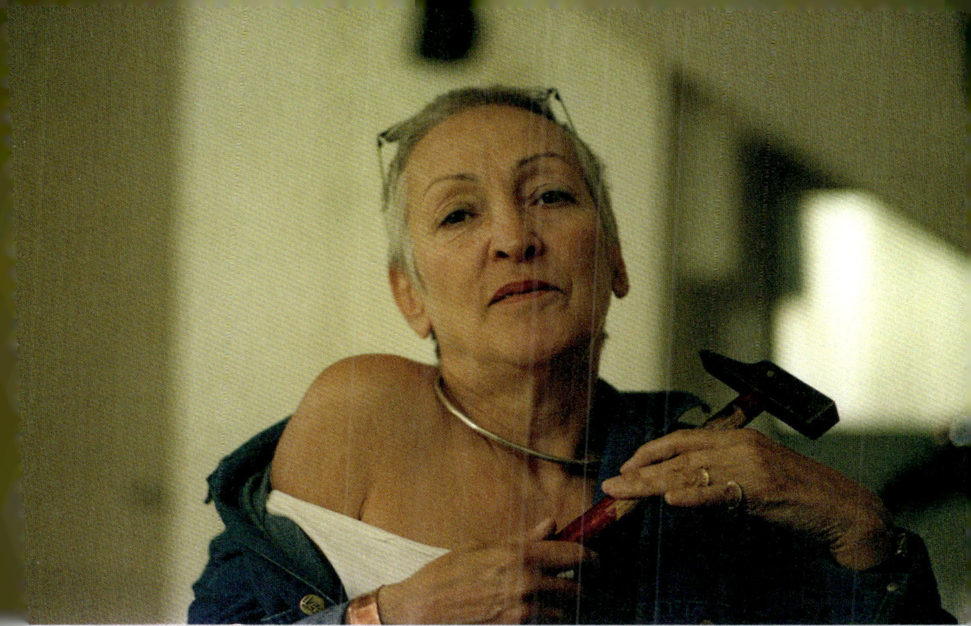

Paris 1976. Meret Oppenheim. Sie erzählt vom Verhältnis der Surrealisten zu Frauen. Der Hammer ist zufällig zur Hand, als ich das Foto mache. Die Surrealisten sahen im Zufall eine Fügung.

Paris 1977, Dreharbeiten mit Gina Pane, einer feministischen Intellektuellen und radikalen Künstlerin. Sie demonstriert am eigenen Leib die Gewalt, die dem weiblichen Körper in einer männlich dominierten Gesellschaft widerfährt.

Paris 1980, mit Anna, nach der Geburt von Valentin. Zunächst die tiefe Verwunderung, dass in meinem Bauch ein Mensch vom anderen Geschlecht heranwachsen kann.

Köln 1984, im Schneideraum, mit Valentin. Gelegentlich nehme ich eines der Kinder mit zu Dreharbeiten ins Ausland. Der Schneideraum ist zwar weniger abwechslungsreich, aber dennoch begehrt.

Brügge 1982. Dreharbeiten mit Marguerite Yourcenar, der ersten Frau, die in die Académie Française aufgenommen wird. Ein Teil ihres Romans *Die schwarze Flamme* spielt hier: Er erzählt von einem Arzt und Alchimisten, der zwischen Mittelalter und Neuzeit, Kirche und Wissenschaft steht.

In der Gedenkstätte des Konzentrationslagers Dachau, 1986. Dreharbeiten zur Filmreihe *Die Erben des Hakenkreuzes*. Die beiden Filme behandeln die Geschichte der Entnazifizierung in Ost- und Westdeutschland.

Quedlinburg in Sachsen-Anhalt, Anfang der 1990er-Jahre. Mit dem Kameramann Michael Giefer (stehend) habe ich viele Filme gedreht: unter anderem über den Prozess gegen Johanna von Orléans, über die Geschichte der Mythenbildung um die Syphilis, über das literarische und philosophische Motiv des Doppelgängers. Nach meiner Berufung an die Uni bleibt kaum mehr Zeit fürs Filmemachen.

Berlin 1995, Dreharbeiten zu *Das geteilte Ich*. Es ist mein vorletzter Film.

Ost-Berlin 1988, Dreharbeiten mit dem Kameramann Peter Kaiser für die Filmtrilogie zur Geschichte der Antisemitismus.

Cévennes 1978, Dreharbeiten mit dem alten Monsieur Ayrolles für den Film *Zum Sterben muss man geboren sein*. Er ist zu dieser Zeit der einzige verbliebene Bewohner des Weilers und sagt, er habe keine Angst vor dem Sterben, aber beim Gedanken, dass die Terrassen nach ihm verwildern werden, beginnt er zu weinen.

Bei San Diego, 1985. Zusammen mit den Kindern unternehmen wir eine große USA-Reise. In Südkalifornien versuche ich mich im Angeln, erwische aber nur die Schiffsschraube.

Rouen 1976, Notizen während der Dreharbeiten für den Film zu Gustave Flauberts Roman *Madame Bovary*.

Winter 1993/94. Ich habe gerade den Ruf an die Humboldt-Universität erhalten. Die alten Ledersessel erwarben wir bei der Heilsarmee in Paris. Wir haben sie heute noch.

Cévennes 1975, die alte Madame Couren vor ihrem Kamin. Als junge Frau wäre sie gern mit den Männern auf die Jagd gegangen, durfte aber nicht. In den Cévennes lernte ich, Zeit in Generationen zu rechnen.

Cévennes 1988, die Familie Sauzet – Odile, ihre Enkelin Sandrine, Urbain. Ich habe gerade frischen Ziegenkäse bei Odile geholt.

Cévennes 1996. Unser Haus Le Baralet. Diese Landschaft und die bedingungslose Aufmerksamkeit, die das einsam gelegene Haus einfordert, sind mein Antidotum zur Kopfarbeit.

Rolandseck 1988, ein Familientreffen im alten Bahnhof am Rhein. Meine Mutter mit ihren fünf »C«'s. Mein Vater ist der Fotograf und Archivar der Familienerinnerung.

Bayern 2011, meine Kinder Anna und Valentin. Inzwischen haben sie eigene Kinder. Die Familie trifft sich in Elmau zum hundertsten Geburtstag meines Vaters. Er ist 1997 verstorben.

DIE PSYCHOANALYSE AUF DER COUCH

Zwischen Gesellschaftskritik und Therapie

Mag sein, dass meine späteren Erfahrungen an den französischen Universitäten (ich war Mitte der 1990er-Jahre Gastprofessorin an der Sorbonne) nicht repräsentativ sind: Ich fand die Lehre verschult; die Studierenden lernten, aber interessierten sich kaum für den Stoff. Diese Kritik teilen auch viele Franzosen, die an den Universitäten lehren. Die Entwicklung ist unter anderem eine Folge der Trennung von Lehre und Forschung. Während am *Collège de France* oder am *Centre National de la Recherche Scientifique* berühmte Forscher und Forscherinnen tätig sind, die neue, weit über Frankreich hinausgehende Impulse geben, erscheinen die Universitäten oft langweilig, manchmal pedantisch. Intellektuelle, die dort ihren Lebensunterhalt verdienen, suchen oft nach Betätigungsfeldern außerhalb der Unis oder beenden ihre Laufbahn vorzeitig. Feministische Intellektuelle wie Hélène Cixous oder Julia Kristeva hatten zwar Universitätsstellen, aber ihr eigentliches Wirken lag außerhalb des akademischen Betriebs.

Auf der anderen Seite gab es im Frankreich der 1970er- und 1980er-Jahre einen intensiven Austausch zwischen Wissenschaft, Kultur und Psychoanalyse. Die Psychoanalyse bildete hier, wie schon in ihrem Ursprung, einen integralen Bestandteil des politischen und kulturellen Denkens. Während sie sich in der Bundesrepublik immer mehr zu einer reinen »Heilmethode« entwickelte und das Regelwerk dadurch ständig enger wurde, waren in Frankreich die Grenzen der Psychoanalyse zu Literatur, Kunst, Film und Wissenschaft fließend. Das verstärkte sich nach 1968. In Deutschland spielte zwar die politische Dimension der Psychoanalyse eine Rolle – etwa beim Sozialistischen Patientenkollektiv (SPK) in Heidelberg. Doch geschah dies meist mit Bezug auf Wilhelm Reich, was eine Fokussierung auf die Frage der »Klassengesellschaft« implizierte. In Frankreich dagegen ging es um kulturelle Paradigmen und deren Einfluss auf historische wie aktuelle Entwicklungen. Repräsentativ dafür war Jacques Lacan. Er schuf ein Sensorium für die enge Beziehung von Sprache, Philosophie und Psyche.

Für viele sozialkritische Intellektuelle waren diese Übergänge zwischen Psychoanalyse, Kulturgeschichte und Gesellschaftsanalyse selbstverständlich und produktiv: Sie prägten die Arbeiten von Gilles Deleuze und Félix Guattari, Julia Kristeva, Luce Irigaray, Cornelius Castoriadis, deren Schriften ich viele Einsichten verdanke. Auch bei Schriftstellern und Schriftstellerinnen wie Alain Robbe-Grillet, Marguerite Duras, Claude Simon, Nathalie Sarraute, Michel Tournier, Patrick Modiano war der Einfluss der Psychoanalyse spürbar. Ich würde sogar Jean-Paul Sartre zu ihnen rechnen. Er hielt zwar die Psychoanalyse für eine durch und durch bürgerliche Bevormundungsmaschine, dachte aber selbst in ähnlichen Mustern. Sein *Idiot der Familie,* eine großartige fünfbändige Biografie über Gustave Flaubert, ist durchsetzt von psychologischen Einsichten: ein Psychogramm des Schriftstellers, in dem man zugleich ein Spiegelbild des Philosophen sehen könnte. Flauberts meistzitierte (aber nicht belegte) Aussage »Madame Bovary, c'est moi« lässt sich auch gut auf das Verhältnis Sartres zu Flaubert übertragen: Flaubert, das bin ich. Ich habe von diesen französischen Denkanstößen unendlich profitiert; sie statteten mich mit einem analytischen Instrumentarium aus, das äußerst hilfreich war, als ich mich später mit der deutschen Geschichte und deren Verständnis von Kultur auseinanderzusetzen begann.

Im Winter 1974 wurde ich von *Critique* (einer 1946 von Georges Bataille gegründeten und monatlich erscheinenden Kulturzeitschrift) gebeten, einen Aufsatz über die Psychoanalyse in Deutschland zu schreiben: ihre historische Entwicklung und ihren aktuellen Zustand. Die Nummer versammelte Beiträge von Autoren und Autorinnen, die nicht selbst psychoanalytisch tätig waren, aber mit einem ähnlichen Instrumentarium an gesellschaftliche Fragen herangingen. Zu den weiteren Autoren dieser Nummer gehörten Jean Baudrillard und François Lyotard. Ich begann meinen Beitrag damit, dass das weltweit erste psychoanalytische Institut 1910 in Berlin gegründet wurde. Ihm gehörten einige der großen Namen der ersten Generation von Psychoanalytikern und Psychoanalytikerinnen an: Michael Balint, Therese Benedek, Siegfried Bernfeld, Helene Deutsch, Max Eitington, Otto Fenichel, Robert Fliess, Erich Fromm, Frieda Fromm-Reichmann, Georg Groddeck, Karen Horney, Edith Jacobsen, Melanie Klein, Jeanne Lampl de Groot, Anni Reich, Wilhelm Reich, Theodor Reik und viele mehr. Ab 1920 gab es ein Institut, gegründet von Karl Abraham, das die Grundlagen einer psychoanalytischen Ausbildung erarbeitete und an dem weniger vermögende Klienten umsonst behandelt werden konnten. Diese Gründer und Gründerinnen trugen dazu bei, dass das Wissen um die Psychoanalyse im Kulturleben der Weimarer Republik fest verankert war. 1933 mussten viele von ihnen als Juden vor den Nazis fliehen, trugen dann aber zur Verbreitung der Psychoanalyse in der neuen Welt bei.

Nach dieser Einführung ging ich auf die Entwicklung der Psychoanalyse während der NS-Zeit ein. Bis dahin war ich von einer Unvereinbarkeit zwischen Psychoanalyse und NS-Staat ausgegangen. Die Recherchen öffneten mir die Augen: Der Nationalsozialismus hatte die Psychoanalyse nicht verboten, sondern sich ihrer bemächtigt und massiv auf sie eingewirkt. In einem Institut, das von einem Cousin von Hermann Göring geleitet wurde, versuchten die Nazis aus der Psychoanalyse eine »deutsche Lehre« des Unbewussten zu machen. Das ist heute bekannt, doch damals war das Thema in der deutschen Psychoanalyse weitgehend tabuisiert. Aus gutem

Grund: Das Vermächtnis wirkte noch bis weit in die 1960er- und 1970er-Jahre hinein. Es war einer der Gründe dafür, dass eine Reihe von deutschen Analytikern und Analytikerinnen in den 1950er- und 1960er-Jahren für ihre Ausbildung nach England oder Frankreich auswichen (darunter auch Tilo). Derselben Erbschaft war es aber auch zu verdanken, dass sich die westdeutsche Psychoanalyse zunehmend ins Fahrwasser der Medizin begab und sich immer weniger als Teil des Kulturlebens und als kritisches Instrumentarium zur Interpretation sozialer und historischer Phänomene verstand.

Seit 1967 wird die Psychotherapie – die alle Kategorien von psychoanalytischer Behandlung bis zu Verhaltenstherapie umfasst – in Deutschland als kassenärztliche Leistung anerkannt. Eine große Studie (die weltweit größte Untersuchung dieser Art) hatte nachgewiesen, dass Patienten, die psychotherapeutisch behandelt werden, eine niedrigere Zahl von psychosomatischen Erkrankungen, Arbeitsunfähigkeitszeiten und Krankenhaustagen aufweisen als die entsprechende Vergleichsgruppe. Auch die Rückfallquote war geringer. Die Veränderung der Kassenordnung hatte zur Folge, dass die Behandlung nicht nur betuchten Schichten vorbehalten blieb. Zugleich übte die psychotherapeutische Ausbildung, nun versehen mit guten beruflichen Aussichten, massive Anziehungskraft aus. Doch die Neuerung verstärkte die von den Nazis ererbte Tendenz der Psychotherapie, sich von der Kultur- und Gesellschaftskritik ab- und einem reinen »Heilauftrag« zuzuwenden, womit sich das Feld zunehmend auf die somatischen Aspekte psychischer Störungen einengte. Zuletzt wurde dieser Trend noch dadurch verstärkt, dass die Kassen für verhaltenstherapeutische Maßnahmen höhere Erstattungsbeträge zahlen als für eine psychoanalytische Behandlung.

Dass sich hinter dieser Entwicklung eine langfristige NS-Erbschaft verbirgt, wird besonders deutlich an der Person und den Veröffentlichungen der Leiterin der Studie, Annemarie Dührssen. Sie hatte ihre Ausbildung in der NS-Zeit gemacht und polemisierte in ihrem 1994 erschienenen Band *Ein Jahrhundert Psychoanalytische Be-*

wegung in Deutschland gegen die Gründergeneration: Sie sprach vom »Glaubenskodex« der Freudianer und meinte damit die von ihr abgelehnte sexuelle Genese neurotischer Erkrankungen. Sie nannte Freud einen »Reichsgründer« mit »neu gegründetem Kolonialreich« und einen »Religionsstifter«,[22] und sie bezeichnete die frühen Psychoanalytiker (mit Anspielung auf deren Judentum) als »sektiererische Religionsgemeinschaft«, die in »teils elitären, teils messianischen Vorstellungen« lebten und mit »Literaten« und »intellektuellen Gruppen« verkehrten.[23] Kolonialreich, Literat, Intellektueller, Sektierer – das sind durchweg Begriffe aus dem antisemitischen Repertoire. Dass dieser Band noch in den 1990er-Jahren erscheinen konnte (wenn er auch nicht unwidersprochen blieb), zeugt von der Langlebigkeit nicht nur dieser Stereotype, sondern auch eines nationalsozialistisch umgeformten Konzepts von Psychoanalyse.

Der Trend, die Psychoanalyse von der Gesellschaftskritik fort und hin zum somatischen Zusammenhang zu drängen, hält weiterhin an: Noch bis in die 1980er-Jahre rekrutierte sich ein Teil des analytischen Nachwuchses aus der Philosophie, den Sozialwissenschaften, der Theologie oder den Kulturwissenschaften. Inzwischen sind es ausschließlich Ärzte und Psychologen, und diese sind ihrerseits bestrebt, ihr Fach den Naturwissenschaften zuzuordnen. Alexander Mitscherlich, der für die Generation der Gesellschaftskritiker repräsentativ war, hatte neben der Medizin auch geisteswissenschaftliche Fächer studiert. Selbst im Widerstand aktiv, hatte er am Prozess gegen die NS-Ärzte von 1946/47 als Beobachter teilgenommen und danach einen erschütternden Bericht veröffentlicht. Dieser verschwand kurz nach Erscheinen aus allen Buchläden. Mitscherlich vermutete, dass er von der Ärztekammer »in toto aufgekauft« worden sei.[24] Dührssen dagegen warf ihm (noch vierzig Jahre nach den Prozessen) vor, »innerlich und in seinen Veröffentlichungen auf der Seite der Ankläger gestanden zu haben«.[25]

Mitscherlich wurde nie an eine medizinische Fakultät berufen (wohl aber auf einen psychologischen Lehrstuhl). Er schrieb Werke, die für die deutsche Gesellschaft von hoher Relevanz waren, so sein bekanntes, mit Margarete Mitscherlich 1967 veröffentlichtes Werk *Die Unfähigkeit zu trauern*. Die Zeitschrift *Psyche*, die Mitscherlich 1947 zusammen mit anderen gründete, gehört zu den Organen, die – zumindest bis jetzt – eine Ahnung vom Anliegen der Psychoanalyse in ihrer früheren Zeit vermitteln.* Auf Mitscherlichs Veranlassung wurde auch das Sigmund-Freud-Institut in Frankfurt/Main eingerichtet, wo psychoanalytische Forschungen, Behandlungen und Ausbildung stattfinden. Es war eine Reaktion auf die zunehmende medizinische Einengung der Psychotherapie. Für die Patienten ist es natürlich von Vorteil, dass die Kosten für die Behandlung von den Kassen übernommen werden, aber es fragt sich, ob die Einbeziehung des sozialen und kulturellen Kontextes nicht auch zu einem besseren Verständnis ihres Leidens beitragen würde. Wir leiden nicht nur an unseren Familien, sondern auch an den Wunden, die die Geschichte in uns schlägt.

Allerdings gab es auch in Frankreich Probleme: Die Lehren von Jacques Lacan, der die Kultur in den Mittelpunkt rückte, führten zu einer tiefen Spaltung der Psychoanalyse. Die Lacan'sche »Therapie« orientierte sich ausschließlich am intellektuellen Interesse des Meisters, nicht am Wohl seiner Patienten. Das mochte angehen für Schüler, die aus seiner Sprachphilosophie lernen wollten, konnte jedoch bei Analysanden, die therapeutische Hilfe brauchten, zu Katastrophen führen. Die klassischen Freudianer** stießen sich an Lacans rücksichtslosem Umgang mit seinen Patienten und Patientinnen.

* Damit scheint es nun vorbei zu sein. Die neuen Herausgeber haben einen inhaltlichen Richtungswechsel angekündigt.

** Die Berufung auf Freud führt in Frankreich zu beträchtlichen Verwirrungen. Lacan nannte seine Schule die *Ecole Freudienne*. Aber auch seine Gegner, die klassischen Psychoanalytiker, die der Internationalen Psychoanalytischen Vereinigung (IPV) angehören und sich an deren strenges Regelwerk halten (zum Beispiel was die Bedingungen der psychoanalytischen Ausbildung betrifft), betrachten sich als die wahren Erben Freuds.

Die Verkürzung der Stunden, plötzlich abgebrochene Sitzungen trieben Analysanden in die Verzweiflung, einige sogar zum Suizid. Wer nach Behandlung suchte, war bei Lacan nicht gut aufgehoben.

Zu den Psychoanalytikerinnen und Psychoanalytikern, mit denen ich in Frankreich zu tun hatte, gehörte Félix Guattari, der 1972 sein mit dem Philosophen Gilles Deleuze geschriebenes Buch *Anti-Oedipe* verfasste. Die beiden Autoren kritisierten darin die von der Psychoanalyse vorgenommene Einschränkung des Unbewussten auf die bürgerliche Kleinfamilie. Ich verfasste eine Rezension des Buches für den WDR und interviewte Guattari, mit dem ich länger in Kontakt blieb (bis zu dem Moment, wo er mich bat, zu den Briefen von Felice Bauer an Kafka »frei zu assoziieren«. Mangels Deutschkenntnissen konnte er sie nicht im Original lesen. Ich hatte allerdings keine Lust, mich bei ihm auf die Couch zu legen). Anders meine Erfahrungen mit Luce Irigaray, über deren 1974 erschienenes Buch *Speculum. De l'autre femme* ich ebenfalls einen Bericht schrieb. Es handelte sich um eine Analyse der männlichen Zentriertheit von Sprache, Philosophie und Kultur, deren Fortführung sie bei Sigmund Freud und Jacques Lacan kritisierte. Mit ihr freundete ich mich an und habe von ihrer Kritik am männlichen Logozentrismus viel gelernt. Für mein Buch über die Geschichte der Hysterie, an dem ich damals zu arbeiten begann, fand ich bei ihr einige Anregungen.

Weniger anfangen konnte ich mit dem Versuch von Luce Irigaray, eine »weibliche Gegensprache« zu entwickeln: Das schien mir innerhalb und mit dem Instrumentarium der bestehenden Sprachstruktur (die unser Denken formatiert) kaum möglich. In den folgenden Jahren sollten mich meine eigenen Forschungen immer mehr zu der Erkenntnis bringen, dass es zwar weibliche Verweigerungsstrategien gegen den Ausschluss der Frauen aus den Denksystemen gibt und diese auch von hohem Erkenntniswert sind. Doch ich musste zunehmend einsehen, dass diese Opposition auch zum Fortschrittsmotor der alten Herrschaftssprache werden kann. Sie ist, wenn man so will, die Antithese, an der sich die These abarbeitet, um dann in neuer, angepasster Gestalt das Ruder wieder in die Hand zu nehmen. Eine weibliche »Gegensprache« lief Gefahr, zu einem Element dieser Dialektik zu werden.

BEGEGNUNGEN DER ERSTEN ART

Das Geschlecht der Sprache

Die nachhaltigste Auswirkung von Mai 1968 war die Entstehung der neuen Frauenbewegung. Mit ihr wurde ein Faden aufgegriffen, den NS-Zeit und Krieg zerrissen hatten. Für die männlichen Mai-Revolutionäre kamen die Forderungen der Frauen überraschend und ungelegen. Sie verkündeten zwar den Anbruch eines neuen Zeitalters – aber bei der Geschlechterordnung sollte, bitte schön, alles beim Alten bleiben. In ihrer Zurückweisung dieser Position unterschieden sich deutsche, französische und amerikanische Feministinnen kaum. In allen drei Kulturen gehörte auch das Recht auf Schwangerschaftsabbruch zu einer der ersten Forderungen. In Frankreich stand die Rechtsanwältin Gisèle Halimi an der Spitze einer Bewegung von Frauen, die öffentlich erklärten, abgetrieben zu haben. In Deutschland initiierte Alice Schwarzer einen Appell nach dem Modell von Halimi. Alice Schwarzer, die ich in meinen frühen Pariser Jahren öfter sah, »lernte« Feminismus in Frankreich und verlagerte dann ihre Aktivitäten nach Deutschland. 1977 gründete sie die Zeitschrift *Emma;* einige meiner Freundinnen waren an dieser Gründung beteiligt oder in den frühen Jahren des Bestehens aktiv – darunter Angelika Wittlich, Christiane Ensslin, Annelie Runge. Diese Frauen und einige mehr sollten bald die Zusammenarbeit mit Alice Schwarzer aufkündigen. Keine hat die Verdienste von Alice für die feministische Sache infrage gestellt, aber alle waren erleichtert, nicht mehr mit ihr zu tun zu haben. Ich selbst hatte zwar Bewunderung für ihre Durchsetzungsfähigkeit und Schlagfertigkeit, hielt mich aber immer auf Distanz. Ihr Zugriff auf die feministische Frage war anders als meiner.

Zwischen den unterschiedlichen Flügeln der Frauenbewegung kam es zu beträchtlichen Konflikten. Offenbar muss jede neue Bewegung erst einmal interne Abgrenzungskämpfe durchlaufen, bevor sie mit der eigenen Vielfalt umgehen kann. (Das war bei der ersten Frauenbewegung im 19. Jahrhundert nicht viel anders gewesen.) Die Spaltungen waren unterschiedlicher Art. Einige Frauen fanden es sinnvoller, mit der Linken – ob Arbeiterbewegung, Trotzkisten oder Gewerkschaft – zu koalieren; andere bestanden auf einer autonomen Frauenbewegung. Letztere bildeten schließlich die Mehrheit. Auf dem ersten Bundeskongress der Frauen, der im März 1972 in Frankfurt/Main stattfand und zu dem ich aus Paris angereist kam, verabschiedete eine Mehrheit der vierhundert Anwesenden eine Resolution, laut der sich die Frauenbewegung autonom organisieren muss; Männern solle die Teilnahme an den Versammlungen verwehrt werden. In der Presse gab es beißenden Spott, einige männliche Journalisten waren nach dem Beschluss vom Kongress ausgeschlossen worden, wofür sie sich rächten. Aber der Beschluss setzte ein Signal für die weitere Entwicklung.

Daneben gab es die Spaltung zwischen lesbischen und heterosexuellen Frauen. Da Letztere mit Männern schliefen, wurde ihnen unterstellt, mit dem »Unterdrücker« zu paktieren, die Frauenbewegung zu verraten. Aber auch lesbische Frauen hatten es nicht leicht. In den 1970er-Jahren wagten viele noch nicht, sich öffentlich zu ihrer sexuellen Orientierung zu bekennen – sie mussten zwar keine juristische Verfolgung, wohl aber Nachteile in ihrem beruflichen Umfeld befürchten. Hinzu kam, dass einige lesbische Frauen früher heterosexuell gewesen waren und Kinder hatten. Der Unterschied zwischen den »Alt-Lesben« und den »Bewegungs-Lesben« – Frauen, die sich erst durch ihre Aktivität in der Frauenbewegung zu Frauen hingezogen fühlten – schuf noch einmal eigene Konflikte. Einige der

»neuen Lesben« versuchten, Ehe und Heterosexualität mit ihrer neu entdeckten Homosexualität kompatibel zu machen. Das führte unweigerlich zu Konflikten mit allen Seiten. Schließlich gab es noch die Feministinnen, die in den 1970er-Jahren einen Mutterschaftskult zu entwickeln begannen, in dem sich alles um Gebären und Stillen drehte. Gegen sie grenzten sich sowohl homosexuelle als auch heterosexuelle Frauen ab.

Seitdem Homosexualität als Teil der sexuellen Vielfalt begriffen und gesellschaftlich akzeptiert wird, seitdem auch homosexuelle Frauen dank der neuen Reproduktionsmedizin nicht auf Männer angewiesen sind, um Mutter zu werden, haben viele dieser Konflikte ihre Brisanz eingebüßt. Rückblickend kann man sich auch nur wundern, wie zentral das Thema Sexualität war: Die männliche Penetration und die Frage von klitoralem oder vaginalem Orgasmus wurden unentwegt diskutiert. Aber kein Mensch sprach darüber, dass das »Patriarchat« alles Mögliche ist – nur nicht ein Regime der leiblichen Vaterschaft. Auch mir kam diese Erkenntnis erst später.

1979 bat mich das Goethe-Institut Paris, eine Konferenz zum Thema »Emanzipation – Männersache? – Frauensache?« zu ko-kuratieren. Die Tagung erstreckte sich über drei Abende. An einem Abend wurden vier meiner Filme gezeigt. Am zweiten Abend fand eine Diskussion statt, die ich zu moderieren hatte – eine Aufgabe, in der ich noch nicht sehr geübt war und die sich in diesem Fall als besonders schwierig erwies. Aus Deutschland kamen Volker Elis Pilgrim, Helge Pross, Lottemi Doormann, Ula Stöckl, Ingeborg Drewitz, Ulrike Rosenthal; von französischer Seite nahmen Françoise d'Eaubonne, Gisèle Halimi, Andrée Michel, Christine Delphy, François Coupry, Françoise Gaspard und Luce Irigaray teil. Die Vorträge und Diskussionen illustrierten einerseits, wie sehr sich das Spektrum des Feminismus erweitert hatte: Inzwischen ging es nicht nur um die Gleichstellung (vor dem Gesetz und bei der Entlohnung), sondern auch um Sexualität und Körperlichkeit sowie um die schwer zu erfassenden kulturellen Hintergründe von Geschlechterrollen. Andererseits verdeutlichte die Konferenz aber auch den unterschiedlichen Stand der Debatte in Frankreich und Deutschland.

In Deutschland spielte die Vereinbarkeit von Beruf und Mutterschaft eine wichtige Rolle. Den Französinnen, die auf ausreichend Plätze in den Vorschulen und Ganztagsschulen rechnen konnten, brannten ganz andere Dinge auf den Nägeln – etwa das Scheidungs- oder Erbschaftsrecht. (Bei der Scheidung galt in Frankreich noch bis 2005 das Schuldprinzip.) In Westdeutschland wurden verheiratete Frauen erst ab 1969 als geschäftsfähig angesehen, und es dauerte bis 1977, bevor sie das Recht erhielten, ohne Zustimmung des Mannes einer Erwerbstätigkeit nachzugehen. Vieles von dem wirkt bis heute nach: etwa in den Debatten um die Quote, mit der sich die Deutschen besonders schwertun. In den skandinavischen Ländern sitzen Frauen schon längst in vielen Aufsichtsräten, in Deutschland funktioniert es nicht einmal mit Quoten. In allen Ländern findet bis heute ein Kampf um die Teilung der häuslichen Aufgaben statt. Zwar sind die Voraussetzungen für die Vereinbarkeit von Mutterschaft und Berufstätigkeit in Frankreich besser. Doch innerhalb der Familien erhalten sich auch hier die traditionellen Geschlechterrollen. Während in Deutschland Kita-Plätze bis heute Mangelware und Ganztagsschulen eher die Ausnahme sind, hat sich innerhalb der Beziehungen einiges bewegt: Die Zuordnung von dem, was als »männliche« oder »weibliche« Aufgabe gilt, ist fließender geworden.

Wie bei der Frauenbewegung generell offenbarten sich auch im »kulturellen Feminismus« Konflikte. Hélène Cixous zum Beispiel war zur Veranstaltung des Goethe-Instituts eingeladen worden, hatte es aber abgelehnt, mit Luce Irigaray auf einem Podium zu sitzen. Dabei waren beide Repräsentantinnen der sogenannten *Ecriture féminine*. Unter diesem Namen wurden feministische Intellektuelle zusammengefasst, die sich die Erforschung einer frauenspezifischen Sprache zum Ziel setzten. Beide Autorinnen gingen von einer engen Verbindung zwischen Sprache, Unbewusstem und Körperlichkeit aus (wobei eine wie die andere Weiblichkeit als eng verbunden mit

Mütterlichkeit dachte). Beide kamen zu dem Schluss, dass sich die »Sprache der Frau« der männlichen Logik widersetze oder diese unterwandere. Beide arbeiteten mit literarischen und psychoanalytischen Theorien. Aber offenbar hatte ihre Differenz in eben dieser Nähe auch ihren Ursprung. (Freud nennt das den »Narzissmus des kleinen Unterschieds«.) Diese Abgrenzung untereinander war damals unter Frauen – vor allem den Frauen in der Kulturszene – verbreitet und verdankte sich auch der Tatsache, dass alle Feministinnen zunächst Einzelkämpferinnen waren und sich – als Künstlerinnen, Journalistinnen, Akademikerinnen, Psychoanalytikerinnen oder Filmemacherinnen – gegen männlich dominierte Institutionen hatten durchsetzen müssen. Manche wurden gar nicht erst aufgenommen. Luce Irigaray erhielt nie eine Forschungsstelle, obgleich über ihr Werk, wie sie mir einmal sagte, viele akademische Arbeiten verfasst wurden.

Die französische Frauenbewegung wurde von Psychoanalytikerinnen wie Luce Irigaray und Hélène Cixous maßgeblich beeinflusst, doch in der französischen Wissenschaft konnte die Kategorie Gender kaum Fuß fassen. Zwar gab es großartige Historikerinnen, die sich auch mit der Geschichte der Frauen beschäftigten, aber es gibt, anders als in den USA und mittlerweile auch in Deutschland, bis heute keinen Studiengang und kein Forschungszentrum zu Gender Studies. Auch in Deutschland haben sich einige Fächer lange gegen die Geschlechterkategorie gewehrt. Doch allmählich erzwangen doch einige Akademikerinnen – vor allem Historikerinnen, Soziologinnen, Juristinnen – die Reflexion über die Kategorie Geschlecht. In beiden Ländern waren es zunächst außerakademische Aktivistinnen – Journalistinnen, Verlegerinnen, Künstlerinnen, Schriftstellerinnen, Galeristinnen –, die den Kampf um Frauenrechte und feministische Sichtweisen vorantrieben. Die freien Berufe boten einen guten Maquis für die Frauenbewegung.

Ab Mitte der 1970er-Jahre organisierten sich Frauen in feministischen Gruppen – manchmal mit dem Ziel der Selbsterfahrung, manchmal auch, um Aktionskomitees zu gründen. »Gemeinsam sind wir stark« war ein verbreiteter Slogan. Ich nahm, wie schon erwähnt, an einigen der großen Frauen-Kongresse teil, aber der Schwerpunkt meiner Aktivitäten lag weiterhin bei den Filmen und dem Schreiben. Es war keineswegs so, dass ich auf Aktivistinnen herabgeblickt hätte. Im Gegenteil: Ich war voller Bewunderung und dankbar für die Dinge, die sie bewegten. Nur mein Ziel war ein anderes: Ich wollte begreifen, wie es überhaupt zu dieser Geschlechterordnung gekommen war – und warum sie dabei war, sich aufzulösen. Dass Letzteres geschah, konnte man an der Geschichte der Frauenbewegung sehen, die im 19. Jahrhundert in allen Industrieländern zugleich einsetzte. Ende der 1980er-Jahre entschieden mehrere Redakteurinnen öffentlich-rechtlicher Sender, eine Filmreihe zu diesem Thema in Auftrag zu geben. Ich übernahm zwei der zwölf Filme. Viele der elf beteiligten Regisseurinnen, darunter auch ich, taten sich schwer mit der kollektiven Arbeit, die dieses Projekt einforderte. Filmemachen und Schreiben sind kreative Prozesse, die Selbstständigkeit voraussetzen. Ein »Wir« bedeutet immer Arbeit nach äußeren Vorgaben, Anpassung an einen kollektiven Rahmen, letztlich Gleichschaltung. Das mag angehen für politische Aktionen, aber bei kulturellen Schöpfungsprozessen reiben sich die individuellen Positionen aneinander. Die meisten Gemeinschaftsprojekte sind entweder heterogen, sie wirken zusammengestückelt – oder aber sie verkünden ein Dogma, ein Programm. Dieses Projekt war eher heterogen, was angesichts der Diversität feministischer Perspektiven sogar angemessen war.

Ohne dass ich es darauf abgesehen hätte, verlegte sich der Fokus in meinen Filmen immer mehr auf Literatur und Sprache. Die Beschäftigung mit der Hysterie hatte das schon nahegelegt, aber erst beim Drehen eines Films über die Académie Française begann ich die Muster zu verstehen, nach denen sich Gemeinschaften der Sprache bemächtigen, um daraus ein Instrument kollektiver Identität unter männlicher Vorherrschaft zu machen.

1980 wurde Marguerite Yourcenar als erste Frau in die Académie Française berufen. Über mehr als drei Jahrhunderte hatten ausschließlich Herren den vierzig »Unsterblichen« angehört, die über die französische Sprache wachen. Anlässlich der Berufung von Yourcenar gab es unter den Akademiemitgliedern wie auch in der französischen Öffentlichkeit eine große Kontroverse, die der Film widerspiegelt. Der Generalsekretär auf Lebenszeit Jean Mistler erklärte uns die »Probleme«, die sich mit der Aufnahme von Frauen stellten: »Bis jetzt haben wir es völlig vermieden, Frauen aufzunehmen, weil wir uns sagten, dass die Académie Française nicht ein Salon, sondern ein Klub ist. Ein Männerklub. Der Unterschied zwischen einem Salon und der Académie besteht darin, dass man sich in einem Salon nicht frei ausdrücken kann. Wohingegen man bei uns frei seine Meinung äußert. Bitte glauben Sie nicht, dass wir uns unanständige Geschichten erzählen, wie das im Herrenzimmer nach dem Mittagessen geschieht. Aber es gibt doch Probleme: Bis jetzt sind wir untereinander gleichgestellt. Und wenn wir durch die Tür gehen, dann lassen wir dem den Vortritt, der am längsten der Académie angehört. Wenn eine Frau dazukommt, können wir das nicht mehr; dann wird man immer ihr den Vortritt lassen.« Mistler macht eine kleine Pause. Bevor er weiterspricht, breitet sich ein zufriedenes Lächeln auf seinem Gesicht aus: »Aber sobald es zwei Frauen gibt, wird keine der beiden als Erste durch die Tür gehen wollen. Sie sehen also die Schwierigkeiten.« Sobald es um Frauenrechte geht, ist man sich für einen Herrenwitz nicht zu schade.

Claude Lévi-Strauss, auch er Mitglied der Académie, hatte eine andere Begründung für seine ablehnende Haltung gegenüber der Aufnahme einer Frau: »Eine der Größen der Académie Française besteht darin, sich von allen wichtigen Institutionen Frankreichs seit ihrer Gründung am allerwenigsten verändert zu haben. Mein Beruf als Ethnologe hat mich gelehrt, dass die wichtigsten Werte einer Gesellschaft die Riten sind, an die sie sich hält. Sie sind lebensnotwendig. Die Académie Française stellt eine Art von weltlicher Priesterschaft dar, die vom Staat beauftragt wurde, über das zu wachen, was Frankreich immer als seinen größten Schatz betrachtet hat, nämlich die Sprache.« Da diese Priesterschaft vor 330 Jahren nicht auf die Idee gekommen sei, eine Frau in den Kreis der »Unsterblichen« aufzunehmen, solle man es dabei belassen. Sein Argument besagte letztlich, dass Frauen den »Schatz« der Sprache zwar verwenden dürfen, ein weibliches Mitspracherecht über seine Gestalt ihn aber verunreinigen würde. Indirekt gestand er damit ein, dass sich die Sprache verändern würde, sobald Frauen mitzuentscheiden hätten.

Obwohl Marguerite Yourcenar es ablehnte, als Schriftsteller*in* wahrgenommen zu werden – sie meinte, die Sprache sei eine geschlechtsneutrale Angelegenheit (»Ich hoffe nicht, dass Frauen anders schreiben, genauso wenig wie sie sich anders bewegen oder anders essen«) –, kritisierte sie die Tendenz des französischen literarischen Stils, »nicht dem direkten gelebten Alltag zu entsprechen«. Das gelte aber erst für die Neuzeit: »Montaigne ist, wie Shakespeare, sicherlich einer von den Schriftstellern, die am besten das direkte Leben erfasst haben. Dasselbe gilt für Rabelais und einige Dichter der Renaissance. Aber danach hat es in Frankreich zunehmend eine Neigung gegeben, die Sprache zu begradigen, zu berichtigen, zu reinigen, sie gefälliger, salonfähiger zu machen. Man hat versucht, sie derartig zu polieren, dass sie sich von der Wirklichkeit entfernte. So schrieb ich etwa in einem meiner Bücher, dass die Gouvernante der Kinder mit den Dienstboten aß. Etwas beunruhigt schrieb mir mein Lektor, ob man nicht lieber schreiben solle: ›sie nahm ihre Mahlzeiten mit den Dienstboten ein‹. Er wollte die physische Realität nicht wahrhaben.« Die Autoren, die Marguerite Yourcenar als Beispiele für eine »lebendige« Sprache Frankreichs anführt, lebten und schrieben allesamt vor der Gründung der Académie Française im Jahr 1650.

Diese Institution bewirkte genau das, was Marguerite Yourcenar kritisierte: die Kontrolle, Glättung, Homogenisierung der französischen Sprache. Daran lässt auch Jean Mistler keinen Zweifel. »Es gibt auch heute noch ein gutes Französisch, und wir versuchen, es gegen seine Feinde zu verteidigen. Wer sind seine Feinde? Vor allem die Umgangssprache, das Argot. Das Argot ist eine amüsante Sprache; ich habe oft ein Wörterbuch des Argot auf meinem Schreibtisch liegen. Aber es bietet kein nachahmenswertes Beispiel. Das Argot war ursprünglich die Sprache der Banditen, der Schmuggler und Diebe, die sich dieses Vokabulars bedienten, damit die Polizei sie nicht versteht. Pensez vous! Die Polizei verstand sie genau. Das Ärgerliche an dieser Sprache ist, dass sie sich derartig schnell verändert. Sie erneuert sich mit jeder Generation, alle zwanzig bis dreißig Jahre. Die Balladen im Argot von einem der großen Dichter des Mittelalters, François Villon, sind heute nicht mehr zu verstehen.«

Jede Sprache ist ein dynamischer und anpassungsfähiger »Organismus« (mir fällt kein besseres Wort ein), der sich, eben weil er lebendig ist, der Regulierung entzieht. Nur tote Sprachen verändern sich nicht. (Deshalb eignen sie sich als Wissenschaftssprachen: Ihnen gehen die Vieldeutigkeit und veränderbaren Konnotationen lebendiger Sprachen ab.) Den Plan, eine Grammatik zu schreiben, musste die Académie immer wieder verschieben. Als man es Anfang des 20. Jahrhunderts zum ersten Mal versuchte, ging das Unterfangen derartig schief, dass man den Plan ganz aufgab. Bei Dichtkunst und Rhetorik (deren Regulierung ebenfalls in den Gründungsstatuten vorgesehen war) unternahm man gar nicht erst den Versuch, Normen zu erstellen. Übrig blieb nur das Lexikon der Wörter. Über sie wird in einer Kommission wöchentlich beraten; zur Zeit der Dreharbeiten bestand sie aus weißhaarigen Herren, die über den Buchstaben A der 8. Auflage diskutierten: »*Anaphrodisiak* – ›Mittel zur Dämpfung sexueller Wünsche.‹ – ›Brauchen wir ein Beispiel?‹ – ›Brom, Kampfer etc.‹ – *Anaphrodisie* – ›Verschwinden sexueller Wünsche‹ – ›Ein neues Wort, aber es ist gut geformt‹ – *Anarchie* – ›Form von Gesellschaft, die sich durch die Abwesenheit von Regierung auszeichnet oder durch die Missachtung der Gesetze‹ – ›Aber das gab es doch nie: eine Gesellschaft, in der die Anarchie installiert ist! …« Bisher musste jedes Lexikon noch vor seinem Erscheinen eingestampft werden: Es war überholt, ehe es in Druck ging.

Heute, fast vierzig Jahre nach diesen Dreharbeiten, steht in der Institution viel mehr auf dem Spiel: Dieselbe Sprachkommission (in neuer Besetzung) muss sich mit der Anpassung der Sprache an die neue Geschlechterordnung befassen. In dieser Frage geht es in Frankreich nicht minder hoch her als in Deutschland in der Debatte über das Gendersternchen. Hatte die Akademie eine »Genderisierung« der Sprache zunächst strikt abgelehnt, so macht sie nun selbst darauf aufmerksam, dass sich jede historische Epoche in einer Veränderung der Sprache niederschlägt und folglich auch das neue »Zeitalter der Frau« einer sprachlichen Umsetzung bedarf. Die Lösung, die sich in Frankreich durchgesetzt hat, ist relativ einfach. Bei einem Wort wie *auteur* oder *professeur* wird das Geschlecht durch das Präfix verdeutlicht: *le* (der), *cet* (dieser) oder *la* (die), *cette* (diese) *professeur*. Hätte man die traditionelle Verweiblichung der Worte verwendet (die aus einer »in«-Endung – wie bei *médecin*, Arzt – eine »ine« macht), so wäre die Sprache in Konflikt mit schon bestehenden Begriffen geraten: *médecine*, das Fach Medizin. Auf die deutsche Sprache mit ihren drei Genus-Alternativen sowie einer langen Tradition der Verweiblichung von Substantiven (»Ärztin«) ist die französische Art, den neuen Entwicklungen Rechnung zu tragen, kaum übertragbar. Auf der anderen Seite bietet das einfache französische Modell aber auch keine Möglichkeit, der Diversität geschlechtlicher Zugehörigkeit Rechnung zu tragen, der sich das deutsche Gendersternchen verdankt. Gegen dieses wird zu Recht eingewendet, dass es das Wort auseinanderreißt, die Lesbarkeit des Textes erschwert. Dem ließe sich mit dem Vorschlag von Luise Pusch begegnen, das Gendersternchen *auf* das »i« zu setzen. Das erfordert zwar ein neues Zeichen, aber dies wäre nicht die einzige Innovation unserer Zeichensprache, wie etwa der € oder das @ belegen.

Was ich damals noch nicht begriff (und was auch heute bei der Diskussion zu den Geschlechtercodes der Sprache völlig unter den

Tisch fällt): Die Verschriftung der Sprache hatte einen prägenden Einfluss auf die Geschlechterrollen. Sie schuf eine Hierarchie zwischen der weiblich gedachten Oralität und der mit Männlichkeit gleichgesetzten Schriftlichkeit. Die Polarisierung verstärkte sich mit dem Buchdruck, der die Vorstellung von der Mannhaftigkeit des geschriebenen Worts aus der Theologie in säkulare Bereiche, in Wissenschaft und Philosophie, überführte. Die Académie Française war ein Beispiel für diesen Transfer. (Allerdings trieb der Buchdruck auch die allgemeine Alphabetisierung voran – mit dem Erfolg, dass sich immer mehr Frauen des geschriebenen Worts bemächtigten.) Diese Macht der Schrift, soziale Realität zu verändern, habe ich später noch in einigen Filmen und Büchern behandelt. So etwa in einem Film über die Geschichte des utopischen Denkens, *Von Wunschtraum zu Alptraum,* in dem ich darstellte, dass viele der großen Utopien – von Platons *Staat* bis zu Francis Bacons Wissenschaftsutopie *Nova Atlantis* – im 20. Jahrhundert in die Wirklichkeit umgesetzt wurden. Der allmähliche Realisierungsprozess verlief parallel zur zunehmenden Dominanz der Schrift über das Sprechen. Andere Beispiele waren der Film *Menschen & Bücher* über die Benutzer einer großen wissenschaftlichen Bibliothek oder das Buch *Versuch über den Schwindel: Religion Schrift Bild Geschlecht.* Schon durch frühere Kulturtechniken war es zu einer Dichotomie zwischen männlicher Kultur und weiblicher Leiblichkeit gekommen. Diese wurde durch die Schriftsysteme verstärkt. Die Hierarchie zwischen dem »höheren Geist« (Schrift) und dem »niederen Leib« (Mündlichkeit) stand am Ursprung jener Geschlechterordnung, die den Frauen geistige Tätigkeiten untersagte. Kein Wunder, dass die Genderisierung der Sprache die Gemüter so erregt: Es geht hier tatsächlich ums Eingemachte!

Als wir 1981 Paris verließen, hatten wir einen großen Freundeskreis, der sich aus Kunst, Journalismus, Wissenschaft und Psychoanalyse zusammensetzte. Viele dieser Freundinnen und Freunde erschienen auf einem Abschiedsfest, darunter auch Marianne Strauss, mit der mich nach dem Ende meiner Analyse eine Freundschaft verband und die ich auch bei späteren Aufenthalten in Paris und bis zu ihrem Tod häufig besuchte. Ich bewahre einige Briefe, die sie mir schrieb, als Schatz. Sie hatte dazu beigetragen, dass ich neue Fragen an mein Leben stellte, und ihm dadurch zu einer Wende verholfen. Auf die Einladungen zu unserem Abschiedsfest hatten wir geschrieben: »Nous n'avons pas envie de quitter Paris, mais nous avons envie de le fêter.«* Eigentlich hatte ich mich an den Gedanken gewöhnt, immer in Paris zu bleiben. Aber Tilo hatte eine Stelle in Deutschland angeboten bekommen, die er kaum ausschlagen konnte: die Leitung eines großen psychiatrischen Landeskrankenhauses mit tausend Betten und allen Sparten der Psychiatrie und Neurologie. In den folgenden Jahren sollte er in Bonn für eine Reduzierung der Zahl und der Dauer stationärer Aufenthalte sorgen: durch die Einführung ambulanter und wohnortnaher Einrichtungen, wie er sie aus Frankreich kannte. Er war der einzige Klinikleiter Deutschlands, der sowohl Psychiater als auch Vollanalytiker war. Diese doppelte Qualifizierung war in Frankreich nicht unüblich – sie hatte zur Reform des französischen psychiatrischen Versorgungswesens beigetragen. In Deutschland war sie ein Novum und blieb auch ein Einzelfall. Als Tilo zwanzig Jahre später die Klinik wieder verließ, hatte diese ihr Gesicht verändert.

* Wir haben keine Lust, Paris zu verlassen, aber wir haben Lust, es zu feiern.

EIN KLEINES DORF IN FRANKREICH

St. Roman de Codières

Unsere Jahre in Frankreich wurden am tiefsten geprägt vom Leben, das wir in unserem Dorf in den Cévennes kennenlernten. Der Ort und die Erfahrungen in dieser Umgebung wurden für mich immer mehr zum Antipoden des Stadt Paris: Sie waren außerdem das Therapeutikum gegen eine Arbeit und ein Denken, die ein abstraktes Verhältnis zur Gesellschaft förderten. In den Bergen holte mich das Existenzielle ein. Der Aufenthalt in den Cévennes – ob im Sommer oder zu anderer Jahreszeit – war neben ein wenig Schreiben vor allem mit körperlicher Tätigkeit verbunden: Gestrüpp entfernen, Unkraut jäten, Blätter einsammeln. Intellektuelle Werte zählten nur mäßig. Der Kopf atmete durch – und da der Rückzug in die Cévennes für mein Leben so wichtig war, ist dieses Dorf einen eigenen Abschnitt wert. Er scheint aus dem Erzählstrang über das Werden einer Feministin herauszufallen. In Wirklichkeit war dieses andere Leben ein integraler Bestandteil.

Die Cévennes sind ein Mittelgebirge im südwestlichen Teil von Frankreich, ihre südlichen Ausläufer liegen nordwestlich von Nîmes und nördlich von Montpellier. Der nördliche Teil der Cévennes geht in die Ardèche mit ihren wilden Schluchten über und grenzt an die raue Hochlandschaft der Lozère an. Am südlichen Rand der Cévennes (wo wir uns vor etwa fünfzig Jahren angesiedelt haben) herrscht ein Mittelmeerklima. Es ist uns aber auch passiert, dass wir von dicken Schneefällen überrascht wurden und auf unserem Berg für einige Tage festsaßen. Zu unserem isolierten Haus kommt der dörfliche Schneepflug erst, wenn alle anderen Häuser befreit sind, und auch dann müssen wir den letzten Kilometer selbst freischaufeln. In den letzten Jahren hat es freilich kaum mehr geschneit.

Warum begibt man sich in eine solche Einsamkeit? Weil eine Landschaft Faszination ausübt. Weil man glaubt, man sei der Einzige, der hier Zuflucht sucht – bis man lernt, dass diese Landschaft eine lange und bewegte Geschichte als Zufluchtsort hat. Sie verlief nicht immer friedlich und begann mit den Kelten, wovon noch heute Menhire zeugen. Deren magische Kräfte werden manchmal angerufen, wenn der Regen ausbleibt oder ein Kinderwunsch erfüllt werden soll. Im Mittelalter versteckte sich ein Teil der Katharer in dieser Berglandschaft, und ab 1685 (als das Edikt von Nantes widerrufen wurde und ein blutiger Krieg gegen die französischen Protestanten einsetzte) hielten die Hugenotten in den verstreuten Tälern der Cévennes ihre verbotenen Gottesdienste ab. Manche Dörfer waren rein protestantisch, und die Bevölkerung führte das Leben einer Geheimsekte, so unerbittlich wurden sie verfolgt.

Während der deutschen Besatzung von Südfrankreich im Zweiten Weltkrieg versteckten sich Résistance-Gruppen in diesen Bergdörfern. Ganz in unserer Nähe gab es eine Ruine, die »la maison brulée« (das verbrannte Haus) hieß. Ein Denunziant hatte deutschen Soldaten das Versteck von Widerstandskämpfern gezeigt – und diese hatten den gesamten Hof mitsamt Bewohnern niedergebrannt. Fast siebzig Jahre lang näherte sich niemand dem Haus. Es blieb ein Mahnmal. Erst vor einigen Jahren entschloss sich ein Engländer, das Haus zu kaufen, es instand zu setzen und zu bewohnen. Als ich vor einigen Jahren Fernand Braudels großartiges Buch über das Mittelmeer las, begriff ich, warum diese Landschaft so viele – und historisch völlig unterschiedliche – Widerstandsgruppen beherbergt hat. Die Macht (ob in Italien, Frankreich oder Nordafrika), so schreibt Braudel, siedelt sich immer an den Küsten an: Hier funktioniert der Handel, und die Städte sind leicht zu kontrollieren. Die Berge dagegen sind schwer zugänglich und deshalb ein idealer Rückzugsort für oppositionelle Gruppen. Berge sind nicht nur geologische, sondern auch politische Topografien.[26]

Im 20. Jahrhundert wurden die Cévennes zum Hort des Widerstands gegen eine neue Art von Zentralmacht: die Moderne. Das muss mich angesprochen haben, als ich zum ersten Mal Fotos der Gegend sah. Von diesen einsamen Höfen ging etwas Archaisches aus, von dem man glaubte, es sei aus Europa verschwunden. Diese Landschaft lud ein, den Dienst am »Krieg gegen die Natur« zu verweigern.* Als ich mich 1972 zum ersten Mal mit der Gegend beschäftigte, waren die Cévennes gerade zum Schauplatz eines Romans geworden, der den angesehenen Prix Goncourt erhielt: *L'Epervier de Maheux* (dt.: *Der Sperber von Maheux*), verfasst von Jean Carrière. Der Roman verkaufte sich zwei Millionen Mal – ein ungewöhnlicher Erfolg für einen Roman, der »die Provinz« zum Thema hatte. Er verdankte sich einem Wandel der Mentalitäten. Eine frankophile Fernsehredaktion bat mich, einen kurzen Film über Roman und Autor zu drehen. Beide passten so gar nicht in das Schema der literarischen Preisvergabe, das fast nur die Hauptstadt im Blick hat.

L'Epervier de Maheux erzählt vom letzten Bauern eines kleinen Weilers in den Cévennes, der seine Cousine dazu bringt, ihn zu heiraten, indem er ihr Liebesbriefe schickt, die er aus den Fortsetzungsromanen alter Zeitschriften abschreibt. Sie erhört ihn, kommt ins Dorf in der Erwartung von Liebe und zärtlicher Sprache. Stattdessen erfährt sie Schweigsamkeit und harte Arbeit. Als der gemeinsame Sohn (mit dem biblischen Namen Abel) den Hof übernimmt, setzt sich dieser in den Kopf, eine Quelle im Felsen zu finden. Er hämmert

* »Krieg gegen die Natur« – der Begriff ist schon einige Jahre alt, hatte aber plötzlich Konjunktur, nachdem ihn UNO-Generalsekretär António Guterres bei der Eröffnung des Klimagipfels in Madrid am 2. Dezember 2019 verwendete. Vorher galt der Begriff als »Panikmache«.

ins Gestein – sprachlos und einsam, nur noch beobachtet von einem Sperber, der über ihm seine Kreise am Himmel zieht.

Schon beim ersten Anblick dieser Landschaft setzte sich in meinem Kopf die Idee fest, dass ich an diesen Ort gehöre. Ich wusste zu dieser Zeit nichts Näheres über die Geschichte der Gegend, aber später sagte mir mein Vater, dass ein Teil unserer Vorfahren aus den Cévennes kam: Protestanten, die nach Preußen geflohen waren. Friedrich Wilhelm, der Große Kurfürst, hatte den Hugenotten die Niederlassung angeboten – schon wenige Wochen nach der Revokation des Edikts von Nantes. Ein anderer Teil dieser Familie war zum Katholizismus zurückgekehrt und lebte noch immer in der Gegend. Wir haben diese »Cousins« einmal besucht: Sie bewohnten ein trotziges kleines Schloss aus Granitstein in der Nähe von Florac.

Tilo begleitete mich bei den Recherchen zum Film. Nachdem wir einige Tage in der Gegend verbracht hatten, begannen wir, nach einem Haus zu suchen. Wir wussten nicht genau, wonach wir suchten – und auch heute, wenn wir spätnachts ankommen und über endlose Serpentinen in die Berge hochfahren, frage ich mich oft, welcher Teufel uns geritten hat, uns so fern von jeder Zivilisation anzusiedeln. Kaum sind wir angekommen, frage ich nicht mehr. Man hatte uns gesagt, dass die örtlichen Notare immer wissen, ob in der Umgebung ein Haus zum Verkauf angeboten wird. Agenturen interessierten sich damals kaum für diese Gegend. Mit dem ersten Notariat betraten wir eine untergegangene Welt. Der Notar hatte seinen »Amtssitz« in einem Haus aus dem 16. Jahrhundert, das früher vermutlich der Justizpalast des Dorfs war. Die Ehefrau war vollkommen erstaunt, dass überhaupt jemand bei ihrem Mann anklopfte. Sie verschwand, es gab ein leises Tuscheln hinter verschlossenen Türen, dann durften wir die Amtsräume betreten. Uns bot sich ein Anblick, wie ich ihn aus den expressionistischen Filmen der 1920er-Jahre kannte: An den Wänden und auf dem Boden türmten sich Akten, von dickem Staub überzogen. Sie ließen einen schmalen Durchlass bis zum großen Tisch, an dem der alte Herr (in hastig übergeworfenem Morgenmantel) saß. Wir brachten unsere Frage vor, er nickte bedächtig und beschloss, jemanden herbeizuholen. Während wir warteten, erzählte uns die Frau, die erheblich jünger war als er, dass sie, als Waise geboren und in einer Klosterschule erzogen, an ihn verheiratet worden war, um ihm den Haushalt zu führen. Seitdem saß sie hier, abgeschnitten vom restlichen Dorf. Wie wir später erfuhren, ging kein Mensch mehr zu diesem kauzigen Notar, man fuhr lieber in den nächstgrößeren Ort. Die Ehefrau schien glücklich, jemandem ihre Geschichte erzählen zu können.

Nach einer halben Stunde erschien eine ältere Bäuerin, deren Gesicht und Hände offenbar schon lange kein Wasser mehr gesehen hatten. Madame Prieur erzählte uns, sie habe ein Haus zu verkaufen, es liege am Berghang über dem Dorf. Das Haus hatte weder Strom noch fließend Wasser, im Dach waren Löcher, Fensterrahmen ohne Scheiben hingen schief an den Maueröffnungen. Auch musste man von der Straße aus ein gehöriges Stück bergauf klettern. Doch von hier aus blickte man über bebaute Terrassen und das Dorf Sumène, in der Ferne Bergkämme. Eine eigene Quelle gab es auch: Ein Brunnen war in den Felsen geschlagen worden. Wir fragten nach dem Preis, Madame Prieur wich aus. Auch der Notar wich aus, als wir nach den Kaufbedingungen fragten. Es müssten noch ein paar Dinge geklärt werden, hieß es. Das leuchtete uns ein, und wir kündigten uns für einige Wochen später wieder an. Als wir wiederkamen, waren die Dinge weiterhin ungeklärt, aber der Alten schien am Kontakt mit uns zu liegen. Wir kletterten also wieder zum Haus hoch, wo Tilo ihr vorschlug, sie könnte uns das Haus – so wie es war – erst mal für den kommenden Sommer vermieten. Sie willigte ein, und wir einigten uns auf eine Miete von hundert Francs (das waren ca. vierzig Mark): Dafür konnten wir das Haus (oder was davon noch stand) für den gesamten Sommer bewohnen. Den mangelnden (eher inexistenten) Komfort nahmen wir in Kauf. Es war ja Sommer.

Wir rückten an mit Feldbetten, Decken und Campingausrüstung. Wir hatten auch einen kleinen Klapptisch, an dem ich mit meiner Schreibmaschine arbeiten konnte, wenn er nicht für die Mahlzeiten gebraucht wurde. Wir gingen schwimmen im nahe gelegenen Hérault oder fuhren ans Meer (selten, der Strand war immer überfüllt). Wir erkundeten die Hochplateaus mit ihren immensen Flächen, auf denen Schafe weideten und Steinhäuser von alten Templersiedlungen zeugten. Wir besuchten die Dorffeste: Auf einem gewann ich den ersten Preis bei einer Autorallye für Frauen – aus dem einfachen Grund, dass keine andere Frau antrat. Wir begannen, die Sterne zu beobachten: Wegen der geringen Luft- und Lichtverschmutzung bietet der Himmel über den Cévennes ein einmaliges astronomisches Panorama. Auch im Winter sieht man Kometen.

Geschwister und Freunde kamen zu Besuch, mussten sich erst einmal an die rudimentäre Ausstattung gewöhnen. Wir kauften unsere Nahrung auf dem örtlichen Markt oder direkt bei den Bauern. Nachts lagen wir mit dem Rücken auf den warmen Steinen der Terrasse und hielten Ausschau nach Sternschnuppen. Zu den Besuchern gehörte auch Patrick Süskind, den Tilos Bruder Niko mitbrachte und der unsere Behausung mangels zivilisatorischen Komforts ziemlich schrecklich fand. Aber er verewigte diese Erfahrung. Wie wir später erfuhren, half ihm dieser Aufenthalt, das Leben des Protagonisten vom *Parfum* in Höhle und Wildnis zu beschreiben. Nach dieser »Erweckung« in der Einsamkeit wird Jean-Baptiste Grenouille zum duftintensiven Massenmord in der Großstadt losgeschickt.[27] Als Patrick abgereist war, nutzten Tilo, Niko und ich die Isolation, um LSD auszuprobieren – alle drei zum ersten (und zum letzten) Mal. Wir hatten keine Erfahrungen mit Narkotika. Eine Münchner Freundin, die in diesen Dingen routiniert war, hatte mir diese Portion LSD mitgebracht. Wir nahmen jeder ein wenig. Als nach einer halben Stunde noch nichts passiert war, dachten wir, die Dosis sei zu gering gewesen. Also schoben wir nach – und dann setzte bei jedem von uns ein Zustand ein, der bis in die nächsten Tage fortdauerte. Tilo meinte, Lampions und eine »Humorinstallation« zu sehen; er verstand nicht, warum wir sie nicht sahen. Niko verschob in der Nacht ein schweres Eisenbettgestell, das wir am Vortag zu dritt um keinen Zentimeter hatten verrücken können. Ich selbst begann, in jedem Baum, in jedem Busch ein Tier oder einen Menschen zu erkennen. An Schlaf war nicht zu denken. Das Feuerwerk lief auch bei geschlossenen Augen ab. Wir waren erschöpft und sehr erleichtert, als nach zwei Tagen die Wirkung abebbte.

Wie sich herausstellte, war Madame Prieur gar nicht die Eigentümerin des Hauses, es gehörte ihrer Tochter, die in Paris lebte. Als der Notar bei ihr wegen eines Verkaufs anfragte, begriff sie überhaupt erst, dass sie ein Haus auf dem Land hatte. Sie beschloss, es für sich und ihre Kinder herzurichten und selbst als Ferienhaus zu nutzen. So begannen wir nach einer anderen Unterkunft zu suchen – einer, die man auch im Winter bewohnen konnte. In den Cévennes gibt es einen wunderbaren Herbst, der mit seinen langen Sonnentagen und dem rot gefärbten Laub an den Indian Summer in den USA erinnert.

Die Suche führte uns hinauf in die Berge, in die »wahren« Cévennes mit ihren verstreuten Höfen, Schafherden und ihren Kastanienwäldern. So kamen wir nach St. Roman de Codières, ein Dorf, rund 650 Meter hoch gelegen, das zu dieser Zeit etwa hundert Einwohner umfasste. Sie wohnten in Höfen und Weilern, die weit verstreut in den umliegenden Tälern und auf Bergkämmen lagen: Angeblich hat St. Roman mehr Kilometer kommunaler Wege pro Kopf der Bevölkerung als irgendeine andere Gemeinde Frankreichs. Die Bevölkerung des Ortes war seit dem Beginn des Industriezeitalters immer weiter zurückgegangen. Um 1800 umfasste sie noch etwa eintausend Menschen; Mitte der 1970er-Jahre, als wir uns dort ansiedelten, hatte sie ihren Tiefpunkt erreicht. Zum Dorfkern gehörten nur eine kleine Kirche, ein Turm, das Bürgermeisteramt und vier Wohnhäuser, darunter das alte Pastorenhaus. Von hier aus blickt man in drei Täler. Schon den Römern diente St. Roman als strategischer Ort. Früher stand hier eine Festung mit Schloss. Kirche und Burg wurden immer wieder besetzt und gleich zweimal geschleift: zunächst von den *Camisards*, einer radikalen protestantischen Bewegung, die gegen die Krone Krieg führte, und dann erneut von den Soldaten des französischen Königs. Übrig blieb davon nur ein Turm.

Auf einem unserer winterlichen Streifzüge – man hatte uns einen ganzen Weiler zum Kauf angeboten – begegneten wir einer Bäuerin, die mit ihren Schafen und Ziegen unterwegs war. Wir wollten von ihr erfahren, wie es mit der Quelle des Weilers bestellt ist. Wenn diese im Hochsommer versiegt, sollte man vom Hauskauf die Finger lassen. Odile war klein, rund und gesprächsfreudig. Sie zeigte uns ihren Hof, der in der Nähe des uns angebotenen Weilers lag. In den folgenden Jahren erzählte sie uns noch viel aus ihrer Kindheit. Sie war eins von acht Kindern eines Tagelöhners, musste schon in jungen Jahren schwer arbeiten – unter anderem auf den Lavendelfeldern in den Tiefebenen. Als ein Mann mit eigenem Hof bei ihrem Vater um die Hand einer seiner Töchter anhielt, fiel die Wahl auf sie. Für die Bergbauern war es schwer, eine Frau zu finden. Wir haben selbst noch erlebt, wie sich Odile in dieser unwegsamen Gegend abrackerte. Die Bauern der verstreuten Höfe waren Selbstversorger, und ihre Frauen waren zuständig für so gut wie alles: den Gemüsegarten, das Weiden der Ziegen und Schafe, das Füttern der Hühner, das Melken der Ziegen, die Zubereitung des Käses, das Einmachen von Gemüse und Obst für den Winter, die Verarbeitung des geschlachteten Schweins, ganz abgesehen vom täglichen Kochen und Reinigen. Im Sommer begann der Tag mit den ersten Sonnenstrahlen und endete selten vor zehn Uhr abends. Auch die Kirchen erhoben Ansprüche auf die Arbeitskraft dieser Frauen. Ich sage ausdrücklich *die* Kirchen, denn in St. Roman gibt es sowohl die katholische *église* als auch den protestantischen *temple*. Odile war zwar katholisch, aber sie bereitete ihre *oreillettes* für beide Gemeinden: Das Gebäck (es heißt so, weil es wie Ohren geformt ist) wurde in den Höfen verteilt – gegen einen Obolus, der an die Kirchen ging. Auch wir kauften jedes Jahr unseren Anteil an *oreillettes*. Manchmal begleiteten wir Odile auf den Wanderungen mit ihrer Herde. Obgleich sie fast zwei Jahrzehnte älter war als wir, rannte sie leichtfüßig die Berge hoch, wir hatten manchmal Mühe mitzuhalten.

Ärzte kamen nur dann in die Bergdörfer, wenn es um Leben und Tod ging – und auch das war nicht immer sicher. Von Odile habe ich gelernt, dass Nachbarschaft ein heiliges Gut ist – ein Wissen, das die folgende Generation, die zumeist in die Städte abgewandert war, oft nicht mehr kennt. Kein Mensch machte hier einen schriftlichen Vertrag, man vertraute aufs Wort. Als ich später das Buch des Anthropologen Marcel Mauss über *Die Gabe* las, in dem er beschreibt, dass Gesellschaften durch ein Regelwerk von Gabe und Gegengabe zusammengehalten werden, konnte ich mir dank Odile gut vorstellen, wie ein solches Zusammenleben funktioniert. Allerdings habe ich auch die spezifische Gewalt gesehen, die diese Regeln entfalten können: Wer sich nicht daran hält, wird im Dorf nicht ertragen, erleidet den sozialen Tod.

Odiles Sohn Francis wurde von den Eltern nach Nîmes geschickt, als er 14 war. Er sollte eine Maurerlehre machen – ein Beruf, mit dem er ein Auskommen haben würde. Der kleine Hof, das erkannte die Mutter, hätte zwei Generationen nicht ernähren können. Francis wollte nicht in die Stadt, aber er gehorchte. Jedes Wochenende kam er nach Hause, später mit Frau und zwei Töchtern. Im Sommer arrangierte er zusammen mit anderen Jugendlichen die Dorffeste von St. Roman. Auf diesen Feiern trafen sich Menschen wieder, die zusammen die Dorfschule besucht hatten und nun in der Stadt arbeiteten. Emotional war dieses Dorf noch immer ihr Zuhause, und sie warteten nur auf den Moment ihrer Verrentung, um zurückzukehren. Daneben gab es auf diesen Festen auch Neuankömmlinge wie uns. Man akzeptierte uns, aber wir blieben immer *les Allemands*. Sogar bei Odile, die uns in ihr Herz geschlossen hatte.

Beruflich schlug sich Francis gut durch: Weil er sich mit allen Arten von Reparaturen auskannte (auf den Höfen rief man nie einen Handwerker, man erledigte alle Arbeiten selbst), wurde er Hausmeister in einer großen Schule in Nîmes. Er wurde sogar öffentlicher Angestellter, mehr als seine Mutter je zu hoffen gewagt hatte. »Obelix« nannten ihn die Schüler, weil er einen dicken Schnurrbart trug und auch die passende Statur hatte. Sobald Francis das Rentenalter erreicht hatte, kam er zurück in sein altes Dorf. Er kaufte die verlassene alte Dorfschule, in der er lesen und schreiben gelernt hatte, und richtete sich dort häuslich ein.

Dann wurde Francis *président de la chasse* von St. Roman de Codières und beaufsichtigte eine Truppe von sechzig Jägern, die am Wochenende in langen Konvois in die Wälder fahren, um Wildschweine, manchmal auch Rotwild zu erlegen. Auf den Ladeflächen ihrer Pick-ups sitzen bellende Hunde, die man absichtlich vor dem Beginn der Jagd ein wenig hungern lässt, damit sie »motiviert« sind. An den Tagen der Treibjagd, wo an jeder Wegbiegung ein Mann mit Flinte steht, begibt man sich besser nicht auf Wanderung in die Berge. Seitdem die Schaf- und Ziegenherden nicht mehr durch die Wälder streifen und das Unterholz kurz halten, wurden die Cévennes – wie andere Gegenden Europas, etwa die Toskana – zum Hoheitsgebiet der Wildschweine. Da auch niemand mehr die vielen Kastanien sammelt, finden sie viel Futter und werfen nicht einmal, sondern mindestens zweimal im Jahr. Allmählich rückten völlig neue Dinge in den Fokus unserer Betrachtung – etwa das exponentielle Wachstum von Wildschweinrudeln.

Francis erzählte uns einmal, dass sich seine jüngere Tochter Sandrine mit einem Mann zusammengetan hatte, der sie schlug. Sie wollte sich von dem Mann trennen; er hinderte sie, ihre Sachen einzupacken und auszuziehen. Sie hatte Angst. Francis rief den Mann an und sagte ihm: »Chez nous, on ne bat pas les femmes.«* Dann rückte er mit einigen seiner Jäger an. Der Mann kuschte, während Sandrine ihre Habseligkeiten aus dem Haus holte. Francis war kein fortschrittlicher Mann – er schimpfte auf »die Araber«, und es ist

* Wir schlagen unsere Frauen nicht.

nicht ausgeschlossen, dass er dem Front National seine Stimme gab. Aber er hielt sich an alte Regelwerke – vielleicht hatte ihm auch seine Mutter Odile Respekt für Frauen eingeflößt.

Vom Kauf des Weilers Le Peyridier nahmen wir Abstand. Aber wir lernten seine beiden letzten Bewohner kennen: den alten Bauern Julien Ayrolles, der trotz hohen Alters seine Terrassen samt Obstbäumen und Weinstöcken bearbeitete, und Madame Couren, die tagaus, tagein in ihrem großen Kamin saß. Er hatte die Dimensionen einer Kammer. Neben ihr brannten Holzscheite, die sowohl zur Wärme als auch zur Bereitung von Suppen dienten. Madame Couren erzählte uns vom früheren Leben in Le Peyridier, wo eine Generation zuvor noch vierzig Menschen gewohnt hatten. Sie hatte noch die Zeit der Wölfe gekannt. Um 1920 war der letzte Wolf gesehen worden. Heute werden die Raubtiere wieder ausgesetzt: auf den Hochplateaus, und es wird vermutlich nicht lange dauern, bis sie auch in diesen Wäldern auftauchen. Madame Couren erzählte uns, dass sie als junge Frau gern mit auf die Jagd gegangen wäre, aber nicht durfte. Doch wenn die Jäger nachmittags zurückkehrten und im Dorf ein Wettschießen veranstalteten, da habe sie mitschießen dürfen – und dann habe sie, öfter als alle anderen, ins Schwarze getroffen. Heute gehen auch ein paar Frauen mit auf die Jagd, aber gern sehen die Jäger das nicht.

Wir verdankten es Odile, dass wir schließlich *Le Baralet* fanden. Bei einer unserer gemeinsamen Wanderungen berichtete sie, dass ein *mas* in unmittelbarer Nähe zu verkaufen sei. Sie zeigte ihn uns: Das alte Steinhaus, eingebettet in die Terrassenlandschaft, war Ende des 18. Jahrhunderts errichtet worden, hatte eine überschaubare Größe, umfasste ein Haupthaus, ein kleines Nebenhaus und einen Stall. Dazu gehörte auch ein großes Bassin, das vom Wasser aus der Quelle gespeist wurde und einst dazu gedient hatte, die Terrassen zu bewässern. Was uns sofort einnahm: Der einsam gelegene Hof erlaubt einen weiten Blick über die Hügel und Täler, bis zu den Bergketten am nordwestlichen Rand der Cévennes. Im Februar 1976, einen Monat vor der Geburt von Anna, unterschrieben wir den Kaufvertrag.

Als wir es kauften, war das Haus seit sechzig Jahren nicht mehr bewohnt, gelegentlich hatten Urbain und Odile dort Heu für ihre Herde gelagert und deshalb darauf geachtet, dass das Dach nicht ganz einbrach. Wir mussten am Nullpunkt anfangen: Dach und Gebälk in verfaultem Zustand, keine Fenster, kein Strom, kein fließend Wasser, kein Bad, keine Toilette, keine Klärgrube ... Dafür aber meterhoch Ginster- und Brombeergestrüpp ums Haus. Es kostete viel Zeit und Anstrengung, die Terrassen wieder freizulegen. Die zum Haus gehörige Quelle musste neu gefasst, Hunderte von Metern Wasserleitung bis zum *mas* neu verlegt werden. Bis ins späte 20. Jahrhundert holte man in diesen einsamen Gehöften das Wasser aus dem Brunnen oder aus den Bassins, zu denen es geleitet wurde. Das Wasser war immer Frauensache. Als ich einmal unseren Hausmüll zu einem der Container des Dorfes brachte, begegnete ich einer älteren Dame. Sie meinte lächelnd: »Avant on se retrouvait à la fontaine, maintenant on se retrouve à la poubelle.«*

Wir wussten nicht, worauf wir uns einließen, und wahrscheinlich war das besser so. Schon nach wenigen Wochen kam der erste Schock. Über uns explodierte ein Gewitter, so gewaltig, wie ich es noch nie erlebt hatte. Das Haus liegt an einem Hang, der Innenhof bildet eine Art von Trichter, in den sich ein reißender Bach ergoss. Wir standen in den Wassermassen, über uns im Stakkato Blitze und ohrenbetäubender Donner. Wir wussten, dass Gewitter in den Cévennes heftig sein können. Aber dieses übertraf alle Erwartungen: Es tobte mehrere Stunden über uns, ging weg, kam wieder und bewegte sich im Kreis. Am nächsten Tag sagte uns Julien Ayrolles, dass oberhalb des Hauses Kanäle angelegt seien, die Sturzbäche, wie wir sie erlebt hatten, umleiten sollen. Sie waren seit Jahrzehnten nicht gereinigt und unterhalten worden.

* Früher trafen wir uns am Brunnen, heute treffen wir uns beim Müll.

Er berichtete auch, dass es bei Urbain und Odile eingeschlagen hatte: Ein Blitz hatte die Scheune, wo die Kartoffeln lagerten, in Brand gesetzt. Während Urbain das Feuer zu löschen versuchte, war Odile mit ihrem Moped (mitten durch das tosende Gewitter) nach St. Roman gefahren, um die freiwillige Feuerwehr zu alarmieren. Dort gab es das einzige Telefon der gesamten Umgebung. Der Staat hatte es in einem der drei Häuser des Dorfkerns eingerichtet, damit die Gemeinde nicht ganz abgeschnitten war vom Rest der Welt. Am nächsten Morgen trafen sich die Nachbarn im Haus von Urbain und Odile und halfen ihnen, die verbrannten Kartoffeln von den noch brauchbaren zu trennen. In dieser Nacht wurde die Hälfte der Ernte, die über ein Jahr so mühsam auf den Terrassen angepflanzt, gegossen und geerntet worden war, vernichtet.

Das Haus, in dem Odile in der Gewitternacht telefonierte, gehörte einem alten Paar, das früher eine Schafherde hatte. Es hatte die Tätigkeit aufgeben müssen, weil beide, auch ihr Sohn, allmählich erblindeten. Wie sich herausstellte, hatte die Familie ihr Leben lang Wasser aus einem Brunnen getrunken, der direkt neben einer Bleimine lag. Erst als es zu spät war, erkannte man den Grund für ihre Erblindung.

St. Roman de Codières liegt auf einer religiösen Wasserscheide: Auf der westlichen Seite des Bergkamms wird katholisch getauft, auf der östlichen protestantisch. An einem Hang steht die *église*, am anderen der *temple*. An eine Heirat zwischen den beiden Tälern war bis vor Kurzem nicht zu denken. Obwohl – oder weil – sie eine Minorität darstellen, bilden die Protestanten eine exklusive Community. Für die Katholiken dagegen ist die kirchliche Zugehörigkeit eher Konvention, man nutzt das Gotteshaus für Trauung und Begräbnisrituale, erscheint aber selten bis nie zum sonntäglichen Gottesdienst. Der Laizismus, der in Frankreich mit der Revolution von 1789 Einzug hielt und zur modernen Staatsraison der Republik gehört, ist von den Katholiken gründlicher verinnerlicht worden als von den Protestanten, die so lange wegen ihres Glaubens verfolgt worden waren. Trotz der entzweienden Vorgeschichte hält das Dorf zusammen. Wenn jemand Holz klaut, wird er nicht bei der Gendarmerie angezeigt – das regelt man untereinander. Das Misstrauen gegenüber der Staatsgewalt ist höher als das gegenüber dem Nachbarn. Bei den Kommunalwahlen, wo es um gemeinsame Angelegenheiten geht, machen alle mit. In St. Roman liegt die Wahlbeteiligung bei 75 Prozent. Im Rest von Frankreich gehen bei Kommunalwahlen durchschnittlich 45 Prozent der Bevölkerung an die Urnen.

Urbain war gegen jede Form von Modernisierung. Ein Fernseher kam ihm nicht ins Haus, geheizt wurde mit Holz, und wenn das Feuer ausging, war es eben kalt. Eine Kettensäge lehnte er ebenfalls ab, obgleich jedes Jahr viel Holz zerkleinert werden musste. Sogar zur Toilette, die der Sohn Francis den Eltern einrichten wollte, sagte er Nein. Er und Odile gingen noch in hohem Alter zu einem Rinnsal, so wie es schon sein Vater und alle Generationen davor getan hatten. Als wir den Hof kennenlernten, sah er noch genauso aus wie die Häuser, die der Inquisitor von Montaillou im späten 13. Jahrhundert beschrieben hatte. Montaillou ist ein Bergdorf in den Pyrenäen; damals hing hier die Mehrheit der Bevölkerung den Lehren der Katharer an. Die Kirche führte einen Ketzerprozess gegen das Dorf durch, der sich über drei Jahrzehnte hinzog. Diese Akten, die der Historiker Emmanuel Le Roy Ladurie in einem Buch wieder zugänglich gemacht hat,[28] verschaffen heute wichtige Einblicke in das Dorfleben dieser südfranzösischen Regionen. Wer nicht nur lesen, sondern auch *sehen* wollte, wie so ein Haus aussah, fand Anschauungsmaterial bei Odile und Urbain.

In diesem Haus wurde nichts, aber auch gar nichts weggeworfen. Jeder rostige Nagel, jedes alte Brett, jeder abgefahrene Reifen wurden aufbewahrt: Man weiß ja nie, ob die Dinge nicht doch noch gebraucht werden. In den entlegenen Bergdörfern ist diese Art von *messiness* nicht Schlamperei, sondern eine extreme Form von Sparsamkeit. Dabei bezogen Odile und Urbain ab sechzig Jahren eine kleine Rente. Aber für Urbain war Geld nicht dazu da, ausgegeben zu werden, es wurde gehortet – oder zur ländlichen Sparkasse getragen. Der trauten sie aber auch nicht so recht. Als Francis vor ein paar Jahren den Hof renovierte, fand er in einem Mauerloch ein ganzes Bündel französischer Francs. Die Alten hatten das Geld einfach vergessen oder versäumt, ihren Sohn zu unterrichten. In Frankreich gibt es ein Sprichwort, das davor warnt, die Matratzen verstorbener Bauern zu verbrennen.

Nur einmal gab Urbain dem Modernitätsdruck nach: Wir hatten vorgeschlagen, ihnen ein Telefon einzurichten und die laufenden Grundgebühren zu übernehmen. Odile wurde rot vor Freude, und Urbain gab nach – vermutlich auch deshalb, weil ihm die Nacht, in der seine Scheune abbrannte, noch in den Knochen saß. Auch für uns brachte dieses Telefon eine Erleichterung: Wir konnten die beiden von Paris (oder Bonn) aus anrufen und waren im Notfall selbst erreichbar. Auf diese Weise erfuhr Tilo vom Tod seines Vaters. Es war Odile, die auf ihrem Moped bei uns angefahren kam und ihn wortlos umarmte.

Odile und Urbain waren die letzten Bauern der Gegend, die noch Seidenraupen züchteten. Die Seidenraupenzucht war über lange Zeit eine wichtige Einnahmequelle der Gegend gewesen, ging aber mit dem Import der Seide aus Asien zurück. Nach der Entwicklung von Kunstseide wurde sie ganz eingestellt. Nur Urbain und Odile hielten daran fest. Sie gaben die Seidenraupenzucht erst auf, als Überschallflugzeuge die Gegend zu überfliegen begannen. Seidenraupen sind äußerst geräuschempfindlich – und schon ein einziger Donner kann die ganze Zucht eingehen lassen.

Um ein Haar hätten diese Düsenjäger die Cévennes beherrscht. Auf dem karstigen Hochplateau des Larzac gibt es ein Militärlager. Als die Regierung in Paris Anfang der 1970er-Jahre beschloss, diese Militärbasis auszubauen und für Flugübungen einzusetzen, kam es zu heftigem Widerstand: Er begann mit dem »Schwur« von 103 betroffenen Familien, ihr Land nicht ans Militär zu veräußern. Die Armee glaubte, mit den paar renitenten Bewohnern leichtes Spiel zu haben, und begann zu enteignen. Daraufhin setzte eine landesweite Solidarisierungskampagne ein, die sich aus Aktivisten der Friedensbewegung, Kriegsdienstverweigerern (in Frankreich gab es damals noch den Wehrdienst), okzitanischen Separatisten und Linken zusammensetzte. Die Anklagen, die der Staat gegen die rebellischen Familien erhob, heizten die Solidarität noch an. Arbeiter schlossen sich zu Kollektiven zusammen, um Parzellen zu kaufen; Privatleute bewilligten den Genossenschaften zinslose Kredite; wieder andere verweigerten drei Prozent ihrer Steuern (das entsprach dem Anteil des Staatsbudgets an den nationalen Rüstungsausgaben). »Larzac« wurde zu einem Code für jede Form von Widerstand, und die okzitanische Parole »gardarem lo Larzac« (wir behalten das Larzac) erschien als Graffiti in ganz Frankreich. Parteien, Gewerkschaften, Bauernverbände bekundeten ihre Solidarität. Die Larzac-Bauern entwickelten eine Fülle von aufsehenerregenden Aktionen zivilen Ungehorsams (von denen einige später von den westdeutschen Anti-AKW-Bewegungen übernommen wurden). Die meisten dieser südfranzösischen Bauern hatten noch nie ihr Departement verlassen, zogen nun aber mit sechzig Schafen nach Paris, wo sie die Herde unter dem Eifelturm weiden ließen.

Aus dem »Schwur der 103« wurde innerhalb von wenigen Jahren eine landesweite Bewegung – und diese führte jedes Jahr zu großen Demonstrationen auf dem Hochplateau: Die erste fand 1973 statt, in den folgenden Jahren wuchsen sie immer mehr an. 1976 – das Jahr, in dem wir *Le Baralet* kauften – nahmen auch wir teil. Man schlief unter dem Sternenhimmel auf dem Gras (wir hatten einen Schlafsack, den ich von meinen Eltern geerbt hatte, er stammte aus ihrer Zeit in Afrika; zwei Personen hatten darin Platz). Unsere Tochter Anna, erst ein paar Monate alt, schlief im Körbchen daneben. Tagsüber wurden Reden gehalten, Sänger traten mit ihren Bands auf. Die ganze Atmosphäre ließ mich an die Berichte über das Festival in Woodstock von 1969 denken, und tatsächlich gab es auch Ähnlichkeiten.

Auf beiden Großveranstaltungen kündigte sich eine neue Politisierung der Popmusik an, in deren Mittelpunkt rückte die Friedensbewegung. Während aber Woodstock ursprünglich als Music Festival konzipiert war und sich dann zu einer Demo gegen den Vietnamkrieg und für die Bürgerrechtsbewegung entwickelte, war es im Fall des Larzac umgekehrt: Am Anfang stand die politische Bewegung; die Musik folgte. Noch eines unterschied die beiden Treffen: In Woodstock kam es zu sintflutartigen Regenfällen, die das Lager in ein Sumpfgebiet verwandelten. Auf dem Larzac erlebten wir eine kalte August-Nacht (das Plateau liegt auf tausend Meter Höhe), aber mit klarem Sternenhimmel. Am nächsten Tag erschien – unangekündigt – François Mitterrand. Er hoffte, französischer Präsident zu werden, und wollte sich mit dem Auftritt auf der Larzac-Demo an die Spitze der Opposition stellen. Pfiffe und Steine empfingen ihn, er floh. Aber er war nicht nachtragend: Als er 1981 tatsächlich Präsident wurde, sorgte er dafür, dass die Erweiterungspläne für das Militärlager fallen gelassen wurden. Larzac wurde zum Synonym für erfolgreichen gewaltfreien Widerstand.

Weniger erfolgreich war die französische Anti-Atomkraft-Bewegung. Ich kannte einige Franzosen, die bei den Grünen aktiv waren, aber die Bewegung erreichte nie Zustimmungsquoten wie in Deutschland. Ende der 1970er-Jahre, als die Grünen in Deutschland schon zu einer politischen Kraft angewachsen waren, drehte ich einen Film für *Panorama* über *Les Verts*. Die Redaktion in Hamburg konnte es nicht fassen, um was für einen kleinen Haufen von Aktivisten es sich handelte. Die Folge war, dass Frankreich ein Kernkraftwerk nach dem anderen baute und die Kernenergie zur wichtigsten, fast einzigen Energiequelle des Landes wurde. Zwar zeigte sich schon bald, dass das Land immer noch Strom importieren muss (weil die Pegel der Flüsse im Sommer oft so tief sinken, dass die Kernkraftwerke nicht gekühlt werden können und abgestellt werden müssen), aber der Widerstand der Regierungen (egal ob rechts oder links) gegen alternative Energiequellen hielt an. Ausgerechnet in Frankreich, wo sowohl Sonne als auch Wind und Gezeiten ideale Bedingungen bieten. Für uns hatte diese Fixierung auf die Kernenergie zur Folge, dass unsere zahlreichen Bemühungen um die Installation von Sonnenpaneelen auf den Dächern des *Baralet* immer wieder scheiterten: Im gesamten Languedoc war keine Firma und kein Elektriker mit entsprechender Kompetenz aufzutreiben. Im Jahr 2019 änderte sich das plötzlich. Die Europäische Union hatte Druck auf Frankreich ausgeübt, die (sehr niedrigen) Strompreise zu erhöhen, das heißt, nicht mehr zu subventionieren. Im Sommer 2020 kamen erdrutschartige Stimmengewinne der Grünen bei den Kommunalwahlen dazu.

Vor einigen Jahren wurde die Landschaft der Cévennes zum UNESCO-Weltkulturerbe ernannt. Schon vorher stand sie unter Landschaftsschutz. Wir erlebten in den letzten Jahrzehnten, wie die verlassenen Höfe und Schafställe in unserer Umgebung allmählich verkauft und ausgebaut wurden. Als wir ins *Baralet* zogen, wohnten unsere nächsten Nachbarn zwei Kilometer entfernt. Jetzt gibt es – aber immer noch in einigen Hundert Metern Entfernung – Claire und Jürgen. Claire ist Französin und arbeitet als Musikagentin in Köln, ihr Mann spielt Bratsche und gehört zur Deutschen Kammerphilharmonie Bremen. Sie haben aus einem Schafstall im Wald (den wir unseren Kindern, als sie klein waren, als das »Haus von Obelix« verkauften) ein wunderbares verwunschenes Häuschen gemacht. Der einst verlassene Hof auf dem Berg oberhalb von uns gehört jetzt Ysabelle, einer französischen Schriftstellerin.

Und dann gab es die Freunde, die uns hier regelmäßig besuchen. Zu ihnen gehörten oder gehören: Erich und Edith Wulff (Erich war ein engagierter linker Psychiater, der auch in Vietnam gearbeitet hatte), die Filmredakteurin Angelika Wittlich und ihr erster Mann, der Dramaturg Michael Eberth, die Psychoanalytikerinnen Marina Gambaroff und Susann Heenen-Wolff (Susann sorgte vor bald vierzig Jahren dafür, dass der Verlag Neue Kritik mein Buch *Nicht ich* publizierte), Hansgeerd und Eva Schulte (beide Germanisten in

Paris, Hansgeerd, inzwischen leider verstorben, war außerdem viele Jahre lang Präsident des DAAD), die Filmemacherin Annelie Runge und ihr Mann, der Politikwissenschaftler Manfred Stinnes. Die Abende mit diesen Freunden, die langen, manchmal kontroversen Gespräche bei Tisch zählen zum Schatz der Erinnerungen, die sich für mich mit dieser Landschaft verbinden. Dazu gehört (in jedem Sinne des Wortes) auch der Geräuschpegel, den viele kleine Kinder verursachen. Einige Freunde hatten Kinder im Alter unserer Kinder – später wurden bei einigen aus der Beziehung zu Spielkameraden lebenslange Freundschaften. So etwa zwischen Anna und Nina, der Tochter von Marina. Nina ist heute Agroökologin und Anthropologin, hat größere Forschungen in Lateinamerika durchgeführt und lehrt an der Coventry University. Vor einigen Jahren haben wir *Le Baralet* als Eigentum an Anna und Valentin überschrieben. Sie kennen es praktisch seit ihrer Geburt und haben dort viele ihrer Ferien verbracht – erst mit uns, inzwischen mit ihren eigenen Kindern und Freunden. Anna, die Germanistik, Geschichte und Sprachwissenschaft studiert hat, arbeitete zunächst im Austausch zwischen Israel und Deutschland und ist heute im Wissenschaftsmanagement tätig. Valentin wurde Neurologe.

Als wir die Cévennes vor fast fünfzig Jahren entdeckten, waren es das Archaische und der Widerstand gegen die Moderne, die mich für diese Gegend einnahmen. Heute, so sieht es aus, könnte es gerade hier zu einer Versöhnung zwischen alter Kulturlandschaft und Moderne kommen. Im nahe gelegenen Weiler, Le Peyridier, sind neue Bewohner eingezogen. Sie leben hier ganzjährig: Im Haus des verstorbenen Monsieur Ayrolles wohnt ein junges Paar mit kleinen Kindern, das städtische Jobs hat und hier zugleich ökologische Landwirtschaft betreiben will. Daneben wohnt Olivia, sie ist Biologie-Dozentin, lehrt an einer Fernuni und erforscht Heilpflanzen. Dank des Internets ist es heute möglich, hier zu leben und ein städtisches Einkommen zu beziehen. Auch ein anderes Haus wechselte den Eigentümer. Thierry kaufte Francis eine große alte Scheune ab und restaurierte sie weitgehend in Alleinarbeit. Er und seine Frau fahren die beiden Schulbusse, die die Kinder des Dorfes ins Tal zu den Schulen bringen. Als Corona ausbrach und alle zu Hause bleiben mussten, organisierte Olivia zusammen mit dem Bürgermeister ein Intranet der Bewohner von St. Roman. Es entwickelte sich ein ganzer Markt der »circuits courts«, kurzer Kreisläufe. Per Mail oder SMS konnte man bei den örtlichen Erzeugern Ziegenkäse, Honig, Obst, Fleisch, Gemüse, Forellen bestellen. Sie wurden zu einer festen Zeit auf dem Dorfplatz geliefert. Keiner brauchte mehr zu den Supermärkten des nahe gelegenen Städtchens zu fahren, wo Corona, im Gegensatz zu St. Roman, schon angekommen war. Ausgerechnet die Techniken der Moderne sorgen heute dafür, dass das Leben auf dem Land wieder attraktiv wird. Mehr als fünfzig Jahre nachdem die 68er in diese Gegend zogen, übernimmt heute eine neue Generation von Aussteigern die entlegenen Höfe. Die Neuen haben günstigere Startbedingungen: Zwei der Neuankömmlinge – Olivia und Thierry – wurden in den Gemeinderat gewählt. Eine solche Aufnahme widerfuhr den früheren Aussteigern nicht.

Wenige Monate zuvor musste eine andere Nachbarin, unsere Freundin Sylvie, Aussteigerin der 68er-Generation, ihren Hof verlassen und in ein urbanes Pflegeheim ziehen. Sie hatte einen Schlaganfall erlitten, wurde erst 36 Stunden später gefunden, und dass sie überhaupt überlebt hat, ist ein reines Wunder. Seit dem Tod ihres Mannes hatte sie diesen wunderbar gelegenen, aber sehr isolierten Hof allein bewohnt. Zu einem Termin war Sylvie nicht erschienen, so fuhr Thierry mit seinen Vierradantrieb hin. (Der Weg zu Sylvies Hof ist mit einem normalen Auto nicht befahrbar.) Es war Februar, und als er sie fand, war das Feuer in ihrem kleinen Holzofen schon längst erloschen. Ein Hubschrauber brachte Sylvie nach Montpellier ins Krankenhaus. In dieser Gegend lernte ich, Zeit in Generationen zu messen. Sozialen Wandel aus der Langzeitperspektive zu betrachten. Die *longue durée* der Geschichte wurde zur lebendigen Erfahrung.

Es wäre schön gewesen, hätte ich den Bericht über die Cévennes hier beenden können. Doch am 1. Januar 2020 erreichte uns die Nachricht, dass Francis am Vortag verstorben war. Defekter Holzofen, Kohlenmonoxid-Vergiftung im Schlaf. Seine Frau Andrée war bewusstlos auf dem Boden gefunden worden. Sie überlebte. Ich hatte schon einige Freunde, Verwandte verloren – aber noch nie hatte ich dieses schreckliche Gefühl: Dieser Tod war überflüssig, er wäre vermeidbar gewesen. Die Nachricht hat uns erschüttert. Wir flogen zur Beerdigung nach Südfrankreich. Die kleine Dorfkirche war voll, viele mussten draußen bleiben. Es war ein katholischer Gottesdienst, wie ich ihn bisher noch nicht erlebt hatte: Die Frauen der Gemeinde hatten das Kommando. Sie stimmten den Gesang an, sprachen tröstende Worte, erzählten vom Leben des Verstorbenen; sie waren es, die dem Priester Zeichen gaben, wenn er wieder ein Ritual vollziehen sollte. Die Vormundschaft des Mannes in der Kirche erschien nur noch wie ein konstitutionelles Recht. Ich fragte mich, ob sich die notwendigen Änderungen in der katholischen Kirche womöglich ganz anders vollziehen werden als bisher erwartet. Statt der Übergangslösung mit *viri probati* (den verheirateten Priestern, die in einigen einsamen Gegenden – vielleicht – zugelassen werden sollen) und einer allmählichen Zulassung der Frauen zum geistlichen Amt vollzieht sich im Vatikan vielleicht schon längst eine stille Übernahme durch das weibliche Geschlecht: Erst werden die Priester zu den Marionetten der Frauen, später die Bischöfe und Kardinäle, bis schließlich auch der Papst am Bändel der Frauen hängt. Ganz zuletzt erobern sie die »Kongregation für die Glaubenslehre« … Na ja, was so ein Gottesdienst für Fantasien auslöst. Auf der Traueranzeige stand: Francis Sauzet, geboren in Saint Roman de Codières, wohnhaft in Saint Roman de Codières, gestorben in Saint Roman de Codières. Adieu, cher ami.

MEHR ALS EIN SZENENWECHSEL

Von Paris nach Bonn

Der Umzug nach Deutschland war a priori nicht sehr verlockend für mich. Zum Glück begleitete uns Roswitha, die nun seit eineinhalb Jahren bei uns lebte und zu unseren Kindern ein enges Verhältnis hatte. Sie war froh, wieder in Deutschland zu sein, weil sie in Paris durch die fehlenden Sprachkenntnisse nur eingeschränkte Kontakte hatte. Auch für Anna (inzwischen fünf) und Valentin (eineinhalb Jahre alt) erwies sich Bonn als Autonomiegewinn. Sie bewegten sich schon früh, ab dem fortgeschrittenen Kindergartenalter, frei in der Stadt. Das wäre in Paris undenkbar gewesen. (Apropos Kindergarten: Als wir nach Deutschland übersiedelten, wohnten wir die ersten paar Wochen in Pützchen nahe Bonn. Dort gibt es ein großes katholisches Frauenkloster, in dessen Kindergarten wir Anna anmeldeten. Später zogen wir in die Bonner Südstadt, wo Anna in einen evangelischen Kindergarten kam. Als wir sie hinterher nach dem Unterschied fragten, meinte sie: Im katholischen Kindergarten haben wir morgens erst mal gebetet, im evangelischen haben wir erst mal die Zähne geputzt. Mal eine andere Sicht auf die Gründe, die einst zum Schisma führten.) Viele Kinder der Umgebung besuchten denselben Kindergarten oder dieselbe Schule wie Anna und Valentin. Das Haus hatte einen kleinen Garten. Außerdem lebten meine Eltern inzwischen wieder in Bonn, wo sie Anfang der 1960er-Jahre ein Haus gebaut hatten. Kurz, es war alles idyllisch. Und es war zum schreiend Davonlaufen.

Nach New York und Paris lebte ich nun in einer (für meine Empfindung) kleinen Stadt. Man fühlte die spähenden Blicke der Nachbarn durch die Vorhänge. Man wusste, jedes Fehlverhalten der Kinder wurde kommentiert. Ganz zu schweigen vom eigenen Fehlverhalten. In den Kindergärten und Schulen begegnete ich Müttern, die eine exzellente Ausbildung genossen hatten, aber nicht berufstätig waren. Unter diesen Frauen gab es Ärztinnen, die unter dem Druck der Ehemänner und mangelnder Kinderversorgungseinrichtungen ihren Beruf aufgegeben hatten. Nach der Vorschulzeit unterband auch die Halbtagsschule jede Art von ernsthafter Berufstätigkeit der Mütter. Einigen dieser Frauen war die Unzufriedenheit anzuspüren. Manche kompensierten das durch Überfürsorglichkeit und staffierten ihre Kinder mit teuren Markenklamotten aus. Es gab einen regelrechten Wettlauf darum, wer die »bessere Mutter« ist. Mit einer Kinderfrau befanden wir uns von vornherein am unteren Ende der sozialen Skala. Ich kannte nicht die angesagten Marken. Anna und Valentin reklamierten das nie. All das hatte ich in Paris anders erlebt, und ich beschloss, einen kleinen Film unter dem Titel *Die Frau lebt nicht vom Kind allein* zu drehen. Er handelt vom französischen Schulsystem und den Lebensbedingungen berufstätiger Mütter.

Als Bundeshauptstadt war Bonn oft Schauplatz großer Demonstrationen. Eine von ihnen fand kurz nach unserem Umzug statt. Die Friedensdemonstration im Bonner Hofgarten im Oktober 1981 stand unter dem Motto »Gegen die atomare Bedrohung gemeinsam vorgehen« und richtete sich unter anderem gegen den Nato-Doppelbeschluss. Sie versammelte um die dreihunderttausend Menschen, in unserem Haus beherbergten wir Freunde, die dafür angereist waren. Auch wir zogen mit, Anna an der Hand, Valentin auf dem Arm. Es sprach die Crème de la Crème der Friedensbewegung: Heinrich Albertz, Heinrich Böll, Erhard Eppler, Petra Kelly (die ich hier zum ersten Mal reden hörte), Coretta King. Einige Tage zuvor war ich mit der Straßenbahn durch Bonn gefahren und hörte das Gespräch des Fahrers mit einem zugestiegenen Kollegen. Die beiden erregten sich darüber, dass »von oben« der Erlass gekommen war, die aus der ganzen Bundesrepublik anreisenden Busse in Brühl abzufangen, etwa 25 Kilometer vor Bonn. Das geschah angeblich, um den Menschenstrom auf die Schiene zu verlegen, doch in Wirklichkeit – so die beiden Männer – sollte es den Demonstranten den Weg nach Bonn erschweren. Ich war von dieser kleinen Szene beeindruckt. In Paris hatte ich nur Busfahrer und Kommunalangestellte erlebt, die sich über *les Gauchistes* und deren Demos erregten. Diese hier waren mit den Demonstranten solidarisch. Damit begann bei mir ein allmähliches Umdenken über die Stadt und das Rheinland. Tatsächlich gab es in dieser Region – wo Napoleon schon Anfang des 19. Jahrhunderts einige seiner progressiven Staatsreformen eingeführt hatte und das preußische Regime nie ganz durchgreifen konnte – einen demokratischen Grundkonsens, der mich auch später immer wieder beeindruckte.

Nach dieser Demo wollte ich mehr über die Geschichte der deutschen Friedensbewegung erfahren. Sie hatte, so viel wusste ich, nicht erst in den 1970er-Jahren begonnen, ihre Vorgeschichte reichte bis ins späte 19. Jahrhundert zurück. Ich konnte Werner Koch, der beim WDR-Fernsehen die Geschichtsredaktion leitete, vom Thema überzeugen. (Er war später der Redakteur, mit dem ich am häufigsten zusammenarbeitete.) Der Film hieß nach Bertha von Suttners Roman *Die Waffen nieder!*, und Walter Fabian, den ich schon im Zusammenhang mit der Buchhandlung *Caligrammes* in Paris erwähnte, gab mir wichtige Hinweise. Er war 1957 aus dem Exil nach Deutschland zurückgekehrt und leitete in Köln die *Gewerkschaftlichen Monatshefte* des DGB – bis er wegen seiner »linkssozialistischen« Anschauungen von seinen Funktionen entbunden wurde. Walter Fabian war ein Pazifist der ersten Stunde, er hatte die großen, manchmal hunderttausend Menschen umfassenden Demos der 1920er-Jahre erlebt, wo sich viele Redner mit Flüstertüten über das Feld verteilten. (Lautsprecher kamen erst ab 1925 auf.) In der Friedensbewegung bis 1914, so erzählte er, unterschied man zwischen (unberechtigtem) Angriffs- und (berechtigtem) Verteidigungskrieg. Nach den Schlachtfeldern des Ersten Weltkriegs ließ man diese Unterscheidung fallen. Auch unter den Pazifisten sei die »Kriegsschuldfrage« kontrovers diskutiert worden.

Bei meiner Lektüre der pazifistischen Bücher, Artikel, Flugblätter aus der Zeit vor und nach dem Ersten Weltkrieg ergab sich ein widersprüchliches Bild des Pazifismus: Auf der einen Seite gab es eine weitverbreitete Ablehnung von Waffen und Rüstung – in den 1920er-Jahren bewirkte sie wahre Massendemonstrationen. Auf der anderen Seite frappiert der Glaube an die Frieden stiftende Wirkung der Industrialisierung: Auf dem Frontcover der Zeitschrift *Friedenswarte* prangten Zahnräder. Alfred Hermann Fried, einer der Gründer der Deutschen Friedensgesellschaft und Friedensnobelpreisträger, nannte die Lokomotive das »Dampfroß der Kultur«. Er schrieb, die »entwickelte Technik ist es, die die Welt organisiert«, und die Friedensbewegung sei »der lebendige Beweis dieser Entwicklung«. Nicht minder ausgeprägt war Frieds Glaube an die pazifistische Wirkung des Kapitalismus. Er verkündete, dass das »rote Blut des internationalen Handels« und das international agierende »Kapital der großen Trusts« entscheidende Faktoren der Friedenssicherung seien: »Hier zeigt sich bereits der enge Zusammenhang des neuen Organismus der Kulturmenschheit.« Otto Umfrid, zweiter Vorsitzender der Deutschen Friedensgesellschaft, war wiederum von der pazifistischen Wirkung des europäischen Kolonialismus überzeugt: Er bezeichnete die Kolonialisten als »Völkerdünger«: »Man kann wohl sagen, daß die politische Einteilung der Erde relativ gleichgültig ist, vorausgesetzt, daß die Erde unter Kulturstaaten aufgeteilt ist.«

Für die politischen Parteien der Weimarer Republik war der Pazifismus ein Schreckgespenst. Die rechten Parteien unterstellten der Friedensbewegung fehlenden Patriotismus. Und die Arbeiterparteien, die zunächst Kundgebungen zum Thema »Nie wieder Krieg« unterstützt hatten, gingen ebenfalls auf Distanz: Die KPD sah in der Kommunistischen Internationale eine wirkmächtigere Friedensgarantie, während die national ausgerichtete SPD die pazifistische Bewegung als Konkurrenz wahrnahm. 1929 verkündete sie den Unvereinbarkeitsbeschluss: Sozialdemokraten, die sich der Deutschen Friedensgesellschaft anschlossen, drohte der Ausschluss aus der Partei. Als ich Fabian nach dem Verhältnis der Pazifisten zum wachsenden Antisemitismus befragte, antwortete er: »Was den Antisemitismus betrifft, so wurde – obwohl Hitler sein Buch *Mein Kampf* ja längst veröffentlicht hatte – diese Gefahr von niemandem auch nur andeutungsweise in dem Maße erkannt, in dem es nachher eine Rolle spielte. In der Friedensbewegung gab es eine ganze Reihe von Persönlichkeiten, die im Hitler'schen Sinne Juden waren, sie waren nicht religiöse Juden, gehörten auch nicht der jüdischen Gemeinde an, ich zum Beispiel und Kurt Hiller, Helene Stöcker* und eine ganze Reihe anderer – aber von einigen weiß ich es gar nicht, ob sie Juden waren oder nicht. Das wurde nicht beachtet. Jedenfalls muss ich sagen: Die Bekämpfung des Antisemitismus stand nicht im Vordergrund oder Mittelpunkt der Arbeit der Friedensbewegung.« Die Arbeit an diesem Film verschaffte mir wichtige Einblicke in die politische Zerrissenheit der Weimarer Republik. Ich wusste abstrakt von den Konflikten, die die junge Republik in unversöhnliche Lager gespalten hatten. Nun wurde mir überhaupt erst klar, welcher Kräfte es bedurft hätte, um dieses Land zu einen und demokratiefähig zu machen.

Für uns als Familie entwickelte sich in Bonn ein neues Sozialleben. Wir knüpften an alte Freundschaften an – etwa die zu Paul und Vera von Schnitzler. Vera ist Pianistin und hat eine Professur an der Musikhochschule Köln, Paul ist inzwischen leider verstorben. Sie bewohnten ein wunderbares Gutshaus in der Eifel und boten uns an, eine kleine, zum Wohnhaus umgebaute Kapelle aus dem 17. Jahr-

* Helene Stöcker war nicht jüdisch, sondern kam aus einem calvinistischen Elternhaus. Als Frauenrechtlerin und Linke entsprach sie jedoch dem Feindbild der Nazis. 1933 floh sie ins Ausland, von wo sie auch weiterhin den Antisemitismus in Deutschland bekämpfte.

hundert als Wochenendquartier zu mieten. (Irgendwie hab ich's mit den Kirchen – muss an der Kindheit im Vatikan liegen.) In Paris waren wir gelegentlich vor der Metropole aufs Land geflohen, jetzt waren wir auf der Flucht vor der Kleinstadt. Paul und Vera hatten zwei Kinder in fast demselben Alter wie unsere Kinder. Wir sahen die vier gemeinsam aufwachsen: Aus Werner wurde ein herausragender Geiger, der schon als Kind in den Philharmonien der Welt auftrat. Die Tochter Antina ist heute Professorin an der New School of Social Research in New York. Sie und unsere Anna haben die Freundschaft der Eltern weitergeführt.

Es kam zu vielen neuen Kontakten, aus denen Freundschaften wurden – vor allem mit Journalistinnen und Filmemacherinnen, darunter Annelie Runge. Sie war gerade dabei, ihren ebenso persönlichen wie historischen Dokumentarfilm *Ende einer Vorstellung* über ihre in der Eifel ansässige Familie fertigzustellen. Der Film erzählt die Mediengeschichte Deutschlands anhand der eigenen Familiengeschichte. Sie beginnt mit dem Vater als Radiobastler, setzt sich fort über das Radio- und Fernseh-Geschäft von Hillesheim, das Annelies Bruder übernahm, verweilt bei den Filmen, die Annelie als Heranwachsende in den 1950er-Jahren zum Träumen brachten, und endet mit dem einzigen Kunst-Kino der Eifel, das bis heute von Annelies Schwägerin betrieben wird. Sogar die digitale Welt, die Anfang der 1980er-Jahre noch in ihren Anfängen steckte, ist dabei.

Oft traf ich mich mit Annelie in einer der Kneipen der Bonner Südstadt. Dieselben Lokale frequentierten auch Politiker und Politikerinnen. In einigen sah man die der CDU, in anderen die der SPD. Später hatten auch die Grünen ihre Lieblingskneipen. In diesen Lokalen trafen die Politiker auch »ihre« Journalisten; einige von ihnen kannte ich ganz gut. In Bonn war das Verhältnis von Presse und Politik auffallend eng: Die eine Seite nutzte die Beziehungen, um Hintergrundinformationen zu sammeln, die andere, um Versuchsballons unter die Leute zu bringen. Keine Seite hätte den stillschweigenden Konsens dieser Beziehung, das Gebot der Diskretion, hintergehen können, ohne den Abbruch zu riskieren. Als ich später nach Berlin zog, wo Presse und Politik weniger kooperieren als vielmehr um die Beherrschung der Öffentlichkeit konkurrieren, wurde mir überhaupt erst klar, wie ungewöhnlich diese Bonner Verhältnisse waren.

In dieser Zeit beteiligte ich mich an der Realisation der schon erwähnten Filmreihe über die Geschichte der deutschen Frauenbewegung. Die zwei Filme, die ich übernahm, fokussierten das späte 19. Jahrhundert: die Auseinandersetzungen um das weibliche Stimmrecht und den Kampf um Bildung. Bei dieser Arbeit begegnete ich erstmals den abenteuerlichen Theorien angesehener deutscher Wissenschaftler über die Beschaffenheit des weiblichen Geschlechts und Intellekts. Noch um 1900 sprachen sie »dem Weib« aus *anatomischen Gründen* die Fähigkeit ab, politische Verantwortung zu übernehmen oder der akademischen Ausbildung gewachsen zu sein. Zu derselben Zeit waren Frauen in anderen Ländern – den USA (1833), England (1869), Frankreich (1861), der Schweiz (1865) – schon längst zum Studium zugelassen. An der Filmreihe *Unerhört* waren einige wichtige feministische Journalistinnen und Filmemacherinnen dieser Jahre beteiligt: Claudia von Alemann, Sabine Zurmühl, Margit Eschenbach, Ann Schäfer, Ula Stöckl und andere. Zu den wissenschaftlichen Beraterinnen gehörte die Soziologin Ute Gerhard, die später zur Inhaberin des ersten Lehrstuhls für Frauen- und Geschlechterforschung an einer deutschen Universität wurde (Frankfurt/Main war hier Vorreiter). Die Initiative für die Filmreihe war unter anderem von Inge von Bönninghausen ausgegangen, die beim WDR ein feministisches Programm auf die Beine gestellt hatte und später den Deutschen Frauenrat leitete. Mit der Arbeit an dieser Filmreihe begegnete ich – nach meinen langen Jahren in Frankreich – nun einem wichtigen Teil der deutschen feministischen Szene. Helke Sander hätte eigentlich dazugehört, beteiligte sich aber nicht an diesem Projekt. Ich traf sie später noch oft, unter anderem bei unserer gemeinsamen Freundin, der Verlegerin Antje Kunstmann in München. Die Lakonie, mit der Helke in ihren Filmen vom Drama der Geschlechterverhältnisse erzählt, erfasst gut die Stimmung dieser Generation von Frauen: Für sie waren die Errungenschaften der Emanzipation zur Selbstverständlichkeit geworden, aber damit waren sie noch ziemlich allein.

»WAS IST DENN EIN JUDE?«

Antisemitismus und Frauenfeindlichkeit

Die deutsche Geschichte traf mich nun unvermittelt, mit voller Wucht. Mit dem Antisemitismus hatte ich mich auch schon in Paris und New York beschäftigt, doch seit dem Umzug nach Bonn lebte ich im Land der Täter. Und es war mein eigenes Land. In den 1970er-Jahren – nach den vorangegangenen Auschwitz- und Majdanek-Prozessen – hatte in Westdeutschland eine intensive Auseinandersetzung mit dem Nationalsozialismus begonnen: Er betraf nicht nur den Holocaust, sondern auch die jahrhundertealte deutsch-jüdische Geschichte. Unser Umzug nach Bonn im Jahr 1981 fiel in diese Umbruchzeit. Die meisten Deutschen meines Alters waren noch nie einem Juden begegnet. Sie wussten um die NS-Verbrechen, aber sie hatten keine reale Gegenfigur zu »dem Juden« des kollektiven Phantasmas im Kopf. Anna kam eines Tages – sie war in der ersten oder zweiten Klasse der Grundschule – nach Hause und fragte: »Was ist denn ein Jude? Die Jungs auf dem Schulhof beschimpfen sich gegenseitig als ›Jude‹.« Wir erklärten ihr, welche unserer Freunde in Paris jüdisch waren, und sie kam aus dem Staunen nicht heraus. Wenn ich beschreiben sollte, was sich damals in dem siebenjährigen Kind abspielte, so würde ich es so formulieren: Anna wusste natürlich, dass ein Mensch und das Abbild dieses Menschen zwei unterschiedliche Dinge sind, dass ein Apfel nicht dasselbe ist wie das Bild eines Apfels. Was sie hier aber zum ersten Mal erahnte, war die Tatsache, dass ein realer Mensch zum Bild werden kann. Und dass dieses Bild wiederum über die Existenz des realen Menschen bestimmt. Diese Einsicht mag der Grund sein, dass sich Anna später – in der Schulzeit wie in Studium und Beruf – immer wieder für jüdische Fragen interessierte und oft in Israel war. Während meiner Schulzeit in England, dem Studium in New York und den Jahren in Paris war ich vielen »realen« Juden begegnet. Da blieb nicht viel Platz für die Besetzung des Begriffs mit Imaginationen. Bei Annas Bericht vom Schulhof wurde mir jedoch bewusst, dass in der deutschen Wahrnehmung die Fantasiegestalt noch immer die reale überlagerte.

So rückten zwei neue Gebiete ins Zentrum meiner Aufmerksamkeit: Das eine war die Leerstelle, die die Juden im kollektiven deutschen Unbewussten hinterlassen hatten; das andere war die nun breiter werdende Auseinandersetzung mit Antijudaismus und Holocaust. In der Wissenschaft hatte die Forschung zu diesen Fragen schon vorher eingesetzt, doch in der öffentlichen Wahrnehmung wurden diese Themen erst ab den 1980er-Jahren relevant. Das hatte eine Fülle von Tagungen und Konferenzen zur Folge (viele von ihnen fanden in den Evangelischen Akademien statt), auf denen Wissenschaftler und Wissenschaftlerinnen aus den USA, Israel oder Deutschland zu hören waren. Sie vermittelten mir ein zunehmend differenziertes Bild der christlich-jüdischen und der deutsch-jüdischen Geschichte. Sosehr mich das Thema schon seit der Kindheit in London begleitet hatte – erst jetzt kam mir eine Ahnung von der *longue durée* antisemitischer Vorstellungen. Sie wurden zum zentralen Anliegen meiner weiteren Arbeit.

Eine der Folgen war die dreiteilige Filmreihe zur Geschichte des Antisemitismus im deutschsprachigen Raum, *Der Ewige Judenhass*. Ich recherchierte über zwei Jahre und drehte im Jahr 1989. Während der Dreharbeiten fiel die Mauer – womit das für den Antisemitismus so schicksalhafte Datum des 9. November (»Reichskristallnacht«) nun plötzlich zum Gedenktag für das Ende der deutschen Teilung wurde. Das Verschwinden des Eisernen Vorhangs begleitete uns während der Dreharbeiten in Berlin, Westdeutschland, Ostdeutschland, Prag, Budapest, Wien und Israel.*

In der Filmreihe kamen mehrere meiner Gesprächspartner (zu ihnen gehörten der Naturwissenschaftler und Philosoph Jeschajahu Leibowitz, der Historiker Yehuda Bauer und der evangelische Theologe Rolf Rendtorff) auf die christliche Dimension des Antisemitismus zu sprechen. Rolf Rendtorff, den ich fragte, ob ein Christentum ohne Antijudaismus denkbar sei, antwortete nach kurzem Zögern: »Ich muss dazu sagen, das hat es bisher noch nicht gegeben in der Kirchengeschichte.« Das war ein Eingeständnis, das dem Theologen und gläubigen Christen gewiss nicht leicht über die Lippen kam. Leibowitz erweiterte diese Ansicht auch auf die säkulare Kultur: »›Das Christentum steht mit dem Judentum in einem viel stärkeren Gegensatz als mit dem Heidentum.‹ Dieser Satz stammt von Goethe. Goethe selber war kein Christ, aber für ihn war es selbstverständlich, wie für alle seine Zeitgenossen, dass die europäische Kultur durch das Christentum geformt ist und dass der gebildete Mensch – das ist ja die Idealfigur Goethes: der gebildete Mensch – jemand ist, der notwendigerweise durch das Christentum gegangen ist und es dann abgelegt hat. Die Juden sind aber niemals durch das Christentum gegangen, das heißt, sie gehören eigentlich nicht in die europäische Kultur.«

Jeschajahu Leibowitz gehört zu den Menschen, die mich am tiefsten beeindruckt haben. Er war russischen Ursprungs, hatte in den

* Begleitend zur Filmreihe verfassten der Theologe Wolfgang Gerlach, der Historiker Ludger Heid und ich ein gleichnamiges Begleitbuch: Gerlach schrieb das Kapitel zum christlichen Antijudaismus, Heid das Kapitel zum nationalistischen Judenhass, und ich verfasste das Kapitel zum rassistischen Antisemitismus. Die Einteilung folgte den drei Folgen der Filmtrilogie. Es enthielt neben den thematischen Aufrissen auch Materialien, Quellen und eine kommentierte Bibliografie. Die Filmreihe und das Buch werden bis heute in Schulen und universitären Lehrveranstaltungen eingesetzt.

1920er-Jahren in Berlin studiert, sprach viele Sprachen und wurde in mehreren naturwissenschaftlichen Fächern promoviert. Darüber hinaus hatte er auch Medizin studiert. 1935 war er nach Palästina ausgewandert und lehrte ab 1941 an der Hebrew University in Jerusalem die Fächer Biochemie, Neurophysiologie, Philosophie und Wissenschaftsgeschichte. Er war gläubiger und orthodox lebender Jude und zugleich von der Notwendigkeit einer Trennung von Staat und Religion überzeugt. Schon nach dem Sechstagekrieg warnte er vor den Konsequenzen einer israelischen Besatzung palästinensischer Gebiete. Die Filmtrilogie endet mit einem Dialog: »Leibowitz: Vor sechzig Jahren konnte ja niemand die Phänomene, die wir nachher aus dem Dritten Reich gekannt haben, überhaupt im Traum denken. Das hat auch kein Historiker und kein Soziologe vorausgesehen. CvB: Gibt es nachträglich etwas, das wir erkennen können? Eine Gesetzmäßigkeit, die dahin geführt hat? Leibowitz: Da treffen Sie einen Punkt. Es gibt offenbar in der Geschichte keine Gesetzmäßigkeit. Das ist der tiefe Gegensatz zwischen der Geschichte der Menschheit und der Natur. In der Natur können wir Gesetzmäßigkeiten finden. In der Menschheitsgeschichte finden wir keine Gesetzmäßigkeit. Und das ist verständlich, denn in der Natur gibt es weder Bewusstsein noch Willen, da gibt es nur Notwendigkeiten. Aber Menschen haben ein Bewusstsein und haben Willen. CvB: Das heißt, Geschichte ist deshalb unberechenbar, weil der Mensch nicht Natur ist. Leibowitz: Ja, ganz richtig. Aber die Negation genügt nicht. Wir müssen hinzufügen, er ist nicht Natur, sondern er hat Bewusstsein und Willen. Und das gibt es in der Natur nicht. CvB: Und eben dies Bewusstsein führt dazu, dass er unberechenbar ist? Leibowitz: Absolut unberechenbar.«

Als ich diese drei Filme zu drehen begann, war mir zwar klar, dass Antijudaismus mit rationalen »Erklärungen« nicht beizukommen ist. Aber ich nahm an, dass seine kirchliche Variante mit dem biblischen »Erstgeburtsrecht« des Judentums zu tun hatte. Spätere Recherchen lehrten mich freilich, dass die historische Wirklichkeit dem nur beschränkt recht gibt. Denn christliche Theologie und rabbinisches Judentum (nach dessen Lehren jüdische Gemeinden seit zweitausend Jahren leben) entwickelten sich zeitlich parallel zueinander. In der jüdischen wie der christlichen Religionsgeschichte gehen heute viele Gelehrte davon aus, dass Kirche und Synagoge im ersten Jahrhundert unserer Zeitrechnung als »Zwillinge« geboren wurden. Es kann also nur eingeschränkt von einem Erstgeburtsrecht die Rede sein. Das mag erklären, dass die christlichen Kleriker keine Hemmung hatten, die Heilige Schrift für die Kirche zu reklamieren, und die christlichen Könige meinten, Anspruch auf den Thron Davids erheben zu können. Beide übersahen freilich, dass das rabbinische Judentum in beiden Fällen die besseren Karten hatte: Es repräsentierte zwar ein verändertes Konzept von Religions*gemeinschaft*, übernahm jedoch die alten theologischen Grundsätze.

Hinzu kamen die Unterschiede in der weiteren historischen Entwicklung. Die christliche Religion, deren heilige Texte auf Griechisch und Latein verbreitet wurden, war gut vereinbar mit der Kultur des Römischen Reichs und konnte so auch territorial dessen Erbschaft antreten. Das heißt, als das Christentum zur Staatsreligion wurde, verfügte es über religiöse *und* politische Macht. Das Judentum der Diaspora dagegen hatte kein eigenes Land, es gab auch keinen Thron, keine Herrscherdynastie, an denen sich die Kontinuität der Gemeinschaft orientieren konnte. So waren die jüdischen Gemeinden auf völlig andere Formen des Zusammenhalts angewiesen: einerseits die Lehre – Heinrich Heine sprach von der Thora als dem »portativen Vaterland« der Juden – und andererseits die Matrilinearität.

Die heutige mütterliche Linie des Judentums wurde nach der Zerstörung des Zweiten Tempels (im Jahr 70 unserer Zeitrechnung) formuliert. In den ersten zwei Jahrhunderten bestimmten die Rabbiner die Regeln jüdischer Lebensweise und Zugehörigkeit auf neue Weise. Sie hielten fest, dass Jude ist, wer eine Jüdin zur Mutter hat. Damit schufen sie eine nachweisbare »Blutslinie«, während die christliche Gesellschaft auf der (unbeweisbaren) väterlichen Verwandtschaftslinie basierte, die sie aus Rom und Griechenland übernommen hatte. Ausdrücklich heißt es im Römischen Recht: *Pater semper incertus est.* (Der Vater ist immer unsicher.) In diesem Verwandtschaftskonzept war zwar viel von Blut die Rede, was Leiblichkeit insinuiert. Doch in Wirklichkeit fehlte der männlichen »Blutslinie« die körperliche Evidenz der Mutterlinie. (Die erbrachte erst der genetische Fingerabdruck im späten 20. Jahrhundert.) Deshalb wurden das Blut und seine Symbolik zu einem der wichtigsten Konfliktfelder des christlich-jüdischen Gegensatzes. Sie standen im Zentrum des christlichen Antijudaismus. Debatten über Blut ziehen sich durch alle Epochen der christlichen Kultur: von den kirchlichen Lehren bis zum rassistischen Antisemitismus. Diesen Hintergrund des Antisemitismus hatte ich während der Dreharbeiten zur Filmtrilogie erst ahnungsweise begriffen. Ausformulieren konnte ich ihn erst dreißig Jahre später in dem Buch *Blutsbande. Verwandtschaft als Kulturgeschichte.*

Historisch überlagerten sich religiöser, nationalistischer und rassistischer Antijudaismus, je nach Epoche überwog eine der drei Erscheinungsformen. Es lässt sich jedoch eine historische Linie ausmachen, die parallel zum Säkularisierungsprozess verläuft und im sukzessiven Transfer von transzendenter zu weltlicher und schließlich »leiblicher« Ausdrucksform des Judenhasses ihren Ausdruck findet. Bei diesem Prozess nahmen »Bilder« oder Symbole zunehmend materielle Form an, während zugleich der Anspruch auf »naturwissenschaftliche« Beweisbarkeit stieg. Das Grundmuster war mir aus der Geschlechtergeschichte vertraut: Auch hier wichen religiös oder kulturell geprägte Bilder den angeblichen Wahrheiten über die »Natur« der Frau. Allerdings fiel ein eklatanter Unterschied zwischen Antijudaismus und Frauenfeindlichkeit auf: Juden erfuhren die jüdischen Feindbilder als etwas, das ihnen kollektiv widerfuhr; Frauen dagegen nahmen weibliche Negativbilder eher als Bestimmung ihrer »Natur« wahr. Hinzu kam, dass sich die Misogynie vornehmlich auf individuelle Verhältnisse auswirkte (indem sie über das Eherecht, die Sexualmoral, das Kulturverbot für Frauen und den allmählichen Ausschluss der Frauen aus den Erblinien bestimmte). So waren die dahinter liegenden kollektiven Muster schwerer zu erkennen. Juden dagegen wussten in Verfolgungssituationen immer, dass sie als Gruppe gemeint waren.

Aber auch die Ähnlichkeit von Antisemitismus und Misogynie war kaum zu übersehen. Wie kommt es, dass der rassistische Antisemitismus von Sexualbildern durchsetzt ist? »Der Jude« als Mädchenhändler, als Vergewaltiger, als sexuell unersättlicher Mann, aber auch »der Jude« als Verkörperung des »Weibischen« – das waren Bilder, die lange vor den Nationalsozialisten zirkulierten: schon im Mittelalter und der frühen Neuzeit. Im späten 19. Jahrhundert – parallel zum Aufkommen der Massenmedien – wurden sie jedoch zu einem breiten Phänomen. Es kulminierte in Werken wie dem von Otto Weininger verfassten Buch *Geschlecht und Charakter,* ein 1903 erschienenes Kompendium antiweiblicher und antijüdischer Projektionen, das in zahlreichen Auflagen veröffentlicht und immer wieder zitiert wurde. Ähnlich Arthur Dinters *Die Sünde wider das Blut* von 1917, eine pseudowissenschaftliche Abhandlung, die von der »Vergiftung« des »arischen Blutes« durch Sexualverkehr mit Juden handelte. In den Sexualbildern des Antisemitismus überlagerten sich die Projektionen auf den jüdischen Körper mit denen auf den weiblichen Körper, beide interagierten miteinander. Ich begann zu begreifen, dass die Sexualisierung des Antisemitismus unter anderem die Funktion hatte, den politischen Programmen des Nationalismus und der Fantasie von der »arischen Rasse« den Anschein von »Natürlichkeit« zu verleihen. Mit Geschlechterbildern ließen sich abstrakte Ideen mit Gefühlen aufladen, sodass sie zu »gefühlten Wahrheiten« wurden.

In diesem Kontext beschäftigte ich mich auch mit dieser seltsamen Umkehr des Begriffs der »Blutschande«: Bezog er sich noch um 1800 auf die Sünde des Inzests, also auf den Sexualverkehr mit dem »eigenen Blut«, so wurde im Verlauf des 19. Jahrhunderts daraus die Sünde des Verkehrs mit dem »fremden Blut«. Parallel dazu taucht in der deutschen Literatur eine zunehmend positive Besetzung des Motivs der Geschwisterliebe auf. Zwar betonten manche Autoren die Ambivalenz des Motivs: So Robert Musil im *Mann ohne Eigenschaften,* Thomas Mann in seiner Nacherzählung der Gregorius-Legende, *Der Erwählte,* und in *Wälsungenblut,* wo er mit dem Wagner-Kult abrechnet. Doch in den meisten Fällen wird der Geschwisterinzest idealisiert: so etwa bei Richard Wagner, Georg Trakl, Frank Thiess, Leonhard Frank oder Kurt Münzer. Bei Wagner und Trakl ist der Bezug zu den christlichen Lehren vom »reinen« Blut der Passionsgeschichte deutlich zu erkennen – er wird jedoch auf eine weltliche Ebene übertragen und liefert so den emotionalen Grundstoff für die Idee der »reinen Rasse«. In diesem Kontext wurde aus der »Blutschande« die Sünde des Sexualverkehrs mit dem Juden. In den nationalsozialistischen Rassegesetzen von 1935, die sexuelle Beziehungen von Juden und Nicht-Juden unter Strafe stellten, wurde dieses Phantasma der »Blutschande« in die politische Realität umgesetzt.

Es herrscht heute ein allgemeines Entsetzen darüber, dass auch in Deutschland antisemitische Stereotype wieder hoch im Kurs stehen. Diese Empörung übersieht, dass die Langlebigkeit zu den typischen Charakteristika des Antisemitismus gehört. Seine Stereotype verdanken ihre Persistenz zwei paradoxen Eigenschaften des Judenhasses: Einerseits schließt er immer an tradierte Bilder an, andererseits nimmt er mit jedem neuen historischen Kontext eine veränderte Gestalt an. Mir dämmerte allmählich, dass auf genau dieser Paradoxie die *longue durée,* die lange historische Wirkmacht, antisemitischer Stereotype beruht: Weil sie sich dem jeweiligen historischen Kontext anpassen, erscheinen sie neu; zugleich sind sie aber so vertraut, dass sie als »ewig« und naturgegeben gelten. Auf diese Weise werden sie nie als Phantasmagorien »lesbar«, was ihren Zugriff auf die Emotionen des Einzelnen erhöht. Heute bereiten die sozialen Medien den Boden für die »gefühlten Wahrheiten«, von denen sich der Antisemitismus nährt. Sie bieten die idealen Voraussetzungen, um die alten Bilder in die neue Welt »hochzuladen« (in jedem Sinne des Wortes), Die einzige Möglichkeit, den (verführerischen) Bildern des Antisemitismus entgegenzuwirken, besteht darin, sie immer wieder »lesbar« zu machen. Diese Thematik rückte zunehmend ins Zentrum meiner Beschäftigung.

FILMEN ODER SCHREIBEN?

Ein anderes Medium der Erkenntnis

Die Beschäftigung mit antisemitischen und geschlechtlichen Stereotypen verlangt nach einer Betrachtungsweise, die sich zwischen Religions-, Sozial- und Mediengeschichte bewegt. Zugleich kreisen sie um ein »schwarzes Loch«: eine gewisse historische Dynamik, die ich als das Unbewusste der Geschichte bezeichne. In den Worten von Leibowitz könnte man sie auch das »Unberechenbare der Geschichte« nennen. Will man dieses historische Unbewusste definieren, so kann man es entweder mit Augustinus halten: Er sagte, dass er genau wisse, was das Wesen der Zeit sei – solange ihn niemand danach frage. Versuche er jedoch, einem anderen die Zeit zu erklären, so versage die Sprache.[29] Oder man gibt sich damit zufrieden, dieses »Ding« nur rückblickend und an konkreten Beispielen beschreiben zu können. Zugleich drängte sich die Einsicht auf, dass das, was die Psychoanalyse dem Individuum bietet – nämlich den Zugang zu einem anderen Narrativ für die eigene Geschichte –, auch auf kollektive Prozesse zutreffen müsste. Tatsächlich lässt sich ein und dasselbe Ereignis völlig anders lesen, sobald man nach den impliziten Botschaften historischer Umbrüche fragt. Bei mir setzte dieses Vorgehen freilich einen Medienwechsel voraus: Um an das Unbewusste der Geschichte heranzukommen, genügte der Film nicht. Wollte ich mich dieser Frage annähern, so war ich auf die geschriebene Sprache angewiesen.

Diese Erkenntnis (die mir erst rückblickend bewusst wurde) war einer der Gründe, vom Filmemachen zum Schreiben überzugehen. Mich der Einsamkeit des Schreibens auszusetzen. Der Wechsel implizierte einen herben Verlust: Ich war Filmemacherin geworden, weil mich die Multisensualität des Mediums anzog, weil ich gern im Team arbeitete. Das Team ist ein wichtiger Motor beim Filmemachen. Am Schreibtisch kann man leicht mal in andere Tätigkeiten fliehen. Bei Dreharbeiten geht das nicht. Sie üben einen Aktivitätsdruck aus, dem man sich nicht entziehen kann, ohne das ganze Projekt zu gefährden. Ein Team verleiht auch Geborgenheit – man ist aufgehoben in jedem Sinne des Wortes, vergisst das Ich. Ein begehrenswerter Zustand. Wenige Monate nach meiner Berufung an die Humboldt-Universität saß ich mit Kollegen und Kolleginnen in einem Lokal, um einen wissenschaftlichen Antrag zu besprechen. Die Antragssprache war mir damals völlig fremd. Ich verstand Bahnhof. In diesem Moment betrat eine kleine Gruppe von Menschen, die nach einem Filmteam aussahen, das Lokal. Ich spürte, wie mich ein Gefühl von Neid durchschoss!

Weil der Film über visuelle, auditive und sprachliche Möglichkeiten verfügt, vermittelt er im Bruchteil einer Sekunde Informationen, für die ein geschriebener Text oft Seiten braucht. Ein Beispiel: In meinem Film über die Frauen der Französischen Revolution fragte ich Albert Soboul, damals der bekannteste französische Historiker auf diesem Gebiet, ob die Hinrichtung von Olympe de Gouges durch Robespierre etwas mit ihren feministischen Forderungen zu tun gehabt habe. Sobouls ablehnender Gesichtsausdruck, sein Herumstottern besagten unendlich mehr als die ausweichende Antwort, die er schließlich gab.

Der Film erlaubt es, Assoziationsketten herzustellen, Zusammenhänge anzudeuten, die von *unterschwelliger* Kulturgeschichte, von soziologisch nicht messbaren Mentalitätsveränderungen zeugen. Zum Beispiel wurde in den Gründungsakten der Académie Française nie ausdrücklich vermerkt, dass Frauen nicht dazugehören dürfen. Dennoch hielten sich alle dran – über fast vier Jahrhunderte. Worauf begründete sich dieses Gesetz, das nie niedergelegt, aber von allen respektiert wurde? Und andersherum: Warum hörte man im späten 20. Jahrhundert plötzlich auf, sich daran zu halten? Der Wandel des »Zeitgeists« war die offensichtliche Antwort. Wie aber kam dieser zustande? Auf diese Frage kann ein Film nur unzureichend antworten. Die Qualität des Films besteht darin, dass er Entwicklungen zwar zeigen, aber den unsichtbaren Motor dahinter nicht »lesbar« machen kann. Dazu bedarf es der Distanz – vergleichbar der Ethnologie, die erst aus dem Abstand begreift, nach welchen Strukturen eine Gesellschaft »funktioniert«.

Ich unterstelle nicht, dass das Filmemachen keinen Erkenntnisgewinn bringt. Ganz im Gegenteil. Der Gewinn ist nur anderer Art als beim Schreiben. Bei vielen meiner Filme habe ich sehr viel gelernt oder neu begriffen. Historische oder soziale Fragen nehmen, sobald man sich an bestimmte Orte begibt oder mit betroffenen Menschen spricht, eine viel konkretere Form an. Ich möchte das an zwei Beispielen illustrieren.

1. Algerien

Die Frankfurter Buchmesse hatte sich im Jahr 1980 das literarische Thema *Afrika* gegeben. Man schlug mir vor, einen Film über die nachkoloniale Literatur Algeriens zu realisieren. Bei den Dreharbeiten begegnete ich zum ersten Mal der muslimischen Kultur auf ihrem eigenen Territorium. Das beinhaltete vollkommen neue Bilder: verschleierte Frauen zum Beispiel, die damals sowohl in Paris als auch in Deutschland selten waren. In Algier sah man sie vor allem in den neuen Plattenbauten. Die Frauen der Berber, die zumeist in den Dörfern lebten, trugen keine Schleier. Das galt auch für viele arabische Frauen auf dem Land.

Für den Anfang des Films suchte ich nach einem Bild, das vom Ende der französischen Kolonialherrschaft erzählte: Die Wahl fiel auf eine verlassene Bahnstation in der Wüste, unter gleißender

Sonne, die Umrisse flimmerten. Das Unkraut über den Schienen, über die offenbar seit Jahren kein Zug mehr gefahren war, vermittelte eine Ahnung davon, dass Frankreich zwar die Moderne nach Algerien gebracht hatte, diese nun aber – als Relikt der Kolonialherrschaft – zurückgestoßen wurde. Zugleich spiegelte das Bild die Tatsache wider, dass die algerische Literatur, wie ein Gutteil der afrikanischen Literatur überhaupt, ein Hybrid zwischen alt und neu ist. Viele ihrer Autoren und Autorinnen schreiben in europäischen Sprachen, die Mehrheit der Afrikaner spricht diese Sprachen aber nicht. Das galt besonders für Algerien, das 130 Jahre lang französische Kolonie gewesen war. Die französische Sprache dominierte noch immer die Verwaltung des Landes. Als ich den Film drehte, lag die französische kulturelle Dominanz zwanzig Jahre zurück. Die meisten Schriftsteller und Schriftstellerinnen, mit denen ich sprach, schrieben weiterhin auf Französisch. Zugleich thematisierten viele von ihnen die Konflikte zwischen Modernisierung und Tradition. So etwa Rachid Boudjedra, damals einer der bekanntesten Schriftsteller Algeriens; er hatte lange im französischen Exil gelebt und war nach dem Tod von Präsident Houari Boumedienne wieder nach Algerien zurückgekehrt. Er beschrieb in seinem Roman *Die 1001 Jahre der Sehnsucht* das Aufeinanderstoßen von Dorfleben und Hollywood-Technik. Die Hauptfigur des Romans heißt O. V. N. – ohne väterlichen Namen. Der Familienname, Symbol für historische Identität, war dem Urgroßvater des Helden vom französischen Gouverneur und Bahnhofsvorsteher ersatzlos gestrichen worden.

Nur einer der Autoren insistierte, das Interview auf Arabisch zu führen. Er hatte am Befreiungskampf teilgenommen und verstand sich als Funktionär der nationalen Kultur. Für ihn – wie auch für die amtierende Regierung – bedeutete »Re-Nationalisierung« letztlich Arabisierung. Das führte zu erheblichen Konflikten mit den anderen Kulturen Algeriens. Kurz vor dem Beginn unserer Dreharbeiten hatte es einen Erlass gegeben, der an den Schulen die Verwendung anderer Sprachen als Hoch-Arabisch untersagte. Das Verbot traf sowohl das gesprochene Arabisch, das in Algerien aus einer Vermischung des Arabischen mit der Sprache der Berber entstanden war, als auch das Kabylische, das in einigen Regionen dominierte. Durch diesen Erlass durften viele Kinder in der Schule nicht mehr ihre Muttersprache sprechen. Damit drohte ein großes, mündlich überliefertes Kulturgut unterzugehen. Die Sprache der Kabylen verfügt über einen reichen Schatz an Gedichten und Gesängen.

Nach dem Erlass kam es in Algerien zu Unruhen, die zum Teil brutal niedergeschlagen wurden. Einige kabylische Aktivisten flohen nach Frankreich: Für die Opposition wurde ausgerechnet die alte Kolonialmacht zum Zufluchtsort. Die nach Paris emigrierten Kabylen begannen dort, die eigene Sprache und ihr Kulturgut zu verschriften – allerdings nicht mit arabischen, sondern mit lateinischen Buchstaben. Sie versuchten, sich durch ein anderes Alphabet der »Bevormundung« durch das Arabische zu entziehen. Mir wurde in diesem Kontext zum ersten Mal konkret vor Augen geführt, dass sich der Konflikt zwischen oraler und geschriebener Sprache nicht nur in der Geschlechterordnung widerspiegelt, sondern auch von prägendem Einfluss auf das Verhältnis von Kolonialmacht und Kolonisierten ist. Weil sie bleibend ist, trägt die Schriftlichkeit immer den Sieg über das flüchtige Wort nicht verschrifteter Sprachen davon.

Die algerischen Schriftsteller und Schriftstellerinnen sprachen viel über die Rolle der Frau – und ihre Aussagen waren widersprüchlich. Auf der einen Seite gab es den arabischsprachigen Schriftsteller Tahar Ouettar, auf dessen Türschild ausdrücklich vermerkt war, dass er Mitglied des F. L. N. war, mithin im algerischen Freiheitskrieg gekämpft hatte. Er sagte, Sozialismus und Islam seien gut vereinbar, und der Sozialismus werde auch für Geschlechtergerechtigkeit sorgen: »Wenn wir das Problem des Menschen gelöst haben, werden wir auch das Problem der Frau gelöst haben.« Er verwendete das Argument des »Nebenwiderspruchs«, mit dem sich auch schon die europäische Linke der »Frauenfrage« entledigt hatte. Auf der anderen Seite gab es die feministische Schriftstellerin und Filmemacherin Assia Djebar, die auf Französisch schrieb und damals mehr in Paris als in Algerien lebte. Sie vertrat Ansprüche auf Gleichberechtigung, wie sie auch unter europäischen Feministinnen üblich waren. Zugleich verfolgte sie das Thema einer »weiblichen Sprache«, das unter französischen Philosophinnen wie Hélène Cixous und Psychoanalytikerinnen wie Luce Irigaray hoch im Kurs stand. Djebar meinte jedoch etwas anderes: eine historische »Geheimsprache« der maghrebinischen Kultur. Sie sei über die Jahrhunderte verschüttet worden; Industrialisierung und Verstädterung hätten eine den Frauen eigene Art der Kommunikation zerstört. Djebar nannte es die »verschleierte Sprache der Frauen«.

Die dritte Variante wurde vom Schriftsteller Abdelhamid Benhedouga vertreten, einem in Algerien sehr erfolgreichen Verfasser von Trivialromanen, mit denen er die algerische Bevölkerung »im Sinne des Fortschritts« zu motivieren versuchte. Er sagte: »Il faut moderniser la femme« (die Frau muss modernisiert werden) – so als seien Frauen nicht Subjekte, sondern Objekte ihrer Emanzipation. Er selbst war in einem Dorf aufgewachsen, das die Franzosen niedergebrannt hatten – mitsamt der Bibliothek seines Vaters, eines Imams und Gelehrten. Benhedouga hatte als eines der wenigen Kinder des Dorfes lesen und schreiben gelernt und beschrieb mit leuchtenden Augen, was die Elektrifizierung des Dorfes für ihn bedeutet hatte: Plötzlich habe man sich auch in den Abendstunden in die Bücher vertiefen können.

Benhedouga fuhr mit uns in sein altes Dorf. Die ursprüngliche Bevölkerung war im Kolonialkrieg ums Leben gekommen oder später in die Städte gezogen. Menschen aus den Bergdörfern hatten die verlassenen Häuser übernommen. Keine der Frauen dieses Dorfs war verschleiert, aber sie lebten unter traditionellem Regime. Als wir einmal frühmorgens das Erwachen des Dorfs filmten, lud mich eine Frau, die am Brunnen Wasser holte, zu sich ein. Natürlich nahm ich die Einladung an und nahm das kleine (nur aus Männern bestehende)

Team mit. Es entstanden Aufnahmen vom Inneren eines Hauses, wohin Fremde, geschweige denn eine Kamera, sonst niemals eindringen würden. Die Frau war offenbar verwitwet, lebte allein mit ihren heranwachsenden Töchtern – nie und nimmer wären wir in dieses Haus gekommen, wäre ich nicht *als Frau* von ihr eingeladen worden. Es dauerte denn auch nicht lange, bis ihr Sohn aus dem Nachbarhaus kam und uns alle rauswarf. Verständlich, es war ein Sakrileg. Als ich die Einladung annahm, war mir nicht klar gewesen, dass wir ein reines Frauenhaus betraten. Diese Bilder und viele der Erkenntnisse hatte ich noch im Kopf, als ich später zusammen mit Bettina Mathes ein Buch zur deutschen Kopftuchdebatte schrieb.

Die Dreharbeiten bewirkten also Erkenntnisprozesse, die ich beim Schreiben so nie hätte machen können. Zugleich lieferten sie mir Stoffe und Fragen, die oft erst einige Zeit später für mich relevant wurden. Auch schärften sie den Blick für wiederkehrende Phänomene. Etwa diese »Geheimsprache der Frauen«, von der Assia Djebar gesprochen hatte und für die die anthropologische Forschung mittlerweile Beispiele aus vielen Kulturen zutage fördert. Als ich viele Jahre später, im Jahr 2012, das Frauenmuseum von Xi'an in China besuchte, stieß ich auf *Nu Shu*, einen Code, der von Frauen im Süden Chinas entwickelt worden war und ihrer geheimen Verständigung diente. Er erlaubte es ihnen, ungestraft Kritik an patriarchalen Strukturen und Sitten zu üben. Diese Sprache verschwand, zusammen mit vielen dörflichen Riten, im Rahmen der Modernisierung Chinas. Als die in Kanada lebende Regisseurin Yang Yue-qing 1999 einen Dokumentarfilm über *Nu Shu* drehte, fand sie noch zwei alte Frauen, die die Sprache beherrschten. Im Museum von Xi'an begegnete ich noch einem weiteren Phänomen; nirgends auf der Welt hatte ich etwas Vergleichbares gesehen. Ausgestellt wurden große Tücher, auf die Beileidsbekundungen gestickt waren. Frauen fertigten sie für ihre Freundinnen an, wenn diese heirateten. Die Hochzeit war ihnen Anlass zur Trauer.

2. DDR

Ein anderes, nicht viel späteres Beispiel für den Erkenntnisgewinn durch die direkten Eindrücke des Filmemachens waren meine ersten Begegnungen mit der DDR. Das Land war für mich nicht minder *terra incognita* als Algerien. Ein erster Besuch 1984 dauerte nur kurz, ich wollte für meinen Film über die Geschichte des Pazifismus einige Szenen in Mecklenburg drehen. Bei diesen Einstellungen ging es weniger um die DDR als um die großen Flächen des ostdeutschen Grundbesitzes, die bei den modernen Landwirtschaftsgenossenschaften nicht minder sichtbar waren als beim alten Gutsbesitz: Das Bild sollte vermitteln, dass sich der Pazifismus eher in den städtischen als in den ländlichen Gebieten herausbildete, wo die Begrenzungen des verfügbaren Raums noch nicht so spürbar waren. Das traf auf einen Gutteil von Preußen zu, wo (außer in Berlin) der Pazifismus nie richtig Fuß fassen konnte.

Länger und eindrücklicher war der zweite DDR-Besuch von 1987, als ich einen Film über die Frühromantik an der Saale realisierte. Die Arbeit an diesem Film stellte für mich, die ich durch die langen Auslandsaufenthalte wenig über die deutsche Romantik wusste, einerseits eine Art Crashkurs in deutscher Literaturgeschichte dar. Andererseits eröffnete sie mir neue Einsichten ins geteilte Deutschland. Da ich schon während der vorbereitenden Recherchen merkte, wie sehr mich diese Begegnung bewegte, legte ich ein kleines Notizheft mit Beobachtungen an. (Ich hatte es vergessen, entdeckte es aber nun in den Unterlagen zum Film.) Diese Tagebuchnotizen, aus denen ich im Folgenden zitiere, geben Einblick in meine Begegnung mit dem »anderen Deutschland« und überraschten mich selbst beim Wiederlesen.

Eine der Stationen dieser Dreharbeiten war Jena, wo mir zunächst auffiel, dass die Universität »ganz anders aussieht als in München oder anderswo. Keine beklebten Wände oder Graffiti. An den Wänden die Porträts von Professoren aus dem 17. und 18. Jahrhundert. Trotz vieler Verluste besitzt die Universität eine fast komplette Sammlung der Gemälde aller Gelehrten seit 1800. Seltsames Gefühl, durch Gänge mit diesen Bildern zu gehen und zu wissen, daß man nicht im Museum, sondern an einer funktionierenden Universität ist. Ich glaube nicht, daß irgendeine Universität im Westen es sich leisten könnte, alte Gemälde so ungeschützt in den Gängen hängen zu lassen. Ich glaube, sie würden bald zum Opfer des Bedürfnisses, mit der Vergangenheit abzurechnen.« Das traf damals auf die westdeutschen Universitäten zu, aber ich weiß nicht, ob es heute noch stimmt. Kürzlich war ich in der Universität Sankt Gallen, die über eine große und wertvolle Sammlung moderner Kunst verfügt. Sie wird ganz ungeschützt in und an den Gebäuden ausgestellt. Die Studierenden respektieren die Werke. (Vielleicht aber auch den Kapitalwert der Sammlung. Die Hochschule ist auf Wirtschaft ausgerichtet.)

Vor allem aber erzählte die Porträtgalerie der Universität Jena vom Respekt für die deutsche Vergangenheit – eine, wie ich überrascht feststellte, in der DDR sehr verbreitete Haltung. Auch unter Intellektuellen. Im Stadtmuseum von Jena stieß ich auf eine Gedenkstätte für die Burschenschaften. Ich hatte das in der DDR nicht erwartet; während meines Studiums waren mir die Burschenschaften nur als Inbegriff des Reaktionären begegnet. Auf meine Nachfrage erklärte mir der Leiter der Gedenkstätte, dass die konservative Haltung zwar für die Zeit nach der Gründung des Deutschen Reichs zutraf, doch Anfang des 19. Jahrhunderts hätten sich in den Burschenschaften die Pioniere progressiver Strömungen versammelt. Die Gründung eines deutschen Nationalstaats habe zu deren zentralen Forderungen gehört. Deshalb stand auch der Nationalgedanke im Mittelpunkt der Ausstellung.

Meine Verwunderung verstärkte sich in den folgenden Tagen. Ich hatte darum gebeten, den Geburtsort von Friedrich Nietzsche zu sehen. Das hatte zwar nichts mit meinem Thema zu tun und tauchte auch im Film nicht auf. Aber wenn Röcken schon so nah lag, wollte ich doch mal den Ort sehen, an dem Nietzsche geboren wurde. Ich musste ein wenig Druck ausüben, wurde aber schließlich hingefahren. Ich weiß nicht, wie es heute dort aussieht, aber 1987 war aus dem alten Friedhof um die Kirche ein Gemüse- und Obstgarten geworden. Das Pfarrhaus gab es noch, doch daneben, so die Notizen im Tagebuch, fand man nur, direkt neben der Kirche »die Gräber von Nietzsche, seinen Eltern, dem verstorbenen kleinen Bruder und der unvermeidlichen Schwester. Das Grab selbst ist gepflegt, mehr nicht. Der mich begleitende Leiter für Denkmalschutz des Bezirks Halle sagt mit vieldeutigem Lächeln: ›Wir pflegen das Grab, mehr tun wir nicht.‹ Es scheinen auch selten Besucher hierher zu kommen, es gibt kein Schild, keinen Hinweis, man muß schon wissen, daß Nietzsche hier begraben liegt. Auf dem Grab liegt ein Sträußchen verwelkter Schneeglöckchen.« Ganz anders sah es wenige Kilometer weiter in Lützen aus. »Am Grab von Gustav Adolf stehen Schlangen von Menschen, es gibt Würstchenbuden und Postkarten und eine Kapelle mit Mahnmal und Parkplatz …« König Gustav II. Adolf, der auf der Seite der Protestanten gegen das kaiserliche Heer gekämpft hatte, war 1632 in Lützen gefallen. Er war Schwede, aber wegen seines Engagements für die Sache der Protestanten wurde er wie ein deutscher Held verehrt. Sein Andenken wurde in der DDR hochgehalten – nicht der evangelischen Kirche, sondern der deutschen Nation zuliebe.

Kurz darauf besuchte ich Weißenfels, den Geburtsort von Friedrich von Hardenberg alias Novalis. Von der alten Stadt war nur wenig erhalten – Krieg und Industrialisierung hatten ganze Arbeit geleistet. In einer kleinen Novalis-Gedenkstätte gab es eine abenteuerlich hässliche Skulptur des Dichterkopfes (in meinen Notizen als »Donald Duck« bezeichnet; »sie soll aber wohl bald ersetzt werden«). Außerdem besuchte ich den schönen Renaissance-Bau, in dem der Komponist Heinrich Schütz gelebt hatte. Im ersten Stock des Gebäudes »finden temporäre Ausstellungen statt. Eine neue ist gerade eröffnet worden; die Werke einer Künstlerin, die Landschafts- und

Stadtbilder malt und zeichnet. Sie hat neben das endgültige Bild verschiedene Entwürfe gelegt, wohl um den Prozeß der Entstehung darzustellen. Ein Bild versah sie mit dem Schild ›Endlösung‹. Ich denke erst, es sei der Titel des Bildes, und dieses stelle eine der Todesstätten dar. Tatsächlich hatte sie das Wort aber im Sinne von endgültigem Werk verwendet. Ich merke es, als ich ein zweites Bild, eine friedliche Landschaft, mit demselben Karton daneben sehe. Ich drückte dem Leiter des Denkmalamtes Halle mein Erstaunen über die Verwendung dieses Begriffs ›Endlösung‹ aus – und merke, als wir weggehen, daß er Anweisungen gibt, die Schilder zu entfernen. Gewundert hat mich das schon, daß solche Begriffe so – scheinbar – unbelastet verwendet werden.«

Die Notizen, die ich mir damals über die DDR machte, erfassten nur bestimmte Aspekte: das, was ich nicht erwartet hatte. Nicht der Sozialismus erstaunte mich, auch nicht die permanente Kontrolle, der ich ausgesetzt war, sondern der unter all dem kaum verborgen aufscheinende Nationalismus. Noch erstaunlicher: Er erschien konsensfähig zwischen Dissidenten und SED. Für Erstere stellte der Gedanke der Wiedervereinigung eine Form von Widerstand gegen die DDR-Regierung dar. Die SED wiederum entdeckte im Laufe der 1980er-Jahre die Vorteile des nationalen Gedankenguts: Luther und die deutsche Aufklärung ließen sich auch als Vorläufer des Sozialismus in Anspruch nehmen. »Ich treffe hier auf eine für mich erstaunliche Bereitschaft, sich mit dem ›deutschen Volksgut‹, den ›deutschen Burschenschaften‹, der nationalen Gesinnung zu identifizieren. [...] Über Antisemitismus hört man auch kaum ein Wort – eigentlich gar keines, wenn ich es nicht selbst zur Sprache bringe. Umso mehr frappiert mich das ungebrochene Verhältnis zur deutschen Tradition, sogar zum Nationalstaat. Zu welchen Ergebnissen dieser Nationalstaat geführt hat, wird wie eine bedauerliche Entgleisung betrachtet, die durch Kapitalismus oder Militarismus entstanden sei; der Grund für diese ›Entgleisung‹ wird nicht im Nationalismus selbst gesucht. Es erscheint absurd, aber im Grunde genommen ist das Potential – das emotionale Potential – für eine Wiedervereinigung in diesem Staat unendlich stärker und gegenwärtiger als in der Bundesrepublik, wo – jedenfalls in manchen Kreisen – unentwegt davon die Rede ist.«

Bevor ich diese Notizen wiederfand, hatte ich angenommen, dass der Zulauf zu Pegida und die Wahlerfolge von Rednern wie Björn Höcke mit der Enttäuschung von DDR-Bürgern über die Wiedervereinigung zu tun haben. Vielleicht stimmt das auch – wie der AfD-Slogan »Vollende die Wende« zeigt. Aber nun frage ich mich, ob hinter der Erinnerungsschicht »Wende« nicht eine ältere liegt, die nur durch die Verärgerung über die als misslungen empfundene Wiedervereinigung an die Oberfläche getragen wurde: der Nationalgedanke. Er stand zu dieser Zeit in Westdeutschland nicht mehr hoch im Kurs und war eher überlagert worden vom Gedanken Europa (oder Westen). Zusammen mit dem eingeschränkten Interesse am Holocaust könnte das Festhalten an der Nation das mangelnde Sensorium für den Umgang mit der NS-Erbschaft erklären. Etwa das der Mutter von Stephan Balliet, dem Attentäter, der auf die Synagoge von Halle einen Anschlag verübte. In einem *Spiegel*-Interview (14. Oktober 2019) sagte sie: »Er hat nichts gegen Juden in dem Sinne. Er hat was gegen die Leute, die hinter der finanziellen Macht stehen – wer hat das nicht?« Die Mutter ist Lehrerin, hatte aber offenbar keine Ahnung, dass die »finanzielle Macht« ein typisches Klischee des Antisemitismus ist. Nach diesen Notizen von 1987 zu urteilen, war dieses Unwissen in der DDR weitverbreitet.

Es gab auch eine andere Seite. Mir war während der Reise aufgefallen, dass Gedenkorte der deutschen Geistesgeschichte – etwa die für Friedrich Schiller in Jena – sparsam, aber sehr einfühlsam restauriert worden waren. Während Gedenkstätten in Westdeutschland oft überrestauriert, mit Klimaanlagen und stilgerecht nachgebildeten Möbeln ausgestattet sind, konnte man sich in dieser kärglichen Schreibstube, deren Fenster kaum die Feuchtigkeit abhielten, sehr gut vorstellen, wie der Schriftsteller hier arbeitete und sich dabei gegen die Kälte zu schützen suchte. Später erfuhr ich, dass der Erhalt der alten Bausubstanz und damit auch solcher Gedenkstätten oft von der ansässigen Bevölkerung betrieben wurde – die reduzierte Restaurierung hatte also auch finanzielle Gründe – und dass dieser Kampf um den Erhalt oft gegen den Willen des Regimes geschah. Zwar vereinnahmte die Partei gern die deutsche Geistesgeschichte, daneben betrieb sie aber auch ein Modernisierungsprogramm, das die Zerstörung bürgerlicher und aristokratischer Restbestände beinhaltete. Der Widerstand gegen diese Abrisswut war kein Bekenntnis zur »alten Welt«, sondern richtete sich eher gegen das radikale Modernisierungsprogramm. Es könnte sein, dass diese Tradition, in der sich das Bekenntnis zum nationalen Kulturerbe mit oppositioneller Haltung verband, erklärt, warum ein Teil der ostdeutschen Bevölkerung so empfänglich ist für die von der AfD deklarierten nationalistischen Werte.

Ich weiß heute, dass es nicht eine, sondern viele Arten gibt, die Geschichte der DDR zu denken: Das eine sind die Erinnerungen der Verfolgten, das andere der Rückblick jener, die im Staatsapparat tätig waren. Daneben gibt es die ganzen Narrative, die sich mit Ortschaften, Freundschaften, den Liebes- und Familienbeziehungen verbinden. Was die DDR »wirklich« war, ergibt sich erst aus der Komplexität dieser unterschiedlichen Perspektiven. Zu ihnen gehörte auch das Verhältnis der Geschlechter. Während meiner Recherchen und der Dreharbeiten begegnete ich mehreren interessanten und kritischen Frauen in leitenden Stellen, und ich erlebte Beispiele für Partnerbeziehungen, in denen die Frauen höhere soziale Positionen einnahmen als ihre Männer, ohne dass dies den Mann anfocht oder die Beziehung darunter litt. Mein Fahrer aus Leipzig zum Beispiel, der mich zum Abendessen zu sich nach Hause einlud, war verheiratet mit einer Frau, die Verwaltungsleiterin eines größeren Betriebs war und besser bezahlt wurde als er. In Westdeutschland ist diese Art von Paarbildung bis heute eher die Ausnahme.

Keine andere Erkenntnis hat mich während dieser Reise so umgeworfen wie diese: »Ich kann mich nicht erinnern, irgendwo sonst in Deutschland auf so viele Orte gestoßen zu sein, wo führende Köpfe der deutschen Geistesgeschichte geboren wurden, gelebt und gewirkt haben. Von Luther über Goethe, Schiller, Hegel, Fichte, Schelling, den Romantikern bis hin zu Wagner und Nietzsche. (Wagner wird in der DDR aufgeführt, ich habe mich erkundigt, und zwar regelmäßig, aber man sagt mir, es gebe kein Kultpublikum wie in Bayreuth.) All das vermittelt natürlich das Gefühl, in der unmittelbaren Tradition deutscher Geschichte zu stehen. Im Vergleich zu dieser Fülle kommt mir der Rest von Deutschland, das heißt, die gesamte Bundesrepublik, wie ein Randgebiet vor. Seltsame Erfahrung.« Viele Bundesbürger waren damals schon gut vertraut mit der DDR, sie waren oft zu Besuch, aber haben sie diese ungleiche Verteilung der deutschen Geistesgeschichte je thematisiert? Martin Walser bestimmt nicht. Seine öffentlichen Verlautbarungen dazu – abgedruckt im Büchlein *Über Deutschland reden,* das etwa zu dieser Zeit entstanden sein muss – handeln nur davon, dass dieses Volk und seine Traditionen zusammengehören.* Er erwähnt mit keinem Wort, dass ein so großer Anteil der deutschen Geistesgeschichte von »drüben« ausging. Vermutlich hatte die Tatsache, dass diese ostdeutschen Gegenden »Randgebiete« der Christianisierung waren, ihren Anteil an den Innovationsschüben, die sich hier entwickeln konnten.

Bei der Beschäftigung mit der Frühromantik stieß ich auch auf einen Genderaspekt (für den ich zugegebenermaßen einen geschärften Blick habe). Mir waren die großartigen Frauen dieser Zeit

* »Wenn wir BRD und DDR bleiben würden, wäre das Ergebnis nicht deutsch, sondern internationalistisch. Ich glaube, das dadurch verfügte bestimmte Geschichtsdefizit müsse die beiden so entstehenden Gesellschaften irgendwann unfähig machen, einer Generation nach der anderen die selbstverständliche Identität zu fundieren.« Martin Walser, *Über Deutschland reden,* Frankfurt am Main 1988, S. 22.

wie Caroline Schlegel-Schelling und Dorothea Veit-Schlegel wohl vertraut. Doch über Novalis wusste ich wenig – das holte ich nun nach. Dabei erlebte ich mein »blaues Wunder«. Auch davon berichten die Notizen. »Je tiefer ich in den Stoff einsteige, desto größer wird mein Widerwillen. Natürlich hat er eine wunderbare Sprache, und mir ist auch ganz klar, daß die Bilder, die er entwarf, für seine Zeit ganz ungewöhnlich waren. Dennoch habe ich den Eindruck einer großen Destruktivität. Nicht Todessehnsucht, es geht vielmehr um Lust am Untergang der anderen. Der Mann hat von der Zerstörung anderer gelebt: Damit er aus sich heraus etwas Anderes zeugen und gebären kann. Er hat einen fast kannibalischen Umgang mit den anderen.« Das Verhältnis von Novalis zu seiner Verlobten, der zwölfjährigen Sophie von Kühn, die mit fünfzehn Jahren starb und deren Tod, so einer seiner Biografen, in ihm »erst die Potenzen seines Fühlens und Denkens ausgelöst« habe,[30] empfand ich als zutiefst verstörend. Wenige Wochen nachdem Sophie von Kühn gestorben war, schrieb Novalis an seinen Freund Friedrich Schlegel, dass ihr Tod ein »himmlischer Zufall« gewesen sei.[31] Ich begegnete damals erneut diesem Topos, der das künstlerische Werk vieler kreativer Männer der Moderne durchzieht: Eine Frau wird geopfert, damit ein Kunstwerk und sein Erschaffer für die Ewigkeit bestimmt sind. Die Novalis-Verehrer – und ich las viele von ihnen – hatten für diese Dimension offenbar kein Sensorium. Dabei hat Sophie von Kühn selbst immer wieder darauf hingewiesen, dass die Liebe des Dichters »sie oft drückt«.[32] Weil mich das Thema nicht mehr losließ, hielt ich einige Monate später einen Vortrag zu diesem männlichen Verzehr von Frauen; er erschien 1989 in meinem Buch *Die Schamlose Schönheit des Vergangenen*. Im gleichen Jahr veröffentlichte Klaus Theweleit den ersten Band seines *Buchs der Könige*, in dem er dasselbe Thema behandelte.

Bei meinem dritten DDR-Besuch, später im Jahr 1987, ging es um die Geschichte der Entnazifizierung im Osten Deutschlands. (Das Pendant zur Entnazifizierung im Westen hatte ich schon gedreht.) Ich begegnete Staatsanwälten und Lehrerinnen und stieß auf die kaum überraschende Überzeugung, dass die DDR das bessere Deutschland sei. Die Entnazifizierung war in der DDR tatsächlich »gründlicher« gewesen – schon deshalb, weil die einflussreichen Nazis vor der Roten Armee in den Westen geflohen und nur die weniger ranghohen geblieben waren. Diese wiederum wurden von der DDR entweder in Schauprozessen verurteilt oder mit ihrer Vergangenheit erpresst, damit sie sich Ideologie-konform verhielten. Auch bereitete die DDR vielen Emigranten und Widerstandskämpfern der NS-Zeit eine bessere Aufnahme als die Bundesrepublik.

Die feste Überzeugung, dass die DDR bei der Entnazifizierung mit dem »Faschismus gründlich aufgeräumt« habe und sich alle überlebenden Nazis im Westen befänden, mag auch dazu beigetragen haben, den Blick für das Spezifische des deutschen Antisemitismus zu trüben. So hatte ich beantragt, mit einer Schulklasse ein Interview zum Thema Nationalsozialismus zu führen. Wir filmten in einer Gedenkstätte, die unter anderem an die »Köpenicker Blutwoche« erinnerte: Im Juni 1933 hatten SA-Leute rund fünfhundert NS-Gegner (vor allem Kommunisten und Sozialdemokraten) überfallen, gefoltert und mehrere von ihnen getötet und in die Dahme geworfen. Die Klasse, mit der wir drehten, war eigens für uns ausgesucht worden. Während des Gesprächs meinte eine der Schülerinnen – andere stimmten ihr zu –, dass ihnen im Unterricht nie erklärt worden sei, warum so viele Menschen von den Nazis begeistert waren. Sie an die Macht gewählt hatten. Meine Aufpasser – gerade bei diesem Film waren viele dabei – empörten sich. Die Schülerin habe offenbar nicht aufgepasst. Im Unterricht sei doch alles erklärt worden. Vermutlich waren mit diesem »alles« Kapitalismus und Militarismus gemeint. Wie es scheint, genügte diese Erklärung den jungen Leuten aber nicht; sie ahnten, dass dem Nationalsozialismus auch eine Verführungsebene zugrunde lag, und wollten mehr darüber wissen.

Noch eine neue Erfahrung brachten mir diese Dreharbeiten:

Wenn ich am Übergang Heinrich-Heine-Straße die DDR wieder verließ und mit einem Taxi durch Westberlin mit seinen erleuchteten Fensterauslagen fuhr, überkam mich ein Gefühl von Beklemmung. Ich brauchte einige Zeit, bis mir klar wurde, dass es der Konsumgesellschaft mit ihren ganz eigenen Zwängen geschuldet war. Es hatte dieser Ausflüge in die DDR bedurft, um mir des Drucks, der vom Konsumangebot ausgeht, bewusst zu werden. Ohne das Verlassen des westlichen Konsumparadieses hätte ich diese Einsicht nie gewinnen können. Meine Freundin Gaby Dietze, der ich später von dieser Erfahrung erzählte, erlebte die Dinge umgekehrt. Sie war Lektorin beim Rotbuch-Verlag und betreute einige Autoren und Autorinnen aus der DDR. Sobald sie in Ostberlin unterwegs war, folgte ihr ein Schatten. Um diese Beklemmung wieder loszuwerden, ging sie, zurück in Westberlin, erst einmal in die Delikatessen-Abteilung des KDW. Sie ihrerseits fand Entspannung im Konsumangebot.

Diese beiden Beispiele – Algerien und DDR – mögen genügen, um vom Erkenntnisgewinn des Filmemachens zu erzählen. Letztlich lief es beim Filmen immer darauf hinaus, sich die Offenheit für Unvorhergesehenes zu bewahren. Noch Jahre später erinnere ich mich an Einsichten, die mir beim Drehen einer Szene oder eines Gesprächs kamen. Beim Schreiben verläuft der Erkenntnisprozess umgekehrt: Man bemüht sich, zu einem Kern vorzustoßen, der hinter der Verschriftlichung des Wissens liegt. Man begegnet den Texten, die so gern Anspruch auf Gewissheit erheben, mit Misstrauen, zweifelt an ihren Wahrheiten. Gelegentlich gaben mir Wissenschaftler oder Wissenschaftlerinnen zu verstehen, dass Filmemachen, verglichen mit Schreiben, oberflächlich sei. Ich erinnere mich an einen Abend, als mein Film über die Frauen der Französischen Revolution in einem wissenschaftlichen Kreis vorgeführt wurde. Eine Romanistin sagte bei der anschließenden Diskussion, das sei ja alles schön und gut, aber doch nicht zu vergleichen mit wissenschaftlicher »Knochenarbeit«. Sie erntete (zum Glück nicht nur von mir) Widerspruch. Anwesende Kunsthistorikerinnen wiesen sie darauf hin, dass ich in diesem Film schon ein Jahrzehnt früher den Finger auf ein Problem gelegt hatte, das sie gerade erst zu beschäftigen begann: die Verdrängung von Frauen aus dem öffentlichen Raum bei gleichzeitiger Flutung dieses Raums mit weiblichen Allegorien, die für Nation, Republik, Gleichheit usw. standen. Beides – Film wie Wissenschaft – ist »Knochenarbeit«, nur sieht es beim Film hinterher so aus, als habe sie nie stattgefunden.

In einer Hinsicht sind sich Schreiben und Film allerdings ähnlich: die Angst vor der ersten Klappe ist wie die Angst vor den ersten Zeilen. Man weiß, nun wird sich ein Motor in Gang setzen, der eine eigene Dynamik entwickelt, der man auf Gedeih und Verderb ausgeliefert ist. Wenn beim Film die Dreharbeiten vorbei sind und die Wochen im Schneideraum beginnen, bekommt man diese Bewegung allmählich in den Griff. Sie wird beherrschbar, denn es entwickelt sich ein Blick von außen auf das Material. Man ordnet es und versucht zu begreifen, was der Film anderen vermitteln könnte. Beim Schreiben ist das nicht viel anders: Wenn das Gerüst des Textes erstellt ist, entsteht allmählich ein Gefühl für den Überblick. In beiden Fällen erlebt man auch eine Veränderung des Selbst: Mit jedem Buch, das man schreibt, mit jedem Film, den man dreht, ändert sich der Blick auf die Welt. Letztlich besteht der Erkenntnisprozess in dieser Veränderung des Selbst.

Ich hatte den Wechsel von Film zu Schrift vollzogen, weil ich mit der *Analyse* der imaginären Bilder von Antisemitismus und Geschlechterordnung an die Grenzen des Films gestoßen war: Das Bildermachen vertrug sich schlecht mit der Erforschung der Bilder des Unbewussten. Film und Psychoanalyse entstanden zeitgleich, aber ihre Zielrichtung war konträr: Der Film versucht, das Unbewusste zu besetzen; die Psychoanalyse versucht, die Bilder zu entziffern. Weil sowohl das Unbewusste als auch der Film mit Bildern zu tun haben, eignet sich der Film als Instrument der Manipulation, nicht aber für die Analyse. Kein Wunder, dass die Nazis auch Meister in der Nutzung der modernen Kommunikationstechniken waren, was auf ihre Schriften nicht zutraf.

Die geschriebene Sprache erfordert Distanz und Selbstreflexion. Freud sagte vom psychoanalytischen Prozess, dass er »die Bilder zerbröckeln« lasse.[33] Diese innere Distanzierung vom Bild gibt es natürlich auch im Film. So etwa in den Filmen von Jean-Luc Godard oder Marguerite Duras, deren Werke mich immer begeisterten. Aber es fällt auf, dass bei diesen und vergleichbaren Filmemachern das Wort eine wichtige Rolle spielt. Duras hat 1977 einen ganzen Film mit Gérard Depardieu gedreht, *Le Camion,* in dem sie ihm die Szenen *erzählt,* die sie drehen möchte. Sie redet, er hört zu, meldet sich gelegentlich zu Wort. Diese allmähliche Erkenntnis wie auch die Tatsache, dass ich meine Psychoanalyse, die über Sprache »funktioniert«, als Befreiung erlebt hatte, trugen dazu bei, dass ich mich zunehmend auf das Terrain der Sprache – der Schriftsprache – begab. Ohne dies gleich zu merken, hörte ich in dieser Zeit auch auf zu fotografieren. Früher hatte ich viel fotografiert: vor allem Porträts, manchmal auch Orte, die ich besuchte. Nun schien es mir, als würden sich diese Bilder zwischen mich und die Wahrnehmung schieben. Dass mich das Fotografieren am Sehen hinderte.

VOM SINN DES SEHENS

Wenn Filme geschrieben werden

Meine Abwanderung vom Film zum Schreiben begann mit dem Buch über die Hysterie. Deren Karriere hatte ihrerseits mit dem Alphabet, dem verschrifteten Sprechen, eingesetzt. Nun kehrte ich mit meinen Arbeiten zurück zur Schrift. Mehr als zehn Jahre habe ich sowohl Filme gemacht als auch an meinem Buch *Nicht ich* und anderen Texten gearbeitet. Schreiben war damals harte körperliche Arbeit. Da ich wegen meiner unleserlichen Handschrift direkt in die Maschine schrieb, habe ich jede Phase des maschinellen Schreibens durchgemacht. Erst die mechanische Schreibmaschine, bei der sich die Finger bei jedem Tastendruck in Schlagwerkzeuge verwandeln. Dann – große Erleichterung – die erste elektrische Schreibmaschine. Tilo hatte sie mir geschenkt. Sie beglückte mich nicht nur, weil das Schreiben weniger anstrengend wurde, sondern auch, weil Tilo meine Eigenständigkeit nun direkt unterstützte. Es blieb jedoch das Problem der Korrekturen. Ich habe nie die Flaschen Tipp-Ex gezählt, die meine Blätter in diesen Jahren getrunken haben. Auch nicht die Zahl der Absätze, die ich mit neu geschriebenem Text überklebte. Als ich 1988 meinen ersten Computer bekam – erneut ein Geschenk von Tilo –, änderte sich der Schreibprozess. Ich probierte aus: Sätze, Formulierungen, die Zusammenstellung von Passagen. Das Korrigieren war plötzlich ein Kinderspiel, und das Schreiben wurde experimenteller. Vorher hatte ich meist einen Satz im Kopf auszuformulieren versucht, bevor ich ihn niederschrieb.

Dann saß er da und wehrte sich gegen mögliche Verbesserungen, allein aus Bequemlichkeit.

Rückblickend kann ich erkennen, dass die Filme, die ich ab Anfang der 1990er-Jahre drehte, immer mehr von der Macht der Schrift dominiert wurden, so sehr war sie Teil meines Denkens geworden. Das heißt nicht, dass die Bilder des Films einen Text illustrierten, sondern dass der Erkenntnisprozess schon vor dem Beginn der Dreharbeiten begonnen hatte. Er war nicht abgeschlossen, aber schon vor der ersten Klappe wusste ich, worauf ich am Ende hinauswollte. Einer der letzten Filme, die nach meiner »alten« Erkundungsmethode entstanden, war *Die Angst der Satten*. Er behandelte die Geschichte des Hungerstreiks als politische Waffe. Dazu gab es zu dieser Zeit so gut wie keine Literatur. (Eine flüchtige Recherche zeigt, dass es um das Thema auch heute kaum besser bestellt ist.) Zwar gab es Beschreibungen einzelner Aktionen – die Hungerstreiks der Suffragetten, der irischen Unabhängigkeitskämpfer, der RAF-Gefangenen und der Kampf Mahatma Gandhis um die indische Unabhängigkeit –, aber es gab nichts zum *Prinzip* Hungerstreik als politische Waffe. Die vielen Einzelberichte ließen sich jedoch zu einer Analyse zusammenschließen. Der Film besteht fast ausschließlich aus diesem historischen Material.

Der Hungerstreik ist eine Waffe der Moderne, er entstand parallel zum Wohlfahrtsstaat, für den die Nahrungsverweigerung eine Art von Erpressung darstellt. Und er entwickelte sich parallel zu visuellen Aufzeichnungstechniken wie Fotografie und Film, die Hungersnöte und das Leiden am Krieg in den Blick einer breiten Öffentlichkeit rückten: Die visuelle Berichterstattung verlieh den Hungerstreiks, in denen es um das Verschwinden von Körper und Leben geht, Gewicht. Ich verbrachte Wochen in den Archiven, die ich am Ende mancher Tage erschüttert verließ, so nahe waren mir einige der Szenen gegangen. Bei der Arbeit an diesem Film wurde mir immer klarer, dass die Anorexie als Parallelerscheinung zum Hungerstreik zu verstehen ist. Beide Formen der Nahrungsverweigerung tauchten zeitgleich auf, beide entfalten ihre Wirkung nur da, wo es Nahrung im Überfluss gibt, und bei beiden droht die Ohnmacht der Macht mit dem einzigen ihr verbleibenden Mittel: dem Verschwinden des Selbst. Der einzige Unterschied: Beim Hungerstreik geht es um einen kollektiven Widerstand, bei der Anorexie geht die Verweigerung vom einzelnen – zumeist weiblichen – Körper aus. Bei den Hungerstreiks der Suffragetten, die zum ersten Mal die Wirkmacht dieser »Waffe« offenbarten, ging es um weiblichen *und* kollektiven Widerstand.

Das, was ich meine »geschriebenen Filme« nennen möchte, begann mit *Böses Blut*. Er thematisiert die Geschichte der Mythenbildung um die Syphilis. An diesem Beispiel zeigt sich deutlich die enge Verknüpfung von Geschlechterbildern und Antisemitismus, und zwar im Rahmen einer »Politik des Blutes«. Medizinische und religiöse Lehrmeinungen, Regelwerke zum Sexualverhalten und rassistische Ideologien fließen bei der Geschichte der Syphilis ineinander. Im Londoner Wellcome Institute for the History of Medicine fand ich Dokumente und Bilder über die medizinische Forschung zu dieser Krankheit. Die Matrosen von Kolumbus hatten sie aus der Neuen Welt mitgebracht. Da sich viele von ihnen nach der Rückkehr in Söldnerheeren unter spanischer oder französischer Flagge verdingten, trugen sie die Krankheit ins südliche Europa. In Neapel, wo die beiden Heere 1495 aufeinandertrafen, kam es zum ersten Ausbruch der Seuche. Dort begannen auch unsere Dreharbeiten. Innerhalb von weniger als drei Jahren breitete sich »Amors vergifteter Pfeil« über ganz Europa aus. Überall wurde die Krankheit nach der Gegend benannt, aus der sie einwanderte. Die Infizierten wurden aus den Städten verbannt und mussten in »Elendsherbergen« leben: Das Wort Elend leitet sich ab von Ausland.

Für die Kirche war die sexuell übertragene Krankheit der schlagende Beweis für die Sündhaftigkeit des weiblichen Körpers. Der 1486 erschienene *Hexenhammer* mit seinen von Frauenhass durchtränkten Passagen hatte das Terrain bereitet, und die Bilder, die er transportierte, sollten sich über Jahrhunderte halten. In der National Library of Medicine in Bethesda, Maryland, stieß ich auf Schulungsfilme der US Army aus dem Zweiten Weltkrieg, die der Syphilis-Prävention dienten. Einer von ihnen zeigt afroamerikanische Soldaten, die von afroamerikanischen Prostituierten angesteckt werden. (Schon die Hautfarbe der Betroffenen insinuiert, dass die »andere Rasse« verseucht ist und verseuchend wirkt.) »She looked clean«, sagt der Infizierte über die Frau, mit der er Sexualverkehr gehabt hatte. Und der behandelnde weiße Arzt antwortet ihm mit einem Bild, das seine christliche Herkunft kaum verleugnen kann: »She looked clean, but she was dirty inside.«

Die Arbeit an diesem Film zeigte mir nicht nur, dass somatische Krankheiten eine symbolische Bedeutung annehmen, sie offenbarte auch, dass Metaphern – in diesem Fall das Bild des »bösen Bluts« – historische Wirkmacht entfalten können. Susan Sontag, die im Film zu Wort kommt, hatte als eine der Ersten über *Krankheit als Metapher* geschrieben (sie bezog sich vornehmlich auf Krebs, später schrieb sie auch einen Text über Aids). Doch sie fokussierte die Imaginationen, die eine reale Krankheit wie die Syphilis auslöst. Die Tatsache, dass die Imaginationen ihrerseits Realitäten schaffen, thematisierte sie nicht. Bei der Syphilis war dies der Fall: Das erlaubte es Hitler in *Mein Kampf* über die »Syphilisation« der modernen Welt zu polemisieren.

Der amerikanische Historiker Sander Gilman, der wichtige Studien zu Medizingeschichte und Antisemitismus verfasst hat, wies im Film-Interview darauf hin, dass Juden, die im Jahr 1492 von der Iberischen Halbinsel vertrieben worden waren, eine geeignete Projektionsfläche für die Wanderungen der Seuche abgaben: In vielen Gegenden galten sie als die Träger der Krankheit. Kurz vor dem Ausbruch der Syphilis-Epidemie hatten die spanischen »Gesetze der Reinheit« den getauften Juden und Mauren unterstellt, keine »echten Christen« zu sein. Ihnen fehle das »reine Blut« des geborenen Christen. Wie oben erwähnt, war das Blut von Anfang an Konfliktstoff zwischen Juden und Christen. Mit der Syphilis ging es aber nicht mehr um die symbolische oder theologische Bedeutung des Bluts. Hier wurde die rassistische Unterstellung vom »bösen Blut« des Juden direkt greifbar. Die Krankheit diente als Beweis für das »schmutzige Blut« des Juden, der im Sexualverkehr mit Ariern das »reine Blut« des (christlichen) »Gastvolks« vergiftet. Die Geschichte der Mythenbildung um die Syphilis zeigt deutlich, dass der antisemitische Rassismus des 19. Jahrhunderts schon lange vorher sowohl in staatlichen Dekreten wie etwa den spanischen Gesetzen zur »Reinheit des Blutes« als auch in religiösen Imaginationen über das »erlösende Blut« Christi angelegt war. In beiden Vorstellungen von Reinheit wurde der Jude zur Verkörperung der »Unreinheit«. Seit Corona erleben wir eine Wiederkehr dieser phantasmatischen Welt: Die »Hygienedemonstrationen« mit ihren Verschwörungstheorien, antisemitischen und xenophoben Spruchbändern schließen nahtlos an den Antijudaismus der Syphilisgeschichte an. Auch die Vorstellung, dass die Krankheit vornehmlich durch Ausländer übertragen werde, hat mit Corona wieder hohen Kurs.

Als am 9. November 1989 die Mauer fiel, befand ich mich in Innsbruck, wo ich an der Universität ein zweitägiges Blockseminar abhielt. Der Beamer war eingeschaltet, weil ich einen Film vorführen wollte. Aus irgendeinem Grund war das Vorführgerät an das Fernsehprogramm angeschlossen. Sprachlos sahen die Studierenden und ich, was gerade in Berlin los war. An Lehre war nicht mehr zu denken. Wir erlebten in den folgenden Stunden Geschichte live: zwar virtuell über die Kanäle, aber zeitgleich. Kaum jemand hat diese überwältigenden Bilder nicht gesehen. Meine Mutter, die ich wenige Tage später besuchte, meinte, sie sei überglücklich, den Fall der Mauer noch erlebt zu haben. Es ist wahr: Mit historischen Ereignissen hatte ihre Generation – sie wurde 1915 geboren – keine guten Erfahrungen. Als am 11. September 2001 das World Trade Center attackiert wurde, war sie wenige Tage zuvor gestorben. So war das letzte große historische Ereignis ihres Lebens nun doch noch ein beglückendes. Wären meine Eltern beim Fall der Mauer jünger gewesen, so wären sie sofort nach Berlin zurückgekehrt – dieser Stadt, von der meine Mutter sagte, die Luft sei wie Champagner, man werde nie müde. Beide waren in Berlin aufgewachsen und trauerten der Metropole ihr Leben lang nach. Dass es mich bald selbst dorthin verschlagen würde, ahnte ich zu diesem Zeitpunkt noch nicht.

1991 wurde ich als Fellow ans Kulturwissenschaftliche Institut (KWI) in Essen berufen, ein von Nordrhein-Westfalen gegründeter Think Tank, der sozial- und geisteswissenschaftlich ausgerichtet ist. Gründungsleiter war der Historiker Lutz Niethammer, der mich bei meiner Filmreihe über die Geschichte der Entnazifizierung wissenschaftlich beraten hatte. Mit ihm und seiner Frau, der Historikerin Regina Schulte, bin ich bis heute befreundet. Die Literaturwissenschaftlerin Sigrid Weigel war Ko-Direktorin und leitete eine Arbeitsgruppe Geschlechterforschung. Aleida Assmann, Ulrike Prokop, Renate Schlesier, Barbara Duden, Regina Schulte und andere Frauen, die später prominente Stellen in der Wissenschaft innehatten, gehörten dieser Gruppe an. Zusammen mit Sigrid Weigel organisierte ich 1992 eine Tagung zu »Antisemitismus und Geschlechterdifferenz«. In den vorangegangenen Jahren hatten sich viele Forscherinnern und einige Forscher mit diesem Thema beschäftigt. Warum interessierten sich nur wenige Männer für dieses Thema? Damals hielt die deutsche Wissenschaft alles, was unter »Geschlecht« fiel, für »Frauensache« und der akademischen Betrachtung unwürdig. Meist waren es Schwule, die dieses Tabu durchbrachen. Inzwischen hat sich das merklich geändert.

Die zwei Jahre am KWI waren für mich eine intensive Einführung in die Welt der Wissenschaft. Ich profitierte vom Wissen, das in dieser Institution versammelt war, nahm teil an Arbeitsgruppen, die mir neue Gebiete erschlossen – etwa zu Gedächtnis- und Erinnerungstheorien. Ich saß Zimmer an Zimmer mit Volkhard Knigge, der später die Gedenkstätte Buchenwald leitete. Intensiv war auch die Zusammenarbeit mit Kunsthistorikerinnen, über die ich neue

Einblicke in die enge Verbindung zwischen Sehtechniken und Geschlechterrollen gewann. Sie flossen in einen meiner letzten Filme ein: *Vom Sinn des Sehens. Augenblicke der Geschlechter.* Mit diesem Film griff ich ein Thema auf, das mich schon in den 1970er-Jahren beschäftigt hatte: Feminismus in der Kunst. Nun ging es aber um die Art, wie die Sehtechniken (deren Entwicklung sich in der Kunst spiegelte) die Geschlechterrollen verändert hatten. Von der Zentralperspektive in der Renaissance bis zur Erfindung der Fotografie Mitte des 19. Jahrhunderts lässt sich eine Entwicklung beobachten, die den weiblichen Körper immer mehr zum »Objekt« des Blicks und damit männlicher Deutungsmacht werden ließ. Das Sehen repräsentierte männliches Herrschaftswissen: Dank der Sehtechniken übernahm das männliche Auge die Rolle, die bis dahin der Schrift als männliche Domäne zugedacht war. Die »weibliche« Rolle in dieser Konstellation schlug sich in seiner zunehmenden Entkleidung nieder.

Mit dem Übergang von der Fotografie zum Film kam es jedoch zur Kehrtwende. In dem Film *Vom Sinn des Sehens* wird sie an der filmischen Aufzeichnung des ersten öffentlichen Striptease dargestellt. Er fand in Paris statt, in demselben Jahr (1895), in dem auch der Film erfunden wurde. Der Striptease *Yvette geht zu Bett* wurde Anfang des 20. Jahrhunderts aufgezeichnet; auf dem Filmstreifen sieht man eine sich selbst entkleidende Frau und zugleich einen Voyeur, der das Geschehen beobachtet. Das heißt, die Kamera, die in der Fotografie noch mit dem »beherrschenden Auge« des Mannes gleichgesetzt worden war, macht nun auch den männlichen Körper zum Objekt des Blicks. Diese Rollenverschiebung wird dadurch noch verstärkt, dass der Film doppelte Projektionsmöglichkeiten bietet: Männer und Frauen können sich sowohl mit dem Blick der Kamera als auch den dargestellten Rollen, den Objekten der Betrachtung, identifizieren. Das heißt, beim Filmerlebnis imaginieren sich die Zuschauer sowohl als Subjekt als auch als Objekt des Sehens. Eben darin besteht die Anziehungskraft des Mediums. Die Aufhebung der Geschlechterdifferenz, die sich um 1900 in den visuellen

Medien vollzog, entsprach dem Wandel in der sozialen Realität: Um 1900 begann jener große Emanzipationsschub, der die Gleichstellung der Geschlechter juristisch und in den Mentalitäten verankern sollte. Und so wie sich bei der Filmbetrachtung die Geschlechterrollen annäherten, wurden sie auch im Alltag immer ähnlicher. Der Prozess wird schließlich in die Fantasie einer Austauschbarkeit des Geschlechts einmünden.

Einer meiner letzten Filme, ich war schon an der Uni, behandelte das Motiv des Doppelgängers und führte die Thematik der Auflösung der alten Geschlechterpolarität fort. Er hieß *Das geteilte Ich.* In der Antike repräsentierte der Doppelgänger unter anderem den Wiedergänger, einen Toten, der nicht versterben will. Im Christentum verkörperte er den Antichrist; gelegentlich trat er sogar in der Gestalt des Heilands auf (so etwa beim Maler Lucca Signorelli). Seine große Zeit erlebte das Motiv jedoch in der Romantik, wo es zu einem wichtigen Topos der Literatur wurde. Mit der Entstehung des Films verschwindet das Motiv. Oder genauer: Es fließt ins Medium ein. Denn das Kino bietet per se die Verdoppelung: Der Darsteller lebt in der äußeren Welt und ist zugleich auf der Leinwand zu sehen. Joseph Roth entsetzte, dass ein Darsteller altern, im Film aber ewig jung bleiben kann; er bezeichnete das Kino deshalb als die Verkörperung des *Antichrist.*[34] (Fünfzig Jahre später ließ Woody Allen in seinem Film *Purple Rose of Cairo* den Darsteller aus der Leinwand treten und am »richtigen« Leben teilhaben: dem gefilmten Leben, versteht sich.) War die Figur des literarischen Doppelgängers immer männlich gewesen, so tauchen mit dem Film zum ersten Mal auch weibliche Doppelgänger auf. Eine der bekanntesten ist die Gestalt der Maria in Fritz Langs Film *Metropolis.*

Parallel zu dieser Entwicklung kam ein neues Krankheitsbild auf, das – wie Hysterie und Anorexie – fast ausschließlich weiblich codiert war: Das Syndrom der »multiplen Persönlichkeit« beschreibt eine Ich-Spaltung. Einige unterstellten den Patientinnen mit dieser Störung, Simulantinnen zu sein, so wie es schon bei den Hysterikerinnen der Fall gewesen war. Andere vermuteten, dass sexueller Missbrauch der Grund für die Multiplikation des Selbst sei: Beim Missbrauch werde ein Teil des Selbst abgespalten. Wieder andere vertraten die Ansicht, der Missbrauch sei von den Therapeuten suggeriert worden. Insgesamt erinnert das Syndrom an das Paradox, das die medizinische Ideengeschichte über die Natur der Frau begleitete: Es ist einerseits von realem psychischem Leiden, andererseits aber auch von willkürlich ausgeübter männlicher Deutungshoheit die Rede. Über die »multiple Persönlichkeit« wurden zahlreiche Filme gedreht, es erschienen Artikel in Fachzeitschriften und Tageszeitungen, die Bücher füllten ganze Regale. Um etwas mehr Licht in die unterschiedlichen Interpretationen dieser neuen »Frauenkrankheit« zu bringen, schlugen Gaby Dietze (sie ist Amerikanistin und Gender-Forscherin) und ich der Evangelischen Akademie Tutzing eine Tagung vor. Sie versammelte eine Reihe von bekannten Forschern und Forscherinnen aus Psychiatrie, Geschlechterforschung, Wissenschafts- und Kulturgeschichte. Auch Betroffene nahmen teil. Die Tagung, aus der später der Band *Multiple Persönlichkeit. Krankheit, Medium oder Metapher?* hervorging, löste zwar nicht das Rätsel dieser neuen »Frauenkrankheit«. Aber sie zeigte doch, dass »Frauenkrankheiten« noch immer für vieles – auch Widersprüchliches – herhalten müssen. Heute spricht kein Mensch mehr vom Krankheitsbild der »multiplen Persönlichkeit«. Anlässlich dieses Syndroms wurde der sexuelle Missbrauch aber zum öffentlichen Thema. Mag sein, dass allein diese Tatsache genügte, das Krankheitsbild verschwinden zu lassen: Krankheitsbilder haben nur so lange eine Funktion, wie sie »Unaussprechliches« thematisieren. Die breite öffentliche Aufmerksamkeit für die MeToo-Debatte spricht für eine solche Interpretation.

Anlässlich dieser Tagung wurde ich wieder auf die Tatsache gestoßen, dass bei all diesen sogenannten Frauenkrankheiten die Medien eine wichtige Rolle spielen. Mit jedem neuen Medium – von der Schrift bis zu den modernen Seh-, Hör- und Kommunikationstechniken – vollzieht sich eine Veränderung der Wahrnehmung von *sex* und *gender*. Und mit ihr findet auch ein Wandel der Syndrome statt, die dem weiblichen Geschlecht unterstellt werden. Bei der Geburt der Hysterie hatte das Alphabet Pate gestanden; bei der Anorexie spielte die Erfindung der Fotografie eine Rolle, und die »multiple Persönlichkeit« stand im Zeichen des Internets, dessen *user* im Netz beliebige Identitäten annehmen können.

So groß die Freude an den letzten Filmen auch war – spätestens mit dem Beginn der Vertiefung in die Wissenschaft verlor ich die Unschuld des Filmemachens. Ich überließ mich nicht mehr ohne Vorannahmen den Dreharbeiten. Zum Glück gingen die Kenntnisse und Arbeitsweisen der Filmemacherin nicht ganz verloren. Als ich Anfang der 1990er-Jahre mit einer kumulativen Arbeit habilitiert wurde, umfasste diese nicht nur Texte, sondern auch Filme. Sie wurden als Teil meiner akademischen Qualifikation angesehen. 1993, gegen Ende meiner Zeit am Kulturwissenschaftlichen Institut, erhielt ich zwei Rufe, beide nach Berlin: einen an die Hochschule der Künste (heute Universität der Künste), den anderen an die Humboldt-Universität im Fach Kulturwissenschaft. Ein letztes Mal stand ich vor der Entscheidung Film oder Wissenschaft. Eigentlich waren die Würfel aber schon längst gefallen: Ich entschied mich für die Wissenschaft, zumal ich auch meine filmischen Erfahrungen einbringen konnte. Bei den Verhandlungen anlässlich meiner Berufung ins Fach Kulturwissenschaft wurden mir Kameras und Schnittplätze bewilligt. So konnte ich jedes Semester eine Lehrveranstaltung anbieten, in der die Studierenden eigene Filme realisierten. Sie bildeten Gruppen und setzten zu einem vorgegebenen Dachthema eigene Filmprojekte um. Studentische Hilfskräfte vermittelten ihnen das notwendige technische Know-how. Kein Vergleich mit regelrechter Filmausbildung, aber die Studierenden begriffen doch, dass die Filmsprache einen ganz anderen Erzählmodus hat als der Text. Sie erhielten auch die Möglichkeit, ihre Abschlussarbeiten zumindest teilweise in Form eines Films zu machen: eine Änderung der Studienordnung, für die die Zeit des universitären Umbruchs Türen öffnete. Für die Studierenden erwies sich die Kombination von kulturhistorischem Wissen und praktischer Filmerfahrung als Gewinn. Manche der AbsolventInnen – etwa Christian Beetz – wurden später zu Profis des Filmgeschäfts.

1994 zog ich nach Berlin. Zusammen mit Inge Stephan, einer Freundin und Universitätskollegin, die wie ich zwischen Wohnort und Universität pendelte, bezog ich eine Wohnung in Ostberlin: am Boxhagener Platz in Friedrichshain. Nach einem halben Jahr ergriffen wir die Flucht. In der ganzen Umgebung gab es keine Kneipe, keine Telefonzelle, keinen Taxistand – einfach tote Hose. Nur wenige Jahre später waren Friedrichshain und gerade der »Boxi« zum angesagtesten Kiez von Berlin geworden. Aber da hatten wir schon längst eine Wohnung in der Wilhelmstraße bezogen. Dort, mit Blick auf die Mauer, waren in den letzten Jahren der DDR mehrere Plattenbauten mit Apartments für privilegierte Genossen errichtet worden. In unserem Haus wohnte zeitweise auch Gregor Gysi, im Supermarkt konnte man eine Zeit lang dem 88-jährigen Erich Mielke, dem meistgefürchteten Mann der DDR, nun mit versteinertem Gesicht, begegnen. Statt auf seine Mauer blickten wir auf das Terrain des künftigen Holocaust-Mahnmals. Schließlich zogen Inge und ich auf den Prenzlauer Berg; der Weg von dort zur Uni war kurz. Tilo und ich hatten beschlossen, dort eine Wohnung zu kaufen. Als ich das meinen Eltern erzählte, sagten beide wie aus einem Munde: »Da bin ich noch nie gewesen!« Sie waren alte Berliner, aber der Osten Berlins war für sie in den 1920er-Jahren eine No-go-Area. Für Westberliner galt das noch lange nach dem Fall der Mauer. Als wir 1997 dorthin zogen, war der Prenzlauer Berg keineswegs die begehrte Wohngegend, als die sie heute gilt. Graue Fassaden, von denen der Stuck abbröckelte; auch hier fehlten Kinos und Restaurants. Kein Westberliner verirrte sich hierher, höchstens ein paar Westdeutsche oder Amerikaner. Als Tilo am Tag unseres Kaufs im nahe gelegenen Supermarkt eine Flasche Champagner kaufen wollte, beschied man ihm: »Das gibt's hier nicht, wird's hier auch nie geben!« So viel zu Prognosen.

Heute gibt es auf dem Prenzlauer Berg nicht nur Kinos und Restaurants – auch die vielen Kirchen spielen wieder eine Rolle. Seit der Kindheit im Vatikan habe ich an keinem Ort gelebt, wo täglich so viele Kirchenglocken läuten. Diese Gotteshäuser wurden vom letzten deutschen Kaiser errichtet, der angeblich den Menschen der Ostberliner Arbeiterviertel den Kirchenbesuch näherbringen wollte. Ob seine Bemühungen Erfolg hatten, weiß ich nicht. Aber bei mir sorgte das Oberhaupt der Evangelischen Kirche dafür, dass ich meine vatikanische Kindheit wiederfand.

DAS »SCHWARZE LOCH« DER WISSENSCHAFT

Universität und Gender Studies

Die »Frauenkrankheit« Hysterie war das Tor, durch das die Lehren der Psychoanalyse Eingang in die Universität fanden. Nun wurde eine Geschichte der Hysterie – also die historische Kontextualisierung der Krankheitsbeschreibungen – zum Türöffner für meine akademische Laufbahn. Nach dem Erscheinen des Buchs *Nicht ich* hatten mehrere Universitäten und akademische Einrichtungen begonnen, mich als Gastreferentin oder Lehrende einzuladen. Zwar betrachteten einige Akademiker das Werk als »unwissenschaftlich«, doch auch sie räumten ein, dass es ihnen neue Sichtweisen eröffnete. Hätte mir aber damals jemand gesagt, dass ich Professorin an einer deutschen Uni werden würde, ich hätte diese Person für einen Spaßvogel gehalten. Aber unbewusst hatte ich schon länger darauf zugesteuert. Das zeigen die vorangegangenen Entwicklungen.

Dass es überhaupt dazu kam, dass eine akademische Quereinsteigerin wie ich an die Universität berufen wurde, hing vor allem mit zwei Umbrüchen zusammen: dem Einzug der Geschlechterforschung in den Kanon der Wissenschaft und dem Fall der Mauer. Die Wissenschaft begann, den Gewinn zu sehen, der aus der Einbeziehung der Frauen- und Geschlechterforschung zu ziehen war. Ihr Zögern war nachvollziehbar: Es ging ja nicht nur um eine Verbesserung der Frauenrechte, sondern auch um die vermeintlichen Gefahren, die die Inklusion der weiblichen Perspektive mit sich brachte. Die Wissenschaftler waren es gewohnt, beim Betreten der

Alma Mater ihr Geschlecht (und ihr Unbewusstes) an der Garderobe abzugeben – und die Frauen von der akademischen Ausbildung auszuschließen war ihre Art gewesen, mit dieser Forderung umzugehen.

Mit der Öffnung der Universitäten für Frauen ließ sich die Gleichsetzung Frau gleich Geschlecht gleich Unbewusstes nicht mehr aufrechterhalten. Damit setzte sich die Einsicht durch, dass diese unberechenbaren Faktoren auch *in* der Wissenschaft ihren Platz haben. In den Literaturwissenschaften fing man an, »zwischen den Zeilen zu lesen«, in den Bildwissenschaften nicht nur dem Künstler oder dem Werk, sondern auch dem betrachtenden Auge mehr Aufmerksamkeit zu schenken. Ein Prozess der akademischen Selbstreflexion setzte ein. Zwar hätten einige Wissenschaftler weiterhin eine frauenreine Universität bevorzugt – aber die Innovation vieler Fächer setzte einen Input voraus, der von Wissenschaftlerinnen auszugehen schien. Zugleich implizierte die Erkenntnis, dass ein neuer Kanon gebraucht wurde, die faktische Veränderung tradierter Strukturen. Der Prozess unterlag vielen Schwankungen. Während meiner rund 25 Jahre an der Humboldt-Universität erlebte ich zwei Präsidentinnen und vier Präsidenten. Von den beiden Präsidentinnen setzte sich eine explizit für die Geschlechterforschung ein, die andere verhielt sich neutral. Von den vier Präsidenten gab es zwei, die auf Gender Studies herabblickten, einen, der aktiv bemüht war, das Fach abzuschaffen, und einen, der darin einen »Leuchtturm« seiner Universität sah. Diesen Wechselbädern ist das Gebiet bis heute ausgesetzt.

Im Gegensatz zur Geschlechterforschung kam die vom Fall der Mauer verursachte Zäsur plötzlich. In den alten Bundesländern spüren viele Menschen erst heute, mehr als drei Jahrzehnte nach dem Umbruch, dass die Wiedervereinigung das Land nicht nur vergrößerte, sondern auch veränderte. Dagegen erlebten die Menschen im Osten die Folgen der Wende sofort, noch im Winter 1989/90: Nicht nur die Einführung der D-Mark wälzte ihr Leben um, es wurde ihnen auch ein Mentalitätswandel abverlangt, der vom westlichen Kapitalismus vorgegeben war – einem Kapitalismus, den das Verschwinden des Eisernen Vorhangs von allen Zügeln befreit hatte und der sich nun schnurstracks auf den Neoliberalismus zubewegte. In Berlin, wo sich die Wiedervereinigung innerhalb ein und derselben Stadt vollzog, trafen die beiden Deutschlands besonders schroff aufeinander. Viele Westberliner weigerten sich, einen Fuß nach Ostberlin zu setzen (zu ihrem Pech stellte sich bald heraus, dass alle guten Theater – mit Ausnahme der Schaubühne – »drüben« lagen), und die Ostberliner erlebten die Westberliner als überheblich. Dieser Gegensatz wiederholte sich in nuce an der Humboldt-Universität. Ab 1992 wurde die alte DDR-Universität einer drastischen Neuordnung unterzogen. In den Struktur- und Berufungskommissionen saßen sowohl West- als auch Ostdeutsche, doch das vorgegebene Format für den Umbau der Universität orientierte sich an westlichen Hochschulen. Die Sektion Marxismus-Leninismus wurde geschlossen, stattdessen entstanden neue Fächergruppen. Die ostdeutschen Lehrkräfte konnten sich wiederbewerben, mussten sich aber einem Evaluierungsverfahren unterziehen, bei dem nicht nur ihre wissenschaftliche Qualifikation, sondern auch die Nähe zum alten Regime und eine eventuelle Tätigkeit für die Stasi überprüft wurden. Von den fünfhundert Professoren der DDR wurden nur 135 wieder berufen. Die meisten von ihnen kamen aus den ideologisch weniger belasteten Naturwissenschaften, einige aus den Geisteswissenschaften und nur wenige aus staatsnahen Fächern wie den Erziehungs- und Rechtswissenschaften.

Das Zusammenleben von vielen West- und wenigen Ost-ProfessorInnen schuf Spannungen. Meine Nominierung sorgte schon vor der Berufung für Empörung, wie ich allerdings erst nach Abschluss des Verfahrens erfuhr. (Damals war ich noch nicht Teil des Wissenschaftskarussells, in dem solche Informationen blitzschnell zirkulieren.) Der Wissenschaftssenator hatte sich geweigert, Irene Dölling, eine DDR-Forscherin, die auf Platz eins der

Berufungsliste stand, auf die ausgeschriebene Professur zu berufen. Sie hatte seit 1985 im Fach Kulturwissenschaft gelehrt und war schon zu DDR-Zeiten für die Etablierung der Frauenforschung eingetreten. Der Senator bot mir die Stelle an. (Ich war auf Platz zwei.) Es kam zu Protesten, die sich weniger gegen mich persönlich als gegen die Nicht-Berufung der DDR-Wissenschaftlerin richteten. Die genauen Gründe des Wissenschaftssenators habe ich nicht erfahren, aber er ließ keinen Zweifel daran, dass er die Stelle eher neu ausschreiben würde, als die Erstplatzierte zu berufen. Irene Dölling wurde, worüber ich mich freute, noch in demselben Jahr auf eine Professur für Frauenforschung an der Universität Potsdam berufen.

Die interne Spaltung der Universität zwischen Ost und West hielt noch Jahrzehnte an und belastete das Universitätsklima beträchtlich. Sie basierte einerseits auf den ungleichen Chancen beim Neustart der Uni; andererseits aber auch auf Vorurteilen gegen das jeweils andere Deutschland. Ein Gutteil der ProfessorInnen aus dem Westen ging davon aus, dass ihre KollegInnen aus dem Osten »Demokratie noch lernen mussten«. Einige aus dem Osten dagegen hatten vollkommen unrealistische Vorstellungen über die Verhältnisse im »reichen« Westen. Ich erinnere mich an ein Seminar, das ich zusammen mit der TU-Historikerin Karin Hausen durchführte. Gezeigt wurden Filme zu Genderfragen, die in den 1950er- bis 1970er-Jahren in der Bundesrepublik und in der DDR gedreht worden waren. Wir hatten zwei Filmwissenschaftlerinnen aus Ostdeutschland zur Teilnahme eingeladen, was sich als großer Gewinn erwies. Sie halfen uns, viele der DDR-Filme historisch einzuordnen. An einem der Termine wurde Helke Sanders' Film *Die allseitig reduzierte Persönlichkeit* von 1978 gezeigt. Darin sind viele Bilder von Westberlin zu sehen. Die beiden Filmwissenschaftlerinnen waren weniger über die Handlung erstaunt – die Doppelbelastung der Frau kannten sie – als über das verkommene Straßenbild, wo noch viele Spuren des Kriegs zu erkennen waren. Sie waren der Überzeugung, ganz

Westberlin habe damals schon ausgesehen wie die Shoppingmeile am Kudamm.

Der Neustart gab aber auch innovative Impulse. Ich hatte vor dem Fall der Mauer Kontakt zu einigen jüngeren Wissenschaftlerinnen aus der DDR und bot einer von ihnen, Dorothea Dornhof, die Stelle einer Assistentin an meinem Lehrstuhl an. Sie hatte in der DDR Kulturwissenschaft studiert, kannte sich gut aus mit der Vorgeschichte des Fachs. Die Stelle eröffnete ihr die Möglichkeit, sich zu habilitieren, was auf ihrer Stelle an der Akademie der Wissenschaften nicht möglich gewesen wäre. Ich habe von Dorothea viel über die DDR gelernt. Zu meiner Überraschung kannte sie die gesamte westliche Literatur zur Geschlechterforschung und war auch vertraut mit den Publikationen der Literaturwissenschaften. Ich war davon ausgegangen, dass die in der Bundesrepublik erschienene Sachbuchliteratur in der DDR gar nicht oder nur beschränkt zugänglich war. Ein Irrtum. »Wir konnten praktisch alles lesen«, erklärte Dorothea, »aber publizieren konnten wir nur wenig, und auf dem Gebiet der Geschlechterforschung war es besonders schwierig.« Dabei wollen doch alle Bücher Kinder zeugen.

Die Zeit des Umbruchs durch die Wiedervereinigung fiel zusammen mit einer Langzeitfolge von Mai 1968.* Die studentischen Unruhen der 1960er-Jahre waren von vielen westdeutschen Politikern als Bildungsnotstand interpretiert worden. In Windeseile schufen sie neue Professuren, auf die NachwuchswissenschaftlerInnen berufen wurden. Sie hatten den Ritus der Habilitation nicht durchlaufen, aber repräsentierten neue Forschungsperspektiven. Unter ihrem Einfluss öffneten sich die Geisteswissenschaften für neue Denkweisen, darunter die Geschlechterstudien. Im Westen waren die ersten Lehrstühle für Frauenforschung entstanden (vornehmlich in Ge-

* Auch in der DDR kam es 1968 zu einem Umbruch, der mit der Niederschlagung des Prager Frühlings zusammenhing. Bei der hier angesprochenen Langzeitfolge ging es um eine westliche Entwicklung.

schichte und Soziologie), und auch in der DDR hatten sich einige Arbeitsgruppen zur Frauenforschung gebildet. Die Neustrukturierung der Humboldt-Universität bot die Möglichkeit, diese Impulse institutionell zu verankern. An die HU wurden Wissenschaftlerinnen berufen, in deren Forschungsprofil die Geschlechterfrage eine zentrale Stelle einnahm. In manchen Fällen benannte die Denomination der Professur den Schwerpunkt; in anderen gehörte er schlicht zu den Arbeitsgebieten der Wissenschaftlerin. An der FU und der TU war schon ab den 1980er-Jahren Geschlechterforschung betrieben worden. Doch die Kooperation zwischen den zwei »westlichen« und der neuen Universität im Osten verlief schleppend. Der Grund war, dass ein Teil der Mittel, die in den Aufbau der HU flossen, den anderen entzogen wurde. Das führte (verständlicherweise) zu Feindseligkeiten zwischen den Universitäten, manchmal sogar zum Kooperationsverbot. Einzelne WissenschaftlerInnen setzten sich darüber hinweg. In den folgenden Jahren wurde Berlin zum wichtigsten Zentrum der Frauenforschung in Deutschland.

An der Humboldt-Universität verteilte sich die Geschlechterforschung auf viele Fächer: von den Sozial- und Politikwissenschaften über die Literatur, Musik, Pädagogik, Kunst bis zur Theologie, dem Recht und der Afrikanistik. (Nur in Geschichte und Philosophie gab sich das Fach traditionalistisch. Das war umso erstaunlicher, als die Geschichte an anderen deutschen Universitäten inzwischen eine Pionierrolle in der Frauenforschung einnahm.) Bald kamen auch Forscherinnen aus Medizin und Medizingeschichte sowie naturwissenschaftlichen Fächern dazu. Diese neuen Wissenschaftlerinnen (am Anfang waren es fast ausschließlich Frauen) trugen beträchtlich zur Innovation ihrer Fächer bei. In der Literaturwissenschaft hatte man sich vorher kaum mit der politischen Rolle von Geschlechterbildern beschäftigt; nun interessierte man sich für die Geschlechterrollen in der antisemitischen Literatur oder die Genderperspektiven des Kolonialismus im englischen Roman des 19. Jahrhunderts. In kaum einem Fach hatte man zuvor danach gefragt, wie Vorstellungen von Weiblichkeit und Männlichkeit auf historische Prozesse, Machtstrukturen und die Wissensproduktion eingewirkt hatten. Plötzlich wuchs das Bedürfnis, diese wirkmächtigen Imaginationen »lesbar« zu machen. Das konnte freilich nur gelingen, wenn die Verbindungen *zwischen* den Wissensgebieten in den Fokus rückten. Die Wissenschaftsgeschichte wurde zu einem Knotenpunkt der Geschlechterforschung.

Die unterschiedlichen Felder des Wissens verstärken sich gegenseitig in ihrem Gender-Bias: Erkenntnisse der Medizin wirken auf theologische oder juristische Grundsätze ein, und diese wiederum prägen die medizinische Forschung. Die bildende Kunst spielt oft eine Mittlerrolle: Sie verleiht den Normen den Anschein von Evidenz. In meinen Filmen und Büchern bin ich wiederholt Beispielen für die Vernetzung unterschiedlicher Wissensnormen begegnet: Bei den Mythen um die Syphilis, den Diagnosemustern zur Hysterie oder den Sexualbildern des Antisemitismus sind nie nur theologische, politische oder medizinische Denkmuster am Werk. Ihren Einfluss beziehen sie vielmehr aus der Tatsache, dass Ärzte, Priester und politische Anführer an dieselbe »Wahrheit« glauben und von dieser ihre Regeln ableiten. Wenn der Medizin die Argumente ausgehen, springt die Theologie ein – und andersherum. Den Studierenden ließ sich diese Vernetzung von Wissensstrukturen über die Kategorie Geschlecht nur durch eine fächerübergreifende Perspektive vermitteln. Es galt also, ein Curriculum einzurichten, bei dem Studierende an Lehrveranstaltungen in unterschiedlichen Fächern teilnehmen. Einzelne innovative Forscher und Forscherinnen – vor allem in der Wissenschaftsgeschichte – hatten schon längst Gewinn aus der interdisziplinären Perspektive gezogen. Aber die Geschlechterfrage war bis dahin noch nicht systematisch in das Konzept der Interdisziplinarität einbezogen worden.

Eines Abends saßen einige von uns am Küchentisch in Inge Stephans und meiner Wohnung in der Wilhelmstraße. Diese Handvoll Frauen entwickelte den ersten Entwurf für einen Disziplinen übergreifenden Studiengang. Jede von uns kam aus einem anderen Fach, und dennoch – das war das Verbindende – wussten wir alle um die fächerübergreifende Wirkmacht von Geschlechterbildern für die Entstehung wissenschaftlicher Paradigmen und deren Rückwirkungen auf die sozialen Geschlechterrollen. Wir konzipierten einen inter- oder transdisziplinären Studiengang Gender, wie es ihn bisher an keiner deutschen Universität gab (übrigens auch an keiner amerikanischen – dort praktizierte man zwar *crosslisting**, aber die Fächerzusammenstellung entsprach keiner transdisziplinären Perspektive.)** Ein Curriculum Gender wurde zwar an verschiedenen Orten angedacht, war aber noch nirgendwo realisiert worden – und die Humboldt-Universität, in der alle Fächer vertreten waren und die durch die Wende zum experimentellen Terrain geworden war, bot gute Voraussetzungen für eine Umsetzung. Die Multidisziplinarität verlangte den Studierenden viel ab, denn jedes Fach arbeitet mit einer eigenen Methodik: In den Geisteswissenschaften mussten sie sich mit der Interpretationspraxis vertraut machen, in den Sozialwissenschaften die Methoden der empirischen Forschung aneignen und im Fach Jura den Umgang mit der Normativität lernen.

Fast zeitgleich wurde in Potsdam ein interdisziplinärer Studiengang »Jüdische Studien« eingerichtet. Er vernetzte die Fächer Geschichte, Religionswissenschaft, Philosophie, Literatur miteinander und basierte auf einem ähnlichen Modell. Die Geschlechterstudien umfassten zwar mehr Fächer als die Jüdischen Studien – etwa die

* Eine bestimmte Lehrveranstaltung erscheint im Vorlesungsverzeichnis verschiedener Fächer. Dazu gehören sehr oft Seminare zu Gender-Themen.

** Im Gegensatz zur Interdisziplinarität, die die Zusammenarbeit von Fächern bezweckt, verfolgt die Transdisziplinarität das Ziel, aus unterschiedlichen disziplinären Zugängen eine gemeinsame Fragestellung zu erarbeiten. Transdisziplinarität ist vor allem da gefragt, wo eine hohe Komplexität von Ursachen und Wirkungszusammenhängen besteht. Etwa in der Nachhaltigkeits- und Klimaforschung – oder eben auch auf dem Gebiet der Geschlechterforschung.

Kunstgeschichte –, aber die Ähnlichkeit war doch auffallend. Alle Universitäten der Region Berlin-Brandenburg befanden sich in einer Umbruchphase, was sich als große Chance für die Einführung einer fächerübergreifenden Lehre erwies – auf Gebieten, die sich dafür anboten, wie die Geschlechterforschung und die Jüdischen Studien. Erneut stieß ich hier auf die Nähe dieser Wissensfelder. Auf beiden Gebieten konkurrieren Fantasien mit Fakten und wird die Realität von Imaginationen geformt. In beiden Fällen bedurfte es eines transdisziplinären Blicks, um zu verstehen, wie die verschiedenen Ebenen interagieren.

Jeder neue Studiengang wird von Universität und Wissenschaftsverwaltung auf seine Vereinbarkeit mit dem Hochschulgesetz geprüft. Zugleich muss auch das Einverständnis der betroffenen Fakultäten eingeholt werden: In acht von elf Fakultäten wurden Lehrveranstaltungen auf dem Gebiet der Geschlechterforschung angeboten. Insgesamt 18 Fächer erklärten sich bereit zu kooperieren. Wir unternahmen den Marsch durch die Institutionen. »Wir«, das waren die Germanistin Inge Stephan, die zahlreiche Publikationen zu Frauen in Literatur und Psychoanalyse verfasst hat, die Juristin Susanne Baer, die inzwischen Bundesverfassungsrichterin ist, die Kulturwissenschaftlerin Astrid Deuber-Mankowsky, die heute einen Lehrstuhl für Medientheorie an der Universität Bochum innehat, und Gabi Jähnert, die zusammen mit anderen DDR-Frauen sofort nach der Wende ein Zentrum für Frauenforschung an der Humboldt-Universität gegründet hatte. In einer Rekordzeit von weniger als einem Jahr durchlief der Studiengang Gender Studies alle Gremien, und schon im ersten Semester schrieben sich Hunderte von Studierenden ein. Für mich war dieses Jahr eine wichtige Lehrzeit: Ich lernte, wie eine solche Institution funktioniert, und da ich vorher keine Ahnung hatte, wie schwerfällig und veränderungsresistent universitäre Apparate sind, verspürte ich keine Hemmung, das Anliegen voranzutreiben. Hilfreich war, dass mich die Fakultät ein Jahr nach meiner Berufung zur Dekanin wählte; das verschaffte mir einen direkten Draht zu den Gremien und den Dekanen der anderen Fakultäten.

1997 wurde der Studiengang Gender Studies offiziell eröffnet, ich leitete ihn mit Unterbrechungen bis 2004. In dieser Zeit erlebte ich, was es bedeutet, mit einem Stab zu arbeiten, der einerseits intensiv kooperiert, in dem andererseits aber auch jeder und jede vollkommen selbstständig Aufgaben wahrnimmt. Der Enthusiasmus aller Beteiligten beim Aufbau des Bereichs Gender Studies riss viele Lehrende und Studierende mit. Einige Lehrende des »Mittelbaus« (das sind junge ForscherInnen auf Assistentenstellen) entwickelten neue Formate. Etwa das Co-Teaching, bei dem Lehrende aus unterschiedlichen Fächern – Philosophie und Recht zum Beispiel, oder Biologie und Kulturwissenschaft – ein gemeinsames Seminar zu einem Thema anbieten. Diese Lehrveranstaltungen waren für die Lehrenden nicht weniger augenöffnend als für die Studierenden. Es entstand ein Prozess des *mutual learning*, bei dem Lehren und Lernen austauschbar wurden. Nach einigen Jahren der Erfahrung gaben Inge Stephan und ich zwei Handbücher heraus: In *Gender Studien. Eine Einführung* legten ForscherInnen unterschiedlicher Disziplinen den Zugang ihres Fachs zur Geschlechterforschung dar. Das Buch erfuhr mehrere Wiederauflagen und wird noch heute in der Lehre verwendet. Das zweite Buch, *Geschlecht@Wissen*, kam einige Jahre später heraus und stellt die Relevanz von Gender für unterschiedliche Gebiete wie Semiotik, Rassismus, Geld, Medien, Gewalt oder Gedächtnis dar. Auch dieses Buch erfuhr mehrere Erweiterungen und Neuauflagen.

Mit Erstaunen stellte ich fest, wie voluminös das professorale Pensum ist – weniger wegen der Lehre als wegen der umfangreichen Gremien- und Gutachtertätigkeit. Wir waren wenige Wissenschaftlerinnen, und wenn wir erreichen wollten, dass mehr Frauen über akademisches Wissen mitbestimmen, kamen wir nicht umhin, in viele Berufungskommissionen zu gehen oder Evaluierungen zu übernehmen. Ich war davon ausgegangen, dass mir wegen der langen Semesterferien viel Raum für das eigene Schreiben bleiben würde. Eine Illusion. Die anfallenden Aufgaben hätte ich ohne die Unterstützung der Mitarbeiterinnen am Lehrstuhl und meiner engsten Mitarbeiterin, Simone Eisensee (später Damis), nie bewältigen können. Sie behielt den Terminkalender im Auge, führte eine ordentliche Ablage ein – in den vielen Jahren der Freiberuflichkeit hatte ich nur ein chaotisches System entwickelt, das diesen Namen nicht verdient. Simone war mein Schutzwall gegen die gefräßigen Anforderungen des universitären Apparats. Und das Schreiben war meine psychische Selbstverteidigung gegen die Institution. Gelegentlich wurde ich gefragt, wie ich es schaffe, neben der Universität noch Bücher zu schreiben. Es ist andersherum: Das Schreiben half mir, die Institution zu überleben.

Die Anregungen aus dem Studiengang hatten zur Folge, dass wir bei der Deutschen Forschungsgemeinschaft einen Antrag auf Einrichtung eines Graduiertenkollegs zum Thema »Geschlecht als Wissenskategorie« stellten – er wurde bewilligt. Wir wollten an einzelnen Projekten zeigen, welchen Gewinn die Forschung aus der Gender-Perspektive ziehen kann. Die Bewerbungen mit innovativen Forschungsprojekten kamen aus allen Fächern der Geisteswissenschaften, der Soziologie, der Ethnologie wie auch der Medizingeschichte. Zwischen den PromovendInnen, die wir aufnahmen, entstand ein intensiver Austausch, und dieser bewirkte erst einmal, dass allen der Boden unter den Füßen fortgerissen wurde. Die Sicherheiten des Fachs, in dem sie wissenschaftlich ausgebildet worden waren, wurden durch die Forschungsperspektiven der anderen Fächer und Projekte infrage gestellt, zumindest relativiert. Die ersten Ethnologen und Ethnologinnen berichteten Anfang des 20. Jahrhunderts davon, dass sie beim Eintritt in eine fremde Kultur, in der die eigenen Regeln nichts galten und sie die neuen noch nicht kannten, völlig verloren waren. Ähnlich erging es diesen jungen ForscherInnen und uns, den BetreuerInnen, die herauszufinden hatten, nach welchen Codes und Theorien Gender in der Wissenschaft zu verorten war. Es mussten neue und vor allem fächerübergreifende Betrachtungsweisen entwickelt werden.

In dieser Zeit rückte auch die Vielfalt der Möglichkeiten, den Begriff Geschlecht zu denken, ins Blickfeld. Die alten polarisierenden Kategorien von »männlich« und »weiblich« waren ebenso obsolet geworden wie die Gegenüberstellung von Natur und Kultur, die in immer mehr wissenschaftlichen Arbeiten (von Bruno Latour bis zu Donna Haraway) infrage gestellt wurde. In den Vordergrund rückten die fließenden Übergänge wie auch die Fragen, die die neuen digitalen Medien aufwarfen. Als das Graduiertenkolleg nach neun Jahren auslief, konnten wir auf eine reiche Ernte von Dissertationen und Postdoc-Projekten verweisen, die die Gender-Thematik in die Forschung hineingetragen hatten. Die Arbeiten befassten sich mit Bereichen wie: die Semiotik des Internets, die filmische Darstellung eines Konzentrationslagers für Frauen, Geschlechterkonstruktionen der SOS-Kinderdörfer, die Arbeiten deutschsprachiger jüdischer Emigrantinnen, das Geschlecht der Depression, die Kriegs-Tagebücher deutscher Frauen, die Männlichkeitsbilder der englischsprachigen Kolonialliteratur, ethnografische Untersuchungen zum Fertilitätstourismus, Mutterbilder in Ost- und Westdeutschland, Transsexualität in der DDR, Feminismus im postkolonialen Frankreich, männliche Selbstdarstellungen deutscher Historiker des 19. Jahrhunderts und vieles mehr. Insgesamt achtzig Projekte wurden gefördert, manche nur kurzfristig, andere über drei Jahre. Die Kategorie Geschlecht ist einerseits das »schwarze Loch« unseres Wissens – die Anomalie, durch die sich Normalität definiert. Andererseits bietet diese Kategorie aber auch die Möglichkeit, die Mechanismen zu erkennen, nach denen sich Wissen etabliert, wirkmächtig wird und neues Wissen generiert. Viele Absolventen des Graduiertenkollegs fanden sich später in relevanten akademischen Positionen oder wichtigen kulturpolitischen Einrichtungen wieder.

Ein gängiges Vorurteil lautet, dass Frauen in permanenter Konkurrenz zueinander stehen. Bei Gender Studies erlebte ich, wie gut

Frauen miteinander kooperieren können. Nicht nur die Fächer, auch die Biografien unterschieden uns: Die einen kamen aus dem Osten, die anderen aus dem Westen, die einen lebten heterosexuell, die anderen homosexuell, die einen hatten Kinder, die anderen nicht – und dennoch erwuchs daraus ein effektiver Arbeitszusammenhang, der viel erreichte und die Basis für bleibende Freundschaften schuf. Als ich von der Uni ausschied, wurde die Historikerin Claudia Bruns auf diese Stelle berufen. Bei männlichen Kollegen hatte ich oft erlebt, dass der alte und der neue Lehrstuhlinhaber einander spinnefeind sind. Sie bestätigten die Redensart, laut der der Vorgänger ein Idiot und der Nachfolger ein Verräter ist. Claudia und ich lernen bis heute voneinander. Mehr noch: Wir sind befreundet.

Einige Frauen, die ich bei dieser Zusammenarbeit kennenlernte – ich denke vor allem an Ruth Tesmar, Hildegard Maria Nickel und Ulrike Auga –, verschafften mir Einblicke in die Lebenswege von Intellektuellen in der DDR. Ruth Tesmar war Dekanin, als ich an die HU berufen wurde. Sie ist Künstlerin und bekleidete eine Professur, die aus der Tradition der Universität des 19. Jahrhunderts stammte. Damals lernten alle Studierenden Fechten und Zeichnen. Fechten gibt es nicht mehr. Aber die Fähigkeit, eine Skizze anzufertigen, macht weiterhin Sinn – nicht nur für Studierende der Kunstgeschichte. Über das Zeichnen, das Ruth sie lehrte, alphabetisierten sie ihren Blick. Da Ruth zugleich literarisch sehr bewandert war, schufen ihre künstlerischen Arbeiten auch einen Synergieeffekt zwischen Wissenschaft und Kunst. Im Winter 1994/95 fuhren Ruth und Lutz Tesmar mit Tilo und mir nach Rügen, sie zeigten uns den Bodden, wo sie zu DDR-Zeiten oft gewesen waren. Während wir dort herumwanderten, sagte Tilo zu ihnen: »Ich komme mir vor, als würdet ihr uns euer Land zeigen.« Dass dies auch unser Land sein sollte, war damals, in den ersten Jahren nach der Wende, noch nicht in unserer Gefühlswelt angekommen.

Ulrike Auga war in der DDR wiederholt ein Studienplatz verweigert worden. Aus politischen Gründen: Ihre Familie gehörte zu den Dissidenten. So konnte sie nur eine landwirtschaftliche Ausbildung und später ein Ingenieurstudium absolvieren – Bereiche, die in der DDR als volkswirtschaftlich relevant galten. Bei der Ausbildung geriet sie in Konflikt mit der ideologischen Ausrichtung der Hochschule. Sie verließ die Hochschule und schrieb sich im »Sprachenkonvikt« ein, einer Ausbildungsstätte der evangelischen Kirche, an der außerhalb der staatlichen Kontrolle ein Theologiestudium absolviert werden konnte. Da es für dieses Fach keine Zulassungsbeschränkungen gab, wichen manche junge Leute, denen der Zugang zu ihrem Wunschstudium verweigert worden war, auf die Theologie aus. Das erklärt, warum es unter den Dissidenten der DDR so viele Theologinnen und Theologen gab. Umgekehrt erklärt es auch die wichtige Rolle der protestantischen Kirche für die Opposition. Ihren Abschluss in Theologie machte Ulrike Auga nach der Wende: Ich hatte die Freude, ihre kulturwissenschaftliche Dissertation zu betreuen, später habilitierte sie sich an der Theologischen Fakultät der Humboldt-Universität zu Berlin. Heute lehrt sie an prominenten Universitäten im In- und Ausland.

Für viele der oben beschriebenen Neuerungen bot das Fach Kulturwissenschaft ein geeignetes Terrain. Es war schon zu DDR-Zeiten geschaffen worden: im Jahr 1961, das heißt zur Zeit des Mauerbaus. »Wir wurden erfunden, um die Pastoren zu ersetzen«, so drückte es Dietrich Mühlberg aus, Mitbegründer des Fachs Kulturwissenschaft an der Humboldt-Universität. Zu den Schwerpunkten des Fachs gehörten Philosophie, Ästhetik und Sozialgeschichte. Nach der Wende kamen Religions- und Literaturgeschichte, Gender und zunehmend auch Medientheorie dazu. Mein Kollege Friedrich Kittler trug erheblich dazu bei, dass der Bereich Medien zu einem prominenten Teil der Berliner Kulturwissenschaft wurde.

Für Gender Studies erschien mir die Religionswissenschaft immer von besonders hoher Relevanz. Zwar verdanke ich außerordentlich viele Einsichten der Quellenarbeit von Historikerinnen und Historikern – ein Fach, in das ich auch die Forschungen von jenen einbeziehe, die sich mit der Geschichte der Schrift befassen. Wenn man jedoch nach einer Antwort auf die Frage sucht, wann und warum sich in der Menschheitsgeschichte eine Geschlechterordnung entwickelte, die auf einer Hierarchie zwischen einer als männlich codierten Kultur und einer als weiblich verstandenen Natur basiert, landet man irgendwann unweigerlich bei den Religionen. Mein Interesse für Gender als Wissenskategorie wurde erweitert um das Interesse für Gender als Kategorie der Religion. Im Gegensatz zur Wissenschaft hat man es in der Theologie mit transzendenten Wahrheiten zu tun, für die es keine »Beweise« gibt. Als Evidenz genügen der Theologie der Glaube, über den sich schwerlich streiten lässt, und der normative Text.

Theologische Leitsätze haben nur Gewicht, wenn sie schriftlich niedergelegt werden. Auf keinem anderen Gebiet haben die Gelehrten der Nachwelt eine solche Fülle an Schrifterzeugnissen und Druckwerken hinterlassen. Das Volumen ist furchterregend. Theologie *ist* Schrift, sie verfügt über keine anderen »Beweismittel« als Tinte und Papier – die Verfasser dieser literarischen Erzeugnisse waren durchweg männlichen Geschlechts. Erst seit der zweiten Hälfte des 20. Jahrhunderts gibt es Theologinnen (es gibt sie sogar bei den Katholiken), aber deren Kompetenz wird von männlichen Kollegen immer wieder angezweifelt, weshalb die meisten dieser Wissenschaftlerinnen zur Religionswissenschaft neigen und nur wenige dem Dogmatischen des Fachs etwas abgewinnen können.

Dass die Religion von der männlichen Sicht beherrscht wird, gilt vor allem für den Monotheismus mit seiner transzendenten Gottheit. Alle drei monotheistischen Religionen berufen sich auf Heilige Schriften, die in alphabetischen Schriftsystemen verfasst sind – einem Schriftsystem, das die gesprochene Sprache in visuelle Zeichen überträgt und ihr damit bleibenden Charakter verleiht. Eigentlich hängt das Sprechen eng mit dem Körper zusammen. Doch dank des Alphabets werden die Worte der Vergänglichkeit des Körpers entrissen. Diese Unvergänglichkeit macht sie zu heiligen Worten.

Jede Religion bietet die Möglichkeit, am religiösen Projekt der Unsterblichkeit teilzuhaben – der christliche wie auch der islamische Gott verspricht dem Gläubigen ein Leben nach dem Tod, der jüdische Gott die Zugehörigkeit zu seinem unsterblichen Volk –, doch gemeinsam ist allen, dass diese Verheißungen in Heiligen Schriften festgehalten und von Geistlichen männlichen Geschlechts verfasst wurden.

Ich habe lange gebraucht, um zu verstehen, warum Schrift und Männlichkeit so eng liiert sind. Heute würde ich es etwa folgendermaßen zusammenfassen: Mit der Erfindung von Kulturtechniken erhob sich der Mensch über die Natur. Er rückte an die Spitze der Nahrungskette, und diese Erhebung der Kultur über die Natur fand in den Mythen der Geschlechterordnung ihr Spiegelbild. Die als überlegen geltende Kultur bedeutete Berechenbarkeit, Bewusstsein, Reinheit und wurde mit Männlichkeit gleichgesetzt. Der Natur dagegen wurden das Irrationale, die Unreinheit und Weiblichkeit zugeordnet – Schemata, die uns aus vielen Vorstellungen über den »Charakter« der Frau oder die »Gefahren« des weiblichen Körpers und des Menstruationsbluts bekannt sind.

Die Zuweisung ›Natur‹ an die Frau lag nahe. Ihre Gebärfähigkeit ließ sie als Teil des natürlichen Kreislaufs erscheinen. Nur der Mann, dessen Vaterschaft nicht nachweisbar war, eignete sich als Symbolgestalt für die Erhebung des Menschen *über* die Natur. Yuval Noah Hararis millionenfach aufgelegtes Buch *Eine kurze Geschichte der Menschheit* illustriert sehr gut die Blindheit der modernen Forschung für diesen Bezug. Harari fragt sich, warum »das Patriarchat in fast allen landwirtschaftlichen und industrialisierten Gesellschaften die Regel war«. Obwohl jede Kultur Männer und Frauen anders definiere, sei »daher anzunehmen, dass es auch biologische Gründe gibt, warum fast alle Kulturen der Männlichkeit gegenüber der Weiblichkeit den Vorzug geben«. Er zählt dann Gründe auf, die von der Forschung vorgebracht werden, um diesen Sachverhalt zu erklären – erstens Muskelkraft, zweitens höheres Aggressionsverhalten, drittens »patriarchale Gene« (die die Evolution als Überlebensstrategie entwickelt habe) –, bringt aber gegen jeden von ihnen stichhaltige Argumente vor. Schließlich konstatiert Harari: »Es gibt zwar viele Theorien, doch keine ist völlig schlüssig. [...] Auf diese Fragen haben wir keine Antwort.«[35] Und wenn sich die Forschung mit der Konzentration auf biologische Gründe schlicht verrannt hat? Hätte sie nach der Rolle der *Kulturtechniken* gefragt (von deren umwälzender Wirkmacht auf die Gegebenheiten der Natur und der menschlichen Gesellschaft Harari selbst so ausführlich berichtet), wäre der Groschen vielleicht gefallen: Es waren genau diese Kulturtechniken, die die Hierarchie herbeiführten – und zu ihnen gehören sowohl Schrift als auch Religion. Das Alphabet mit seinen wenigen Zeichen, die sich auf alle Sprachen übertragen lassen, war eine besonders hochentwickelte Form von Kulturtechnik. Der Monotheismus entstand parallel zur Herausbildung dieses Schriftsystems: Der abstrakte Gott, von dem zum ersten Mal in der Bibel berichtet wird, ist eine Replikation des Abstraktionsprozesses, der sich mit dem Alphabet vollzieht. Als Religionsstifterin wirkte die Schrift besonders tief auf die Geschlechterordnung ein. Sie verschaffte der kulturellen Geschlechterordnung eine transzendente Legitimierung.

Auch die historisch-ökonomischen »Erklärungen« für die männliche Herrschaft bleiben unbefriedigend: Laut dieser Argumentation – sie findet sich in marxistischen Grundlagentexten[36] bis zu neueren anthropologischen Schriften[37] – hat die Möglichkeit, Eigentum anzuhäufen, zur männlichen Dominanz geführt. Allerdings war diese Entwicklung selbst die Folge einer wichtigen neuen Kulturtechnik, nämlich des Pflugs, mit dem sich zum ersten Mal große landwirtschaftliche Flächen bearbeiten ließen. Drei US-Wirtschaftswissenschaftler wiesen kürzlich nach, dass die Gesellschaften, die Frauen (bis heute) besonders wenig Eigenständigkeit zugestehen, identisch sind mit den Kulturräumen, in denen der Pflug in der frühagrarischen Gesellschaft zuerst zum Einsatz kam. Die Wissenschaftler führen das Phänomen (das von einer frappierenden *longue durée* der Mentalitäten zeugt) auf die Tatsache zurück, dass die Landwirtschaft durch den Pflug zur »Männerarbeit« geworden und den Frauen damit ein traditionell weiblicher Herrschaftsbereich entzogen worden sei.[38] Dass der Pflug dem einen Geschlecht vorbehalten blieb, erklären sie wiederum mit der physischen Überlegenheit des Mannes – ein Argumentationsmuster, gegen das schon Harari triftige Gründe vorbrachte. Im Gegensatz dazu entstand mit den Gender Studies ein Schlüssel, mit dem sich Zusammenhänge wie diese ganz anders entziffern lassen – nämlich durch die Wirkmacht der Kultur selbst. Tatsächlich entstand schon mit der Landwirtschaft ein neues religiöses Denken, das dem Mann eine zunehmend höhere Stellung zuwies und dann vom Monotheismus in einer Heiligen Schrift »verewigt« wurde.

DAS GESCHLECHT DES GELDES

Gender Studies und andere Wissensgebiete

Diese Perspektive zeigt sich besonders deutlich bei einer näheren Betrachtung der Geschichte der Ökonomie. In deren Zentrum rückte zum Beginn historischer Zeitrechnung (vor ca. fünftausend Jahren) ein kultureller Faktor, der mindestens ebenso männlich besetzt ist wie Theologie und Wissenschaft: das Geld. Die Publikationen der Finanz- und Wirtschaftswissenschaften füllen fast ebenso viele Bibliotheksregale wie die der Theologie. Tatsächlich sind die Überschneidungen zwischen den beiden Gebieten beträchtlich. In der Bibel wird die Welt »aus dem Wort Gottes erschaffen«; ebenso verfügen auch die Geldzeichen über eine kaum zu ermessende Realitätsmacht. Und wie die Religion Glauben einfordert, funktioniert auch das Geld nur, wenn wir daran glauben – ein Zusammenhang, der sich in der Nähe von *credo* und Kredit zeigt. Die wichtigste Gemeinsamkeit von Theologie und Geldwirtschaft besteht jedoch in der Rolle der Schrift. Man kann Geld als Wertmesser, Zahlungsmittel, Wertaufbewahrungsmittel, Tauschmittel und manches mehr beschreiben. Das sind aber nur seine Funktionen. Im Wesentlichen ist Geld ein Schriftsystem und das Finanzsystem, wie die Religion, eine Tochter der Schrift. Im Laufe seiner Geschichte – die von Schuldverschreibungen über Münzen, Papiergeld bis zu seiner heutigen digitalen Form führte – trat die Eigenschaft des Geldes als Zeichensystem immer deutlicher zutage.

Über die Nähe von Geld und Religion hatten auch schon andere geschrieben, über die Gender-Dimension war hingegen weniger gesagt worden – und wenn, so geschah dies meist unter dem Aspekt der weiblichen Benachteiligung bei Entlohnung, Vermögensbildung etc. Das ist jedoch nur die Wirkung, nicht der Auslöser der Gender-Dimension des Geldes. Bei einer näheren Betrachtung seiner anthropologischen Dimensionen wird offenbar, dass Geschlechterhierarchie und Klassengesellschaft zwei Seiten ein und desselben Phänomens sind. (Allein das offenbart, wie unsinnig die Gegenüberstellung von sozialer Benachteiligung und »privilegiertem« Feminismus ist.)

Die religiösen und geschlechtlichen Dimensionen des Geldes zeigen sich besonders deutlich im Opferdiskurs, der der Geldwirtschaft zugrunde liegt. Durch die Verwendung von Geld bilden wir eine sakrale Gemeinschaft; und deren Zusammenhalt konstituiert sich durch gemeinsame Opferriten. Der deutsche Begriff Geld leitet sich ab vom germanischen Wort »gelt« (Götteropfer). Worin besteht der Zusammenhang von Geld und sakralem Opfer? Die ersten Opferriten entstanden mit den Agrargesellschaften: Indem sich die Menschen (dank der Kulturtechniken) über die Natur erhoben und in sie eingriffen, vergingen sie sich an der Schöpfung. Zur Sühne brachten sie Opfer dar: etwa die erste Ackerfrucht oder das erstgeborene Lamm einer Herde – ein Ritus, von dem noch die Hebräische Bibel erzählt. Mit dem Opferkult trat zum ersten Mal ein religiöses Denken auf, das das Verhältnis von Gottheit und Mensch in Kategorien von Tausch situiert.

Der Opferritus greift das Prinzip des Gabentauschs auf: Jede Gabe muss durch eine Gegengabe erwidert werden. Geschieht das nicht, so kommt dies einer Kriegserklärung gleich. In vielen schriftlosen Gesellschaften beruht der Gemeinschaftskonsens auf diesem Grundsatz der zirkulierenden Gaben. Beim Opfer wird das Prinzip von Gabe und Gegengabe auf den Tausch zwischen Mensch und Gottheit übertragen: Mit dem dargebrachten Opfer soll die höhere

Gewalt nicht nur versöhnt, sondern auch dazu bewegt werden, Gegengaben zu liefern – die Fruchtbarkeit der Felder, das Wachstum der Herden, das Wohlergehen der Menschen.

Schon die Tatsache, dass das Opfer einem Tauschhandel entspricht, ließ den Opfergedanken in die Geldwirtschaft einfließen. Die Geldzeichen selbst unterstrichen dies. Die ersten Münzen Griechenlands hießen *obolós* - wie der Opferspieß: Vom *obolós* leitet sich unser »Obolus« in der Kirche ab. Zunächst zirkulierten Stücke der Spieße, mit denen im Tempel Opfermahlzeiten bereitet wurden; später erhielten diese Metallstücke (die keinen Eigenwert hatten) eine Prägung, die ihre Herkunft aus dem Tempel bestätigte. Diese Prägung bestimmte über den Wert. Da das Geld ein reines Zeichensystem war, bedurfte es einer Form von Beglaubigung. Die materiellen Referenten konnten weder als Wert dafür dienen noch mit der Menge der zirkulierenden Geldzeichen mithalten. Ebenso galt der das Geld emittierende Souverän als unzuverlässig. (Tatsächlich missbrauchten viele Herrscher und Staaten ihr Emissionsrecht, um sich zu bereichern.) Am nachhaltigsten erschien daher die religiöse Geldbeglaubigung, also die Erinnerung an das sakrale Opfer.

Die geopferten Tiere bezogen ihren hohen Stellenwert aber aus der Tatsache, dass sie als Stellvertreter des Menschen geopfert wurden: Denn so wie jede Gabe den Gebenden musste auch das Opfer den Opfernden enthalten. Es ist diese »Realpräsenz«, die Opfer und Gabe ihren Wert verleihen. Das bedeutet, dass das aus dem Tempelopfer abgeleitete Geld in letzter Konsequenz durch Menschenleben beglaubigt wird. Dass dies nicht nur symbolisch gemeint war, zeigen viele Opferriten, die sich auf den weiblichen oder männlichen Körper beziehen. In ihnen offenbart sich die Geschlechterdimension des Geldes besonders deutlich. Denn in beiden Fällen bestand das Opfer in der Domestizierung der Sexualität – das geschah allerdings auf unterschiedliche Weise. Die Domestizierung der weiblichen Sexualität implizierte die Aufhebung der sexuellen Selbstbestimmung der Frau und die Unterwerfung ihrer Fruchtbarkeit unter das Regelwerk der Gemeinschaft – so wie es mit der Natur selbst geschehen war. Dieser Opfervorgang fand seinen Ausdruck in vielfältiger Form: der Genitalbeschneidung, den abgebundenen Füßen der Chinesinnen und vor allem der Einrichtung der Ehe. Diese Opfergabe beglaubigte wiederum das Geld. Die Kaurimuscheln, deren Gestalt den weiblichen Genitalien auffallend ähnlich sieht, symbolisierten diesen Opfervorgang und wurden zu einer Währung, die in einigen Teilen der Welt bis ins 20. Jahrhundert gebräuchlich war und auch den chinesischen Schriftzeichen für Geld zugrunde liegt.

Auch das männliche Opfer ist präsent im Geld. Das höchste Opfertier der Antike war der Stier, er repräsentierte Männlichkeit. An dieses Opfertier erinnern noch heute der Stier an der Börse und unsere Geldzeichen: Laut Alfred Kallir, einem Schriftforscher, sind die zwei Striche im US-Dollar ($), dem englischen Pfund (£) und neuerdings dem Euro (€) Relikte der Stierhörner.[39] Sie wurden auch vom japanischen Yen (¥) und dem chinesischen Yuan (¥) übernommen, obgleich die japanische und die chinesische Geldgeschichte auf ganz anderen Traditionen beruhen. Auch das männliche Opfer implizierte die Domestizierung der Sexualität, allerdings auf andere Weise als bei dem weiblichen Opfer: indem »Potenz« zu einer geistigen Kategorie wurde. Auch hier zeigt sich die Gleichsetzung von Kultur und Schriftlichkeit mit Männlichkeit. Das Erregungspotenzial des Stierkampfs besteht bis heute in der Gegenüberstellung von zwei Männlichkeitsprinzipien: auf der einen Seite der Stier, der männliche physische Potenz repräsentiert, auf der anderen der sich daneben fragil, fast weiblich ausnehmende Torero, der den Stier durch geistige Kraft besiegen muss. Das heißt, der männliche Körper wurde einem Selbstdomestizierungsprozess unterworfen, der einerseits Verzicht auf Körperlichkeit, andererseits aber geistige Selbstermächtigung beinhaltete. In beiden Opferriten bringt der Mensch das Wertvollste dar, das er zu bieten hat: seine leibliche Fruchtbarkeit. Diese Gabe ist die Voraussetzung dafür, dass sich das Geld vermehren kann.

Der Opfergedanke, der der Glaubwürdigkeit des Geldes zugrunde liegt, erklärt, warum sich die moderne Geldwirtschaft in der christlichen Gesellschaft besonders gut weiterentwickelte. Die christliche Heilsbotschaft mit ihrem Opfer- und Auferstehungsgedanken und dem damit einhergehenden männlichen Askese-Ideal bot das ideale Terrain für die Weiterentwicklung der antiken Geldbeglaubigung aus dem Opfer. Auf diesem (unbewussten) Hintergrund fußt noch heute der moderne Geldfluss. Verliert das Geld seine Glaubwürdigkeit – etwa in Inflationszeiten oder im Krieg, wenn der Staat Geld einzieht, um es auf dem Schlachtfeld zu vernichten –, stehen Menschen für diesen Glaubwürdigkeitsverlust ein. Sie müssen wortwörtlich »dran glauben«. In der Finanzkrise von 2008/2009 verloren allein in den USA sechs Millionen Menschen ihren Arbeitsplatz und ihre Behausung. Sie wurden »geopfert«, erlitten den sozialen Tod, damit die Glaubensgemeinschaft des Geldes wiederhergestellt wird. Dass der Finanzkapitalismus, bei dem die Menge des zirkulierenden Geldes die Menge der Waren, materiellen Werte und Produkte der Realwirtschaft um ein Vielfaches übersteigt, für solche Krisen besonders anfällig ist, versteht sich von selbst.

Auf der anderen Seite konnte sich das Geld mit wachsender Zeichenhaftigkeit auch leichter vermehren. »Fruchtbar« werden. Das Wort Kapital (von lat. *caput*) verwies ursprünglich auf die Köpfe einer Herde; deren Junge sind wiederum die »Zinsen«. Unser Finanzvokabular ist durchsetzt von Begriffen wie Wachstum, Zyklus, Blüte; durch diese Analogie fließen Geld und Natur ineinander. Das heißt, nicht nur das Opfer, das der Gottheit dargebracht wird, sondern auch die Idee der Gegengabe flossen in die Symbolik der Geldwirtschaft ein. Auch hier ging die Moderne weiter: Zeitlich parallel zur Entstehung der modernen elektronischen Zahlungsmittel, bei denen sich jede Materialität endgültig aufgelöst hat, erlangte das Geld die faktische Fähigkeit, »Kinder zu machen«: In Samenbanken, dem Handel mit Eizellen und Leihmüttern wird Geld zum Produzenten von biologischem Menschenleben. Diese Konkurrenz zwischen natürlicher Fortpflanzung und Geldvermehrung erklärt die »frauenreinen« Verhältnisse in den oberen Etagen der Finanzinstitute: Der Geldmanager wird als geistiger Alleinerzeuger fantasiert. Und sie verrät, warum sich die Gesellschaft schwer damit tut, Frauen den gleichen Lohn zu zahlen wie Männern: Der gleiche Lohn wäre das Eingeständnis, dass die natürliche Reproduktion, die der weibliche Körper symbolisiert, der Vermehrung der Zeichen ebenbürtig ist.

So etwa würde ich sehr verkürzt den Zusammenhang zwischen Geld und Gender umreißen, den ich in *Der Preis des Geldes* beschrieben habe: Er erklärt den sakralen Status des Geldes, seine gemeinschaftsbildende Macht wie auch die hohe Emotionalität, die mit dem Zeichensystem einhergeht. Wie in der Religion geht es beim Geld um Leben und Tod.

Die Ökonomie ist nur eines der Gebiete, auf die sich die Gender Studies in den letzten Jahrzehnten ausgeweitet haben. In der Geschichte der Frauenbewegung sind drei (sich überschneidende) Etappen zu erkennen. Die erste betraf die zivilrechtliche, politische und ökonomische Gleichstellung der Frau. In der zweiten ging es um die körperliche Selbstbestimmung – vom Recht auf Schwangerschaftsabbruch bis zur Befreiung von sexuellen Zwängen. In diese Etappe würde ich auch die MeToo-Bewegung und den Kampf gegen sexuellen Missbrauch und den weltweit verbreiteten Femizid einschließen. Die dritte Etappe erfasst die Dimension des Imaginären, die hinter diesen verschiedenen Formen von Machtausübung und Gewalt steht. Sie wird oft abgetan als Symbolpolitik oder irrelevante Geistesgeschichte. In Wirklichkeit steht hinter jeder Hierarchie und jeder Gewaltausübung zunächst eine Idee. Das gilt für Rassismus wie für Frauenfeindlichkeit. Letztere basierte von Anfang auf dem Gedanken einer Hoheitsmacht des Geistigen. Und auch den rassistischen Ausschreitungen liegen *Imaginationen* zugrunde, die der Entwertung des anderen *voraus*gehen. Mit dieser Erkenntnis, dass der sogenannte »Überbau« zur Basis von materiellen Verhältnissen werden kann, überlagerte sich das Feld der Gender Studies mit dem anderer sozialer Kategorien, in denen es ebenfalls um die Realitätsmacht von geistigen oder fiktiven Kategorien geht. Mittlerweile überschneiden sich die Gender Studies mit den *race studies, diversity studies* wie auch anderen Kategorien, in denen es um soziale Hierarchien und *otherness* geht. Geschlecht wird zunehmend als ein Code verstanden, hinter dem sich andere soziale oder politische Kategorien verbergen können – vergleichbar dem, was ich weiter oben über den Zusammenhang von Antisemitismus und Geschlecht schrieb. Zugleich begann ein Prozess der Selbstreflexion, die etwa in den *critical whiteness studies* ihren Ausdruck fand. Mit dieser Veränderung kam es in der Geschlechterforschung auch zur Hinterfragung der angeblich unveränderbaren biologischen Gegebenheiten. Sie basiert auf der Erkenntnis, dass der Begriff Geschlecht zwar biologische Charakteristika benennt, diese aber von kulturellen Bedeutungen überlagert wurden. Historisch waren Letztere oft wirkmächtiger als die biologischen. Die zwischen Natur und Kultur changierende Vieldeutigkeit von »Geschlecht« ist einer der Gründe für die Faszination, die Geschlechtertausch, Transsexualität und die Multiplikation geschlechtlicher Kategorien ausüben.

Den Gender Studies wird oft unterstellt, die »Fakten der Natur« zu missachten. Eine Kritik, die von Biologen besonders gern vorgebracht wird. Sie zeugt von einer bemerkenswerten Amnesie gegenüber dem eigenen Fach. Denn die biologische Forschung hat diese Diversität selbst verursacht: Es war die Zeugungs- und Reproduktionsforschung des 19. und 20. Jahrhunderts, die nicht nur für die Trennung von Sexualität und Fortpflanzung, sondern auch für die Entstehung der Eugenik, der Genetik und moderner Reproduktionsmedizin sorgte. Erst diese Neuerungen ermöglichten die variablen Definitionen von Vaterschaft, Mutterschaft und sexueller Identität, mit denen wir es heute zu tun haben. Nicht die Gender Studies schufen die neue Vielfalt von Geschlecht. Sie weisen höchstens auf die sozialen Folgen dieser Entwicklungen hin. Wenn der

Feminismus also die Dominanz der Biologie anzweifelt, so hängt dies auch mit jenen »blinden Flecken« der Wissenschaft (und der Wissenschaftstheorie) zusammen, die sich vielen Fragen unvoreingenommen nähert – bei Geschlecht jedoch an alten Paradigmen festhält.

Vermutlich ist gerade diese Pointierung der Grund für die Ablehnung, die den Gender Studies entgegenschlägt. Für rechte Bewegungen wurde die Geschlechterforschung zum ausgemachten Hassobjekt, während Vertreter der katholischen Kirche darin eine »totalitäre Ideologie« sehen, die »repressiver und schädlicher als der Marxismus ist«.[40] Die Mittel, mit denen Gender Studies von einigen Wissenschaftlern an den Universitäten bekämpft werden, reichen von Spott über Polemik bis zu Mittelentzug und Eingriffen in die Besetzung von Stellen. Als ich 1994 an die Universität berufen wurde und zum ersten Mal die männliche Selbstreproduktion dieser Institution erlebte, gewann ich manchen Einblick in die Mechanismen solcher Prozesse. Sie sind an deutschen Universitäten besonders gut ausgebildet. Die Kunsthistorikerin Katrin Hoffmann-Curtius, die über Darstellungen des deutschen Nationalismus arbeitete, gab mir dafür eine einleuchtende Erklärung. Anfang des 19. Jahrhunderts – das war nach den napoleonischen Kriegen und in der Zeit, als Wilhelm von Humboldt das preußische Universitätssystem reformierte – wurde der universitären Elite und insbesondere dem Fach Geschichte eine tragende Rolle beim Aufbau eines deutschen Nationalgefühls zugewiesen. Sie sollten der werdenden Nation die notwendige Vergangenheit verschaffen. Später kam auf die Germanistik eine ähnliche Aufgabe zu: Sie sollte das Literaturgut heben, mit dem sich diese »neue Vergangenheit« im Gefühl verankern ließ. Als ab Ende des 19. Jahrhunderts die Zulassung von Frauen zu akademischer Ausbildung diskutiert wurde, waren ausgerechnet diese »staatstragenden« Fächer besonders resistent: Sie hatten von der Theologie, die einst die Leitdisziplin der Alma Mater gewesen war, das Prinzip des männlichen Herrschaftswissens übernommen. Damit hingen das Selbstvertrauen und der Glaube an die »Überlegenheit« der deutschen Nation von der »Männlichkeit« der deutschen Universität ab. Dass sich Deutschland auch heute bei der Anti-Gender-Polemik besonders hervortut, spricht dafür, dass sich ein Gutteil der Wissenschaft und der Öffentlichkeit weiterhin im Modus der nationalen Ertüchtigung des 19. Jahrhundert befindet.

Die Kritik an Gender kommt nicht nur von Männern, sondern auch von akademisch gebildeten Frauen, die damit an eben jenem Fundament nagen, auf dem sie stehen. Sie verdanken ihre höhere Ausbildung, ihre ökonomische Unabhängigkeit und ihren sozialen Status den Frauen, die vor zwei oder drei Generationen dafür auf die Straße gingen. Diese zahlten einen beträchtlichen Preis für ihren Kampf, die wenigsten profitierten selbst von den erlangten Rechten. Zur Zeit ihrer Kämpfe wurden sie verspottet und angefeindet – wie viele Feministinnen heute. In die Reihe der von Amnesie geplagten Akademikerinnen, die sich über das »Gendersternchen« oder die *political correctness* der Frauenbewegung erregen, gehören nicht nur konservative, sondern auch linke Akademikerinnen wie Sahra Wagenknecht, die feministische Sprachsensibilität zur »Lifestyle«-Frage erklärt und den Feminismus – in bewährter Tradition – dem Kampf gegen »Armutslöhne« und »niedrige Renten« gegenüberstellt.[41] Auf den Unsinn der Kontroverse zwischen Feminismus und sozialem Engagement bin ich weiter oben eingegangen. Wer für Sprachsensibilität und die Relevanz der Symbole nur Spott übrig hat, ahnt nicht, nach welchen Gesetzen unsere moderne Welt funktioniert: Sie ist realisierte Utopie oder Leib gewordene Schrift.

Zur Strategie der Bekämpfung von Gender gehört die magische Zahl von 185 Gender-Professuren. Die Anzahl hauptberuflicher Professoren an deutschen Hochschulen umfasst insgesamt 48 128 Lehrstühle (Stand 2019). Weniger als ein Viertel dieser Professuren sind mit Frauen besetzt. Die sogenannten Gender-Professuren machen nicht einmal 0,4 Prozent der Lehrstühle aus. Bezieht man in diese Rechnung zusätzlich ein, dass es sich bei 158 der 185 Stellen um

*Teil*denominationen handelt (also etwa: Germanistik unter »Berücksichtigung von Gender«) und dass zudem viele Gender-Professuren befristet oder gar als Gastprofessuren ausgewiesen sind, so verschlägt es einem schlicht die Sprache.[42] Es gibt einen ziemlich klaren Indikator für Antisemitismus: wenn jemand den Anteil der Juden an der Bevölkerung höher einschätzt, als er ist. Dieser Indikator scheint auch bei der Geschlechterforschung zu funktionieren.

»DER PREUSSISCHE STAAT UND DIE JUDEN«

Jüdische Studien an der Universität

Als in Deutschland der Kopftuchstreit brannte, schrieben Bettina Mathes und ich das Buch *Verschleierte Wirklichkeit. Die Frau, der Islam und der Westen*. Darin geht es um die Projektionen und Deutungsmuster, die die christliche Kultur auf »andere« Kulturen – in diesem Fall den Islam – richtet. Mit zunehmender Migration und wachsender interkultureller Verflechtung war es immer dringlicher geworden, den Blick nicht nur auf das Fremde zu lenken (wie es die Ethnologen des 19. Jahrhunderts noch getan hatten), sondern dieses andere auch zum Anlass zu nehmen, das Selbst zu betrachten. Mit den Augen der Fremde.

Wer sich mit Antisemitismus beschäftigt, kommt um diese Art der Betrachtung ebenfalls nicht umhin. Doch bei den Jüdischen Studien kam noch etwas hinzu: die faktische Bedeutung jüdischer Traditionen für die europäische Kultur. Das Judentum hatte einen prägenden Einfluss nicht nur auf die Literatur und Philosophie, sondern sogar auf die Theologie der christlichen Gesellschaft. In beiden Religionen entwickelten sich viele Grundsätze und Lehren durch ein Wechselverhältnis, das sowohl Abgrenzungen als auch Übernahmen beinhaltete. Das heißt, man kann die Geschichte der christlichen Theologie und Kultur nur verstehen, wenn man sich mit den Unterschieden (und Parallelen) zur jüdischen Religion und Kultur beschäftigt: mit deren Entstehungsgeschichte, ihrem Rechtssystem, der Lebensweise ihrer Gemeinden in der Diaspora. Hier habe ich viel von Wissenschaftlern und Wissenschaftlerinnen gelernt, die seit Langem auf diesem Gebiet arbeiten: Zu ihnen gehört die amerikanische Judaistin Susannah Heschel, die wegweisende Arbeiten zu Gender-Aspekten des Judentums vorgelegt hat. Mit Susannah verbindet mich heute eine enge Freundschaft. Über sie und andere begann ich langsam die Vielfalt von Möglichkeiten zu begreifen, die sich unter dem Signum »jüdisch« versammeln. Die Jüdischen Studien versuchen, dieser Vielfalt einen akademischen Ort zu geben.

Das Fach Kulturwissenschaft bot wegen seiner Vielseitigkeit einen geeigneten Kontext für die strukturelle Verankerung der Jüdischen Studien an der Universität. Ab Anfang der 2000er-Jahre bemühte ich mich darum, Mittel für Gastprofessuren einzuwerben, um ausländische Wissenschaftler und Wissenschaftlerinnen der Jüdischen Studien an die Humboldt-Universität einzuladen. Die Judaistik wurde damals als ein Gebiet der Theologie und Religionswissenschaft betrachtet. Oft wurde sie auch im Rahmen der christlichen Theologien gelehrt, was das Judentum zu einem »Objekt« christlicher Forschung machte. An der Freien Universität Berlin wurde allerdings schon 1963 ein Institut für Judaistik eingerichtet, das keiner christlich-theologischen Fakultät angehörte. Berufen wurde Jakob Taubes, der von der Columbia University in New York kam. 1982 wurde an der Technischen Universität Berlin das Zentrum für Antisemitismusforschung (ZfA) geschaffen. Ab den 1990er-Jahren entwickelten sich die Jüdischen Studien, die neben der jüdischen Religion auch die kulturellen Traditionen des Judentums in Literatur, Philosophie und Musik betrachten. Heute basieren die Jüdischen Studien auf der Erkenntnis, dass neben der jüdischen Religion eine jüdische Kultur herangewachsen ist – so wie auch in der christlichen Gesellschaft neben dem Glaubensbekenntnis eine christliche Kultur entstand.

An israelischen und amerikanischen Universitäten hatten sich die *Jewish Studies* schon bald nach dem Zweiten Weltkrieg etabliert. In Großbritannien kam es zu ähnlichen Entwicklungen. Anders in

Frankreich, wo die Jüdischen Studien keinen eigenen Zweig bilden, aber einzelne Wissenschaftler und Wissenschaftlerinnen, Psychoanalytiker und Psychoanalytikerinnen auf diesem Gebiet wichtige Forschungsergebnisse liefern. Nach 1989 bildete sich auch in Berlin das Bedürfnis heraus, Jüdische Studien als eine Studienrichtung zu betreiben, die sowohl die Religion als auch säkulare, kulturelle Traditionen einbezieht. Die Wende erwies sich auch in diesem Fall als gute Voraussetzung für wissenschaftliche Innovation. An der Universität Potsdam gründete Julius Schoeps das Moses Mendelssohn Zentrum für europäisch-jüdische Studien (MMZ); es entstand der schon erwähnte Studiengang Jüdische Studien. An der Humboldt-Universität versuchten Lehrende der Kulturwissenschaft, Germanistik und anderer Fächer in ihren Vorlesungen und Lehrveranstaltungen den prägenden Einfluss jüdischer Traditionen auf die deutsche Kultur und Literatur zu vermitteln. Die meisten Studierenden wussten wenig über das Judentum, aber die Bereitschaft, mehr darüber zu erfahren, war groß. Die beim Deutschen Akademischen Austauschdienst (DAAD) und der Deutschen Forschungsgemeinschaft (DFG) eingeworbenen Gastprofessuren trugen diesem Bedürfnis Rechnung.

Als das Bundesministerium für Bildung und Forschung (BMBF) im Jahr 2010, auf Anraten des Wissenschaftsrates, Mittel ausschrieb, um nichtchristliche Religionsfächer zu fördern (man hatte vor allem die akademische Ausbildung von Imamen im Auge), war dies der ideale Moment, um auch für eine fächer- und universitätsübergreifende Verankerung der Jüdischen Studien einzutreten. Insgesamt fünf Universitäten der Berliner Region (HU, FU, TU, die Uni Potsdam und die Viadrina in Frankfurt/Oder) sowie zwei akademische Institutionen (das Moses Mendelssohn Zentrum und das Abraham Geiger Kolleg) unterzeichneten einen gemeinsamen Antrag. Seit der Wiedervereinigung hatten sich die Berliner Universitäten vor allem in Konkurrenz geübt. Nun unterschrieben sie einen Kooperationsvertrag, der die Einrichtung eines gemeinsamen Zentrums Jüdische

Studien vorsah. An der Formulierung des universitäts- und fächerübergreifenden Projekts waren mehrere Wissenschaftler und Wissenschaftlerinnen beteiligt: der Theologe Rainer Kampling von der FU, die Historikerin Stefanie Schüler-Springorum, die gerade die Leitung des ZfA der TU übernommen hatte, der Historiker Thomas Brechenmacher (später die Historikerin Sina Rauschenbach) von der Universität Potsdam, der Historiker Julius Schoeps vom Moses Mendelssohn Zentrum, der Rabbiner Walter Homolka (der das Abraham Geiger Kolleg als Ausbildungsstätte für Rabbiner des Reformjudentums leitete). Später kam noch die Literaturwissenschaftlerin Kerstin Schoor von der Viadrina in Frankfurt/Oder dazu, die wichtige Forschungen zu Exilliteratur vorgelegt hat. Für mich richtete die Humboldt-Universität eine Senior Research-Stelle ein (ich hatte mittlerweile die Pensionsgrenze erreicht), sodass ich beim Schreiben des Antrags die Federführung übernehmen konnte. Nie werde ich den ungläubigen Blick des Abteilungsleiters vom BMBF vergessen, als ihm – in meiner Gegenwart – mitgeteilt wurde, dass einer Frau diese Aufgabe anvertraut worden war. Das BMBF bewilligte den Antrag. Es wurden Mittel für Professuren und akademische Nachwuchsstellen bereitgestellt. Im Frühjahr 2012 begingen wir die Eröffnung des Zentrums. Im Gründungsjahr hatte ich die Leitung inne; in den darauffolgenden Jahren rotierte sie zwischen den fünf beteiligen Universitäten.

Historisch gesehen stellte der 30. Mai 2012 einen wichtigen Einschnitt in der Geschichte der deutschen Universität dar: Im 19. Jahrhundert hatten deutsch-jüdische Gelehrte über Jahrzehnte versucht, die Jüdischen Studien in die akademische Lehre zu integrieren. Sie waren am Antisemitismus der Berliner Professorenschaft gescheitert und hatten schließlich eine eigene Einrichtung außerhalb der Universität errichtet: die *Hochschule für die Wissenschaft des Judentums,* an der prominente Gelehrte forschten und unterrichteten. Als die Nationalsozialisten die Macht übernahmen und viele Juden ins Ausland flohen, nahmen diese Gelehrten ihr Wissen und ein modernes

Konzept von Judentum, das in Berlin und Breslau entwickelt worden war, mit in ihre Exilheimat. Nun, fast siebzig Jahre nach dem Ende des Nationalsozialismus, gab es auch in Deutschland einen Neuanfang – und er realisierte das, wovon die jüdischen Gelehrten des 19. Jahrhunderts geträumt hatten: eine jüdische Kultur, die als integraler Bestandteil der deutschen Kultur an der Universität gelehrt wird. Seit 2017 ist das Zentrum nach der Historikerin Selma Stern benannt, die als eine der ersten Frauen Preußens in Geschichte promovierte und mit ihrem Werk *Der Preußische Staat und die Juden* eine wichtige Grundlage für die deutsch-jüdische Geschichtsschreibung schuf. Ich nahm in den Jahren seit der Gründung des Zentrums an vielen der hier stattfindenden Kolloquien, Ringvorlesungen oder Konferenzen teil, habe auch einige Veranstaltungen selbst organisiert. In dieser Zeit lernte ich noch einmal völlig Neues – nicht zuletzt durch den intensiven Austausch mit den Wissenschaftlern und Wissenschaftlerinnen aus dem Ausland.

Anlässlich der Gründung des Zentrums wurde im Fach Kulturwissenschaft der Humboldt-Universität ein Lehrstuhl für die transkulturelle Geschichte des Judentums geschaffen. Liliana Feierstein wurde auf ihn berufen. Der Schwerpunkt ihrer Forschungen liegt auf dem Gebiet der Diasporageschichte und dem Austausch zwischen jüdischer und nichtjüdischer Kultur. Am Zentrum, das zu einer Plattform des Austauschs mit Wissenschaftlern und Wissenschaftlerinnen aus anderen Ländern wurde, entwickelten sich neue Forschungsfelder: Ein *Handbuch Jüdische Studien*, das Micha Brumlik und ich 2018 herausgaben, verschafft Studierenden und Doktoranden einen Überblick über die Forschungsvielfalt des Fachs. So gut wie alle am Zentrum beteiligten Akademiker und Akademikerinnen verfassten Beiträge in diesem Band. In der Einführung heben wir hervor, dass sich die deutschen Jüdischen Studien in einer Hinsicht von denen anderer Länder unterscheiden. Anders als in den USA oder in Israel lässt sich im Land der Täter das Wort »jüdisch« kaum ohne den Begriff der »Shoah« denken. Insofern eignet den

Jüdischen Studien des deutschen Sprachraums eine Dimension, die auch die Reflexion über die nichtjüdische – und damit oft antisemitische – deutsche Geschichte einbezieht. Die modernen Jüdischen Studien in Deutschland versuchen, an die Tradition der Wissenschaft des Judentums anzuschließen, doch angesichts des Zivilisationsbruchs der NS-Zeit kommen sie nicht umhin, auch die Frage zu reflektieren, wie es zur Katastrophe der Shoah kommen konnte.

Auch an anderen deutschen Universitäten – München, Hamburg, Frankfurt/Main, um nur einige zu nennen – wurden in diesen Jahren neue Lehrstühle für Jüdische Studien eingerichtet. Für viele nichtjüdische Deutsche hat der Umgang mit Juden nicht diese Selbstverständlichkeit, die ich in Frankreich oder den USA erlebt hatte. Aber nun näherte sich zumindest die deutsche Wissenschaft zaghaft diesem Ziel. Allerdings erleben wir auch am Selma Stern Zentrum, dass immer wieder – wie bei der Geschlechterforschung – der »Sinn« der Jüdischen Studien und einer universitätsübergreifenden Forschungseinrichtung verteidigt werden muss. Das gilt sogar für die Humboldt-Universität, deren Geschichte wenig Anlass zu Ruhm gibt. Nicht nur waren die jüdischen Gelehrten des 19. Jahrhunderts mit ihrem Wunsch gescheitert, die Jüdischen Studien in die Wissenschaft zu integrieren, auch in der NS-Zeit hatte sich die Berliner Universität bei der Relegation jüdischer Studierender und Gelehrter und der Aberkennung der Doktorwürde von Juden besonders hervorgetan. Es ist schon seltsam: Einige Wissensgebiete – oft gehören sie, wie die Jüdischen Studien und die Geschlechterstudien zu den innovativsten – müssen immer wieder unter Beweis stellen, dass sie »dazugehören« und »gebraucht« werden.

POSTNATIONALE KULTURELLE VERFLECHTUNGEN

Unterwegs im globalen Netzwerk des Goethe-Instituts

Was ich noch gar nicht erwähnt habe: Mit Tilo heiratete ich auch die Liebe zu Brasilien. Er hatte einen Teil seiner Jugend dort verbracht, lebte im Alter zwischen zwölf und 16 Jahren bei Freunden seiner Eltern, die der Jewish Community von Porto Alegre angehörten. 1976 zeigte er mir das Land. Ich war hingerissen. Zusammen unternahmen wir viele Reisen dorthin. Wir besuchten seine brasilianische »Familie«, ich lernte die Copa Cabana von Rio de Janeiro und die Monsterstadt Sao Paolo kennen, wir erlebten die Wälder des Amazonasgebiets, schipperten auf einem kleinen Boot durch die immense Flussmündung des Rio Guamá bei Belém – und jedes Mal kam ich mit dem Gefühl zurück, eigentlich in die Tropen zu gehören. Endlich ein Land, in dem ich nie friere! Wir fuhren später auch mit Anna und Valentin nach Brasilien. Jedes Mal war ich erneut überrascht von der Vielfalt der Ressourcen und dem potenziellen Wohlstand dieses Landes. In den letzten Jahren wuchs freilich das Entsetzen über die sich weiter öffnende Schere zwischen Arm und Reich. Ab Mitte der 1990er-Jahre hatten wir das langsame Heranwachsen einer Mittelschicht beobachten können, man schöpfte Hoffnung, dass sich der Ressourcenreichtum mit größerer sozialer Gerechtigkeit verbindet. Die Hoffnung schwand jedoch, und schließlich kam Jair Bolsonaro, und die alte Schicht der Reichen hatte wieder das Sagen. Bolsonaros Populismus, durch Corona noch radikalisiert, weckt Befürchtungen vor einer erneuten Diktatur. Als Vorsitzende der Jury für die Verleihung der Goethe-Medaille hatte ich aber zweimal die Freude, brasilianische Aktivistinnen, die für Menschenrechte und Zivilgesellschaft eintreten, ehren zu können. Die eine war Eva Sopher, die in Porto Alegre, entgegen allen Widerständen, eine Avantgardestätte für Theater und Musik geschaffen hat. Bei der Verleihung der Medaille hielt Hanna Schygulla eine wunderbare poetische Laudatio. Die andere war die Fotografin Claudia Andujar, deren beeindruckende Fotos von den Yanomami zu weltweiten Aktionen für den Schutz ihres Lebensraums im Amazonas führten. Die 87-Jährige nahm die Medaille zusammen mit einem Häuptling der Yanomami entgegen. Das war zwei Jahre, bevor Bolsonaro an die Macht kam und die Brandrodungen im Amazonas wieder einsetzten.

Mitte der 1990er-Jahre hatte mich das Goethe-Institut in seine Mitgliederversammlung berufen. 2005 wurde ich ins Präsidium gewählt und zwei Jahre später gebeten, das Amt der Vizepräsidentin zu übernehmen. Es ist ein Ehrenamt, in dem ich über die Jahre viel gelernt habe. Das Goethe-Institut ist mit rund hundertfünfzig Instituten in fast hundert Ländern der Welt vertreten und verbindet kulturelle Einrichtungen und Akteure dieser Länder mit denen in Deutschland. Mein Blick war, biografisch bedingt, schon immer international ausgerichtet. Und für das Goethe-Institut tätig zu sein bedeutete, Teil eines globalen Netzwerks zu werden – eines Netzwerks, das anders funktioniert als die ebenfalls global vernetzten sozialen Medien. Deren Kanäle etablieren internationale Beziehungen auf virtuelle Weise. Die Menschen, die in den Goethe-Instituten tätig sind, begegnen den anderen Kulturen von Angesicht zu Angesicht. Ich hatte schon vor der Berufung ins Präsidium viele Goethe-Institute kennengelernt – in New York, Atlanta, Paris, Jerusalem oder Brasilien. Nun kamen neue hinzu: Johannesburg, Moskau, Mexico City, Tel Aviv, Ramallah, Kolkata, Tunis. Ich wurde eingeladen, Vorträge zu halten, manchmal wurden auch Filme von mir gezeigt. Während meiner langen Auslandsjahre hatten mir die Aktivitäten der Goethe-Institute zudem oft Einblicke in die deutsche Kulturszene verschafft.

Als ich in das Präsidium des Goethe-Instituts aufgenommen wurde, war Jutta Limbach Präsidentin. Viele in der Mitgliederversammlung, auch ich, hatten sich für sie starkgemacht. Limbach war Juristin, hatte über viele Jahre eine Professur an der FU inne, bevor sie Justizsenatorin von Berlin und anschließend Präsidentin des Bundesverfassungsgerichts wurde. Ihre Familie stand seit Generationen der SPD nahe, und was mir besonders gefiel, weil es mich an meine Großmutter erinnerte: Ihre Großmutter, Elfriede Ryneck, war schon Abgeordnete in der Weimarer Nationalversammlung gewesen. Limbach engagierte sich für Frauenrechte und war zugleich eine leidenschaftliche Leserin. Sie erzählte mir einmal, dass sie sich jeden Morgen vor dem Aufstehen etwa zwei Stunden Zeit für Lektüre nimmt – keine juristischen Bücher, sondern Belletristik. Sie kannte nicht nur die deutsche, sondern auch die ausländische Literatur gut. Das beeindruckte viele Kulturschaffende, denen sie während ihrer Reisen als Präsidentin des Goethe-Instituts begegnete.

Mit ihrem Nachfolger, Klaus Lehmann, arbeitete ich viele Jahre zusammen. Er war zunächst Leiter der Deutschen Bibliothek in Frankfurt/Main, nach der Wiedervereinigung hatte er die beiden deutschen Nationalbibliotheken, die der Bundesrepublik und der DDR, zusammengeführt, um anschließend Präsident der Stiftung Preußischer Kulturbesitz zu werden. In dieser Funktion hat er als einer der ersten Leiter einer deutschen Sammlung die Bestände nach Raubgut durchforsten zu lassen, um Restitutionen in die Wege zu leiten. Er war auch an der Umgestaltung der Berliner Museumsinsel maßgeblich beteiligt und spielte eine wichtige Rolle bei der Planung des Humboldt Forums.

In den Berichten und Überlegungen, die im Präsidium auf den Tisch kamen, spiegelten sich die Veränderungen der Welt und der deutschen Außenpolitik nach dem Ende des Kalten Kriegs wider:

die Verlagerung von einer bipolaren zu einer multipolaren Welt, das Aufkommen der Bedeutung Afrikas, der »arabische Frühling« und der auf ihn folgende *backlash*, der Einfluss der Digitalisierung auf Vernetzung und Spaltung von Gemeinschaften. Diese Veränderungen schlugen sich in der Schließung und Neueröffnung von Instituten nieder. Während die Vertretungen des Auswärtigen Amts auf amtliche politische Richtlinien, ökonomische Interessen und formelle Bündnisse Rücksicht nehmen müssen, können die Repräsentanten und Repräsentantinnen des Goethe-Instituts inoffizielle Verbindungen eingehen, darunter auch zu den oppositionellen Gruppen eines Landes. Die offizielle deutsche Außenpolitik kann es oft nicht vermeiden, Umgang mit autokratischen Regimes zu haben, doch die Goethe-Institute können auch denen, die im eigenen Land keine Stimme haben, eine Plattform bieten. Kultur kann vieles: Sie kann zum *nation building* beitragen in Ländern, in denen der Kolonialismus Wunden hinterlassen hat; und sie kann auch dem Individuum Platz verschaffen in einem Land, das den Individualismus gering achtet. Ich erlebte in diesen Jahren, in denen es zu großen tektonischen Verschiebungen politischer Machtfelder kam, wie die Kultur immer mehr zum wichtigsten Mittel internationaler Verständigung wurde. Zugleich verdeutlichte die Immigration nach Deutschland, dass Innen- und Außenpolitik kaum mehr zu trennen sind. Früher verstand sich das Goethe-Institut als Exporteur deutscher Kultur. Heute tritt es für weltweite Gemeinschaftsinteressen ein. Die Schwerpunktthemen des Goethe-Instituts der letzten Jahre sind beredet. »Ökologie und Nachhaltigkeit«, »Gleichberechtigung«, »Wie kommt das Neue in die Welt?« Die Zivilgesellschaft wird hier als immanenter Teil der Kultur verstanden – und dieses Verständnis von Kultur scheint mir auch die einzige Möglichkeit zu sein, mit den Problemen einer weltweiten Migration umzugehen.

Schon bevor ich das Amt der Vizepräsidentin bekleidete, ergaben sich Gelegenheiten, die Veränderung der auswärtigen Kulturpolitik zu erleben, manchmal auch mitzugestalten. 2003 forderte mich der Leiter des Goethe-Instituts Tel Aviv auf, eine Plattform zum Thema Gender zu kuratieren. Sie sollte an drei Orten mit jeweils unterschiedlichen Teilnehmern und vor allem Teilnehmerinnen stattfinden: in Tel Aviv, Jerusalem und Ramallah. An allen drei Orten gibt es Goethe-Institute. Zwischen den Standorten liegen nur kurze Autofahrten – aber es trennen sie Welten. Die israelische Settlement-Politik war damals, verglichen mit heute, noch zurückhaltend. Dennoch war der Riss durch die Region tief – und er verlief nicht nur zwischen Palästina und Israel, sondern auch zwischen Tel Aviv und Jerusalem. Die von mir vorgeschlagenen deutschen Teilnehmerinnen waren Gender-Forscherinnen und Aktivistinnen mit unterschiedlichem Hintergrund (Künstlerinnen, Wissenschaftlerinnen, Politikerinnen) und beteiligten sich an den Konferenzen in allen drei Orten. Anders bei den örtlichen Diskutanten. In Tel Aviv begegneten wir Künstlerinnen und Intellektuellen, wie man sie auch in Europa oder den USA antreffen würde. Es war ein vertrautes Terrain für die meisten aus Deutschland. In Jerusalem rückten Fragen der Religion in den Vordergrund – und damit auch die unterschiedliche Perspektive auf Geschichte und Geschlechterverhältnisse.

Am heftigsten wurde die Debatte in Ramallah. Hier nahmen palästinensische Frauen und Männer teil, und wie sich herausstellte, mussten die beteiligten Palästinenserinnen an zwei Fronten kämpfen. Auf der einen Seite verteidigten sie sich gegen den westlichen Feminismus (der schon deshalb ein Feindbild war, weil er mit Israel gleichgesetzt wurde), auf der anderen Seite verteidigten sie aber auch die Frauenrechte innerhalb ihres Landes. Dass wir nicht aus Israel kamen, erleichterte zwar die Diskussion – umso mehr explodierte aber der interne Kampf um die Rechte der Frau. Eigentlich wurden die ganzen Diskussionen auf Englisch geführt. Doch ab einem gewissen Moment überwog das Arabische: Es kam zu einem heftigen Wortwechsel zwischen den palästinensischen Feministinnen und den anwesenden Männern, Politikern und Vertretern von Bildungs- oder Sozialeinrichtungen.

Der Umgang mit den Geschlechterrollen nimmt in der Region eine zentrale Rolle ein: sowohl zwischen säkularen und religiösen Israelis als auch zwischen Israel und Palästina. Mit seiner liberalen Gesetzgebung zur Homosexualität reiht sich Israel in die progressiven Länder ein, doch intern wächst die orthodoxe Community, der dieser Liberalismus ein Dorn im Auge ist. Ähnlich die palästinensische Gesellschaft, in der ebenfalls säkulare und religiöse, manchmal auch fundamentalistische Strömungen aufeinanderstoßen. Zusammen mit Ulrike Auga gab ich später ein Buch heraus, in dem die meisten Vorträge dieser Plattform wiedergegeben sind.

2001 beschloss auch Tilo nach Berlin zu ziehen. Noch vor dem Erreichen des Ruhestandsalters legte er die Leitung der Bonner Klinik nieder und übernahm in Berlin die Leitung einer neuen und von ihm konzipierten psychiatrischen Tagesklinik, an der er bis heute Patienten und Patientinnen betreut. Seither ist Berlin für uns beide zum festen Wohnsitz geworden. Unsere Pendelexistenz (die wir mit vielen deutschen Akademikern teilten) kam zu einem Ende. Zugleich schloss sich der Kreis zum Leben meiner Eltern und meiner Großmutter mütterlicherseits. Ihr Berlin war anders als das meinige – und dennoch ist sich die Stadt in einer Hinsicht treu geblieben: dem Drang zur Transformation. Der Umbau von Berlin, der schon im 19. Jahrhundert begonnen hatte, ist bis heute nicht abgeschlossen. Egal, welche Epoche man betrachtet, diese Stadt befindet sich immer im Wandel. Nur ein Bruchteil der Berliner blickt auf mehr als drei Generationen lokaler Ansässigkeit zurück. Das Unfertige wurde zum Charakter Berlins – es verlieh der Stadt das Image der Avantgarde.

»VERLASST EUCH NICHT AUF EINEN ERNÄHRER«

Schwestern

Wir sind fünf Geschwister, darunter vier Schwestern. Alle haben inzwischen das Ruhestandsalter erreicht, alle haben sich beruflich durchgesetzt, aber jede hat ihren Weg auf eine andere Art gemacht. Zwischen der ältesten, Carola (1942 geboren), und der jüngsten, Claudia (geboren 1954) liegen zwölf Jahre – an sich wenig Zeit für die Veränderung von Mentalitäten und Gewohnheiten. Doch für Frauen änderte sich viel in diesen wenigen Jahren. Carola musste sich noch viele ihrer Freiräume als junge Frau erkämpfen – sowohl beruflich als auch innerhalb der Ehe. Sie brach ihr Studium ab: Einerseits hatte sie keine Lust mehr, fühlte sich vom damaligen Studienangebot nicht angesprochen. Andererseits tat sie dies aber auch für ihren Mann, der eine akademische Karriere anstrebte. Während er promovierte, sorgte sie für den gemeinsamen Unterhalt. (In meiner Universität gab es übrigens einen Historiker, an dessen Doktorandenkolloquium so gut wie keine Frau teilnahm. Er galt unter Frauen als nicht sehr einladend. Derselbe Wissenschaftler schlug im Interview mit einer Tageszeitung vor, dass die Ehefrauen seiner Doktoranden für das Familieneinkommen sorgen sollten, damit sich ihre Männer auf die Forschung konzentrieren können.) Als Carolas Mann schließlich seine Dissertation abgeschlossen hatte, seine Karriere gesichert war und sie ihrerseits loslegte, hatte ihr Ehemann dafür wenig Verständnis. Es kam zu Konflikten, schließlich trennte sie sich von ihm. Die beiden gemeinsamen Kinder blieben bei ihr.

1974 begann sie, politisch aktiv zu werden. Als Assistentin der FDP-Abgeordneten Helga Schuchardt hatte sie den politischen Betrieb in Bonn gut kennengelernt. 1975 wurde sie Kreistagsabgeordnete und Vorsitzende der FDP-Fraktion im Kreistag Rhein-Sieg. 1980 kandidierte sie erfolgreich für den Bundestag. Sie gehörte zum linksliberalen Flügel der FDP-Fraktion. Als es 1982 zum Misstrauensvotum gegen Helmut Schmidt kam, gehörte sie – wie viele weibliche Abgeordnete ihrer Partei – zu denen, die sich für einen Verbleib ihrer Partei in der Koalition mit der SPD starkmachten. Doch die konservative Parteimehrheit unter Otto Graf Lambsdorff orientierte sich nach rechts. Bei der darauffolgenden Bundestagswahl 1983 verlor die FDP erheblich an Stimmen und Carola ihr Abgeordnetenmandat. Die Zeit des öffentlichen Lebens schien zu Ende.

Es kam anders. 1984 erhielt sie einen Anruf aus Berlin: Man bat sie, das Amt der Landesfrauenbeauftragten zu übernehmen. Zwar hatte sie schon viel mit Politikerinnen zu tun gehabt, aber nun lernte sie die »echte Frauenszene« kennen – und die von Berlin war besonders. Es war für Carola ein *crash course* in Feminismus. Die Frauen aus der autonomen Szene, von denen ich einige gut kannte – Sibylle Plogstedt und Sabine Zurmühl zum Beispiel, die zu den Gründerinnen der feministischen Zeitschrift *Courage* gehörten –, sagten mir später, dass die Zusammenarbeit nach einem holprigen Beginn produktiv verlaufen sei. Als sich herausstellte, dass durch Zuwendungen aus Carolas Abteilung autonome Einrichtungen abgesichert werden konnten, entspannte sich das Klima vollends. Die Abteilung trug zum Aufbau eines Westberliner Netzwerks der Fraueninitiativen bei. Im Jahr 1987 legte der Berliner Senat ein mit beträchtlichen Mitteln versehenes Qualifikationsprogramm für Aus- und Weiterbildung auf. In enger Kooperation mit dem Frauennetzwerk entwickelte Carolas Abteilung auf Frauen zugeschnittene Programme (etwa in IT-Berufen oder für die Chancenstärkung von Berufsrückkehrerinnen). Der Antrag musste vom Landesausschuss für Berufsbildung abgesegnet werden: In ihm waren die Arbeitgeberverbände, die Gewerkschaften und Bildungsinstitutionen vertreten. Im Verwaltungsjargon hieß er »die Dinosaurier«, und tatsächlich machte er seinem Namen alle Ehre. Carola, die die Vorlage zu vertreten hatte, bekam Sätze zu hören wie: »Meine Frau hat es nicht nötig zu arbeiten« oder »Meine Frau fühlt sich sehr wohl zu Hause«. Die Vorlage wurde abgelehnt. Doch in den folgenden Tagen, so Carola, »genügten wenige Telefonate in die Frauennetzwerke der Betriebe und Hochschulen«; schon wurde den Herren eingeheizt. Zwei Wochen später wurde Carola erneut in den Ausschuss zitiert und mit dem später legendär gewordenen Satz empfangen: »Gnädige Frau, wir sind keine Chauvis.« Das Programm wurde verabschiedet.

Nach der Vereinigung der Ostberliner und Westberliner Liberalen wurde Carola zur Landesvorsitzenden der FDP gewählt und war 1990 Spitzenkandidatin ihrer Partei bei der ersten Wahl nach der Wende. Allerdings gab es in der Berliner FDP Gegenwind vom konservativen Flügel, der sie bekämpfte. Als die Konflikte mit Vorwürfen über Friseurrechnungen ausgeschmückt wurden, gab sie sich geschlagen und trat zurück. Ab 1994 arbeitete Carola wieder in der Senatsverwaltung für Gesundheit, Familie und Frauen und konzentrierte sich ganz auf »die Frauenfrage«. Schon 1992 hatte sie im Abgeordnetenhaus zusammen mit anderen Parlamentarierinnen und Aktivistinnen die Überparteiliche Fraueninitiative (ÜPFI) gegründet. Seit nun dreißig Jahren finden hier Gespräche zwischen weiblichen Abgeordneten statt, deren Parteien offiziell nur im regulären Schlagabtausch zwischen Regierungs- und Oppositionsfraktionen verkehren und sonst selten ein Wort miteinander wechseln: Der ÜPFI gehören Politikerinnen von CDU, SPD, Grünen, FDP und Linken an. Die AfD gehört nicht dazu; das feministische Engagement gehörte bisher auch nicht zu ihrem Portfolio.

Zu meiner Überraschung entdeckte ich kürzlich, dass Tante Grete, die Schwester meiner Großmutter, die von der britischen Militärregierung 1945 in den provisorischen Stadtrat von Dortmund berufen worden war, nach dem Krieg ganz ähnlich agiert hatte. Zusammen mit anderen Frauen hatte sie im September 1946 den überparteilichen Frauenausschuss der Stadt Dortmund gegründet. Frauen aller Parteien waren in ihm vertreten: Zentrum, CDU, SPD und KPD. Schon wenige Jahre später, im Kalten Krieg, war ein Zusammenwirken zwischen CDU und KPD undenkbar. Carola, die Vorsitzende der ÜPFI, wusste bis dahin nichts von der Initiative ihrer Großtante. Doch die Ähnlichkeit ihres Handelns zeigt, dass es bestimmte Denkmuster gibt, die von einer Frauengeneration zur nächsten weitergegeben werden – ohne dass sich die Frauen dieser »Genealogie« immer bewusst sind.

Zwölf Jahre später war vieles anders. Claudia, in London geboren, ging in Deutschland und den USA zur Schule. Sie interessierte sich schon früh für vieles, was traditionell nicht mit Weiblichkeit verbunden wurde: Finanzen zum Beispiel. Während ihrer letzten Schuljahre im Internat abonnierte sie die *Financial Times*. Zugleich interessierte sie sich für Kunst. (Als sie sich nach dem Abitur zwischen den beiden Interessensgebieten nicht entscheiden konnte, meinte Tilo, dass sich Kunst und Finanzen im Beruf des Geldfälschers gut vereinbaren ließen.) Claudia studierte Finanzwirtschaft und arbeitete später in den Kreditabteilungen großer Banken. Ihr Mann ist Amerikaner und hat ein Übersetzerbüro gegründet. Die beiden leben heute auf dem Land, in der Nähe von Kiel. 2006/07 sprach sich Claudia in ihrer Bank gegen die Anlagen im Subprime-Sektor aus. Dafür wurde sie von ihren (männlichen) Kollegen so gemobbt, dass sie sich eine andere Stelle suchte. Nach 2008 standen manche dieser Herren, die ihrer Bank schwere Verluste zugefügt hatten, vor Gericht. Claudia ist repräsentativ für eine ganze Generation von Frauen, die sich Wissen auf einem Gebiet angeeignet haben, von dem man glaubte, der Sektor bleibe »frauenrein«.

Cornelia, die dritte Schwester (Jahrgang 1952), interessierte sich für noch ein anderes Spektrum. Sie hatte mit siebzehn Abitur gemacht und schrieb sich zuerst in einer Haushaltsschule ein: Von uns allen kocht sie bis heute am besten. Dann studierte sie Volkswirtschaft und fand nach dem Abschluss eine Stelle bei Siemens in München. Der Job langweilte sie aber so, dass sie beschloss auszusteigen. Da sie schon einige Zeit mit dem Filmgeschäft geliebäugelt hatte, wandte sie sich – in München nicht überraschend – diesem Bereich zu und landete nach einigen Umwegen bei Leo Kirch in der Taurus-Film (später KirchMedia), wo sie in der Casting-Abteilung arbeitete. Als Leo Kirch Konkurs anmelden musste (ich übergehe hier die Umstände dieses seltsamen Konkurses, an dem die Deutsche Bank nicht unbeteiligt war), machte sie sich als Casting Director selbstständig. Seit einigen Jahren ist sie auch Vorsitzende des Bundesverbands Casting und im Vorstand der Deutschen Akademie für Fernsehen.

Bei Christoph, dem Bruder in der Mitte zwischen vier Schwestern, 1945 geboren, verliefen die Dinge eher männlich traditionell: Er studierte Jura, wurde erfolgreicher Geschäftsmann und Vermögensberater. Anders als sein zölibatärer Geburtsort Vatikan es nahelegt, setzte er sieben Kinder in die Welt, darunter sechs Söhne. Er ist sehr interessiert an kulturellen und wissenschaftlichen Entwicklungen und gründete zusammen mit seinen drei älteren Kindern eine Stiftung zur Förderung interdisziplinärer Forschungsprojekte. Da sein Werdegang durchaus vergleichbar ist mit dem vieler Generationen von Männern vor ihm, steht er hier, wo es um die Veränderung der Frauenrolle geht, nicht im Fokus. Dagegen sind alle vier Schwestern repräsentativ für eine neue Generation von Frauen, die nicht nur ihr eigenes, sondern auch das öffentliche Leben anders gestalten wollen – und anders gestalten können als Frauen früherer Generationen.

Das Verhältnis zwischen uns Schwestern ist, wie alle Geschwisterbeziehungen, von Konflikten wie von Nähe gekennzeichnet. Doch die Konflikte gehen vorüber, die Nähe bleibt – und sie wuchs über die Jahre. Wir haben gelernt, Solidarität zu üben. Nicht, dass wir uns ins Berufsleben der anderen eingemischt hätten (dazu lagen unsere Betätigungsfelder zu weit auseinander). Die Solidarität bestand eher darin, mit der anderen zu jubeln, wenn etwas gelang, und mitzuleiden, wenn etwas schiefging. Angesichts der zwischen Schwestern häufig zu beobachtenden Konkurrenz ist das schon viel. Jede von uns wusste, wenn es mir schlecht geht, kann ich bei den anderen anrufen – und wir taten es auch. Als meine Mutter allein war und zunehmend krank wurde, haben wir die Sorge untereinander aufgeteilt. Auch Christoph beteiligte sich an der *mother care*.

Ohne Konflikte verlief auch der Moment, in dem es nach dem Tod der Eltern um die Aufteilung der Erbschaft ging. Ich weiß von vielen Geschwistern, bei denen es spätestens dann zu unversöhnlichen Brüchen kommt. Einzelne oder mehrere Geschwister fühlen sich benachteiligt. Beim Erben wird offenbar mehr verhandelt als nur die Aufteilung einer Immobilie oder die Verteilung von Ersparnissen, es geht auch um die emotionale Hinterlassenschaft der Eltern. Bei uns, so muss man schließen, hatten alle den Eindruck, genügend berücksichtigt worden zu sein. Dass es so kam, haben wir bewusst wahrgenommen und als Geschenk empfunden. Die Weichen dafür hatte einerseits mein Vater gestellt, der seinen Kindern insgesamt viel Aufmerksamkeit schenkte. Es war andererseits aber auch meiner Mutter zu verdanken, die von ihren Töchtern immer Selbstständigkeit verlangt hat. Alle vier Schwestern haben auf ihren Rat gehört. »Beide Eltern haben viel von uns erwartet, uns aber auch zugetraut«, meinte Carola.

Meine Mutter gehörte der Generation von Frauen an, deren Mütter das Wahlrecht errungen und neue Ausbildungs- und Berufsmöglichkeiten ergriffen hatten. Die Töchter dieser Pionierinnen, also die Generation meiner Mutter, wurden von den Nazis aus der Bahn geworfen. Nach der »Machtergreifung« mussten die meisten verheirateten Frauen den Job quittieren; und auch bei den Unverheirateten war es mit der Gleichberechtigung vorbei. Als meine Mutter 65 Jahre alt war, sagte sie mir einmal in einem Gespräch, das ich auf Tonband aufzeichnete, dass sie nie Ambitionen gehabt habe, einem eigenen Beruf nachzugehen. Sie habe sich immer nur gewünscht, einem erfolgreichen Mann zur Seite zu stehen. Ich habe das damals für bare

Münze genommen, frage mich aber inzwischen, ob sie diese Aussage nicht aus dem Rückblick getroffen hat: Es kam so, also wird das Ergebnis zum Ziel erklärt. Mag sein, dass sie weniger Ambitionen hatte als ihre Mutter. Aber sollte dies der Fall gewesen sein, so war dies auch historisch bedingt.

In meiner Großmutter, die im Ersten Weltkrieg jung verwitwet war und zwei kleine Kinder allein durchbringen musste, waren Kräfte geweckt worden, von denen sie vermutlich selbst nichts wusste. Die Aufbruchstimmung, die unter den Frauen der frühen Weimarer Republik herrschte, trug das Ihre dazu bei. Meine Mutter dagegen war 18 Jahre alt, als die Nazis an die Macht kamen – und wenn sie vorher Karriereträume gehabt hatte, so war nun damit Schluss. Spätestens hier erstarb jener feministische Funke, der von Mutter zu Tochter übergesprungen sein mag.* Gewiss ist, dass meine Mutter ihre Möglichkeiten nie wirklich ausprobieren konnte. Als der Krieg zu Ende war, hatte sie drei Kinder in die Welt gesetzt, aber keinen Beruf erlernt. Alles, was den Familien meiner Eltern gehört hatte – das Gutshaus meiner Großeltern in Schlesien, das Haus meiner Großmutter in Berlin und eventuelle Vermögenswerte –, war verloren gegangen. Wie viele andere in Deutschland begannen meine Eltern am Nullpunkt: kein Moment, der dazu einlädt, weibliche Selbstständigkeit auszuprobieren.

* Natürlich gab es auch in der NS-Zeit viele Frauen, die sich in ihrer Selbstständigkeit nicht beirren ließen. Einige von ihnen schlossen sich dem Widerstand an, halfen NS-Verfolgten. Interessant ist aber, was die Geschichtsschreibung aus ihnen gemacht hat. Die bisherige Forschung bezeichnet die Frauen im Widerstand gern als »Helferinnen« oder Zuarbeiterinnen von männlichen Widerstandskämpfern, sie spricht ihnen also auch rückblickend ein selbstständiges Handeln ab. D. h., wenn ihre Aktionen überhaupt erinnert werden, so geschieht dies nach dem Interpretationsmuster traditioneller, ›helfender‹ Weiblichkeit. Erst allmählich ändert sich das. Eine Promovendin des Selma Stern Zentrums für Jüdische Studien, Charlotte Weber, arbeitet an einer Dissertation über diesen Gender-Bias der Historiografie.

Die mangelnde Chance, sich zu erproben, könnte die Depressionen erklären, an denen meine Mutter lebenslang litt. Sie machten das Zusammenleben mit ihr nicht immer einfach. Dennoch muss sie ihren Töchtern jene Triebkraft mitgegeben haben, die sie selbst nicht ausleben konnte. Mit anderen Worten: Meine Mutter hatte von ihrer Mutter durchaus die Erbschaft weiblicher Unabhängigkeit übernommen. Sie wusste, dass Frauen nicht notwendigerweise auf die Unterstützung (oder Kontrolle) eines Mannes angewiesen sind. Sie selbst hatte dieses Erbe nicht antreten können, aber sie hat es an uns weitergereicht. Nicht immer springt der feministische Funke direkt von Mutter zu Tochter über, manchmal versteckt er sich auch im Untergrund. (Was für ein passendes Bild für die Depression!)

Es ist oft die Rede von der intergenerationellen Weitergabe von Traumata. Manchmal geschieht dies explizit, oft aber auch über unbewusste Kanäle, über das Schweigen, die Leerstellen in den Familienerzählungen. Wir wissen heute, dass in der Erinnerungskette des Traumas oft eine Generation übersprungen wird und die Erfahrung erst in der dritten Generation formulierbar wird. Warum soll dieses Prinzip nur für schreckliche Ereignisse gelten? Könnte es nicht sein, dass auch die ermutigende Erbschaft des frühen Feminismus transgenerationell weitergegeben wurde? Am Anfang dieses Buches heißt es, dass sich der Sinn eines Textes oft weniger an seinen Aussagen als an seinen Auslassungen entschlüsseln lässt. Und wenn unsere Mütter diese »Auslassungen« wären? Vielleicht gaben sie gerade durch das (in der NS-Zeit erzwungene) Schweigen die Botschaft weiter.

Ohne meine Großmutter Hildegard Margis gekannt zu haben, prägten mein Leben und meine Arbeit dieselben Fragen, mit denen auch sie sich in den 1920er-Jahren in Berlin auseinandersetzte: ihre Rolle als Frau, ihre Zugehörigkeit zu Deutschland, die jüdische Herkunft ihrer Mutter, meiner Urgroßmutter. Man kann diese Gemeinsamkeit für einen Zufall halten – man kann darin aber auch ein Indiz sehen, dass im 20. Jahrhundert die ersten Spuren einer weiblichen Genealogie zu erkennen sind.

WEIBLICHE GENEALOGIEN

Fazit und Ausblick

Ein französisch-israelischer Freund schlug mir kürzlich vor, meinen Familiennamen gegen den meines Mannes einzutauschen. Mein Geburtsname sei durch die NS-Kollaboration meines Onkels Wernher belastet. Natürlich hat er recht: Einige assoziieren mit dem Namen technische Errungenschaften, doch gerade in den Jüdischen Studien verbindet sich damit die Erinnerung an das dunkelste Kapitel deutscher Geschichte. Der Vorschlag meines Freundes, das eine Patronym gegen ein anderes zu tauschen – das heißt, den Familiennamen des Ehemannes an die Stelle des väterlichen Familiennamens zu setzen –, war allerdings nicht gerade zielführend. Dieser Namenswechsel hätte eine Vormundschaft durch eine andere ersetzt – eine Konstruktion, die bis vor Kurzem keineswegs symbolisch, sondern durch das Gesetz in der Realität verankert war. Als ich heiratete, hatte ich an meinem Geburtsnamen aus zwei Gründen festgehalten: Erstens empfand ich es immer schon als Zumutung, dass Frauen im Laufe des Lebens den Namen wechseln sollen. Zweitens bestand ich auch deshalb auf meinem Geburtsnamen, weil sich auf diese Weise eine Distanz innerhalb der Ehe aufrechterhalten ließ. Ich halte es für fraglich, dass ein derartig symbiotisches Konzept von Ehe, wie es in der Identität der Namen zum Ausdruck kommt, dem Zusammenleben guttut.

Spätestens bei der Geburt des ersten Kindes muss jedoch ein gemeinsamer Familienname gewählt werden. Zwar hat sich das

Eherecht mittlerweile geändert, doch für dieses Problem gibt es bisher noch keine befriedigende Lösung. Denkbar wären etwa zwei Namensketten: eine männliche (von Vater zu Sohn) und eine weibliche (von Mutter zu Tochter). Das allerdings würde zu einer neuen Polarisierung der Geschlechtsunterschiede führen. Eine andere – diversere – Möglichkeit bestünde darin, dem Nachwuchs die Entscheidung zu überlassen, in welche Herkunftslinie er sich einordnen will.

Bei Veränderungen wie diesen ist oft ein historischer Rückblick hilfreich. Traditionell verlief die Weitergabe des Namens immer in männlicher Linie. Zwar gibt es Länder, in denen die Kinder den Namen beider Elternteile annehmen, doch auch in diesem Fall verliert sich der mütterliche Name schon in der zweiten oder dritten Generation. Das gilt sogar für die sozialen Regelwerke, wo die Mutter von ausschlaggebender Bedeutung ist. Etwa in Fällen, wo sich Grundbesitz mit einem Namen verbindet und der männliche Erbe fehlt: In diesem Fall nahm der Ehemann der Erbin gelegentlich ihren Namen an, der dann in männlicher Linie fortgeführt wurde. Und auch bei der jüdischen Matrilinearität, wo die Mutter über die Zugehörigkeit zur jüdischen Gemeinschaft bestimmt, übernimmt die Vaterlinie, je weiter man die mütterliche Herkunft zurückverfolgt. Die mütterliche Linie mutiert so zu einer väterlichen.

Mangels biologischen Vaterschaftsnachweises war die Vaterlinie aber nie etwas anderes als Text. Die männliche Genealogie wurde einzig durch Stammbäume, Akten und Gesetze belegt. Durch erbliche Ämter und Erbschaftsregelungen wurden diese Texte in der sozialen Realität verankert: Das Vermögen wurde in männlicher Linie weitergereicht. Im Gegensatz zum gesprochenen Wort überdauert das geschriebene Wort das einzelne Leben, die einzelne Generation. Ebenso verdankte auch der väterliche Name sein Gewicht der Tatsache, dass die Schrift das Prinzip »Ewigkeit« vertrat. Die Mutterlinie dagegen war Leiblichkeit: Sie erzählte von einer Generationenfolge, die nicht festgehalten wurde, weil sie zur

»vergänglichen Natur« gehörte. Die Mutterlinie hatte aber einen entscheidenden Vorteil: Sie verfügte über Evidenz. Fast immer lässt sich feststellen, wer die Mutter des Kindes ist. Der leibliche Vater dagegen war unsicher – und dieser *pater incertus* des römischen Rechts hielt sich bis ins Familienrecht der Moderne. Er stand am Ursprung der Idee, den Vater als eine *geistige* Instanz zu sehen – eine Instanz wiederum, die mit Macht ausgestattet war. Im Umkehrschluss heißt dies: Der Vater bestimmte deshalb über die Erbfolge, *weil* sein biologisches Erbe unsicher war. Die *Un*sicherheit der Vaterschaft war die Basis für jene Sozialstruktur, die man als »Patriarchat« bezeichnet.

Die Antike hatte kein Problem damit, den Vater als eine soziale oder geistige Institution zu denken: Ein römischer Vater war mit seinem adoptierten Sohn enger verwandt als mit vielen seiner leiblichen Kinder: etwa denen, die er mit einer Unfreien gezeugt hatte. Mit dem Christentum änderte sich das. Anders als das zeitgleich entstandene rabbinische Judentum übernahm die christliche Religion das antike Prinzip der Vaterlinie. Aber sie versah diese geistige Genealogie mit der Begrifflichkeit der »Blutslinie«: ein symbolisches Blut, da die Institution des Vaters auf keine biologische Autorität pochen konnte. Allerdings war dieses Blut in seiner Bedeutung so hoch aufgeladen, dass es schon bald nicht mehr als sinnbildlich verstanden wurde. (Das geschah in zeitlicher Parallele zu einem Prozess, der sich auf theologischer Ebene vollzog: 1215 wurde die Transsubstantiationslehre verkündet, laut der Wein und Blut beim Heiligen Abendmahl nicht symbolischer, sondern realer Art sind.) Das »väterliche Blut« wurde zunehmend als real begriffen, bis es schließlich unter dem Begriff »Blutsbande« oder »Blutsverwandtschaft« firmierte. Da die Vaterschaft aber nur auf einer Vermutung, einer Voranname, beruhte und ihre Sicherheit ausschließlich auf Schriftstücken, Gesetzen, Erbfolgen und medialen Faktoren wie Geld (ebenfalls ein Schriftsystem) basierte, waren diese Blutsbande letztlich »rote Tinte«.

Man muss sich diese Konstruktion vor Augen führen, um zu begreifen, wie tief der Einschnitt war, als 1984 der genetische Fingerabdruck zum ersten Mal in der Menschheitsgeschichte den biologischen Vaterschaftsnachweis erbringen konnte. Er verlieh dem Vater die bisher fehlende Evidenz. Zugleich läutete er aber auch das Ende des geistigen Vaters ein. Und damit einer Hierarchie zwischen den Geschlechtern, die auf der Idee einer Überlegenheit der Kultur über die Natur beruhte. Kurz: Die moderne Genetik entzog dem patriarchalen Konstrukt seine Glaubwürdigkeit.

Paradoxerweise bewirkte ausgerechnet eine bis dahin Männern vorbehaltene Wissenschaft diesen Umbruch. Eingesetzt hatte der Wandel um 1800, als die Biologie auf dem Gebiet der Zeugungsforschung rasante Fortschritte zu machen begann. 1830 entdeckte man den Eisprung, und um 1875 ermöglichte eine verbesserte Mikroskopiertechnik, die Verschmelzung von Sperma und Eikern zu *sehen*. Plötzlich musste man sich der Erkenntnis stellen, dass nicht nur der tierische, sondern auch der menschliche Nachwuchs das biologische Erbgut *beider* Eltern in sich trägt. Ab Mitte des 19. Jahrhunderts nahm der Begriff »Erbe« eine doppelte Bedeutung an: Hatte er bis dahin nur auf juristische Fakten – etwa Eigentumsverhältnisse – verwiesen, so umfasste er nun auch biologische Gegebenheiten. Dies ist – sehr verkürzt – die historische Hintergrundfolie, vor der sich der Wandel vollzog, der Frauen die gleiche Erbberechtigung zubilligte. Die Genetik im 20. Jahrhundert implizierte einerseits, dass es tatsächlich so etwas wie eine »Blutslinie« gibt (wenn man auch von »Genen« spricht), andererseits wurde aber auch klar, dass diese bilinear ist. Sowohl die väterliche als auch die mütterliche Linie ließen sich plötzlich zurückverfolgen – und dies für einen Zeitraum, von dem der männliche Stammbaum vormals nur träumen konnte. Der historische Umbruch beinhaltete mehr als das, was Claude Lévi-Strauss den »Mythos der Geschichte« nennt. Er beruhte auf keiner Re-Interpretation der Vergangenheit, sondern veränderte tatsächlich den historischen Verlauf.

Ich schrieb weiter oben, dass mir die Geschichte der Hysterie wie ein Schlüssel erschien, um das Rätsel einer Geschlechterordnung zu begreifen, in der der männliche Körper den Geist und der weibliche Körper die Leiblichkeit repräsentiert. Das Buch *Nicht ich* erschien 1985. Das war ein Jahr nach der Entstehung des sicheren Vaterschaftsnachweises mit dem genetischen Fingerabdruck. Ich habe in dem Buch ein ganzes Kapitel der Genetik und Reproduktionsmedizin sowie deren Folgen gewidmet. Aber entweder hatte ich beim Schreiben noch nichts vom sichereren Vaterschaftsnachweis erfahren, oder ich begriff damals noch nicht die Implikationen dieser Neuerung: dass nämlich die Macht des Patriarchats auf dem *Unwissen* über die Vaterschaft beruht. Diese Einsicht kam mir erst vierzig Jahre später, als ich an meinem Buch *Blutsbande. Verwandtschaft als Kulturgeschichte* arbeitete. Mit diesem jüngsten Werk schließt sich der Kreis zu meinem ersten Buch, der Abhandlung über die alte »Frauenkrankheit« Hysterie. Nicht, dass alle Fragen beantwortet wären, aber das Puzzle begann sich zu einem Bild zusammenzufügen.

Die Verwandlung der geistigen in eine biologische Vaterlinie beeinflusste auch die Vorstellungen von der Mutterlinie. Sie ließ sich nun schwerlich auf die reine (mit Vergänglichkeit verbundene) Biologie reduzieren und nahm ihrerseits geistige Dimensionen an. Dieser Wandel war die Voraussetzung dafür, dass Frauen als denkende Wesen imaginiert werden konnten: Sie erhielten das Wahlrecht, wurden zu akademischer Ausbildung zugelassen – Prozesse, die sich in mentalitätsgeschichtlich einmaliger Geschwindigkeit vollzogen und nur deshalb so schnell verlaufen konnten, weil sich das Verständnis von der »Natur« der Geschlechter verändert hatte. Das männliche Vorrecht auf die Kultur verlor seine Legitimation, der Geist musste mit den Frauen geteilt werden. So wie die Mutter nun die biologische Evidenz mit dem Vater teilen musste. Die Anerkennung einer weiblichen »Kulturfähigkeit« ist der Grund dafür, dass sich die Frauen meiner Generation auch als *geistige* Erbinnen vorangegangener Frauengenerationen verstehen können. Es könnte der

Grund dafür sein, dass sich so viele Feministinnen irgendwann mit der Beziehung von Mutter und Tochter beschäftigen: Bei ihren Erkundungsreisen in Sachen Sexismus stoßen alle irgendwann darauf, dass sich auf diesem Gebiet neue Entwicklungen anbahnen.

Meine Schwestern und ich haben die Entstehung einer spezifischen Genealogie der Frauen am eigenen Leibe erfahren. Nationalsozialismus und Zweiter Weltkrieg brachten einen erheblichen Umbruch für meine Familie: Die Mutter meiner Mutter, Hildegard Margis, starb im Gefängnis. In der väterlichen Familie gingen die Güter in Ostpreußen und Schlesien verloren. Letzteres war, so denke ich heute, kein Unglück für meine Schwestern und mich: Mit diesem Verlust war es leichter, aus der väterlichen Erblinie entlassen zu werden. Wir konnten neu anfangen. Meine Großmutter war deshalb zur erfolgreichen Unternehmerin geworden, weil sie sich als junge Witwe mit zwei kleinen Kindern allein durchschlagen musste. Dasselbe galt für meine Tante Grete, die einen Mann geheiratet hatte, der 1933 sofort der NSDAP beigetreten war, aber noch im gleichen Jahr bei einem Unfall ums Leben kam. Mit diesem Ehemann an ihrer Seite wäre Tante Grete nie auf Distanz zu den Nazis gegangen, sie wäre nie von der britischen Militärregierung in eine politische Funktion berufen worden und auch nie auf die Idee gekommen, dass man mit Kommunisten gemeinsame Sache machen kann. Meine Großmutter und ihre Schwester wurden durch historische und private Umstände in die Selbstständigkeit gezwungen. Bei meinen Schwestern und mir, wie bei den meisten Frauen unserer Generation, müssen die Männer zum Glück nicht mehr sterben, damit neue weibliche Lebensbedingungen entstehen konnten.

Der Nationalsozialismus hatte weibliche Selbstständigkeit auszulöschen versucht, und es dauerte rund dreißig Jahre, bevor wir wieder dort anschließen konnten, wo unsere Großmütter und Mütter aus der Spur geworfen worden waren. Dann allerdings verschaffte sich diese Generation Aktionsräume, die jene der 1920er-Jahre weit übertrafen. Heute sind Frauen in allen Berufen erfolgreich:

als Unternehmerinnen, als Wissenschaftlerinnen, als Künstlerinnen, als Politikerinnen, als hohe Beamtinnen und leitende Angestellte. Als Skispringerinnen und Fußballerinnen. Ob sie einen Beruf ausüben oder nicht, ob sie Kinder haben oder nicht – darüber können diese Frauen selbst entscheiden. (Und Regime, die ihnen die Entscheidung darüber streitig zu machen versuchen, geraten allmählich in Bedrängnis, wie das Beispiel Polen zeigt.) Gewiss, vieles ist verbesserungswürdig, auch gibt es immer wieder Rückschläge. Aber ebenso unbezweifelbar ist auch, dass in wenigen Jahrzehnten unerwartet viel geschehen ist und dass sich solche Veränderungen in immer kürzeren Abständen vollziehen. Es stimmt, dass viele der Umwälzungen vor allem auf die reichen Industrieländer zutreffen. Aber sind sie deshalb falsch? Ist es nicht vielmehr so, dass viele Frauen in nicht-industrialisierten Ländern für dieselben Rechte kämpfen? Auch in Afrika, in Lateinamerika und Asien pochen heute Frauen auf ihre Rechte, auf ihre Selbstständigkeit. Manchmal können sie dabei auf alte, frauenfreundliche Strukturen aus vorkolonialer Zeit zurückgreifen. Oft finden sie aber auch die Unterstützung von Frauen aus den Industrieländern. Eine Langzeitstudie, die sich von 1980 bis 2005 erstreckte und 123 Länder umfasste, zeigte, dass Frauenrechte nicht nur für die betroffenen Frauen, sondern auch für das Wohlergehen ihrer Länder von großer Bedeutung sind. Laut dieser Studie erwies sich das Empowerment der Frauen als entscheidender Motor nicht nur der Demokratisierung, sondern auch des wirtschaftlichen Fortschritts. Verstädterung, Wirtschaftswachstum, Entwicklungshilfe und Religion waren dagegen nur von geringem Einfluss. Auch Bildung hatte keinen Effekt, soweit sie Männern vorbehalten blieb.[43] Die Frauenrechte stellen heute einen zentralen Bestandteil aller politischen und ökonomischen Modernisierungstheorien dar.

Wenn früher der Begriff »Geschlecht« fiel, assoziierte man damit automatisch »die Frau«. Das gilt nicht mehr: Thematisiert wird nicht mehr die »Sexbombe«, sondern der »Macho« und männliches Gehabe. Einige Männer erleben die Verlagerung von »geistiger« zu »biologischer« Männlichkeit und den Verzicht auf maskuline Überbietungskämpfe als Gewinn. Das Betätigungsfeld ihrer Virilität ist nicht mehr die Eroberung und »Verbesserung« der Natur, sondern deren Erhalt. Für Schwule brachten die Neuerungen der Reproduktionsmedizin zudem die Möglichkeit, Vater werden zu können, ohne auf die eigene sexuelle Orientierung zu verzichten. (Es mag sogar sein, dass die tolerante Haltung des Papstes gegenüber Homosexuellen auch damit zusammenhängt, dass nun nicht mehr vom »vergeudeten Samen« die Rede sein kann. Ich vermute übrigens, dass sich in der katholischen Kirche die Zulassung von Homosexuellen zum Sakrament der Ehe eher durchsetzen wird als die Priesterweihe für Frauen.) Andere Männer dagegen erleben die Veränderung der Geschlechterordnung als Verlust. Ich habe Verständnis dafür, dass man über Verlust trauert. Doch einige kehren ihre Trauer um in Hass und Gewalt: auf Feministinnen, auf Juden, auf Moslems, auf Homosexuelle. In den Aufzeichnungen, die Stephan Balliet von seinem Versuch, in der Synagoge von Halle ein Blutbad anzurichten, live ins Netz stellte, beschimpfte er sie alle zugleich. Was ist der gemeinsame Nenner dieser Hassobjekte? Sie repräsentieren den Wandel: Feministinnen und Homosexuelle stehen für die Umwälzungen der Geschlechterrollen. Moslems stehen für Migration und fremde Kultur. Und dank der Diaspora waren Juden schon immer Symbolgestalt der Wanderung und des Wandels. Allen gemeinsam ist, dass sie die verhasste soziale Mobilität, den Wandel überhaupt repräsentieren.

Diese Konservativen berufen sich gern auf Schlagworte wie »Nation« oder »Abendland«. Gerade mit diesen Begriffen befinden sie sich freilich auf schwankendem Boden. Die Nation ist eine historisch junge Erscheinung. Vor zweihundert Jahren erst entstanden, kann sie auch schnell wieder ihren historischen Sinn verlieren und verschwinden. Der Begriff Abendland verfügt über eine längere Geschichte, aber auch er verweist auf ein fluides Gebilde. Ursprünglich umfasste das Abendland das Europa des Römischen Reichs, später das christliche Reich Karls des Großen, das sich gegen Moslems und Juden abgrenzte. In der Moderne bezeichnete es die westliche Welt unter Einschluss der USA. Unter den Nazis war es eine Welt ohne Juden. Nach der NS-Zeit gehörten die Juden dem Abendland wieder an. Dafür galt der Islam als nicht dazugehörig. Im Kalten Krieg gehörten die Länder der Sowjetunion nicht dazu, nach dem Fall des Eisernen Vorhangs waren Osteuropa und Russland wieder dabei. Mit anderen Worten: Der Begriff »Abendland« bezeichnet keine reale, sondern eine »gefühlte Geografie«. Deren Grenzen werden in jeder historischen Epoche und je nach politischem Bedürfnis neu gezogen.

Bei der Geschlechterordnung liegen die Dinge ähnlich. Lange galt sie als letzte Bastion einer gesicherten (weil anscheinend in der Natur verankerten) Wahrheit, nun wird offenbar, dass auch diese »Sicherheit« zur Disposition steht. Denn die Polarität zwischen Männlichkeit (Kultur) und Weiblichkeit (Natur) hat schlicht ihren Sinn verloren. Das schlägt sich einerseits in den intellektuellen Ansprüchen von Frauen nieder, andererseits aber auch in der Entstehung neuer Geschlechtsdefinitionen, die sich im Bereich des »Dazwischen« verorten. Die »natürliche Geschlechterordnung«, zu der zurückzukehren rechte Aktivisten (überwiegend Männer) heute fordern, ist nichts anderes als »gefühlte Natur«: veränderlich und ebenso unsicher wie alle anderen angeblichen Konstanten: »Abendland«, »Nation« oder »Rasse«.

Aus dem Frauenleben meiner Generation lassen sich zwei Erkenntnisse ableiten. Die erste bezieht sich auf die Konsequenzen historischer Umwälzungen. Kriege und große soziale Umbrüche heben oft die traditionelle Geschlechterordnung aus den Angeln. In der Vergangenheit führte das meist zu einer erneuten und verschärften *Bevormundung* der Frauen. So etwa im Fall der Französischen Revolution. Doch im 20. Jahrhundert scheint diese Regel nicht mehr zu gelten. Frauen gehen gestärkt aus den Umwälzungen hervor. Die Niederlage des soldatischen Mannes im Ersten Weltkrieg brachte das Frauenwahlrecht. Nach dem Sieg über das NS-Regime mit seinem männlichen Führerkult wurde die Gleichstellung der Frau ins Grundgesetz geschrieben. Zwar bedarf dieses noch vieler Ergänzungen – doch im Prinzip herrscht Konsens darüber, dass Männer und Frauen über dieselben Fähigkeiten verfügen und ihnen ähnliche Ansprüche zustehen.

Die zweite Erkenntnis: Der Versuch rechtsradikaler Bewegungen, »die Geschichte« aufzuhalten oder zurückzudrehen, mag Entwicklungen für den Moment zum Stillstand bringen – doch das geschieht immer nur für kurze Zeit. Der Nationalsozialismus hat in den wenigen Jahren seines Bestehens unzählige und unvorstellbare Verbrechen begangen. Aber seine Wirkmacht war endlich. Drei Jahre nach Kriegsende wurde der Staat Israel gegründet, weltweit kam es zu einer neuen Blüte jüdischen Lebens. An diese Kurzlebigkeit des Stillstands seien all jene erinnert, die glauben, ihr Land in einen »männlichen« oder homogenen Staat verwandeln zu können: Ein solches Projekt, auch dann, wenn es mit erdrückender Gewalt realisiert wird, scheitert am Ende. Schlechte Aussichten für politische Strömungen, die sich die Unbeweglichkeit auf die Fahnen geschrieben haben.

Männliche Herrschaft lässt sich durch zwei Dinge sichern. Das eine ist Gewalt, das andere die Behauptung einer geistigen Überlegenheit des Mannes. Ein auf Gewalt beruhendes Regime ist immer kurzlebig, das mussten bisher alle Diktatoren am eigenen Leibe erfahren. Dagegen kann eine Hierarchie, die auf geistiger Differenz beruht, lange bestehen, und das tat sie auch. Genau diese Prämisse – die Gleichsetzung von Geist und Kultur mit Männlichkeit – hat aber im 20. Jahrhundert ihre Glaubwürdigkeit verloren.

Und dann Corona. Eine weltweite Krise, die Menschenleben forderte, ohne dass Länder gegeneinander Krieg führten. Eine Pandemie, die zum globalen Lockdown führte, deren wirtschaftliche

Nachwirkungen noch größer und nachhaltiger sein werden als die gesundheitlichen. In dieser Hinsicht ähnelt Covid-19 auch weniger der Spanischen Grippe als der Großen Depression von 1929. Allein in den USA 18 Millionen Arbeitslose (Stand Sommer 2020), gefolgt von einer verbreiteten Hungersnot. Auch die Depression traf einkommensschwache Gruppen besonders hart. In dieser neuen Krise erwiesen sich viele der Geringverdiener freilich als besonders »systemrelevant«: Krankenschwestern, Pfleger, Kassiererinnen. Unter ihnen ein hoher Anteil an Frauen. Vor einigen Jahren habe ich mich in meinem Buch über das Geld mit dem Begriff des »Leistungsträgers« beschäftigt. So nannte man damals die hochbezahlten Leute des Finanzsektors, weit überwiegend Männer. Nach der Lehman-Pleite – genannt »Finanzkrise« – verwendete niemand mehr den Begriff. Nun ist von Leistungsträger*innen* die Rede. Nach der Großen Depression wurde das Steuersystem umgestaltet – das gab Wirtschaft und Demokratie neuen Aufwind. Corona bietet die Chance, die Schere zwischen Arm und Reich neu zu justieren: etwa durch die Wiedereinführung der Vermögensteuer.

Wie schon im Ersten Weltkrieg und im Nationalsozialismus erweisen sich auch heute die alten Männlichkeitsmuster nicht nur als inkompetent, sondern auch als zerstörerisch. Im April und Mai 2020 machten britische und US-Zeitungen darauf aufmerksam, dass die Länder, die am besten durch die Pandemie kamen – namentlich Neuseeland, Taiwan, Deutschland, Island, die skandinavischen Länder –, von Frauen regiert wurden. In der amerikanischen Zeitschrift *Atlantic* wollte die Wissenschaftlerin Helen Lewis diese Beobachtung präzisiert wissen: Frauen seien nicht die besseren Regierungschefs, vielmehr habe der Typus »starker Mann« versagt. Mehr noch: Der Aufstieg von männlichen »Führerfiguren« wie Donald Trump, Boris Johnson oder Jair Bolsonaro sei selbst schon Symptom des Niedergangs einer Gesellschaft. Länder, deren Bevölkerung Vertrauen in die politischen Strukturen und die Verfassung des eigenen Staates habe, seien krisenresistenter und eben deshalb eher geneigt, Frauen an die Macht zu wählen. »Ein Land, das einen starken Mann wählt oder wo sich dieser durch Wahlbetrug an der Macht hält, *is already a troubled country*.«[44] Diese Betrachtungsweise hat den Vorteil, vom Schwarz-Weiß-Schema der Geschlechterrollen abzuweichen.

Es ist schon seltsam: Um 1900 behaupteten die Feinde der Suffragetten, die Frauen seien »nicht reif für die Demokratie«. 120 Jahre später legen es einige Politiker, die durch Wahlen an die Macht kamen, darauf an, Beweise für die männliche Demokratie-Unfähigkeit zu erbringen. Dass sie durch ihre Weigerung, die Evidenz des Klimawandels anzuerkennen, ganz unfreiwillig für Zulauf zu ökologischen Bewegungen sorgen, dass sie dem Rechtsstaat, einem funktionierenden Gesundheitssystem und der Bildungsgerechtigkeit neue Verteidiger verschaffen, dass der Rassismus von Donald Trump das Bewusstsein weißer Amerikaner für die Benachteiligung von Afroamerikanern geschärft hat, ist dabei noch das geringste Paradox. Die größte Eigentümlichkeit liegt beim Effekt auf die Geschlechterordnung. Man hat unsere Epoche als »das Zeitalter der Frau« bezeichnet. Rückblickend könnte sie jedoch in die Geschichte eingehen als das Zeitalter, in dem eine Handvoll starker Männer das Unternehmen Patriarchat an die Wand fuhr.

DANKSAGUNG

Mein besonderer Dank gilt den Freundinnen Irmela von der Lühe, Annelie Runge, Inge Stephan für ihre Ergänzungen und kritischen Lektüren. Sie wissen, wovon hier die Rede ist. Er gilt meinem Mann Tilo für viele intensive Gespräche und meinen Kindern Anna und Valentin, die mir erlaubten, sowohl Mutter als auch denkende Frau zu sein.

Mein Dank gilt auch meiner Lektorin Kristin Rotter, die mich bestärkte, wenn ich am Schreiben zweifelte, und mir durch ihre vielen guten Fragen Genauigkeit abverlangte. Und er gilt meiner Agentin Franziska Günther, die mir die Idee zu diesem Buch gab.

Last but not least gilt er auch den vielen Forscherinnen und Forschern, Künstlerinnen und Künstlern, deren Recherchen und Eingebungen ich so vieles zu verdanken habe – in diesem Buch wie auch in vorangegangenen Arbeiten.

ANMERKUNGEN

1 David Sabean, »From Clan to Kindred. Kinship and the Circulation of Property in Premodern and Modern Europe«, in: Staffan Müller-Wille / Hans-Jörg Rheinberger (Hg.), *Heredity Produced. At the Crossroads of Biology, Politics, and Culture, 1500–1870*, Cambridge MA 2007, S. 37–60, S. 38.

2 Annie Ernaux, *Die Jahre*, übers. v. Sonja Finck, Berlin 2017.

3 Im Buch *Blutsbande. Verwandtschaft als Kulturgeschichte* (Berlin 2018) bin ich im letzten Kapitel auf diese Forschungen eingegangen. Dort wird auch weiterführende Literatur zitiert.

4 Carolin Wiedemann im *Tagesspiegel*, 29. 4. 2020, S. 19.

5 Julia Jäkel in *Die Zeit*, 29. 4. 2020, »Streit«, S. 11.

6 Sellna Bettendorf, »Bis dass Corona euch scheidet«, *Tagesspiegel*, 13. 7. 2020, S. 3.

7 *Tagesspiegel*, 25. 7. 2020, S. 11.

8 Eine Sendung im Deutschlandfunk vom 10. 8. 2020 (»Zeitfragen: Mütter in der Corona-Krise«) stellte beide Positionen – die Retraditionalisierung der Rollen wie auch die Neugestaltung der Geschlechterverhältnisse – sehr gut nebeneinander.

9 Karl Polanyi, *The Great Transformation. Politische und ökonomische Ursprünge von Gesellschaften und Wirtschaftssystemen* (1944), übers. v. Heinrich Jelinek, Frankfurt/M. 1990, S. 88 f.

10 Christina von Braun, *Stille Post. Eine andere Familiengeschichte*, Berlin 2007, Neuauflage: Berlin 2020.

11 Vladimir Nabokov, *Das Bastardzeichen*, übers. v. Dieter E. Zimmer, Reinbek b. Hamburg 1962.

12 Nachzulesen bei Marcel Mauss, *Die Gabe. Form und Funktion des Austauschs in archaischen Gesellschaften*, übers. v. Eva Moldenhauer, Frankfurt/M. 1968/1990, S. 41, FN 4.

13 Vladimir Nabokov, *Sieh doch die Harlekins* (1974), übers. v. Uwe Friesel, Reinbek b. Hamburg 1979, S. 265.

14 J. D. Vance, *Hillbilly Elegy*, New York 2016, deutsch: *Hillbilly-Elegie, Die Geschichte meiner Familie und einer Gesellschaft in der Krise*, übers. v. Gregor Hens, Berlin 2017.

15 Philippe Ariès, *L'Homme devant la mort*, Paris 1977, deutsch: *Geschichte des Todes*, übers. v. Una Pfau und Hans-Horst Henschen, München/Wien 1980.

16 Vgl. Jianghong, Li/Paula Wyndow/Eugen Mattes (2013), *World Development*, Vol. 52, S. 34–54.; s. a. http://voxeu.org/article/democracy-and-growth-new-evidence.

17 *SPK – Aus der Krankheit eine Waffe machen. Eine Agitationsschrift des Sozialistischen Patientenkollektivs an der Universität Heidelberg*. Mit einem Vorwort von Jean-Paul Sartre, München 1972.

18 Christina von Braun, *Salut L'Allemagne*, Paris 1975, S. 43.

19 Robert Linhart, *L'Etabli*, Paris 1978.

20 Virginie Linhart, *Le jour où mon père s'est tu*, Paris 2008.

21 Zygmunt Bauman, *Verworfenes Leben. Die Ausgegrenzten der Moderne*, übers. v. Werner Roller, Hamburg 2005.

22 Annemarie Dührssen, *Ein Jahrhundert Psychoanalytische Bewegung in Deutschland*, Göttingen 1994, S. 20, 21.

23 Dührssen, S. 171.

24 Zit. n. Jürgen Peter, *Der Nürnberger Ärzteprozeß*, Münster, 1994, S. 65 (2. Auflage 1998, S. 68); s. a. Tobias Freimüller, *Hitlers Eliten nach 1945*, München 2003, S. 27.

25 Dührssen, S. 216.

26 Fernand Braudel, *Das Mittelmeer und die mediterrane Welt in der Epoche Philipps II.*, übers. v. Günter Seib, 3 Bände, Frankfurt/M. 1990.

27 Patrick Süskind, *Das Parfum. Die Geschichte eines Mörders*, Zürich 1985.

28 Emmanuel Le Roy Ladurie, *Montaillou – Ein Dorf vor dem Inquisitor 1294 bis 1324*, Berlin 2000. Das französische Original erschien 1975 in Paris.

29 Augustinus, *Bekenntnisse*, IX. Buch. 14, 17.

30 Hugo Kuhn, »Poetische Synthesis«, in: *Novalis*, hg. von Gerhard Schulz, Reinbek b. Hamburg 1969, S. 212.

31 Novalis, Brief v. 13. 4. 1797, in: *Novalis, Schriften. Die Werke Friedrich von Hardenbergs*, hg. von Paul Kluckhohn und Richard Samuel, Zweite erweiterte Auflage, Stuttgart 1960 ff., Bd. IV, S. 220.

32 *Novalis, Schriften*, im Verein mit Samuel Richard herausgegeben von Paul Kluckhohn, 4 Bde., Leipzig 1929, Bd. 4, S. 375.

33 Sigmund Freud, *Gesammelte Werke*, Frankfurt/M. 1952 ff., Bd. 1, S. 282 f.

34 Joseph Roth, *Der Antichrist*, Amsterdam 1934.

35 Yuval Noah Harari, *Eine kurze Geschichte der Menschheit*, übers. v. Jürgen Neubauer, München 2013, S. 191, 197.

36 Vgl. Friedrich Engels, *Der Ursprung der Familie, des Privateigenthums und des Staats. Im Anschluss an L. H. Morgan's Forschungen*. Hottingen-Zürich 1884; s. a. August Bebel, *Die Frau und der Sozialismus*. Zürich 1879.

37 Carel van Schaik, Kai Michel, *Die Wahrheit über Adam und Eva. Die Erfindung der Ungleichheit von Frauen und Männern*, Reinbek b. Hamburg 2020.

38 Alberto Alesina, Nathan Nunn, Paola Giuliano, *On the Origins of Gender Roles: Women and the Plough*, Quarterly Journal of Economics. 2013; 128 (2): S. 469–530.

39 Vgl. Alfred Kallir, *Sign and Design: The Psychogenetic Sources of the Alphabet*, London 1961, S. 40 (deutsch: *Sign and Design. Die psychogenetischen Quellen des Alphabets*, Berlin 2002).

40 *Le Monde*, 12. 9. 2011.

41 Sahra Wagenknecht im Interview mit der *Süddeutschen Zeitung*, in: »Akademikerparteien«, 24./25. 10. 2020, S. 7.

42 https://de.statista.com/statistik/daten/studie/160365/umfrage/professoren-und-professorinnen-an-deutschen-hochschulen/.

43 Vgl. Jianghong, Li/Paula Wyndow/Eugen Mattes (2013), *World Development*, Vol. 52, S. 34–54; s. a. http://voxeu.org/article/democracy-and-growth-new-evidence.

44 Helen Lewis, »The Pandemic Has Revealed the Weakness of Strongmen. Women leaders are a symptom of a political system's success, not necessarily its cause«, in: *The Atlantic*, 6. 5. 2020.

WERKVERZEICHNIS DER AUTORIN

1. Christina von Braun, Filmografie
   (zitierte Dokumentationen und Filmessays)

- Muse Macht Mythos. Portrait von André Malraux, BR 1972.
- Wachstum und Intelligenz. Gespräch mit Claude Lévi-Strauss, SR 1972.
- Madame Bovary. Sitten aus der Provinz, Dokumentarspiel nach dem gleichnamigen Roman von Gustave Flaubert, SR 1976.
- Frühstück im Pelz. Portrait von Meret Oppenheim, NDR 1977.
- Eine Frau ist eine Frau ist eine Frau. Feminismus in der Kunst WDR 1977.
- Zum Sterben muß man geboren sein. Filmreihe in zwei Folgen über die Geschichte des Todes im Abendland, HR 1978.
- Die Frau lebt nicht vom Kind allein. Zur Geschichte der Mütterlichkeit in Europa, WDR 1979.
- Glanz und Elend der Metropole. Stadt und Gesellschaft im Paris des 19. Jahrhunderts, WDR 1979.
- Eine kleine Stadt in Frankreich: Bron, der erste Ort in Frankreich, der mit zwei deutschen Städten eine Partnerschaft unterhält (mit Weingarten in der Bundesrepublik und Grimma in der DDR), BR 1979.
- Algerische Literatur seit der Unabhängigkeit (in der Reihe *Afrika literarisch*), SR 1980.
- Verfemt Verfälscht Vergessen. Die Frauen der Französischen Revolution von 1789, WDR 1981.
- Menschen und Bücher. Eine Geschichte der Bibliothek, WDR 1981.

- Die Macht des Drachen. Wandlungen des Symbols Drachen und Schlange im Abendland, ZDF 1982.
- Begegnungen der Ersten Art. Marguerite Yourcenar und die Académie Française, BR 1982.
- Von Wunschtraum zu Alptraum. Eine Geschichte des utopischen Denkens, BR 1984.
- »Die Waffen nieder«. Eine Geschichte des Pazifismus im Deutschen Reich, WDR 1984.
- Die eingepflanzte Zunge. Filmreihe in drei Folgen über zeitgenössische irische Literatur, SR 1985.
- Gegen den Strich. Fernsehspiel nach dem Roman A Rebours von Joris Karl Huysmans, BR 1986.
- Unerhört, Zur Geschichte der deutschen Frauenbewegung von 1830 bis heute, Dokumentarspiel, Folge 3: Der Beginn der organisierten Frauenbewegung; Folge 4: Der Kampf um Bildung, WDR/NDR/HR 1987.
- An den Quellen der deutschen Romantik: Die Saale, ZDF 1988.
- Die Erben des Hakenkreuzes, Die Geschichte der Entnazifizierung in den beiden deutschen Staaten. Folge I: Westdeutschland; Folge II: Ostdeutschland, WDR 1988.
- Der Ewige Judenhaß, Filmtrilogie: I. Christlicher Antijudaismus; II. Deutschnationale Judenfeindlichkeit; III. Rassistischer Antisemitismus, WDR/NDR 1990.
- Pouvoir et Passions: Charles de Gaulle vu d'ailleurs, Folge III, Paris / Boston, Le Monde/PBS Television 1990.
- Die Angst der Satten. Die Geschichte des Hungerstreiks als politische Waffe, WDR 1991.
- Böses Blut. Mythen und Wirkungsgeschichte der Syphilis, WDR 1993/94.
- Vom Sinn des Sehens. Augen-Blicke der Geschlechter, Der Wandel des Blicks und sein Einfluss auf den Wandel der Geschlechterwahrnehmung, WDR 1994.
- Das geteilte Ich. Gestalten des Selbst in der Moderne (Das literarische Motiv des Doppelgängers und das Krankheitsbild der multiplen Persönlichkeit), WDR 1996.

2. <u>Christina von Braun, Bibliografie (zitierte Bücher)</u>

- Nicht ich. Logik Lüge Libido, Frankfurt/Main 1985, acht Auflagen, Neuauflage: Berlin 2009.
- Der Einbruch der Wohnstube in die Fremde, Bern 1987.
- Die schamlose Schönheit des Vergangenen, Zum Verhältnis von Geschlecht und Geschichte, Frankfurt 1989.
- Zus. m. Wolfgang Gerlach, Ludger Heid, Der Ewige Judenhaß. Christlicher Antijudaismus, Deutschnationale Judenfeindlichkeit, Rassistischer Antisemitismus (Begleitbuch zur gleichnamigen Filmtrilogie), Stuttgart/Bonn 1990, aktualisierte Neuauflage: Berlin 2000.
- Zus. m. Gabriele Dietze (Hg.), Die Multiple Persönlichkeit – Krankheit, Medium oder Metapher? Zu den geistesgeschichtlichen Hintergründen eines modernen Krankheitsbildes, Frankfurt/M 1999.
- Zus. m. Inge Stephan (Hg.), Gender Studien. Eine Einführung. Stuttgart/Weimar 2000, 2. aktualisierte Auflage 2009.
- Versuch über den Schwindel. Religion, Schrift, Bild, Geschlecht, Zürich/München 2001, Neuauflage: Gießen 2016.
- Gibt es eine ›jüdische‹ und eine ›christliche‹ Sexualwissenschaft? Sexualität und Säkularisierung, Wien 2004.
- Zus. m. Eva-Maria Ziege (Hg.), Das bewegliche Vorurteil. Aspekte des Internationalen Antisemitismus, Würzburg 2004.
- Zus. m. Inge Stephan (Hg.), Gender@Wissen. Ein Handbuch der Gender-Theorien, Wien/Köln 2005. 2. aktualisierte Neu-Auflage 2009, 3. aktualisierte und erweiterte Auflage 2013.
- Zus. m. Ulrike Auga, (Hg.), Gender in Conflicts. Palestine – Israel – Germany, Berlin/Münster 2006.
- Zus. m. Bettina Mathes, Verschleierte Wirklichkeit. Die Frau, der Islam und der Westen, Berlin 2007. 2. Auflage: Bundeszentrale für politische Bildung 2008. Überarbeitete Neuauflage Gießen 2017.
- Zus. m. Christoph Wulf (Hg.), Mythen des Blutes, Frankfurt/M 2007.
- Stille Post. Eine andere Familiengeschichte, Berlin 2007. Überarbeitete Neuauflage 2020.

- Glauben, Wissen und Geschlecht in den drei Religionen des Buches, Wien 2009.
- Zus. m. Dorothea Dornhof, Eva Johach (Hg.), Das Unbewusste: Krisis und Kapital der Wissenschaft, Bielefeld 2009.
- Der Preis des Geldes. Eine Kulturgeschichte, Berlin 2012.
- (Hg.), Was war deutsches Judentum? 1870–1933, Berlin/München/Boston 2015.
- Sekundäre Religionen. Fundamentalismus und Medien, Wien 2016.
- Zus. m. Micha Brumlik (Hg.), Handbuch Jüdische Studien, Köln 2018.
- Blutsbande. Verwandtschaft als Kulturgeschichte, Berlin 2018.

PERSONENREGISTER

Abraham, Karl 195
Abramovič, Marina 147
Adenauer, Konrad 34, 90, 121
Adorno, Theodor W. 95
Aichinger, Ilse 53
Albertz, Heinrich 236
Albig, William 95
Alemann, Claudia von 241
Allen, Woody 280
Althusser, Louis 188
Andujar, Claudia 320
Antignac, Annette 132
Ariès, Philippe 155
Arnim, Bettine von 149
Arrabal, Fernando 131
Assmann, Aleida 278
Auga, Ulrike 297 f., 324
Augustinus (Kirchenvater) 253
Austen, Jane 43, 149
Ayrolles, Julien 223 f., 231

Baader, Andreas 178 f., 184
Bacon, Francis 93, 211
Badoglio, Pietro 24
Baer, Susanne 293
Bahr, Egon 101
Balint, Michael 195
Balliet, Stephan 264, 340
Basaglia, Franco 158
Bataille, Georges 194
Baudrillard, Jean 195
Bauer, Felice 199
Bauer, Yehuda 245
Bauman, Zygmunt 191
Bauret Allard, Claude 131
Bauret, Jean-François 131
Beauharnais, Eugène 127
Beauharnais, Hortense 127
Beauharnais, Joséphine 127
Beauvoir, Simone de 149 f., 178
Beck, Grete 30, 327 f., 338
Beckett, Samuel 40
Beer, Max 61 f., 71, 81
Beer, Wolfgang 62
Beetz, Christian 283
Benda, Ernst 71, 82 f.

Benedek, Therese 195
Benhedouga, Abdelhamid 258
Bergmann, Simone 43
Bernays, Edward 95
Bernfeld, Siegfried 195
Bibescu, Prinz Gheorghe 122
Bismarck, Otto von 127, 186
Blessing, Karl 34
Blumenthal, Roy 83
Böll, Heinrich 87, 236
Bolsonaro, Jair 17, 319 f., 343
Bönninghausen, Inge von 241
Borchert, Wolfgang 52
Böttcher, Jürgen 135
Boudjedra, Rachid 256
Boumedienne, Houari 256
Bracher, Karl 123
Brâncuşi, Constantin 110
Brandt, Willy 34, 78, 83, 101, 106
Braudel, Fernand 214
Braun, Anna 89 f.
Braun, Carola von 18, 21, 23, 25, 27, 30–36, 39, 45, 49, 60, 69 f., 78, 125, 325–332, 338
Braun, Christoph von 21 f., 25, 27, 31 f., 35 f., 39 f., 44 f., 49–51, 60, 64–69, 89, 125, 325, 329–331
Braun, Claudia von 18, 21, 33 f., 36, 38, 46, 52 f., 58, 60, 125, 325, 328–330, 332, 338
Braun, Cornelia von 18, 21, 31, 33–36, 39, 46, 52, 58, 60, 125, 325, 328–330, 332, 338
Braun, Ebe von 27
Braun, Emmy von 18, 23, 27, 29, 46, 331
Braun, Hildegard von 18 f., 21–25, 30, 32–38, 42–50, 57–62, 66, 69, 75, 91, 99–101, 124 f., 228, 235, 277 f., 324, 330–332, 338
Braun, Iris von 46, 103 f.
Braun, Magnus von 23, 25, 29, 46, 80 f., 94, 331
Braun, Margrit von 46, 103
Braun, Maria von 46, 103 f.
Braun, Nora 89
Braun, Peter von 103 f.
Braun, Sigismund von 21–25, 27, 30–38, 41, 44–50, 54, 57–61, 64, 66, 69–71, 75, 81 f., 91, 99–101, 103, 121 f., 124 f., 216, 228, 235, 278, 324, 330
Braun, Wernher von 25, 46, 103 f., 117, 333
Brauner, Victor 110
Brechenmacher, Thomas 316
Breschnew, Leonid 119
Breton, André 141
Brontë-Schwestern (Charlotte, Emily, Anne) 43, 149, 156
Brumlik, Micha 317
Bruns, Claudia 297
Brzeziński, Zbigniew 71

Calder, Alexander 74

Carlos (Ilich Ramírez Sánchez) 177
Carrière, Jean 215
Carter, Jimmy 88
Castoriadis, Cornelius 194
Ceaușescu, Elena 124
Ceaușescu, Nicolae 105 f., 111, 119, 124
César (Baldaccini) 131
Churchill, Winston 121
Cixous, Hélène 193, 204 f., 258
Coupry, François 203
Croissant, Klaus 178

Dalí, Salvador 76
Danton, Georges 154
Debray, Régis 178
Delaunay, Sonia 131
Deleuze, Gilles 194, 199
Delphy, Christine 203
Depardieu, Gérard 271
Deuber-Mankowsky, Astrid 293
Deutsch, Helene 195
Dietze, Gaby 269, 281
Dinter, Arthur 249
Djebar, Assia 258 f.
Dölling, Irene 287 f.
Doormann, Lottemi 203
Dornberger, Walter 25
Dornhof, Dorothea 289
Drewitz, Ingeborg 203
Dreyfus, Alfred 185
Duchamp, Marcel 143
Duden, Barbara 278
Dührssen, Annemarie 196 f.
Dumitriu, Irene 106, 123
Dumitriu, Petru 106, 122
Duras, Marguerite 194, 271
Dutschke, Hosea Che 184
Dutschke, Rudi 184

Eaubonne, Françoise de 203
Ebert, Susanne 144
Eberth, Michael 230
Eisensee, Simone (Simone Damis) 295
Eitington, Max 195
Ensslin, Christiane 201
Eppler, Erhard 236
Erhard, Ludwig 185
Eribon, Didier 185
Ernaux, Annie 13
Eschenbach, Margit 241
Export, Valie (Waltraud Lehner) 139, 147

Fabian, Ruth 132
Fabian, Walter 132, 237, 239
Farocki, Harun 177
Fassbinder, Rainer Werner 176
Feierstein, Liliana 317
Feltrinelli, Giangiacomo 184
Fenichel, Otto 195
Fichte, Johann Gottlieb 266
Fisahn, Maria 144
Fitzgerald, F. Scott 70

Flaubert, Gustave 136 f., 194
Fliess, Robert 195
Fontino, Nicolae 123
Frank, Leonhard 250
Freier, Recha 76
Frenkel-Brunswik, Else 95
Freud, Sigmund 141, 162, 197–199, 205, 271
Freund, Gisèle 131
Fried, Alfred Hermann 238
Friedan, Betty 88
Friedrich Wilhelm, der Große Kurfürst 216
Friedrichs, Hanns Joachim 101
Fromm, Erich 195
Fromm-Reichmann, Frieda 195

Gambaroff, Marina 230 f.
Gambaroff, Nina 231
Gandhi, Mahatma 274
Gaspard, Françoise 203
Gaulle, Charles de 53, 79 f., 106, 121 f., 133 f., 176, 185, 189
Gaus, Günter 184
Gentis, Roger 158
Gerhard, Ute 241
Gerlach, Wolfgang 245
Gidal, Tim Nahum 69
Gilman, Sander 276
Githens, John 74
Godard, Jean Luc 271
Goethe, Johann Wolfgang von 245, 266
Goldman, Guido 103
Göring, Herrmann 195
Gouges, Olympe de 151 f., 254
Gréco, Juliette 117
Groddeck, Georg 195
Guattari, Félix 158, 178, 194, 199
Guevara, Che 184
Guimaraes, Donna 85
Gustav II. Adolf von Schweden 262
Guterres, António 215
Gysi, Gregor 283

Hagemeyer, Friederike 55
Hagemeyer, Hilde 55
Hagemeyer, Werner 54 f.
Hájek, Jiří 100
Halbwachs, Maurice 95
Halimi, Gisèle 201, 203
Hallier, Jean-Edern 181
Hallstein, Walter 105 f.
Hanneforth, Inge 179
Harari, Yuval Noah 300–302
Haraway, Donna 296
Hariton, Ina 117–120
Hariton, Jan 117–120
Hariton, John 117–120
Hariton, Tudu 117–120
Hariton, Vera 117–120
Hausen, Karin 288
Hausl, Hugo 114
Haussmann, Georges-Eugène 137
Heenen-Wolff, Susann 164, 230

Hegel, Georg Wilhelm Friedrich 266
Heid, Ludger 245
Heine, Heinrich 247
Held, Anna-Céline 22, 44, 51, 69, 83, 167–170, 175, 183, 224, 228, 231, 235 f., 240, 243 f., 319
Held, Niko 218 f.
Held, Tilo 51, 69, 85, 129, 157–161, 164 f., 169, 175, 178, 189, 196, 212, 216–219, 227, 273, 283, 297, 319, 324, 328, 333
Held, Valentin Elias 22, 33, 69, 167–170, 175, 231, 235 f., 319
Hemingway, Ernest 70 f.
Hendrix, Jimi 68
Herrfahrdt, Ilsemarie 51
Herzog, Werner 176
Heschel, Susannah 314
Hessel, Franz 131
Heuss, Theodor 89 f.
Hiller, Kurt 239
Hitler, Adolf 18, 239, 276
Höcke, Björn 264
Höfer, Werner 161
Hoffmann-Curtius, Katrin 310
Homolka, Walter 316
Horney, Karen 195
Humboldt, Wilhelm von 310
Hundhausen, Carl 93
Hutz, Carol (Carol Johnssen) 91
Huysmans, Joris-Karl 79
Ionesco, Eugène 131
Irigaray, Luce 158, 194, 199, 203–205, 258

Jacob, François 132
Jacob, Franz 19
Jacobsen, Adolf 97
Jacobsen, Edith 195
Jahn, Hans Edgar 90
Jähnert, Gabi 293
Jäkel, Julia 16
Jefferson, Thomas 64
Johns, Jasper 84
Johnson, Boris 343
Johnson, Lyndon B. 64 f.
Joplin, Janis 68
Joyce, James 40
Junge, Winfried 135
Jusif, Petre 113

Kafka, Franz 199
Kallir, Alfred 306
Kampling, Rainer 316
Karl der Große 341
Kästner, Erich 30
Keller, Gottfried 140
Kelly, Petra 236
Kennedy, John F. 64, 71–73, 117
Kewenig, Marianne 89
Kewenig, Wilhelm 89
Kienlechner, Sabine 164
Kiesinger, Kurt Georg 34
King, Coretta 236

Kirch, Leo 329
Kissinger, Henry 103
Kittler, Friedrich 298
Klapper, Georg 45
Klein, Melanie 195
Kluge, Alexander 176
Knigge, Volkhard 278
Koch, Werner 237
Koehn, Karin 84
Koepp, Volker 135
Kolumbus, Christoph 275
König, Erinna 144 f.
Kristeva, Julia 193 f.
Kruse, Caroline 178 f.
Kruse, Hans Joachim 178
Kühn, Sophie von 267
Kunstmann, Antje 168, 241 f.

La Roche, Sophie 149
Lacan, Jacques 194, 198 f.
Lambsdorff, Otto Graf 326
Lampl de Groot, Jeanne 195
Lang, Fritz 280
Latour, Bruno 296
Lazarsfeld, Paul 95
Le Pen, Marine 15
Le Roy Ladurie, Emmanuel 226
Lehmann, Klaus 321
Leibowitz, Jeschajahu 245 f., 253
Lenin, Wladimir I. 183
Leonhard, Elke 71
Leonhard, Wolfgang 71, 80, 103, 115
Leonhard, Yvonne 71, 80, 103
Levinson, Daniel J. 95
Lévi-Strauss, Claude 134, 136, 207, 336
Lewis, Helen 343
Lichtenstein, Roy 84
Limbach, Jutta 321
Linhart, Robert 187–189
Linhart, Virginie 188
Lippard, Lucy R. 139
Lippmann, Walter 95
Louis XVI. von Frankreich 151
Luther, Martin 41, 263, 266
Lyotard, François 195

Magers, Philomene 139 f.
Mahler, Gustav 116
Malraux, André 133 f.
Man Ray (Emmanuel Rudnitzky) 141
Mann, Thomas 250
Mannoni, Maud 158
Mao Zedong 67, 86, 101
Marcuse, Herbert 134
Margis, Hans 19, 32, 76
Margis, Hildegard 18 f., 30, 37, 61 f., 76, 99, 321, 324, 327, 331 f., 338
Marx, Karl 86, 183 f., 191
Mathes, Bettina 259, 313
Mauriac, François 177
Mauss, Marcel 221
May, Karl 32

Maywald, Willy 131
McLuhan, Marshall 95
Meinhof, Ulrike 179, 190 f.
Mendelsohn, Tina 140
Menne, Lothar 162
Méricourt, Théroigne de 152
Merkel, Angela 186
Messager, Annette 145–147
Michel, Andrée 203
Michelet, Jules 153 f., 156
Mielke, Erich 283
Misselwitz, Helke 135 f.
Mistler, Jean 207–209
Mitscherlich, Alexander 197 f.
Mitscherlich, Margarete 198
Mitterrand, François 229
Mnouchkine, Ariane 154
Modiano, Patrick 194
Moldt, Ewald 120 f.
Monod, Jacques 132
Montague, John 40
Montaigne, Michel Eyquem de 208
Morris, Robert 84
Moscovici, Serge 146
Mühlberg, Dietrich 298
Müller, Johannes 46
Münzer, Kurt 250
Musil, Robert 250

Nabakowski, Gislind 139
Nabokov, Vladimir 20, 40
Napoleon I. 127, 237, 310
Nickel, Gitta 135
Nickel, Hildegard Maria 297
Niethammer, Lutz 278
Nietzsche, Friedrich 261 f., 266
Nixon, Richard M. 100 f., 103, 106
Novalis (Friedrich von Hardenberg) 262, 267

Ophüls, Marcel 189
Oppenheim, Meret 98, 140–143, 146
Oppermann, Anna 147
Ottinger, Ulrike 131 f.
Ouettar, Tahar 257

Paleologu, Alexandru 122 f.
Pane, Gina 143 f., 147
Pascal, Blaise 133
Pasçu, Simone 115, 120
Paul VI., Papst 91
Pei, Ieoh Ming 186
Picard, Fritz 131 f.
Pilgrim, Volker Elis 203
Pinel, Philippe 165
Pitzen, Marianne 139
Pius XII., Papst 24 f.
Platon 211
Plogstedt, Sibylle 326
Polanyi, Karl 17
Prokop, Ulrike 278
Pross, Helge 203
Proust, Marcel 79, 122
Pusch, Luise 210

Rabelais, François 208
Radulescu, Nicolae 116
Rauschenbach, Sina 316
Rauschenberg, Robert 84
Reagan, Ronald 88
Reich, Anni 195
Reich, Wilhelm 194 f.
Reik, Theodor 195
Rein, Dorothea 163
Reitz, Edgar 176
Rendtorff, Rolf 245
Robbe-Grillet, Alain 131, 194
Robespierre, Maximilien de 254
Roosevelt, Franklin D. 121
Rosen, Rabbi 111 f.
Rosenfeld, Herbert 46
Rosenquist, James 84
Rosenthal, Ulrike 203
Roth, Joseph 280
Rousseau, Jean-Jacques 152
Runge, Annelie 201, 231, 240
Ryneck, Elfriede 321

Sabean, David 13
Sagan, Françoise 178
Salomon, Charlotte 140
Salvatore, Gaston 184
Salzmann, Ruth 183
Sander, Helke 241, 288
Sanders-Brahms, Helma 176
Sanford, R. Nevitt 95
Sarraute, Nathalie 194
Sartre, Jean-Paul 176, 178, 185, 194
Sauzet, Andrée 233
Sauzet, Francis 221–223, 226 f., 233
Sauzet, Odile 220–227
Sauzet, Sandrine 222
Sauzet, Urbain 220 f., 224–227
Schäfer, Ann 241
Schelling, Friedrich Wilhelm Joseph 266
Schiller, Friedrich 264, 266
Schirach, Baldur von 23
Schlegel, Friedrich 267
Schlegel-Schelling, Caroline 267
Schlesier, Renate 278
Schlöndorff, Volker 176
Schmid, Carlo 34
Schmidt, Helmut 326
Schnitzler, Antina von 240
Schnitzler, Paul von 239 f.
Schnitzler, Vera von 239 f.
Schnitzler, Werner von 240
Schoeps, Julius 315 f.
Scholl-Latour, Peter 130
Schoor, Kerstin 316
Schroeter, Werner 176
Schuchardt, Helga 326
Schüler-Springorum, Stefanie 316
Schulte, Eva 230
Schulte, Hansgeerd 230 f.
Schulte, Regina 278
Schütz, Heinrich 262

Schwarzer, Alice 82, 201
Schygulla, Hanna 320
Seghers, Anna 142
Shakespeare, William 44, 208
Signorelli, Lucca 280
Simenon, Georges 131
Simmenauer, Sonia 168
Simon, Claude 194
Soboul, Albert 154, 254
Sontag, Susan 276
Sopher, Eva 320
Sperber, Manès 133
Spielberg, Steven 72
Stalin, Josef 121
Steinem, Gloria 88
Steiner, Rudolf 119
Stella, Frank 84
Stephan, Inge 283, 291, 293 f.
Stern, Selma 317
Steuben, Friedrich Wilhelm von 63
Stinnes, Manfred 231
Stöcker, Helene 239
Stöckl, Ula 203, 241
Stoenescu, Dan 110, 115
Stoenescu, Eustațiu 110
Strätling, Erich 121
Strauss, Marianne 160, 211
Stresemann, Gustav 61 f.
Süskind, Patrick 218
Suttner, Bertha von 237
Syberberg, Hans-Jürgen 176

Taubes, Jakob 314
ten Haeff, Ingeborg 74
Tesmar, Lutz 297
Tesmar, Ruth 297
Theweleit, Klaus 267
Thiess, Frank 250
Török, Maria 160
Tournier, Michel 194
Toyen (Marie Čerminová) 141
Trakl, Georg 250
Trotta, Margarethe von 176
Trump, Donald 17, 73, 88, 343
Tuchtenhagen, Gisela 135
Twombly, Cy 84

Ulbricht, Walter 105, 121
Umfrid, Otto 238

Vance, J. D. 68
Veit-Schlegel, Dorothea 267
Villon, François 209
Voltaire (François-Marie Arouet) 185

Wagenbach, Klaus 181
Wagenknecht, Sahra 311
Wagner, Richard 250, 266
Walser, Martin 266
Warhol, Andy 84, 86
Washington, George 63
Weber, Charlotte 331
Wechmar, Rüdiger von 101
Weidel, Alice 15

Weigel, Helene 113
Weigel, Sigrid 278
Weigl, Sanda 113
Weininger, Otto 249
Weiss, Peter 184
Wenders, Wim 176
Westermann, Hans-Herbert 102
Wiener, Paul 74
Wildenhahn, Klaus 135
Wilhelm II., Kaiser 55, 284
Wittlich, Angelika 177, 201, 230
Wolinski, Georges 131
Wulff, Edith 230
Wulff, Erich 230
Wuthenau, Alexander von 66 f.

Yang Yue-qing 259
Yourcenar, Marguerite 98, 142, 207 f.

Zahn, Peter von 105
Zitzewitz, Ingeborg von 83
Zola, Émile 185
Zurmühl, Sabine 241, 326